图书在版编目（CIP）数据

丹徒年鉴. 2022 / 镇江市丹徒区史志办公室编. —
北京 : 方志出版社, 2022.12
ISBN 978-7-5144-5420-8

Ⅰ. ①丹… Ⅱ. ①镇… Ⅲ. ①丹徒区—2022—年鉴
Ⅳ. ①Z525.34

中国版本图书馆CIP数据核字（2022）第252622号

责任编辑： 张颢
责任校对： 刘玉霞
责任印制： 梅中英
出 版 者： 方志出版社
地　　址： 北京市朝阳区潘家园东里 9 号（国家方志馆4层）
邮　　编： 100021
网　　址： http://www.zgfzcb.cn
发　　行： 方志出版社图书营销中心（010-67110500）
印　　刷： 镇江文苑制版印刷有限公司
开　　本： 889毫米×1194毫米　1/16
印　　张： 21
字　　数： 475千字
版　　次： 2022年12月第1版
印　　次： 2022年12月第1次印刷
定　　价： 280.00元

《丹徒年鉴（2022）》主审

毛　健　吕朝霞

《丹徒年鉴（2022）》编辑部

主　　　编　赵　斌　高超文　钱立宪（执行）

编辑部主任　李冬冬

编　　　辑　李冬冬　刘　芳

通　　　联　吴　林　花琴芳

彩 页 制 作　戴　璐

封 面 设 计　刘　芳

丹徒数字（2021）

总面积	617.08 平方千米
总人口	34.8 万人
地区生产总值	461.07 亿元
第一产业增加值	23.04 亿元
第二产业增加值	229.59 亿元
第三产业增加值	208.44 亿元
一般公共预算收入	24.38 亿元
一般公共预算支出	39.15 亿元
粮食播种面积	18686.67 公顷
粮食总产量	13.33 万吨
农业龙头企业	48 家
规模以上工业总产值	466.6 亿元
规模以上工业企业	259 家
高新技术企业	130 家
食醋产量	27 万吨
原盐产量	156.8 万吨
全社会固定资产投资	103.3 亿元
全年实际利用外资	1825 万美元
社会消费品零售总额	72.97 亿元
各级各类学校	64 所
图书馆图书借还次数	40 万册次
卫生健康单位	129 所
优良天数比率	73.2%
居民人均可支配收入	45080 元

编辑说明

一、《丹徒年鉴》是丹徒区史志办公室编撰的资料性文献，每年一卷，该卷是连续出版的第30卷。

二、《丹徒年鉴（2022）》以马克思列宁主义、毛泽东思想、邓小平理论、“三个代表”重要思想、科学发展观、习近平新时代中国特色社会主义思想为指导，坚持辩证唯物主义和历史唯物主义的立场、观点和方法，系统记述丹徒区2021年度政治、经济、社会、自然等方面的基本面貌、发展状况以及发生的大事、要事、新事，全面反映丹徒区高质量发展进程。

三、《丹徒年鉴（2022）》采用分类编辑法，以篇目、分目、副分目、条目组成框架结构的主体部分。全书条目标题统一用黑体加【 】表示。全书设专记、大事记、丹徒概览、中共丹徒区委员会、丹徒区人民代表大会、丹徒区人民政府、政协丹徒区委员会、纪检监察、民主党派·工商联、群众团体、法治、军事、综合管理、人力资源和社会保障、农业·农村、工业、特色园区、交通·通信、城市建设、生态环境、商贸、财政·税务·金融、科学技术、教育、文化·体育·旅游·融媒体、卫生、社会生活、镇·街道·园区、附录共29个类目。全书前有目录，后有索引，具有比较完善的检索系统。

四、《丹徒年鉴（2022）》收录部分区领导的工作报告，收录2021年度受表彰的先进集体、个人和组织人事变动情况（时限延至2022年3月）。全书数据以区统计局提供的统计数据为准，区统计局没有提供的以各单位数据为准。书中主要对本地党委、政府提出的缩略语进行解释说明。书中计量单位不完全使用公制，在统计表格中也使用“亩”等常用计量单位。

丹心献给党　奋力开新局

丹徒区庆祝中国共产党成立100周年文艺演出

（2021年6月20日）

1

2

3

4

5

6

7

1 全场大合唱《没有共产党就没有新中国》

2 大型音诗画《丹徒颂》

3 歌曲联唱《足迹》

4 致敬光荣老兵

5 致敬先锋人物

6 致敬光荣在党50年代表

7 情景诗朗诵《雄关漫道》

丹徒区各地各部门庆祝中国共产党成立100周年活动

谷阳镇庆祝中
党成立100周年文艺汇演
庆祝中国共产
党在心中
辛丰镇新时代
文明实践活动
第八届

BAIC BJEV
北汽新能源
MAGNA
ARCFOX

1

极狐 阿尔法S 华为HI版
MAGNA
智电先锋 全场标杆
2021.05.26

3

4

2

北汽蓝谷麦格纳项目

1 2021年，厂房

2 2021年，“极狐”阿尔法新车发布

3 2021年5月26日，“极狐”阿尔法S华为HI版下线

4 2021年，智能化车间生产线

5 2021年12月20日，“极狐”阿尔法S全新HI版开启先行版内部交付

5

2021年，孟家港国际物流园项目建设稳步推进

1 2021年，塞维尔车用环保纤维项目建成投产

2 2021年，建华工程建设高性能复合材料项目一期建成投产

3 2021年，燃机热电联产项目投产

4 2021年，燃机热电联产项目设备调试

1

3

2

4

2021第五届丹徒高桥雪地靴文化节
冰"靴"奇缘 温暖高桥
高桥雪地靴展销活动
冰"靴"奇缘温暖 高桥2021 第五届高 桥雪地靴 文化节展 销活动

1

3

4

特色产业——高桥雪地靴

1 2021年12月19日，第五届高桥雪地靴文化节展销活动

2 2021年，市民选购高桥雪地靴

3 2021年，胶合车间

4 2021年，缝纫车间

5 2021年，最新产品

1

3

4

2

1 万亩良田

2 农机作业

3 丰收农忙

4 机械插秧

5 旱地育秧

5

3

6

1 2021年，谷阳黄序村草莓

2 2021年，高资勤丰村莲藕

3 2021年，高资巫岗村大冬瓜

4 2021年，谷阳东湖村茭白

5 2021年，上党五塘村茶园

6 2021年，谷阳千里村番茄

1

2

1 2021年，城区中心

2 2021年，人民广场三期

2021年，高资街道水台村

1

3

2

1 2021年，世业镇世业村

2 2021年，谷阳镇湖马村

3 2021年，谷阳镇华村湖

1

2

3

1 2021年，上党仙人湖

2 2021年，荣炳园区上坝水库

3 2021年，江心园区大套河

1

中国醋文化博物馆

1 醋坊

2 2021年，传统酿造技法

3 2021年10月，参观活动

4 2021年，手工精品醋

5 2021年3月，醋产品直播推介活动

3

2

4

5

1

中国米芾书法公园

1 2021年，米芾书法刻石碑廊

2 2021年，瑞墨轩

3 2021年，米芾书院内部展区

4 2021年，御碑亭

5 2021年10月，金秋盆景精品展

6 2021年10月2日，第四届“米芾杯”国际青少年书法大赛

4

5

2

3

6

1

2

5

6

3

新四军四县抗敌总会纪念馆

1 2021年，大门

2 2021年，外部老墙

3 2021年，主馆

4 陈毅等领导居住办公处

5 2021年10月，参观活动

6 2021年，程默摄影陈列室

4

1

2

3

6

4

5

冷遹纪念馆

1 2021年，厅堂

2 2021年，后院

3 2021年，主楼

4 2021年，冷遹生平事迹陈列馆一角

闻捷纪念馆

5 2021年，闻捷半身铜像

6 2021年，主馆全景

1

2

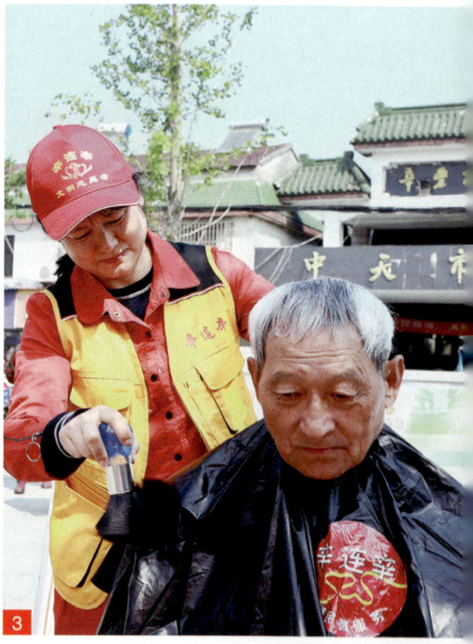
3

6

7

1 2021年11月，跳蚤市场义卖活动

2 2021年，生鲜市场

3 2021年5月21日，“我为群众办实事”文明实践活动

4 2021年12月，美食节

5 2021年9月，幼儿园师生穿汉服迎开学

6 2021年，早市小吃

7 2021年8月7日，全员核酸检测应急演练志愿服务

8 2021年3月15日，文体大观园文明实践活动

9 2021年，炫彩校园

1 2021年，老街旧店

2 2021年，老手艺人——剃头匠

3 2021年，老手艺人——修表匠

4 2021年，老街长石板路

5 2021年，老手艺人——竹器匠

6 2021年，老手艺人——制秤匠

公共版图片由丹徒区委宣传部、高桥镇政府、辛丰镇政府、谷阳镇政府、上党镇政府、宝堰镇政府、世业镇政府、高资街道办、江心洲生态农业园区管委会、荣炳盐资源区管委会、丹徒区融媒体中心、长山文化产业发展有限公司、恒顺醋业股份有限公司、北汽蓝谷麦格纳汽车有限公司和李国平、韦雪亮、姜亚鹏等提供

目 录

专 记

丹徒区庆祝中国共产党成立100周年活动 …… 1
丹徒区十件民生实事完成情况 …… 2
大运河丹徒段文化带建设 …… 4
《高桥镇志》出版发行 …… 5

大事记

1月 …… 6
2月 …… 6
3月 …… 6
4月 …… 7
5月 …… 7
6月 …… 8
7月 …… 8
8月 …… 8
9月 …… 8
10月 …… 9
11月 …… 9
12月 …… 9

丹徒概览

地情概况 …… 10
建置沿革 …… 10
地理地貌 …… 10
交通枢纽 …… 10
行政区划 …… 10
面积、人口 …… 11
民族 …… 11
自然资源 …… 11
气候 …… 11
国民经济和社会发展 …… 12
综合经济 …… 12
农业、农村 …… 12
工业、建筑业 …… 12
固定资产投资、房地产 …… 13
商贸 …… 13
交通 …… 13
城市建设、环境保护 …… 13
科技、教育 …… 14
文化、旅游 …… 14
体育、卫生 …… 14
人口、民生保障、社会管理 …… 15

中共丹徒区委员会

综述 …… 16
概况 …… 16
重要决策 …… 16
中国共产党镇江市丹徒区第十四次代表大会 …… 17
中共丹徒区十四届一次全委(扩大)会议 …… 17
中共丹徒区十四届二次全委(扩大)会议 …… 17
组织工作 …… 17
概况 …… 17

庆祝中国共产党成立100周年系列活动 …… 17
干部队伍建设 …… 18
基层组织建设 …… 18
招才引智工作 …… 19
2021年中国·丹徒新材料创新创业大赛总决赛 …… 19
表1 2021年丹徒区中共党员基本情况表 …… 19
表2 2021年丹徒区党的基层组织数量情况和换届情况表 …… 20
宣传工作 …… 20
概况 …… 20
全区党史学习教育 …… 21
新闻宣传 …… 21
文化事业产业 …… 21
新时代文明实践服务中心建设 …… 21
统战工作 …… 21
概况 …… 21
庆祝中国共产党成立100周年书法大赛 …… 22
丹徒区企业家乡村振兴沙龙暨农产品直播推介会 …… 22
丹徒区无党派人士联谊会换届大会 …… 22
丹徒区党外知识分子统战工作实践创新基地揭牌仪式 …… 22
丹徒区欧美同学会(丹徒区留学人员联谊会)成立 …… 22
机构编制管理 …… 23
概况 …… 23
江苏省世业洲旅游度假区与世业镇“区政合一”管理体制 …… 23
宜城街道基层“三整合”示范街道建设 …… 23
综合行政执法体制改革 …… 23
三责联审 …… 23
事业单位调查摸底 …… 23
事业单位日常登记管理 …… 23
保密工作 …… 23
概况 …… 23
保密宣传教育 …… 24
区委保密委会议 …… 24
机关党建 …… 24
概况 …… 24
区级机关党史学习教育 …… 24
庆祝中国共产党成立100周年座谈会 …… 24
区级机关党代表选举 …… 25
机关党员抗击新冠肺炎疫情 …… 25
区级机关人大代表选举 …… 25
文明机关建设 …… 25
作风效能建设 …… 25
党校工作 …… 25
概况 …… 25
干部教育培训 …… 25
老干部工作 …… 26
概况 …… 26
丹徒区老干部工作会议 …… 26
离退休干部党支部书记培训班 …… 26
离退休干部党组织建设质量提升行动 …… 26
离退休干部党支部主题党日活动 …… 27
“我看建党百年新成就”座谈会 …… 27
离退休干部党史学习教育专题宣讲会 …… 27
“开启新征程，银发再出发”志愿服务行动 …… 27
老年人才服务中心建设 …… 27
镇江市离退休干部庆祝中国共产党成立100周年书画摄影展 …… 27
台湾事务 …… 28
概况 …… 28
“相约醋都 放飞梦想”2021台湾大学生镇江实习就业体验营活动 …… 28
党史·地方志 …… 28
概况 …… 28
上党镇烈士陵园入选第一批“镇江市党史教育基地” …… 29
沙画《百年瞬间——红色丹徒的光辉历程》 …… 29
档案 …… 29
概况 …… 29

档案安全建设…… 29
档案数字化建设…… 29

丹徒区人民代表大会

综述 …… 30
概况…… 30
依法履责…… 30
重要会议 …… 30
丹徒区十六届人大五次会议…… 30
丹徒区十六届人大常委会会议…… 31
表3　2021年丹徒区十六届人大常委会主任会议情况表…… 32
重点工作 …… 33
五级人大代表专题询问会暨新闻发布会…… 33
区、镇人大两级换届选举 …… 33
五级人大代表统一接待选民活动…… 33
专项工作评议…… 33
议案和重要建议 …… 34
概况…… 34
关于加快推进城市养老事业健康发展的议案… 34
关于加快美丽宜居村庄建设的建议…… 34

丹徒区人民政府

综述 …… 35
概况…… 35
项目建设…… 35
营商环境…… 35
城乡功能建设…… 35
民生保障…… 36
政务公开…… 36
外事工作…… 36
重要会议和活动 …… 36
丹徒区政府常务会议…… 36
丹徒区重点产业投资推介暨项目集中签约活动…… 37
建华科创园奠基仪式…… 37
行政审批 …… 37
概况…… 37
丹徒区首张民办非企业单位登记证书…… 38
社会事务窗口首张社会团体法人登记证书…… 38
表4　2021年丹徒区政务服务中心办件情况表…… 38
机关事务管理 …… 39
概况…… 39
公务用车管理…… 39
办公用房管理…… 39
公共机构节能…… 39
信访 …… 39
概况…… 39
"一战两整治" 工作 …… 39
"集中治理重复信访、化解信访积案" 专项工作…… 40
信访专项行动…… 40
"人民满意窗口" 质量提升工程 …… 40

政协丹徒区委员会

综述 …… 41
概况…… 41
政治协商…… 41
民主监督…… 41
参政议政…… 42
重要会议 …… 42
丹徒区政协十届五次会议…… 42
丹徒区政协常委会议…… 42
丹徒区政府政协联席会议…… 43
重要活动 …… 43
"共抓长江大保护——千名政协委员民主监督在行动" 主题活动 …… 43
"有事好商量" 协商议事室建设 …… 43
"百场宣讲·千场议事" 活动…… 43

纪检监察

综述 …… 44
概况 …… 44
执纪执法成效 …… 44
重要会议 …… 45
中共镇江市丹徒区第十四届纪律检查委员会第一次全体会议 …… 45
全区领导干部警示教育大会 …… 45
区纪委常委会议 …… 45
审查调查 …… 45
概况 …… 45
正风肃纪工作 …… 45
运用“四种形态”工作 …… 45
监督执纪 …… 46
概况 …… 46
政治监督强化工作 …… 46
“两个责任”贯彻落实 …… 46
巡察工作 …… 46
概况 …… 46
巡察质效 …… 46
巡察整改 …… 46

民主党派·工商联

民革丹徒区基层委员会 …… 47
概况 …… 47
支部活动 …… 47
参政议政 …… 47
社会服务 …… 47
民盟丹徒委员会 …… 48
概况 …… 48
支部活动 …… 48
参政议政 …… 48
民建丹徒区基层委员会 …… 48
概况 …… 48
支部活动 …… 49
参政议政 …… 49
对口交流 …… 49
民进丹徒支部 …… 49
概况 …… 49
换届工作 …… 50
农工民主党丹徒区基层委员会 …… 50
概况 …… 50
支部活动 …… 50
参政议政 …… 50
社会服务 …… 51
致公党丹徒区基层委员会 …… 51
概况 …… 51
支部活动 …… 51
参政议政 …… 52
社会服务 …… 52
九三学社丹徒支社 …… 52
概况 …… 52
参政议政 …… 53
社会服务 …… 53
丹徒区工商联 …… 53
概况 …… 53
重要会议 …… 53
申报推荐工作 …… 53
服务企业工作 …… 53

群众团体

丹徒区总工会 …… 54
概况 …… 54
助力乡村振兴行动 …… 54
产业工人队伍建设 …… 55
职工维权服务 …… 55
职工生活保障 …… 55
共青团丹徒区委员会 …… 55
概况 …… 55
青年献礼建党百年 …… 55
新时代少先队工作 …… 56
青少年关爱活动 …… 56

"学党史、强信念、跟党走"主题团日活动 …… 56
首期青年企业家沙龙活动…… 56
"青春助农"直播带货活动 …… 56
丹徒区妇女联合会 …… 57
概况…… 57
关爱妇女儿童活动…… 57
公益服务活动…… 57
维权普法宣传活动…… 58
女企业家走访帮扶活动…… 58
"捍卫幸福家庭"新闻发布会 …… 59
丹徒区科学技术协会 …… 59
概况…… 59
科技工作者之"家"建设 …… 59
科普宣传…… 60
青少年科学素质行动…… 60
学会能力建设…… 60
科技服务…… 60
服务企业创新发展…… 61
科协组织网格化管理…… 61
丹徒区文学艺术界联合会 …… 61
概况…… 61
庆祝中国共产党成立100周年系列文艺活动 …… 61
"文艺进万家"文化惠民活动 …… 62
"书法艺术进机关"公益培训班 …… 62
丹徒区归国华侨联合会 …… 63
概况…… 63
侨资企业调研活动…… 63
困难归侨侨眷慰问帮扶…… 63
丹徒区残疾人联合会 …… 63
概况…… 63
"残疾人之家"规范化建设 …… 64
残疾人辅助性就业工作…… 64
残疾人托养服务…… 64
残疾人康复工作…… 64
丹徒区红十字会 …… 64
概况…… 64
应急救援体系建设…… 65
博爱"助老、助医、助困"活动 …… 65
"三献"工作 …… 65
红十字宣传工作…… 65

法 治

政法委及综治 …… 66
概况…… 66
平安丹徒建设…… 66
社会治理创新…… 66
法治丹徒建设…… 67
法治政府建设 …… 67
概况…… 67
"放管服"改革 …… 67
优化营商环境…… 68
规范性文件管理…… 68
行政权力制约监督…… 68
行政执法监督…… 69
社会矛盾化解…… 69
公安 …… 69
概况…… 69
风险防控…… 70
社会治安治理…… 70
"蓝剑"行动 …… 70
营商环境优化…… 70
惠民服务窗口建设…… 71
"所队合一"警务改革 …… 71
基层网格化社会治理…… 71
群租房安全专项整治…… 71
全民反诈攻坚战…… 71
检察 …… 72
概况…… 72
婴幼儿护肤类产品专项排查整治…… 74
基层"两委"换届选举专项监督 …… 74
守护"长江微笑"专项行动 …… 74
守护"地球之肺"专项行动 …… 75
红色资源保护专项行动…… 75
法院 …… 75
概况…… 75
营商环境法治化…… 76
诉讼服务体系优化…… 76

诉源治理深化…………………………………… 76
司法行政 …………………………………… 76
概况…………………………………………… 76
公共法律服务………………………………… 77
基层法律服务………………………………… 78
特殊人群监管………………………………… 78
律师行业管理………………………………… 78

军　事

丹徒区人武部 ……………………………… 79
概况…………………………………………… 79
练兵备战……………………………………… 79
民兵调整编建………………………………… 79
兵员征集……………………………………… 79
拥政爱民……………………………………… 80
人民防空 …………………………………… 80
概况…………………………………………… 80
人防信息化建设……………………………… 80
人防工程监管………………………………… 80
退役军人事务 ……………………………… 80
概况…………………………………………… 80
移交安置……………………………………… 81
优抚褒扬……………………………………… 81
军休所………………………………………… 81
双拥工作……………………………………… 81

综合管理

宏观经济运行管理 ………………………… 82
概况…………………………………………… 82
服务业………………………………………… 82
能源管理……………………………………… 83
散装水泥工作………………………………… 83
自然资源管理和规划 ……………………… 83
概况…………………………………………… 83
国土空间规划编制…………………………… 83
节约集约用地………………………………… 83
不动产登记…………………………………… 84
民生权益保障………………………………… 84
市场监督管理 ……………………………… 84
概况…………………………………………… 84
食品安全……………………………………… 85
特种设备安全………………………………… 85
药品药械安全………………………………… 85
质量安全……………………………………… 85
消费者维权…………………………………… 85
价格管理 …………………………………… 85
概况…………………………………………… 85
农产品初加工用电…………………………… 85
房地产价格监管……………………………… 85
物业收费监管………………………………… 86
公共停车收费专项整治……………………… 86
价费环境……………………………………… 86
统计 ………………………………………… 86
概况…………………………………………… 86
统计数据质量………………………………… 86
审计 ………………………………………… 87
概况…………………………………………… 87
区级财政预决算审计………………………… 87
经济责任审计………………………………… 87
固定资产投资审计…………………………… 87
村级财务专项审计调查……………………… 87

人力资源和社会保障

综述 ………………………………………… 88
概况…………………………………………… 88
就业创业 …………………………………… 88
概况…………………………………………… 88
就业援助……………………………………… 88
政产学研合作………………………………… 88
“校企对接”专项招聘活动 ………………… 89
“直播带岗”活动 …………………………… 89
夜市人才招聘会……………………………… 89
菁英创业大赛丹徒选拔赛…………………… 89
“金秋创业行”专场招聘会 ………………… 89

社会保障 …………………………………… 89
概况………………………………………… 89
人社服务大厅改造升级……………………… 90
工伤认定工作……………………………… 90
基础养老金调整工作 ……………………… 90
城乡居保公共服务标准化试点工作启动……… 90
人力资源 …………………………………… 90
概况………………………………………… 90
校企联动…………………………………… 90
人才补贴政策落实…………………………… 90
乡土人才工作……………………………… 91
劳动维权 …………………………………… 91
概况………………………………………… 91
集体争议案件处置…………………………… 91
根治欠薪检查……………………………… 91
新业态劳动者权益维护……………………… 91
规模以上企业劳动合同用工规范化…………… 91

农业·农村

综述 ………………………………………… 92
概况………………………………………… 92
粮食生产…………………………………… 93
园艺生产…………………………………… 93
园艺农产品成果……………………………… 93
生猪调运百日巩固行动……………………… 93
农业龙头企业……………………………… 93
农村创业创新项目…………………………… 93
农业项目建设……………………………… 94
“一事一议”财政奖补项目 ………………… 94
惠农补贴…………………………………… 94
农民培训…………………………………… 94
脱贫攻坚…………………………………… 94
绿色优质农产品……………………………… 94
秸秆综合利用……………………………… 94
畜禽粪污综合利用…………………………… 94
废旧农膜回收利用…………………………… 94
肥药管控…………………………………… 95
农村人居环境整治与长效管护………………… 95
高标准农田建设项目………………………… 95
农村集体产权制度改革……………………… 95
长江禁捕工作……………………………… 95
水利 ………………………………………… 96
概况………………………………………… 96
农田水利建设……………………………… 96
水利工程管理……………………………… 96
水资源管理………………………………… 97
防汛工作…………………………………… 97
河湖长制工作……………………………… 97
农机 ………………………………………… 97
概况………………………………………… 97
农机安全监理……………………………… 98
农业气象 …………………………………… 98
概况………………………………………… 98
水稻种植与气象……………………………… 98
表5　2021年丹徒区温、光、水与历年平均值比较情况表……………………………… 99
丹徒区扶贫“三会” ……………………… 100
概况………………………………………… 100
丹徒区扶贫基金组织全覆盖………………… 100
红色资源调研普查…………………………… 100

工　业

综述 ……………………………………… 101
概况……………………………………… 101
工业产品…………………………………… 101
销售超亿元企业…………………………… 101
区属工业 ………………………………… 101
概况……………………………………… 101
企业环境治理……………………………… 102
国有资产监管……………………………… 102
主导产业 ………………………………… 102
概况……………………………………… 102
五大主导产业……………………………… 102
项目建设 ………………………………… 102
概况……………………………………… 102
项目快速评审机制………………………… 103

项目日常跟踪管理…… 103
重点项目选介 …… 103
建华工程建设高性能复合材料项目…… 103
德晴碳纤维产品制造项目…… 103
比泽尔旋转式、涡旋式压缩机生产项目 …… 104
重点企业选介 …… 104
上豪包装机械(镇江)有限公司…… 104
江苏恒顺醋业股份有限公司…… 104
北汽蓝谷麦格纳汽车有限公司…… 104

特色园区

江苏丹徒经济开发区 …… 105
概况…… 105
招商引资…… 105
科技创新…… 105
园区建设…… 106
管理与服务…… 106
表6 2021年丹徒经济开发区骨干企业情况表…… 106
丹徒高新技术产业园 …… 107
概况…… 107
招商选资…… 107
项目建设…… 107
基础建设…… 108
科技人才…… 108
表7 2021年丹徒高新园部分重点项目情况表…… 108
镇江生态汽车产业园 …… 110
概况…… 110
北汽蓝谷麦格纳汽车有限公司新一代智能豪华纯电动车阿尔法S上市 …… 110
镇江市高桥临港经济产业园 …… 110
概况…… 110
孟家港国际物流园…… 111
润祥油气物流园…… 111
江苏省镇江世业洲旅游度假区 …… 111
概况…… 111
“润扬杯”2021世业洲风筝文化节 …… 112
镇江高校园区 …… 112
概况…… 112
园区疫情防控…… 112
服务保障…… 112
丹徒区长山文化产业园 …… 113
概况…… 113
文化产业发展…… 113
景区运营…… 113
丹徒星火技术密集区 …… 113
概况…… 113

交通·通信

交通综述 …… 114
概况…… 114
表8 2021年丹徒区农村公路建设项目情况表…… 114
265省道镇江至荣炳段三期改扩建工程 …… 115
交通管理 …… 115
概况…… 115
公路管理…… 115
航道管理…… 116
港口管理…… 116
汽渡管理…… 116
通信 …… 117
电信…… 117
移动…… 117

城市建设

城镇建设 …… 118
概况…… 118
“美丽宜居村庄”建设 …… 118
“特色田园乡村”建设 …… 118
地下管网安全生产专项整治…… 118
排水许可监管…… 119
海绵城市建设…… 119
污水处理厂建设…… 119
建筑市场监管…… 119

燃气安全执法…………………………… 119
建筑工程检测…………………………… 119
绿色节能建筑…………………………… 119
违法建设查处…………………………… 119
招标投标管理…………………………… 119
拆迁安置………………………………… 120
防震减灾………………………………… 120
表9 2021年丹徒区省级建筑施工标准化文明示范工地情况表………………… 120
表10 2021年丹徒区市级建筑施工标准化文明工地情况表……………………… 120
表11 2021年丹徒区优质结构工程情况表……………………………………… 122
表12 2021年丹徒区国家AAA级全国观摩工地情况表…………………………… 123
丹徒城投 …………………………… 123
概况……………………………………… 123
宜东铭苑安置房建设…………………… 124
丹徒建投 …………………………… 124
概况……………………………………… 124
民生工程建设…………………………… 124
投资项目建设…………………………… 124
城市管理 …………………………… 124
概况……………………………………… 124
人民广场管理…………………………… 124
市容环境管理…………………………… 125
公共基础设施…………………………… 125
建筑渣土管理…………………………… 125
绿化管护………………………………… 125
城管执法………………………………… 125
房地产管理 ………………………… 125
概况……………………………………… 125
产权产籍管理…………………………… 126
房改政策办理…………………………… 126
住房保障………………………………… 126
直管公房管理…………………………… 126
住宅小区管理…………………………… 126
白蚁防治………………………………… 126
表13 2021年丹徒新城商品房销售情况表……………………………………… 126

生态环境

综述 ……………………………… 127
概况……………………………………… 127
污染防治………………………………… 127
生态文明示范创建……………………… 127
环保督察问题整改……………………… 128
生态环境保护宣传……………………… 128
企业环境评级…………………………… 128
环境监管 …………………………… 128
概况……………………………………… 128
固体危险废物监管……………………… 128
辐射环境监管…………………………… 129
环境监测 …………………………… 129
概况……………………………………… 129
污染源监督监测………………………… 129
农村环境质量监测……………………… 129
声环境质量监测………………………… 129
水环境质量监测………………………… 129

商 贸

综述 ……………………………… 130
概况……………………………………… 130
外资利用………………………………… 130
外贸企业服务…………………………… 130
服务外包产业扶持……………………… 131
丹徒区商业资产管理总公司…………… 131
粮食收储 …………………………… 131
概况……………………………………… 131
烟草专卖 …………………………… 131
概况……………………………………… 131
烟草专卖管理…………………………… 132
烟草规范经营…………………………… 132
茧丝绸业 …………………………… 132
概况……………………………………… 132

蚕桑三产联动…………………………………… 132
蚕桑科普宣传…………………………………… 132
蚕桑技能培训…………………………………… 133
校地合作共建…………………………………… 133
供销合作 …………………………………… 133
概况…………………………………… 133
基层供销社建设…………………………………… 133
现代流通服务…………………………………… 134
农业社会化服务…………………………………… 134
丹徒区商业联合会 …………………………………… 134
概况…………………………………… 134
走访调研活动…………………………………… 134

财政·税收·金融

财政 …………………………………… 135
概况…………………………………… 135
财政管理…………………………………… 135
财政改革…………………………………… 136
税务 …………………………………… 136
概况…………………………………… 136
减税降费…………………………………… 136
纳税服务…………………………………… 136
征管改革…………………………………… 137
依法治税…………………………………… 137
金融 …………………………………… 137
概况…………………………………… 137
农村信用体系建设…………………………………… 137
“政银保企”金融服务 …………………………………… 137
金融支持乡村振兴试点示范工作…………………………………… 138
引导企业对接资本市场…………………………………… 138
防范金融风险宣传…………………………………… 138
金融行业监管…………………………………… 138

科学技术

综述 …………………………………… 139
概况…………………………………… 139
科技项目成果…………………………………… 139
高新技术企业培育…………………………………… 139
科技创新人才…………………………………… 139
创新载体平台建设…………………………………… 140
产学研活动…………………………………… 140
表14　2021年丹徒区新获批省、市工程技术研究中心情况表…………………………………… 140
表15　2021年丹徒区新认定高新技术企业情况表…………………………………… 141
表16　2021年丹徒区科技项目立项情况表…………………………………… 142
知识产权 …………………………………… 142
概况…………………………………… 142
知识产权宣传及保护…………………………………… 143
表17　2021年丹徒区授权发明专利情况表 …… 143

教　育

综述 …………………………………… 147
概况…………………………………… 147
校园安全管理…………………………………… 147
家校共育…………………………………… 147
义务教育优质均衡创建…………………………………… 147
卫生健康保障…………………………………… 147
学校食堂运营…………………………………… 148
学前教育 …………………………………… 148
概况…………………………………… 148
幼儿园规范管理…………………………………… 148
医教融合活动…………………………………… 148
基础教育 …………………………………… 148
概况…………………………………… 148
集团化办学…………………………………… 148
课后服务…………………………………… 149
内涵建设…………………………………… 149
素质教育…………………………………… 149
高中资源配置…………………………………… 149
融合教育 …………………………………… 149
概况…………………………………… 149
融合教育制度建设…………………………………… 149
融合教育活动…………………………………… 150

社会教育 …… 150
概况…… 150
社会教育培训…… 150
校外培训机构整治…… 150
校外培训机构巡查制度健全…… 150
教师队伍 …… 150
概况…… 150
教师结构…… 151
人事代理制度…… 151
优秀教师及团队培养…… 151
师德师风…… 151
县管校聘…… 151
教育投入 …… 152
概况…… 152
教育资金保障…… 152
教育场所建设…… 152
名校(园)选介…… 152
镇江市宜城中学…… 152
驸马山庄幼儿园…… 153
兴教助学 …… 153
概况…… 153
募资渠道拓宽…… 153
助学政策落实…… 153
助学育人成果 …… 153

文化·体育·旅游·融媒体

综述 …… 154
概况…… 154
产业发展…… 154
市场管理…… 154
省级全域旅游示范区创建工作…… 155
安全生产工作…… 155
文化 …… 155
概况…… 155
图书馆建设…… 155
群众文化活动…… 156
文化进万家系列活动…… 156
“米芾杯”国际青少年书法大赛 …… 156
“清风雅韵”广场戏曲周活动 …… 157
文艺创作…… 157
文物保护利用…… 157
公益电影放映…… 158
表18　2021年丹徒区文艺作品获奖情况表 …… 158
体育 …… 158
概况…… 158
竞技体育…… 158
群众体育…… 158
体育赛事…… 159
社会体育服务组织建设…… 159
体育彩票销售…… 159
旅游 …… 159
概况…… 159
旅游景区质量提升专项检查…… 160
“宜风韵　生态美”丹徒旅游文化节 …… 160
恒顺醋文化博物馆入选江苏省50个“网红打卡地” …… 160
丹徒区17道菜品入选镇江市“百道乡土地标菜” …… 160
表19　2021年丹徒区A级景区情况表 …… 161
表20　2021年丹徒区星级乡村旅游区情况表 …… 161
表21　2021年丹徒区旅游品牌创建情况表… 162
表22　2021年丹徒区旅行社门市部情况表… 163
融媒体 …… 164
概况…… 164
广播电视宣传…… 164
新媒体宣传 …… 164
安全播出工作…… 164
产业经营发展 …… 164
党史学习教育主题宣传…… 165
“微丹徒”视频号开通 …… 165
表23　2021年丹徒区广播电视作品获奖情况表…… 165

卫　生

综述 …… 167
概况…… 167

全民健康和医共体信息平台建设…… 167
中医药事业…… 167
疾病预防控制 …… 168
概况…… 168
免疫规划工作…… 168
结核病防治…… 168
麻风病防治…… 168
性病、艾滋病防治 …… 168
慢性非传染病防治…… 168
血防工作…… 169
公共卫生 …… 169
概况…… 169
基层卫生…… 169
医政管理…… 169
卫生监督 …… 170
概况…… 170
疫情防控监督…… 170
公共场所监督…… 170
学校卫生监督…… 170
饮用水卫生监督…… 171
餐饮具监督…… 171
爱国卫生 …… 171
概况…… 171
控烟行动…… 171
病媒生物防治…… 171
妇幼卫生 …… 172
概况…… 172
出生缺陷综合防治…… 172
孕产妇管理…… 172
儿童保健管理…… 172
托幼机构健康覆盖…… 172
医疗机构选介 …… 172
丹徒区人民医院…… 172
丹徒区中医院…… 173

社会生活

民政 …… 174
概况…… 174
社会救助…… 174
低收入家庭动态管理机制…… 174
困难残疾人保障机制…… 174
残疾人权益保障…… 175
特困人员供养…… 175
殡葬管理…… 175
界线管理…… 175
地名文化建设…… 175
地名成果转化…… 175
困境儿童分类保障工作…… 175
谷阳镇儿童“关爱之家”建成 …… 175
“两委”换届选举工作 …… 176
新型农村社区治理能力建设…… 176
参与式社会治理…… 176
“双全”社工培训考核 …… 176
社会组织管理…… 176
婚姻登记服务…… 176
福利彩票销售…… 176
养老服务 …… 177
概况…… 177
安康关爱行动…… 177
居家养老服务…… 177
关心下一代工作 …… 177
概况…… 177
主题教育活动…… 177
校外辅导站工作…… 178
“颂建党百年　做时代新人”全区少儿绘画大赛…… 178
青年农民帮扶工作…… 178
应急管理 …… 178
概况…… 178
安全生产监管…… 179
安全生产治理能力建设…… 179
安全生产宣传…… 180
应急救援减灾救灾体系建设…… 180
消防救援…… 180
民族·宗教 …… 181
概况…… 181
卫星村少数民族特色村寨建设…… 181
宗教团体建设…… 181

见义勇为 …… 181
概况…… 181
见义勇为宣传…… 182
见义勇为宣传阵地建设年活动…… 182
见义勇为人员权益保障…… 182
见义勇为特色工作…… 183
慈善 …… 183
概况…… 183
“爱在丹徒•救助急难防返贫”慈善主题活动…… 183
校园慈善文化…… 183
慈善进社区…… 183
慈善宣传…… 183
慈善救助…… 184
善款募集工作…… 184
“99公益日”活动 …… 184

镇•街道•园区

高桥镇 …… 185
概况…… 185
镇江港润祥液化天然气加注站码头运行启动仪式…… 185
第五届高桥雪地靴文化节…… 186
表24 2021年高桥镇骨干企业情况表 …… 186
辛丰镇 …… 186
概况…… 186
科技创新…… 187
生态环境…… 187
养老机构改革…… 187
黄墟集镇环境提升工程…… 188
辛丰镇国考断面水质持续达标…… 188
表25 2021年辛丰镇骨干企业情况表 …… 188
谷阳镇 …… 189
概况…… 189
项目建设…… 189
镇村建设…… 189
社会治理…… 190
民生建设…… 190
表26 2021年谷阳镇骨干企业情况表 …… 190
上党镇 …… 190
概况…… 190
项目建设…… 191
乡村振兴…… 191
生态环境…… 192
社会治理…… 192
表27 2021年上党镇骨干企业情况表 …… 192
宝堰镇 …… 193
概况…… 193
高效农业…… 194
环境治理…… 194
民生建设…… 194
社会事业…… 194
交通保障…… 194
表28 2021年宝堰镇骨干企业情况表 …… 195
世业镇 …… 195
概况…… 195
产业发展…… 196
高效农业…… 196
民生建设…… 196
法治建设…… 196
高资街道 …… 196
概况…… 196
民生工程…… 197
脱贫攻坚…… 197
公安基层治理…… 197
表29 2021年高资街道骨干企业情况表 … 198
宜城街道 …… 198
概况…… 198
执法审批服务一体化…… 199
经济建设…… 199
民生事业…… 199
社会治理…… 200
镇村建设…… 200
法治建设…… 200
表30 2021年宜城街道骨干企业情况表 … 200
江心洲生态农业园区 …… 201
概况…… 201

旅游节庆…………………………………………… 202
禁渔护渔…………………………………………… 202
社会治理…………………………………………… 202
花谷田园民宿项目………………………………… 202
表31　2021年江心洲生态农业园区骨干企业情况表…………………………………… 202
荣炳盐资源区 ………………………………… 203
概况………………………………………………… 203
项目建设…………………………………………… 203
民生建设…………………………………………… 204
镇村环境…………………………………………… 204
红色文化展览……………………………………… 204
表32　2021年荣炳盐资源区骨干企业情况表…………………………………………… 204

附　录

重要文件摘要 ………………………………… 205
践行新思想　勇担新使命
向着丹徒现代化建设新征程阔步前进
——在中国共产党镇江市丹徒区第十四次代表大会上的报告………………… 205
政府工作报告
——2022年1月21日在丹徒区第十七届人民代表大会第一次会议上…………… 215
丹徒区进一步优化营商环境的十条规定…… 223
关于大力实施“长山计划”（2021—2025）的实施意见……………………………………… 224
新任区级领导…………………………………… 226
组织机构及领导人名录………………………… 231
荣誉栏…………………………………………… 249
表33　2021年丹徒区获镇江市委、市政府以上表彰先进集体情况表………………… 249
表34　2021年丹徒区获镇江市委、市政府以上表彰先进个人情况表………………… 252
统计资料 ……………………………………… 257
表35　2021年丹徒区基本情况表 ………… 257
表36　2021年丹徒区国民经济主要指标完成情况表………………………………… 257
表37　2021年丹徒区地区生产总值完成情况（现价）表 ………………………………… 258
表38　2021年丹徒区户籍人口和户数表 … 258
表39　2021年丹徒区人口变动情况表 …… 258
表40　2021年丹徒区规模以上工业总产值情况表……………………………………… 259
表41　2021年丹徒区全部独立核算年销售收入2000万元及以上工业企业分行业情况表 … 259
表42　2021年丹徒区主要工业产品产量情况表……………………………………… 260
表43　2021年丹徒区全部独立核算年销售收入2000万元及以上工业企业分地区主要指标情况表……………………………… 260
表44　2021年丹徒区工业企业能源消费量情况表 ………………………………… 260
表45　2021年丹徒区农业总产值情况表 … 261
表46　2021年丹徒区农作物种植面积与产量情况表……………………………………… 261
表47　2021年丹徒区多种经营产品产量情况表 ………………………………… 261
表48　2021年丹徒区农业机械拥有量情况表………………………………………… 262
表49　2021年丹徒区各地实有农村劳动力及分行业情况表…………………………… 263
表50　2021年丹徒区化肥农药使用量情况表………………………………………… 263
表51　2021年丹徒区财政收入情况表 …… 263
表52　2021年丹徒区财政支出情况表 …… 264
表53　2021年丹徒区社会消费品零售总额情况表……………………………………… 264
表54　2021年丹徒区计划总投资500万元及以上投资项目完成情况表………………… 265
表55　2021年丹徒区各镇（街道、园区）农作物面积与产量情况表…………………… 265
表56　2021年丹徒区房地产业投资、资金来源、销售及待售情况表 ………………… 265
表57　2021年丹徒区水产品产量情况表………………………………………… 266
表58　2021年丹徒区交通运输情况表 …… 266

专 记

丹徒区庆祝中国共产党成立100周年活动

2021年6月3日，丹徒区召开新闻发布会，发布庆祝中国共产党成立100周年活动安排，具体为：推进党史学习教育，在重点抓好“六专题一实践”（专题学习、专题培训、专题党课、专题宣讲、专题研究宣传阐释、专题民主生活会和组织生活会以及“我为群众办实事”实践活动）系列活动的同时，开展“一人一重点、领办解难题”“学亚夫，做亚夫——把成绩写在大地上”“青少年学党史”等党史学习教育特色工作；配合做好“七一勋章”和全国、全省、全市“两优一先”（中共中央表彰全国优秀党员、党务工作者、先进基层党组织的荣誉称号）颁授评选以及纪念章颁发工作，提出“光荣在党50年”纪念章颁发对象并做好纪念章颁发工作，开展丹徒区级“两优一先”评选表彰；组织大规模走访慰问活动，走访慰问丹徒区获得党内功勋荣誉表彰的党员、生活困难党员、老党员、老干部、烈士遗属、因公殉职党员干部家属和全国道德模范、劳动模范、退役军人模范等各类先进模范人物；以中共丹徒区委名义召开庆祝中国共产党成立100周年座谈会，学习贯彻习近平总书记在庆祝大会上的重要讲话和省委、市委座谈会精神；由中共丹徒区委统战部商请丹徒区各民主党派、无党派人士和丹徒区工商联，召开丹徒各界人士庆祝中国共产党成立100周年座谈会；“七一”前夕组织开展“丹心献给党　同唱祖国好”庆祝中国共产党成立100周年文艺演出、“红舞”大赛和第十届“清风雅韵”广场戏曲周等文艺演出、大型主题展览、群众性主题教育宣传活动，展示经济社会发展和百姓美好生活变化；组织开展“丹心向党”红色系列群众性主题宣传教育活动、流动的“丹心讲堂”宣讲活动；依托爱国主义教育基地，开展入党宣誓、红色故事讲解大赛等主题宣传教育活动；举办第二届“丹徒最美人物”颁奖典礼。

7月1日上午，庆祝中国共产党成立100周年大会在北京天安门广场举行。中共中央总书记、国家主席、中央军委主席习近平发表重要讲话。丹徒区委书记谢继步，区委副书记、区长马振兵等区领导在丹徒区行政中心集中收看大会，共同聆听习近平总书记的重要讲话。同时，全区各地均组织收看大会直播。

同日，丹徒区召开庆祝中国共产党成立100周年座谈会暨区“两优一先”表彰会议。参加会议的有：丹徒区委常委，区人大常委会、区政府、区政协领导，区人武部政委；区法院院长、区检察院检察长；县处级以上老同志；区级机关各部门主要负责人；受区委表彰的优秀共产党员、优秀党务工作者和先进基层党组织代表；老党员、先进模范人物、基层党员和各界群众代表；民主党派、无党派人士代表。丹徒区委书记谢继步出席会议并讲话，区委副书记、区长马振兵主持会议。谢继步在讲话中代表区委向全区各级党组织和全体党员致以节日的问候，向受到表彰的先进基层党组织、优秀共产党员、优秀党务工作者表示热烈的祝贺，向在各个历史时期为丹徒革命和建设事业做出突出贡献的老党员、老干部致以崇高的敬意。马振兵要求全区各级党组织和广大党员干部要旗帜鲜明讲政治，在加快推进高质量发展生动实践中大显身手、建功立业，营造共庆百年华诞、共享伟大荣光、共铸复兴伟业的浓厚氛围。会上，丹徒区委常委、组织部部长刘文正宣读表彰决定，丹徒区优秀共产党员代表、优秀党务工作者代表、先进基层党组织代表受到表彰。

丹徒区各地、各部门相继开展庆祝中国共产党成立100周年活动。其中：6月30日，丹徒经济开发区、高资街道召开庆祝中国共产党成立100周年大会，要求全体党员干部围绕上级党委政府的决策部署，在建党100周年这个新的历史起点上，再创各项事业新辉煌，并表彰优秀党员、优秀党务工作者，向党龄50年以上的老党员代表颁发“光荣在党50年”纪念章；6月30日，丹徒区市场监管局举办“知党史　感党恩　跟党走”庆祝中国共产党成立100周年活动，为全体干部职工讲授专题党课，号召全体工作人员从党的百年历史中汲取奋进前行的力量，表彰先进集体、优秀党员、“两优一先”人员以及庆祝建党100周年征文活动获奖者，并举行文艺节目汇演；6月30日，丹徒区卫健委召开“红心向党，医心为民”庆祝建党100周年座谈会，要求全区卫健系统立足新的起点，办好人民满意的卫生健康事业，并为党龄50年以上老党员代表颁发“光荣在党50年”纪念章，表彰优秀党员、优秀党务工作者和先进党组织；7月1日，上党镇召开庆祝中国共产党成立100周年座谈会暨镇“两优一先”表彰会议，要求上党镇全体党员干部牢记共产党人的初心使命，以建党百年历史的荣誉感和自豪感，将自身融入上党加速崛起的新征程中去，并表彰优秀共产党员、优秀党务工作者和先进党组织，向党龄50年以上的老党员代表颁发“光荣在党50年”纪念章；7月1日，江心洲生态农业园区召开庆祝建党100周年座谈会暨园区“两优一先”表彰会议，要求全体党员干部树立“工作之中讲政治”的意识，增强担当意识，为江心洲生态农业园区高质量发展贡献力量，并表彰优秀党员、优秀党务工作者以及先进党组织。

（丹徒区委宣传部）

丹徒区十件民生实事完成情况

2021年1月14日，在丹徒区第十六届人民代表大会第五次会议上，区人大代表从12件民生实事候选项目中票选出10件民生实事，内容涵盖医疗卫生、农田水利、农村环境、教育、就业、出行、消防、环保、安置房建设等多个方面。年内，丹徒区人民政府坚持在发展中保障和改善民生，高度重视民生实事项目的实施，建立区领导月度推进机制，抓好要素保障，强化督查落实，全面完成10件民生实事项目，其中部分项目超额完成。

1.提升基层医疗卫生服务能力（牵头单位：丹徒区卫健委、宜城街道）

主要内容：建设丹徒区全民健康和医共体信息平台；构建生物安全二级病原微生物实验室；引进口腔医院丹徒分院；建设社区卫生服务站2个和家庭医生工作室1个。

完成情况：丹徒区全民健康和医共体信息平台主体建设基本完成，并在世业镇卫生院试点上线运行；2021年1月18日，丹徒区疾控中心新冠病毒核酸检测实验室建成并开展常态化检测，全年完成109960次检测；建成口腔医院丹徒分院，2021年3月28日开业，日均人流量30—40人次；崇文社区卫生服务站、丹桂社区卫生服务站、姚庄家庭医生工作室建成并部分投入使用。

2.高标准农田建设（牵头单位：丹徒区农业农村局）

主要内容：建设高标准农田800公顷（12000

亩)，主要实施农桥、渠道、水泥路、涵洞等小型农业水利工程。

完成情况：建成高标准农田800公顷(12000亩)，其中上党镇533.33公顷(含高效节水灌溉面积133.33公顷)、世业镇266.67公顷(含高效节水灌溉面积66.67公顷)，完成相关渠道、水泥路、涵洞、泵站等小型农业水利工程，并通过市、区两级验收。

3.“美丽宜居村庄”建设(牵头单位：丹徒区住建局)

主要内容：按照江苏省三星级“康居乡村”标准，新建“美丽宜居村庄”60个。

完成情况：参照江苏省三星级“康居乡村”标准，结合村庄形态和自然条件进行村庄风貌整治，建成区级“美丽宜居村庄”61个，健全公厕、垃圾收集、污水治理等环境卫生设施，完善路灯、健身场地等基本配套设施。

4.水利基础设施提升建设(牵头单位：丹徒区水利局)

主要内容：提升改造墓东水库溢洪河丹徒段和连片水利基础设施1处，切实提高防汛抗旱能力。

完成情况：墓东水库溢洪河丹徒段整治工程，完成建筑物施工、防汛道路及景观绿化等建设内容，河道清淤4100米；上党镇上党村上党片、凌塘片、义村片基础设施改造工程，翻建灌溉站1座、滚水坝3座，塘坝清淤整治7座，新建LED路灯100套。

5.学前教育提升项目(牵头单位：丹徒区教育局)

主要内容：新建城区幼儿园1所(5轨15个班)、改造提升农村幼儿园1所(3轨9个班)，改善幼儿教育资源。

完成情况：悦山园幼儿园总建筑面积7200平方米，主体建设完成，进入内部装修阶段；荣炳幼儿园改造提升工程基本完成。两所幼儿园可接纳近900名幼儿入学。

6.就业促进2021行动(牵头单位：丹徒区人社局)

主要内容：全年提供就业岗位13000个(次)，新增城镇就业4400人，帮扶城乡就业困难人员等群体灵活就业330人，新生代农民工技能提升培训550人，创业培训550人，城镇登记失业率控制在2.4%以内，发放就业补贴1110万元。

完成情况：全年提供就业岗位13062个(次)，新增城镇就业5192人，帮扶城乡就业困难人员等群体灵活就业336人，新生代农民工技能提升培训1009人，创业培训1013人，城镇登记失业率控制在2.4%以内，严格按标准和要求发放就业补贴1700万元。

7.打造城市慢行系统(牵头单位：丹徒高新园、丹徒区城管局)

主要内容：建设生态步道5100米，维修人行道、慢车道9800米。

完成情况：完成张露河清理疏浚工程，并建成环湖生态步道5100米；完成长香中大道、谷阳中大道人行道、慢车道维修及改造工程9800米，排除道路安全隐患。

8.村级微型消防站建设(牵头单位：丹徒区应急管理局、丹徒区消防救援大队)

主要内容：在30个行政村设置微型消防站，做到初期火灾事故“救早、灭小”，最大程度保护群众生命财产安全。

完成情况：在距消防救援站较远的世业镇、江心洲生态农业园区、宝堰镇、荣炳盐资源区、高资街道、辛丰镇、上党镇下辖的30个行政村建成村级微型消防站，统一配置电动三轮消防车、手抬机动泵、各类灭火救援器材和个人防护装备，完善各站点组织架构，制定管理制度，配备义务和志愿消防队员150名。

9.环保助企惠民项目(牵头单位：丹徒生态环境局)

主要内容：建设制刷行业固废、危废收集处理中心和油漆集中配套加工中心；开展城区沿街餐饮业油烟综合整治，减少污染排放，改善周边群众生活环境，提升环境质量。

完成情况：在谷阳镇庄泉村建成制刷行业固体废弃物、危险废弃物收集处理中心和油漆集中配套加工中心，辐射谷阳镇、辛丰镇4个行政村的制刷企业；开展爱民路沿街餐饮企业油烟综合整治行动，安装低空排放油烟净化设备10套，覆盖餐饮商户38家。

10.安置房建设项目(牵头单位：区住建局)

主要内容：新开工建设安置房2043套，推进续建安置房2311套，年内竣工315套。

完成情况：宜东铭苑四期(康宁新寓)315套安置房竣工，开始回迁安置，基本解决主城区范围内逾期安置历史问题。景泉印象二期、长香水岸二期、长香翠庭一期等安置房建设项目有序推进。

（倪羽娟）

大运河丹徒段文化带建设

古大运河经长江由京口进入江南，在丹徒区辛丰镇境内约15千米，由北向南流入丹阳境内。大运河丹徒段历经3次整治拓宽，分别是1958年、1994年和2012年。至2021年，大运河丹徒段河道为三级河道，可承载千吨货船通行。

自2018年起，丹徒区贯彻落实习近平总书记有关大运河重要批示精神，对标国家、省、市大运河文化保护传承利用规划，准确把握文化引领高质量发展的基本规律，推进丹徒区大运河文化带建设工作稳步有序开展。至2021年，丹徒区结合当地实际情况，围绕落实《大运河文化保护传承利用规划纲要》，把大运河文化带建设纳入全局工作，结合省、市大运河文化带建设经验，完善大运河文化带建设工作领导机制、强化组织领导。制定《大运河丹徒段文化保护传承利用规划》，为大运河丹徒段文化带建设发挥指导引领作用。

保护运河遗产。加强运河遗产监测及整体性保护，实施遗产本体修缮、安全防范和环境风貌综合整治，建成丹徒非物质文化遗产展示馆，完成殷氏宗祠、王氏宗祠的维修和部分布展，升级改造冷遹纪念馆，制定东岳庙戏台工程维修方案，启动黄墟乡村师范学校旧址恢复工程。殷氏宗祠及笃行堂申报成为省级文保单位，辛丰镇黄墟村入选中国传统村落和江苏省传统村落名录。

建设生态运河。摸排梳理大运河沿线产业类别及布局情况，严格把关沿线项目审批，实施京杭运河辛丰镇、王家桥两个断面水环境综合整治工程，推进辛丰镇涉水企业截污纳管工作，完成辛丰镇相关企业内部雨污分流及预处理设施建设，升级改造辛丰镇垃圾转运站的污水处置设施，在源头完成生活垃圾渗沥液的环境污染处置，各项指标均达到纳管排放要求。辛丰镇通过镇江市生态环境局组织的省级“生态文明建设示范镇”考核。

传承运河文化。加强大运河文化研究，挖掘运河周边历史文化内涵，创作20米“丹徒水道图”中国画长卷，出版书籍《文物里的丹徒三千年》，开发《美丽运河》园本课程和《运河明珠——古韵辛丰》《走进大运河——诗歌散文选》等校本课程，举办“运河风情　美丽家园”美术摄影作品展、“运河两岸是我家”主题摄影大赛和冷遹纪念馆大运河文化诗词书画展等各类实践活动近600场次，开展“运河历史文化进校园”等活动100余场，录制2档运河文化进校园专题节目在地方电视台播出，录制1部短片在“学习强国”播出。

（丹徒区委宣传部）

2021年，京杭大运河丹徒段风光　（辛丰镇）

《高桥镇志》出版发行

2021年6月,《高桥镇志》编纂出版

（丹徒区委宣传部）

高桥自然环境得天独厚，拥有15.1千米长江深水岸线资源，是镇江“后花园”和扬州“南大门”。经过多年发展，高桥经济社会发展取得显著成绩：港区建设蓬勃兴起，高桥港区跻身镇江港新秀行列，省、市重点项目孟家港国际物流园、润祥油气物流园相继入驻，工程建设基本完成；雪地靴产业实施区域品牌打造、政产学研结合，实现全业态融合发展；五峰山长江大桥飞跃长江，“铁公水”立体交通格局初显。高桥镇先后获“中国雪地靴之乡”“江苏省雪地靴特色产业园”“江苏省生态文明建设示范镇”“江苏省十佳产业创新小镇”“江苏省卫生乡镇”“江苏省电子商务示范基地”等荣誉称号。

国有史，邑有志。2021年6月,《高桥镇志》由江苏大学出版社出版发行，为中国共产党成立100周年献礼。《高桥镇志》以马克思列宁主义、毛泽东思想、邓小平理论、“三个代表”重要思想、科学发展观、习近平新时代中国特色社会主义思想为指导，坚持辩证唯物主义和历史唯物主义的立场、观点和方法，按照实事求是和详今略古的原则，全面、客观、系统地记述高桥镇经济发展和社会事业进步等方面的情况，以详今略古的方法，重点记述中华人民共和国成立以来全镇政治、经济、科学、文化、社会、教育等方面的嬗变，特别是新时代高桥镇在推进经济和社会各项事业高质量发展中做出的新成绩、新贡献，力求思想性、科学性、资料性相统一。《高桥镇志》上限为明朝中叶成洲建制，下限至2019年。全志设13篇、52章、156节，50余万字，以志为主，述、记、志、传、图表、录等诸体并用，另有表115个、插图205幅。

高桥镇党委、政府重视《高桥镇志》编纂工作。2019年10月23日,《高桥镇志》编修组委会召开第一次会议。11月28日，高桥镇成立《高桥镇志》编纂委员会(简称编委会)，公布编纂工作实施方案，确定《高桥镇志》编写大纲。编纂前期，编委会有责任编辑10余人，绝大多数为当地退休老干部、老教师，平均年龄在70岁以上；编纂后期，根据工作需要，缩减责任编辑人数近半。2020年6月，根据实际完稿情况，编委会决定于2021年6月前付印。编纂期间，镇江市史志办、丹徒区史志办专家多次给予专业指导，帮助修订篇目，解决疑难问题，并组织审稿工作。

2021年6月26日，“学党史 爱家乡”《高桥镇志》首发式暨新闻发布会在高桥镇新时代文明实践所举办，江苏大学出版社以及镇江市、丹徒区有关领导，高桥籍在外杰出乡贤代表，高桥当地各界代表参加首发式。

（芦玉杰）

2021年6月26日，“学党史 爱家乡”《高桥镇志》首发式暨新闻发布会

（高桥镇）

大事记

1月

11—14日　中国人民政治协商会议镇江市丹徒区第十届委员会第五次会议在丹徒新城会议中心举行。

12—14日　丹徒区第十六届人民代表大会第五次会议在丹徒新城会议中心举行。

15日　丹徒区召开2021年十件民生实事新闻发布会，通报丹徒区2020年度十件重点民生实事完成情况，发布2021年度十件重点民生实事项目。会议邀请《新华日报》、江苏卫视、《现代快报》、《镇江日报》等多家省、市级媒体参加。

2021年1月15日，2021年丹徒区十件民生实事新闻发布会　（丹徒区委宣传部）

2月

19日　丹徒区产业强区暨优化营商环境大会召开。区委书记谢继步出席会议并讲话，区委副书记、区长马振兵主持会议。会上，表彰2020年度全区各条战线的先进集体和先进个人代表。

23日　《新华日报》、江苏广电总台、《镇江日报》、镇江电视台、"镇江发布"等省、市媒体在丹徒新城会议中心联合专访丹徒区委书记谢继步，谢继步围绕产业强区、优化营商环境、抓实全年重点工作的目标举措等内容和媒体进行交流。

26日　丹徒区组织参加2021年省市重点产业项目建设现场会暨区重点产业项目开工活动。区委书记谢继步和区委副书记、区长马振兵出席活动。丹徒区有8个项目参加全市重大产业项目集中开工活动，其中包括1个50亿元以上项目、1个10亿元以上项目。

3月

16日　丹徒区委召开全区党史学习教育动员会议。区委书记谢继步作动员讲话，区委副书记、区长马振兵主持会议。

18日"新能源汽车走进丹徒"专题讲座在丹徒新城会议中心举行。讲座结束后，开展"极狐"新能源汽车试乘试驾体验活动。

23日　江苏省政法队伍教育整顿驻镇江指导组副组长、江苏省高级人民法院副院长刘媛珍一行到丹徒区检查政法队伍教育整顿工作。区委书记谢继步汇报全区政法队伍教育整顿工作情况。

同日　丹徒区委、区政府举行全区农村工作暨乡村产业发展推进会。区委书记谢继步出席会议并讲话，区委副书记、区长马振兵作工作部署。

26日 新华社、《人民日报》、中央广电总台、《光明日报》、《中国日报》、澎湃新闻等40家国内媒体到丹徒区世业洲开展集中采访活动，先后到江岛客厅、金色年华养生谷、四季会草莓园实地拍照采访。

4月

1日 丹徒区宝堰镇洛阳河大桥开工建设。镇江市人大常委会副主任孙晓南、丹徒区委书记谢继步为桥碑揭幕。该桥由南京恒宏建设工程有限公司施工建设。

7日 江苏省政府副秘书长、办公厅主任谢润盛率省政府专项调研组到丹徒区调研公共法律服务体系建设暨法律援助工作开展情况。镇江市委常委、常务副市长郭建和丹徒区委书记谢继步陪同调研。调研组先后到宜城街道公共法律服务中心、宜城街道宜和社区，对丹徒区公共法律服务体系建设暨法律援助工作给予肯定。

11日 丹徒区承办的“云赏米芾”系列活动首场直播在中国米芾书法公园举行，邀请江苏省书法院院长、江苏省书法家协会副主席李啸和江苏省书法院副院长、江苏省书法家协会常务理事宇文家林为演讲嘉宾。“云赏米芾”系列活动共分6期举行。

15日 全省首家“爱心储蓄罐 传承好家风”公益基地启动仪式在丹徒区炎黄外国语学校举行。江苏省妇儿福利基金会与丹徒区炎黄外国语学校共同为公益基地揭牌，江苏省妇儿福利基金会、镇江市妇联、丹徒区政府及相关部门负责人共同为学生代表、首批国际友好家庭代表及江苏大学留学生代表发放“康康”爱心储蓄罐。

17日 位于丹徒区上党镇的北汽蓝谷麦格纳汽车有限公司新一代智能豪华纯电动车“极狐”阿尔法S(普通版)上市。5月，与华为技术有限公司合作生产的“极狐”阿尔法S华为HI版下线；12月，“极狐”阿尔法S全新HI版开启先行版内部交付。

20日 丹徒区委、区政府在丹徒新城会议中心召开2020年度高质量发展综合考核总结表彰大会。区委书记谢继步出席会议并讲话，区委副书记、区长马振兵主持会议。会上，通报2020年度高质量发展综合考核结果，为获镇(街道、园区)综合考核一等奖单位、区级机关综合考核十佳单位、区级机关综合考核单项工作突出贡献奖单位、优质服务奖单位颁奖，4名获奖代表作交流发言。

21日 丹徒区党史学习教育宣讲报告会在丹徒新城会议中心召开。中央宣讲团成员、中共中央党史研究室原副主任李忠杰作题为《从党的百年征程中汲取力量和智慧》的宣讲报告，丹徒区委书记谢继步主持报告会并讲话。

29日 镇江市委、市政府举行全市抗击新冠肺炎疫情表彰大会，丹徒区有18名个人、6家单位获先进个人和先进集体表彰。

5月

10日 2021年丹徒区重点产业投资推介暨项目集中签约活动在世业镇举行，20个项目现场集中签约。镇江市委书记马明龙出席活动并讲话，镇江市委常委、市委秘书长陈可可出席活动，丹徒区委书记谢继步出席活动并致辞，客商代表作交流发言。

13日 淮北市烈山区党政代表团到丹徒区考察。丹徒区委书记谢继步、淮北市烈山区委书记李明出席活动。代表团先后参观江苏恒顺集团有限公司和北汽蓝谷麦格纳汽车有限公司等企业，了解丹徒区产业转型升级、重点项目建设、营商环境打造等方面的经验做法。

26日 江苏省庆祝中国共产党成立100周年“百年百场”优秀群众文艺作品巡演丹徒专场在丹徒文化艺术活动中心举行。江苏省庆祝中国共产党成立100周年“百年百场”优秀群众文艺作品巡演是江苏组织开展“永远跟党走”群众性主题教育活动。

31日 “千名学子百企行”走进丹徒活动启动，

来自江苏科技大学、江苏大学、镇江高专等在镇高校的300名学子分别到北汽麦格纳、希西维轴承、恒顺醋业等丹徒区重点企业参观学习，近距离了解企业发展状况。

6月

8日 洛阳市宜阳县代表团一行到丹徒区考察，两地共同举行座谈交流会。丹徒区人民政府区长马振兵、宜阳县人民政府县长张汉智出席会议并讲话。

20日 “丹心献给党 奋力开新局”丹徒区庆祝中国共产党成立100周年文艺演出在丹徒区体育活动中心举行。镇江市委党史学习教育第八巡回指导组组长王会明出席活动，丹徒区委书记、区委党史学习教育领导小组组长谢继步出席活动并致辞，丹徒区委副书记、区长马振兵出席活动。整场演出分“红色丹徒”“时代答卷”“奔跑启航”3个篇章，谢继步现场为老党员代表颁发“光荣在党50年”纪念章，区四套班子领导和各界干部群众约1500人参加活动。

24日 “程默杯”“助力奔跑·美丽镇江”全国摄影作品展开镜仪式在新四军四县抗敌总会纪念馆举行。中国摄影报社社长赵迎新参加活动并讲话，镇江市委副书记、统战部部长巩海滨出席活动并致辞。程默的儿子程京京应邀参加活动。

2021年6月24日，“程默杯”“助力奔跑 美丽镇江”全国摄影作品展开镜仪式 （丹徒区委宣传部）

26日 《高桥镇志》首发式暨新闻发布会在高桥镇新时代文明实践所举行。

30日 五峰山长江大桥南北公路接线正式通车。

7月

1日 丹徒区召开庆祝中国共产党成立100周年座谈会暨区“两优一先”表彰会议。区委书记谢继步出席会议并讲话，区委副书记、区长马振兵主持会议。会议表彰丹徒区优秀共产党员代表、优秀党务工作者代表、先进基层党组织代表，5名获奖代表作交流发言。

6日 江苏大学与丹徒区政府举行共建智能电动汽车研究院签约仪式。江苏大学校长颜晓红、丹徒区委书记谢继步和丹徒区委副书记、区长马振兵出席活动。活动中，江苏大学与丹徒区政府就共建智能电动汽车研究院和实验中心签订合作协议，并为2个项目揭牌。

20日 落户丹徒区的全市首家电动汽车体验中心建成并投入运营，展厅分为实车展示区和综合展区，总面积417平方米。

26—28日 中国共产党镇江市丹徒区第十四次代表大会在丹徒新城会议中心举行。会上，选举产生新一届区委和区纪委领导班子。

8月

17日 2021年度江苏省“最美公共文化空间”打造对象名单公布，丹徒区图书馆入选。

9月

16日 江苏省生态环境保护专项督察组一行到丹徒区开展实地走访活动。江苏省生态环境保护专项督察组组长尹荣尧、丹徒区人民政府区长马振兵出席活动。督察组检查京杭运河丹徒段的环境保护工作，对丹徒区通过技术手段加强过往船只生活垃圾和生活污水收集处理给予肯定；督察组到北汽麦格纳新能源汽车有限公司听取发展历程、产品矩阵、行业发展前景等方面的汇报，并对企业实行闭环管理和打造“环境友好型”企业提出要求。

29日 “日光·世业洲”康养农旅综合体项目签约仪式在丹徒新城会议中心举行。区委书记谢继步出席活动并讲话，柒壹控股集团董事长张春华出席活动并致辞。

30日 2021年丹徒区“丹心庆华诞 逐梦新征程”同升国旗、同唱国歌活动在区人民广场举行。机关部门工作人员、公安干警、学生组成500余人方阵队伍共同参加升旗仪式。

2021年9月30日，丹徒区“丹心庆华诞 逐梦新征程”同升国旗、同唱国歌活动 （贾 俊）

10月

2日 “2021守望汉字嘉年华暨第四届‘米芾杯’国际青少年书法大赛”主赛场决赛在中国米芾书法公园举行。

15—16日 丹徒区接待麦格纳斯太尔亚洲副总裁赵博胜一行到镇江磋商北汽深度合作事宜，接待丹麦驻上海总领事林朗一行到北汽新能源参观考察。

29日 恒顺醋文化博物馆入选江苏省50个“网红打卡地”。

11月

12日 “乡村振兴 强国有我”全市篆刻大赛颁奖礼在丹徒区举行。全市范围内参赛篆刻作品600余件，共评选出一等奖2名、二等奖4名、三等奖10名。

25日 镇江市青少年爱国主义教育基地揭牌仪式在丹徒区高资街道水台村闻捷诗歌馆举行，标志着闻捷诗歌馆成为镇江市青少年爱国主义教育基地。

12月

3日 “网眼看镇江 聚焦加速跑——走进丹徒”活动新闻媒体座谈会举行。会上，区委副书记、区长马振兵发表讲话，丹徒区商务局、丹徒区经济发展局负责人分别回答媒体代表的提问。该次媒体采访活动由镇江市委网信办和人民日报社《民生周刊》共同主办，吸引《人民日报》新媒体、中新社等国内20余家重点媒体和网络平台参加；活动中，媒体记者先后实地参观中铸新材、赛维尔环保纤维、德晴新材等重点项目。

18—19日 2021年中国·丹徒新材料创新创业大赛总决赛暨颁奖仪式在丹徒高新技术产业园举行。

20日 镇江港润祥液化天然气加注站码头运行启动仪式在高桥镇举行，交通运输部水运局副局长郑清秀以视频连线方式出席启动仪式并讲话，江苏省交通运输厅港航事业发展中心主任陈胜武出席活动并讲话，丹徒区委书记谢继步出席活动并致辞。

丹徒概览

地情概况

【建置沿革】 丹徒历史悠久，最早称“宜”，是3000多年前周康王封给虞侯的领地。春秋时属吴国，名朱方。吴亡属越，越亡属楚，更名谷阳。秦时置县，属会稽郡。秦始皇三十七年（前210）改名丹徒。三国吴嘉禾三年（234）改名武进。西晋太康二年（281）复名丹徒。隋开皇九年（589）废丹徒，入延陵。唐武德三年（620）复置丹徒县。后历朝均置丹徒县。民国17年（1928）7月，丹徒县改建为镇江县。1949年4月，镇江解放，市县分置，划城区为镇江市，郊区及农村为丹徒县。1958年7月，丹徒撤县并入镇江市。1962年3月，复置丹徒县，属镇江专区。1983年3月，镇江市改为省辖市，丹徒县归镇江市管辖。2002年4月，经国务院批准，丹徒县撤县建区，改称为镇江市丹徒区。

【地理地貌】 丹徒区位于江苏省西南部镇江市境内，主体位于长江下游南岸，中贯京杭大运河。地理坐标为北纬31°15′—32°16′、东经119°15′—119°45′。东邻镇江新区，西接句容，东南及南连丹阳、金坛，境北长江中有2座洲岛，分别与扬州市仪征区和邗江区隔江相望。整个区域呈火炬状，环绕镇江市主城区。地处宁镇山脉东段，全境西南高、东北低，南有茅山余脉，中属宁镇丘陵，北部为沿江圩区，长江中有洲地，地貌大致可分为低山、丘岗、丘间谷地和冲积圩区四大类型。境内地面高程最低为黄海（2.5米），最高为长山主峰，海拔349.7米。

【交通枢纽】 丹徒区是长江下游重要的水陆交通枢纽，长江和京杭大运河在丹徒交汇，构成“十字黄金水道”，五峰山长江大桥（公铁两用大桥）、润扬长江大桥（公路大桥）横跨长江，沪宁高速公路、扬溧高速公路、312国道、京沪高速铁路、沪宁城际铁路横贯境内，距西边的南京禄口国际机场和东边的常州机场均不足1小时车程，形成铁路、公路、水路相连，港航衔接的多层次、立体式交通运输格局。丹徒区境内有两大货运港口，高资港是长江中下游的重大件联运中心，主要运输煤炭、水泥、管桩以及危险品等，货物年吞吐量1000万吨以上；高桥港具备装卸仓储、中转换装、运输组织、现代物流和临港工业等功能，主要服务于长江沿线和苏北部分地区物资转运，以散货和杂货运输为主，兼顾油品运输。

312国道横贯丹徒境内，图为高资段　　（高资街道）

【行政区划】 2021年末，丹徒区辖6个镇（高桥镇、辛丰镇、谷阳镇、上党镇、宝堰镇、世业镇）、2个街道（高资街道、宜城街道）和2个园区（江心洲生态农业园区、荣炳盐资源区)。有88个村(居)民委员会、1897个村(居)民小组。另设有江苏丹徒经济开发区、江苏省镇江世业洲旅游度假区、镇江市丹徒高新技术产业园。

【面积、人口】 2021年末,丹徒区总面积617.08平方千米,其中,水面141.52平方千米、耕地面积28.35万亩(1.89万公顷)。全区总户数104144户,总人口287699人,其中男140983人、女146716人。全区出生人口1313人,人口出生率4.56‰;死亡人口2328人,人口死亡率8.09‰。人口净增率-3.53‰。

【民族】 丹徒区境内民族以汉族为主,少数民族有回族、蒙古族、满族、高山族、布依族、彝族、苗族、羌族、朝鲜族等32个,有民族村、民族社区各1个。

【自然资源】 土地资源:丹徒属宁镇丘陵和沿江平原地带低山区,丘陵区以马肝土、黄土为主,平原地带大多为黄泥土和马肝土,沿江圩区则分布有黄沙土、漏沙土和夹沙土。全区土地土层厚、土质肥沃,适宜多种农作物栽植生长。

水资源:丹徒境内河流纵横、水源丰富。长江沿北境流过,境内长68.8千米,流域内有大小河道26条,总长84千米;京杭大运河穿境而过,境内长11.8千米,流域内有支流10条,总长33.8千米。另有通济河、中心河、高资河等主骨干河道3条,总长44.5千米。境内有大、小湖泊10余个,水面约418.3公顷。全区水源总量约为6.9亿立方米。

生物资源:丹徒境内树木有松、柏、桑、樟、楸、柳、榆、栎、櫓、冬青、香椿、椭栎、棕榈、乌桕、枫杨等110个品种。20世纪90年代初被林业部评定为全国宜林荒山和平原绿化双达标县。野生药材有丹桂、桔梗、夏枯草、丹参、益母草等700余种。野生动物陆地主要有野兔、水獭、野鸡等,江河湖塘盛产青、草、鲢、鳙、鳊、鲫、鲤等鱼类和虾、蟹、鳖等水产品近百种。特别是境内长江还产刀鱼、鲥鱼、河豚等珍贵鱼类和中华鲟、白鳍豚等珍稀物种。

矿产资源:丹徒境内多为非金属矿产,已发现的有金、铜、铁、磷、煤、岩盐、耐火黏土、珍珠岩、钾长石、沸石、膨润土、方解石、花岗石、大理石、白云石、石灰石等矿产20余种,主要分布在香山、巢凰山、十里长山、马迹山及上党、高资、荣炳等地区。

【气候】 丹徒区属北亚热带季风气候。2021年,丹徒区气温偏高,年降水量偏多,日照时数偏少。

气温:全年(1—12月,下同)平均气温为17.1℃,比常年平均气温偏高1.4℃,属偏高年份。冬季(2020年12月至2021年2月,下同)平均气温5.7℃,比常年同期偏高1.5℃,其中,2020年12月平均气温比常年同期偏低0.9℃,2021年1月、2月平均气温分别比常年同期偏高1.0℃、4.4℃。春季(3—5月,下同)平均气温16.3℃,比常年同期偏高1.5℃,3月、4月、5月平均气温分别比常年同期偏高2.5℃、0.8℃、1.2℃。夏季(6—8月,下同)平均气温27.2℃,比常年同期偏高0.8℃,6月、7月、8月平均气温分别比常年同期偏高1.9℃、0.3℃、0.2℃。秋季(9—11月,下同)平均气温18.9℃,比常年同期偏高1.6℃,9月、10月、11月平均气温分别比常年同期偏高2.8℃、1.4℃,0.5℃。

降水:全年总降水量1164.1毫米,比常年同期偏多58.1毫米,属偏多年份。冬季降水量84.5毫米,比常年同期偏少54.8毫米,2020年12月和2021年1月、2月分别比常年同期偏少13.5毫米、24.6毫米、16.7毫米。春季降水量296.3毫米,比常年同期偏多51.5毫米,3月、4月分别比常年同期偏少14.6毫米、26.7毫米,5月比常年同期偏多92.8毫米。夏季降水量662.7毫米,比常年同期偏多137.1毫米,6月比常年同期偏少129.9毫米,7月、8月分别比常年同期偏多225.8毫米、41.2毫米。秋季降水量137.9毫米,比常年同期偏少58.4毫米,9月、11月分别比常年同期偏少31.3毫米、38.5毫米,10月比常年同期偏多11.4毫米。

日照:全年日照1909.0小时,比常年同期偏少116.7小时。冬季日照为446.0小时,比常年同期偏多22.0小时，其中，2020年12月比常年同期偏少16.3小时，2021年1月、2月分别比常年同期偏多18.6小时、19.7小时。春季日照为428.7小时，比常年同期偏少98.2小时，3月、4月、5月分别比常年同期偏少22.9小时、43.9小时、31.4小时。夏季日照为415.0小时，比常年同期偏少154.8小时，6月、7月、8月分别比常年同期偏少12.2小时、63.7小时、78.9小时。秋季日照为547.8小时，比常年同期偏多42.8小时，9月、11月分别比常年同期偏多4.9小时、39.4小时，10月比常年同期偏少1.5小时。

梅期：全区6月13日入梅，7月11日出梅，共历时29天。梅雨量113.4毫米，比历年平均值偏少138.4毫米。

国民经济和社会发展

【综合经济】 2021年，丹徒区实现地区生产总值461.07亿元，按可比价计算，比上年增长9.5%。其中，第一产业增加值23.04亿元，比上年增长4.4%；第二产业增加值229.59亿元，比上年增长10.8%；第三产业增加值208.44亿元，比上年增长8.7%。三次产业结构由上年的5.3：49.7：45.0调整为5.0：49.8：45.2。

全年完成一般公共预算收入24.38亿元，比上年增长2.0%，其中，税收收入完成17.77亿元，比上年下降10.6%。完成一般公共预算支出39.15亿元，比上年增长22.8%，其中，节能环保、卫生健康、教育、社会保障和就业支出比上年分别增长28.5%、22.6%、20.4%、18.4%。

【农业、农村】 2021年，丹徒区粮食作物播种面积18686.67公顷(28.03万亩)，比上年增长373.33公顷(0.56万亩)。粮食总产量13.33万吨，比上年增长1.3%，其中，夏粮总产量2.43万吨，比上年增长4.8%；秋粮总产量10.9万吨，比上年增长0.6%。全年油料总产量0.8万吨，比上年增长27%。蔬菜总产量11.93万吨，比上年增长2%。全年肉类总产量2.53万吨，比上年增长22.7%；水产品产量1.6万吨，比上年下降3.4%；禽蛋产量0.97万吨，比上年增长185%；牛奶产量0.38万吨，比上年增长5.6%；茶叶产量346吨，与上年持平。

年末，全区有农业龙头企业48家，其中国家级1家、省级6家、市级19家、区级22家。截至年底，共认定绿色食品基地289.53公顷(4343亩)，有机农产品基地52.07公顷(781亩)，省级绿色优质农产品基地7000公顷(10.5万亩)；种植业绿色优质农产品比重为44%，比上年提高2.8个百分点。

全年开工建设高标准农田项目4个，项目总投资4625万元。年末农业机械总动力26万千瓦，大中型拖拉机1098台，小型拖拉机468台，排灌动力机械7735台，水稻插秧机1168台，联合收割机644台。农用化肥施用量(折纯)7123吨，比上年下降0.6%。农村用电量46634万千瓦时，比上年下降2.3%。创成省级特色田园乡村1个、市级特色田园乡村2个、区级美丽宜居村庄61个，宝堰镇创建成为全国农业产业强镇，世业镇入选全国“一村一品”示范村镇。

【工业、建筑业】 2021年，丹徒区规模以上工业企业完成产值466.6亿元，比上年增长23.4%。按行业类型分，采矿业产值4.17亿元，比上年增长15.2%；制造业产值420.76亿元，比上年增长20.3%；电力、热力、燃气及水生产和供应业产值41.67亿元，比上年增长67.1%。按经济类型分，国有独资公司工业产值18.53亿元，比上年增长0.2%；其他有限责任公司工业产值62.43亿元，比上年增长20.7%；股份有限公司工业产值16.72亿元，比上年下降1.5%；私营独资企业工业产值4.69亿元，比上年下降26.1%；私营有限责任公司工业产值229.11亿元，比上年增长34.6%；私营股份有限责任公司工业产值13.74亿元，比上年增长16.4%；港澳台商投资企业工业产值54.29亿元，比上年增长16.5%；外商投资企业工业产值67.08亿元，比上年增长22%。18家大中型企业工业完成产值178.94亿元，比上年增长18%。

从主要工业产品产量看，食醋27万吨，比上年下降6%；起重机3966吨，比上年增长9.1%；水泥907.1万吨，比上年下降6.3%；小麦粉2.8万吨，比上年下降16.2%；饮料酒71525千升，比上年增长5.2%；酱油2251吨，比上年下降12.8%；原盐156.8万吨，比上年下降2.3%；方便面12649吨，比上年下降9.1%；商品混凝土49.37万立方米，比上年下降2.1%；滚动轴承612.8万套，比上年增长14.6%；新能源汽车6239辆，比上年增长288.7%。

规模以上工业企业实现销售收入462.7亿元，比上年增长24.2%。实现利税总额30.1亿元，比上年下降6.5%，其中利润总额20.7亿元，比上年下降5.8%。规模以上工业企业亏损面为18.5%，与上年基本持平。

全年列统的资质以上建筑业企业54家。从业人员15244人，比上年下降8.7%；全年完成建筑业总产值141.56亿元，比上年下降1.8%；房屋施工面积393.9万平方米，比上年增长15.1%，房屋竣工面积41.8万平方米，比上年下降43.7%，营业收入143.36亿元，比上年下降6.1%。

【固定资产投资、房地产】 2021年，丹徒区完成固定资产投资103.3亿元，比上年增长12.2%。其中，工业投资44.71亿元，比上年下降6.8%；制造业投资43.25亿元，比上年增长19.5%；工业技改投资17.77亿元，比上年下降7.3%；高技术产业投资5.89亿元，比上年下降30.9%；服务业投资52.74亿元，比上年增长27.1%。82个计划总投资亿元及以上项目完成投资57.97亿元。

全年房地产开发投资29.17亿元，比上年增长64.7%。商品房新开工面积35.55万平方米，比上年下降16.9%，其中住宅25.02万平方米，比上年下降30.5%；商品房竣工面积13.82万平方米，比上年下降42.7%，其中住宅13.62万平方米，比上年下降13.6%；全年商品房销售面积47.92万平方米，比上年增长39.3%，其中住宅45.59万平方米，比上年增长54.9%。

【商贸】 2021年，丹徒区实现社会消费品零售总额72.97亿元，比上年增长16.3%。按行业分，批发业零售额17.95亿元，零售业零售额47.32亿元，住宿业零售额0.5亿元，餐饮业零售额7.21亿元。按规模分，限额以上单位零售额20.26亿元，限额以下单位零售额52.71亿元。

年末，拥有年成交额亿元以上的商品交易市场2个，完成成交额7.99亿元，比上年下降0.5%。

全年实际利用外资1825万美元，比上年下降82.1%。完成外贸进出口总额67.9亿元人民币，比上年增长38.5%，其中，完成出口总额63亿元人民币，比上年增长41.2%；完成进口总额4.9亿元人民币，比上年增长11.3%。

【交通】 2021年，丹徒区等级公路总里程1069千米，其中一级公路138千米，二级公路87千米，三级公路111千米，四级公路734千米。拥有营运车辆3274辆44341吨位，全年新增货车745辆9931吨位。境内公路客运量110万人次，客运周转量3838万人千米；公路货运量1071万吨，货运周转量165618万吨千米；水路货物运输量256万吨，货运周转量113612万吨千米；内河港口货物吞吐量389万吨。完成312国道、346国道丹徒段改扩建工程搬迁任务，改造提升长香中大道、谷阳大道慢车道，265省道丹徒段(镇荣公路)全线贯通。

【城市建设、环境保护】 2021年，丹徒区清运、无害化处置生活垃圾90218吨，镇村生活垃圾集中收运率90%以上，城市生活垃圾无害化处理率100%。完成垃圾分类省级达标小区建设任务15个。新增城区公共停车位500个，宝庆路、爱民路、华山街共计213个智慧停车泊位投入运营。

9个国省考断面优Ⅲ类水体比例为100%。全年$PM_{2.5}$年均浓度40微克/立方米，空气质量优良天数比率73.2%。全年完成大气污染防治重点工程491项、水污染防治工程8项、太湖治理重点工程4项，VOCs(挥发性有机物)治理项目62个；净增造林10公顷(150亩)，修复湿地13.33公顷(200亩)；受污染耕地安全利用率稳定在90%以上，污染地块安全利用率100%；自然湿地保护率60%；全区农村生活污水治理自然村覆盖率35%，已建农村生活污水设施正常运行率100%。辛丰镇和上党镇五塘村、上党镇上会村、世业镇卫星村、江心园区五套村被命名为第四批省级生态文明建设示范镇、村。

【科技、教育】 2021年，丹徒区认定高新技术企业43家，年末总量为130家，获批科技型中小企业入库181家；获批市级科技孵化器1家，备案国家级众创空间1家，认定省级工程技术研究中心2家，市级工程技术研究中心16家。全年组织开展专题产学研活动8场，征集企业各类技术需求58项，签订产学研合作协议30余项，通过校企联合申报获批国家和省、市级科技项目14项，当年获批上级项目资金312万元，奖励资金1800余万元。

丹徒区拥有各级各类学校64所，其中普通高中3所、职业高中1所、初中8所、小学10所、九年一贯制学校7所、幼儿园24所、开放大学1所、社区教育中心10所。中小学、幼儿园有在校(园)生36228人，其中普通高中4485人、职业高中1838人、初中4009人、小学11711人、九年一贯制学校6159人、幼儿园8026人。宜城小学东校区建成招生，义务教育省智慧校园覆盖率96%。

【文化、旅游】 2021年，丹徒区开辟“文化镇江云”“一网读尽”等线上文艺展播和阅读平台，组织开展线上、线下文艺演出、展映百余场。完成丹徒区文化馆数字化建设工程、新四军四县抗敌总会纪念馆旧址南院提升工程、冷遹生平陈列室布展工程。新四军四县抗敌总会纪念馆入选首批江苏红色地名。丹徒区图书馆及全区分馆纸质图书总藏量共计40余万册，年到馆人次15万以上，图书借还40万册次/年。全年开展戏曲进乡村活动70场、文化活动进乡村130场，线上、线下展览30余场，文化志愿服务203场。放映公益电影1032场，观众12.5万人次。拥有A级景区5家，其中AAAA级景区2家；AAA级景区1家；AA级景区2家。拥有省级旅游度假区1家，省星级乡村旅游区18家。

新四军四县抗敌总会纪念馆史料展厅
（丹徒区委宣传部）

【体育、卫生】 2021年，丹徒区新建和改建健身公园共14个，健身步道5千米。丹徒区体育馆完成升级改造，城西公园对外开放，发放健身路径、篮球架、室内外乒乓球桌、儿童游乐设施共计85套，人均体育场地设施面积3.45平方米。举办江苏省健身气功八段锦网络公开赛(丹徒赛区)、全国老年人太极拳健身推广展示大联动(镇江丹徒分会场)、“庆国庆”广场舞展示活动、“颂歌献给党　永远跟党走　幸福舞起来”江苏省暨镇江市丹徒区广场健身舞百万人大展演等活动。全年新增国家级社会体育指导员1人、一级社会体育指导员9人、二级社会体育指导员106人、三级社会体育指导员52人。全年完成体育彩票销售收入7331万元。

全区有各卫生健康单位129所，比上年增加7所。其中，二级综合医院、二级中医院、疾病预防控制中心、卫生监督所、妇幼保健计划生育服务中心、民营精神病医院1所、卫生进修学校各1所，乡镇卫生院9所，社区卫生服务中心1所，村卫生室(社区卫生服务站)54所，门诊部(诊所)35所，企(事)业单位医务室(卫生所)13所，护理站10所。

全区医疗机构实有病床总数907张，实有在职卫技人员1499人。全区平均每千人口病床数为2.61张，每千人口执业(助理)医师数1.57人，每千人口注册护士数1.51人，每万人口全科医师数5.4人。建成老年友善医疗机构6家、PCR核酸检测实验室2家，创成省级农村区域性医疗卫生中心、尘肺病人康复站、健康促进医院各1家，镇江市口腔医院丹徒分院对外营业。

【人口、民生保障、社会管理】 2021年末，丹徒区常住人口34.8万人，常住人口城镇化率71.85%；户籍总户数10.41万户，户籍人口28.77万人。

2021年，全体居民人均可支配收入45080元，比上年增长9.1%，其中，工资性收入26899元，比上年增长 8.8 %；经营净收入6046 元，比上年增长7.4%；财产净收入4611元，比上年增长10.6%；转移净收入 7524元，比上年增长10.9%。全体居民人均消费支出29415元，比上年增长23.8%。按常住地分，城镇常住居民人均可支配收入57971元，比上年增长8.2%，城镇常住居民人均消费支出35918元，比上年增长22%；农村常住居民人均可支配收入28258元，比上年增长10.2%，农村常住居民人均消费支出20929元，比上年增长26.3%。

全年新增市场主体17270户，累计为各类市场主体减税降费2.35亿元，安排各级涉企扶持资金1.13亿元。全年新增城镇就业5192人，提供就业岗位13062个，帮扶城乡就业困难人员等群体灵活就业336人，失业率控制在1.32%以内，发放就业补贴1859.7万元。城乡职工基本养老保险覆盖率98%以上，企业最低工资调至2280元/月。

全年累计发放特困人员供养经费893万元，对全区150户特殊困难老年人实施居家适老化改造工程；全区普通型社区居家养老服务中心覆盖率100%，提档升级标准化居家养老服务中心11个，统筹推进80周岁以上普惠性对象和60周岁以上困难对象政府购买居家养老上门服务工作，累计开展居家养老上门服务108253人次。全区城乡低保在保1713户2681人，累计发放城乡低保金1857.5万元；开展临时救助365人次，发放救助金54.53万元，城乡低保标准从每人每月790元提高到每人每月820元；发放困难残疾人生活补贴3479.3万元、惠及4372人，发放重度残疾人护理补贴595.7万元、惠及3744人。截至年底，全区113名困境儿童享受生活补助，累计发放补助113.78万元。

2021年，丹徒区宜城街道崇文社区定期上门开展居家养老志愿服务 （丹徒区委宣传部）

年末，全区实有社会组织390家，其中社会团体203家、民办非企业单位187家，每万人拥有社会组织数13个。

说明：1.公报中各项统计数据均为初步统计数，正式数据以统计年鉴为准；2.公报中各项统计数据除注明按可比价格计算外，均按现行价格计算；3.部分数据因四舍五入问题，存在总计与分项合计不等的情况；4.部分指标数据因统计口径调整，较上年不具可比性。

（丹徒区统计局及相关部门）

中共丹徒区委员会

综述

【概况】 2021年，中共镇江市丹徒区委员会(简称丹徒区委)以习近平新时代中国特色社会主义思想为指导，贯彻落实党的十九大和十九届历次全会、中央经济工作会议精神，深入贯彻江苏省第十四次党代会、省委经济工作会议精神以及镇江市第八次党代会、市委八届二次全会精神，落实丹徒区第十四次党代会部署，全区上下深入学习贯彻习近平新时代中国特色社会主义思想，应对复杂多变的外部环境和经济恢复发展中的矛盾问题，统筹新冠肺炎疫情防控和经济社会发展，实现“十四五”发展和现代化建设的良好开局。2021年，丹徒区实现地区生产总值461.07亿元，一般公共预算收入24.38亿元，城镇和农村居民人均可支配收入分别达到57971元、28258元。 (周文婧)

【重要决策】 2021年2月9日，丹徒区委办、区政府办印发《丹徒区进一步优化营商环境的十条规定》，阐述十条规定的工作目标、主要举措、保障措施。2月27日，丹徒区委办印发《2021年度落实全面从严治党“两个责任”的清单》，从强化责任落实、细化工作举措、加大问责力度三个方面作出阐述和部署。5月13日，丹徒区委、区政府印发《关于全面推进乡村振兴加快农村现代化建设的实施意见》，阐述指导思想、工作任务、全面落实保障措施，并分解任务。5月26日，丹徒区委、区政府印发《加快推进社会治理现代化建设更高水平平安丹徒的意见》，阐述指导思想、工作目标、重点任务、推进方式、保障措施，要求全面落实保障措施，并分解任务。6月1日，丹徒区委办、区政府办印发《关于大力实施“长山计划”(2021—2025)的实施意见》，从总体目标、主要任务、配套措施、组织实施四个方面作出阐述和部署。6月3日，丹徒区委印发《关于成立中共丹徒区第十四次代表大会筹备工作领导小组的通知》，决定成立中共丹徒区第十四次代表大会筹备工作领导小组。7月6日，丹徒区委办、区政府办印发《2021年度省市高质量考核任务分解表》，要求各地各部门抓好贯彻落实。7月14日，丹徒区委办、区政府办印发《区扫黑除恶斗争领导小组组成人员的通知》，成立丹徒区扫黑除恶专项斗争领导小组。7月29日，丹徒区委办印发《关于调整区委应对新冠肺炎疫情工作领导小组的通知》，根据人事调整和工作需要，调整丹徒区委应对新冠肺炎疫情工作领导小组组成人员。8月18日，丹徒区委办印发《关于深入开展党史、新中国史、改革开放史、社会主义发展史宣传教育的实施意见》，阐述实施方案的总体要求、重点任务、工作要求。8月25日，丹徒区委印发《关于在全区党员干部中开展“两在两同”建新功行动的实施方案》，阐述实施方案的总体要求、主要举措、推进方式、组织保障，并分解任务。10月26日，丹徒区委办、区政府办印发《丹徒区乡村振兴“书记领航”强村项目实施方案》，阐述实施方案的目标任务、工作举措、工作计划、组织保障。11月23日，丹徒区委、区政府印发《关于建立健全城乡融合发展体制和政策体系的实施方案》，要求各地各部门全面落实方案，并分解任务。 (周文婧)

【中国共产党镇江市丹徒区第十四次代表大会】 2021年7月26—28日，中国共产党镇江市丹徒区第十四次代表大会在丹徒区会议中心举行。大会应到代表285人，实到代表270人，符合规定人数。大会的主要任务是，高举习近平新时代中国特色社会主义思想伟大旗帜，学习贯彻习近平总书记“七一”重要讲话精神，落实省委、市委决策部署，回顾总结区第十三次党代会以来的工作，研究确定今后五年的奋斗目标和主要任务，选举产生新一届区委和区纪委领导班子，动员全区各级党组织、广大党员干部团结带领全区人民，向着丹徒现代化建设新征程阔步前进。谢继步代表中国共产党镇江市丹徒区第十三届委员会，向大会作题为《践行新思想　勇担新使命　向着丹徒现代化建设新征程阔步前进》的报告。 （周文婧）

2021年7月26日，中国共产党镇江市丹徒区第十四次代表大会在丹徒区会议中心开幕 （丹徒区委办）

【中共丹徒区十四届一次全委(扩大)会议】 2021年7月28日，中国共产党镇江市丹徒区第十四届委员会在区行政中心举行第一次全体会议。区委委员23人、候补委员5人出席会议，区纪委委员列席会议。全会采取无记名投票的方式，选举产生中国共产党镇江市丹徒区第十四届委员会常务委员会委员和书记、副书记；通过中共镇江市丹徒区第十四届纪律检查委员会第一次全体会议选举结果的报告。 （周文婧）

【中共丹徒区十四届二次全委(扩大)会议】 2021年12月30日，中共丹徒区第十四届委员会第二次全体会议在区会议中心举行。全会由区委常委会主持，区委书记谢继步代表区委常委会作报告。区委副书记、区长马振兵作会议小结。会议听取和讨论区委书记谢继步代表丹徒区委常委会所作的《聚焦产业强区　聚力民生改善奋力开创丹徒现代化建设新局面》工作报告。 （周文婧）

组织工作

【概况】 2021年，中国共产党镇江市丹徒区委组织部(简称丹徒区委组织部)以习近平新时代中国特色社会主义思想为指导，贯彻落实新时代党的建设总要求和新时代党的组织路线，提高组织工作质量，为推进丹徒现代化建设提供坚强组织保证。围绕捍卫“两个确立”(确立习近平同志党中央的核心、全党的核心地位，确立习近平新时代中国特色社会主义思想的指导地位)、做到“两个维护”(坚决维护习近平总书记党中央的核心、全党的核心地位，坚决维护党中央权威和集中统一领导)主题，党员教育电视片获评全国一等奖3部、二等奖1部，获奖数量和一等奖数量均列全市第一位。完成区、镇领导班子换届，举办全省基层干部教育培训工作现场推进会，干部培养相关经验做法被《中国组织人事报》、省委组织部宣传推介。严密党的组织体系、抓党建促乡村振兴等相关做法在《新华日报》头版刊载。强化人才招引，落实“长山计划”3.0、“才荟丹徒”、“长山青年党建工作站”等人才招引新政。 （王致远）

【庆祝中国共产党成立100周年系列活动】 2021年，丹徒区委组织部举办系列活动，庆祝中国共产党成立100周年。推进“四个一百”活动：召开庆祝中国共产党建党100周年座谈会，评选表彰百名先锋，其中19名个人和9个集体被省、市表彰；组织百场入党宣誓，8000余名新老党员参加活动；举办百堂红色党课，100余名党员干部、先进典型到全区机关、企业、社区、农村讲专题党课；开展百场特色活动，走访慰问困难党员、老干部和烈士遗属等，向全区1611名中共老党员颁发“光荣在党50年”纪念章。围绕群众身边“急难愁盼”问题，开展党史学习教育，融合推进“我为群众办实事”实践活动和“两在两同”建新功行动(中共江苏省委在全省党员干部中开展的“同人民想在一起、干在一起，风雨同舟、同甘共苦，在现代化新征程上建新功”行动)。巩固深化“一人一重点、领办解难题”长效机制，全区领导干部领办解决难题537个。(王致远)

【干部队伍建设】 2021年，丹徒区委组织部采取多项措施，推进干部队伍建设。组织实施区委、人大、政府、政协，镇党委、人大、政府和村(社区)“两委”〔村(社区)中国共产党支部委员会、村民(居民)自治委员会〕换届工作，实现“一稳三好”(平稳有序、换出领航担当好班子、风清气正好生态、争先奔跑好局面)目标。新一届区委委员、区纪委委员实现高票当选，平均得票率居全市前列；新一届区委班子、区纪委班子成员均实现全票当选。镇(街道、园区)党委换届后，镇(街道、园区)党委班子成员平均年龄为38.4岁，比上届减少1.8岁；35岁以下的占比35.1%，比上届增长10.1%；本科以上学历的占比94.7%，比上届增长3.6%；每个镇(街道、园区)择优配备至少1名“五方面人员”(乡镇事业编制人员、优秀村党组织书记、到村任职过的选调生、第一书记、驻村工作队员)。开展年轻干部专项调研推荐工作，分类建立优秀副科职(级)干部、可近期关注的优秀年轻干部、有培养潜力的年轻干部和专业型干部4类380人的优秀干部信息库。开展领导班子综合分析研判，谈心谈话300余人次，发放调查问卷500余份，收集问题建议50余条。落实干部选拔监督管理举措，实行“凡提必核”制度，完成拟提拔重用干部的个人有关事项报告核查工作。开展十三届区委第十三轮巡察、十四届区委第一轮巡察选人用人专项巡察，完成10家单位巡察工作。(王致远)

【基层组织建设】 2021年，丹徒区委组织部完成村(社区)“两委”换届，新一届班子成员平均年龄下降4.6岁，大专及以上学历比例增长22.2%，实现村干部队伍结构“三升一降”(提升学历水平、专业素质、整体功能，降低平均年龄)。开展“履新职、办实事、聚合力”活动，开设“书记论坛”5期，举办乡村振兴和社会治理主题班，2名村书记被评为省“百名示范村(社区)书记”。实施“雏雁起航”计划，推动212名村级后备人才在岗位上成长。完善“三岗十八级”薪酬增长机制，104名社区工作者完成“双全”(全科+全能)职业资格认定。建立“两新”组织(新经济组织和新社会组织)党务工作者“四级五专”(以“初级、中级、高级、特级”为标准，以“明确专门职责、设立专有条件、强化专业能力、实行专委年检、建立专项津贴”为内容)专业化建设体系，公开选聘10名“党务红领”(“党务红领”是对两新组织党务工作者的特殊称谓)，4人被评为镇江市高级党务工作者。制定抓基层党建十项重点任务清单，完善党员干部挂钩联系党支部制度，形成区镇村三级联动、齐抓共管的责任体系。落实“月调度、季评估、年考核”，推动52个党建书记项目落地见效，世业镇党委书记项目获评镇江市“优质书记项目”。组建政校企党建联盟11个，强化党组织凝聚力，该项目获评为镇江市“优质书记项目”，相关做法被《新华日报》头版报道，并被江苏党建、“学习强国”等平台推介。创新开展“红色领航”十项行动(筑牢红色堡垒、选派红色专家、激活红色细胞、建立红领智库、选树红色标杆、编织红色纽带、列出红色清单、营造红色氛围、点燃红色引擎、形成红色矩阵)，成立项目帮办党支部29个和功能性党小组5个，常态化开展“暖心助企”大走访，“知心走访、暖心服务、同心发展、连心共建”的工作法被江苏卫视报道。分类推进党支部“标准+示范”建设，优化星级考评管理，创成“五星”先进党支部16个。推进抓党建促乡村振兴，选派驻村第一书记46人，制定农村人才招引奖励激励措施，增强村集体经济发展的内生动力。梳理适合村办理的6类71项服务清单，逐项优化办事指南。

实施党群服务中心效能提升行动，全面推开“红色物业”（在物业管理中强化以“党建引领”为主线），增设党群议事、网格驿站等功能，常态组织农村实用技术培训、健康体检等服务。（王致远）

【招才引智工作】 2021年，丹徒区委组织部落实镇江市人才“镇兴”行动，制定下发“1+2”人才新政〔即《关于加快实施人才“镇兴”行动全力打造人才高地的若干意见》《关于大力实施“长山计划”（2021—2025）的实施意见》《“才荟丹徒”青年人才引进计划（2021—2025）》〕，实施“长山计划”3.0版、“才荟丹徒”等人才招引工程。举办首届2021中国·镇江国际菁英创业大赛，全年举办产学研对接就业创业培训、投融资对接会、创业沙龙等活动200余场次，开展线上直播引才活动8场次，实施高层次人才对接活动12场次。全区推荐国家级人才计划4人，入选省“双创”计划2人、省“双创科技副总”7人、市“金山英才”计划7人，立项2020年“长山计划”8人，入选省第六期“333”高层次人才培养工程13人、市第六期“169”工程56人。组织第十四批科技镇长团开展集体调研20余次，协助个人开展调研80余次，联同句容、如皋等地科技镇长团开展对接活动，围绕江苏省30条重点产业链及乡村振兴开展人才对接和项目合作。组织“丹徒企业高校行”“高校院所丹徒行活动”系列活动，对接丹徒区内企业需求及省内外高校院所成果，宣传人才新政40余次，达成产学研合作6项，引入专家10余名，合作金额250余万元。（王致远）

【2021年中国·丹徒新材料创新创业大赛总决赛】 2021年12月18—19日，2021年中国·丹徒新材料创新创业大赛总决赛暨颁奖仪式在丹徒高新技术产业园举行。大赛于8月底启动，400余个项目报名参赛，参赛人员中博士以上学历占42%，涉及先进制造、新一代信息技术、人工智能与智能装备、新材料、先进环保与新能源、集成电路与半导体等新兴产业领域。项目征集结束后，专家评审组完成参赛项目初评，并在镇江市、成都市先后举办线上线下分站赛3场，选拔出23个优质项目参加2021年中国·丹徒新材料创新创业大赛总决赛。通过角逐，评选出一等奖2名、二等奖3名、三等奖5名，其中6个参赛项目现场与丹徒高新技术产业园签订落户协议，江苏科技大学、南京林业大学、常熟理工学院代表与丹徒区3家企业签订校地合作意向协议。（王致远）

2021年丹徒区中共党员基本情况表

表1　　单位：人

项目		党员数
总计		21654
预备党员		698
女性		5567
少数民族		58
年龄	35岁及以下	3739
	36岁到45岁	3922
	46岁到55岁	4117
	56岁到60岁	2430
	60岁及以上	7446
入党时间	1937年7月7日至1945年9月2日	4
	1945年9月3日至1949年9月	9
	1949年10月至1966年4月	887
	1966年5月至1976年10月	2380
	1976年11月至2002年10月	9552
	2002年11月及以后	8822

续表 1

单位：人

项目		党员数
学历	研究生	314
	大学本科	5343
	大学专科	3678
	中专	1430
	高中、中技	4311
	初中及以下	6578

（王致远）

2021年丹徒区党的基层组织数量情况和换届情况表

表 2

单位：个

项目			总数	党委	总支部	支部	项目		总数	党委	总支部	支部
党的基层组织数		1	1130	67	97	966	事业单位	9	184	4	11	169
	任届期满	2	265	24	14	227	机关	10	228	3	25	200
	本年换届	3	265	24	14	227	中央一级	11	—	—	—	—
	城市街道	4	82	6	9	67	省(区、市)一级	12	—	—	—	—
	乡镇	5	617	47	36	534	市(地、州、盟)一级	13	—	—	—	—
企业	国有经济控制	6	61	6	—	55	县(市、区、旗)一级	14	221	3	18	200
	集体经济控制	7	6	—	—	6	社会组织	15	13	—	—	13
	非公有经济控制	8	198	1	7	190	其他		440	53	54	333

（王致远）

宣传工作

【概况】 2021年，中国共产党镇江市丹徒区委宣传部(简称丹徒区委宣传部)围绕开局“十四五”、启航新征程目标任务，以庆祝中国共产党成立100周年为重点，贯彻省、市宣传思想文化工作会议和省、市党代会精神，完成各项目标任务。

围绕学习习近平总书记最新重要讲话和重要指示批示精神，全年开展区委理论学习中心组学习24次，县处级领导干部撰写调研文章36篇；创新开设流动“丹心讲堂”，举行各类宣传教育活动2000余场；创新开展基层党员冬训线上“村村行”活动，再次获得“全省基层党员冬训工作示范区”称号。印发《丹徒区意识形态工作“责任清单”和“任务清单”》，完成6家党组织意识形态专项巡察“回头看”；对4家单位(含18个村、社区)开展意识形态专项检查工作，创新形成单项报告及个性化问题清单。

创新管网用网，组织召开区委网络安全和信息化委员会第三次会议，下发《丹徒区委网络安全和信息化委员会2021年工作要点》，每月召开网信工作例会，每季度召开网信工作季度分析总结会，分析研判舆情风险点，做好重点时段网络舆情管理工作。组织“2021年丹徒区网络安全宣传周”“网眼看镇江，聚焦加速跑——走进丹徒”等活动，推进高质量发展。年内，丹徒区委网信办被表彰为“全市网信工作优秀单位”。

优化文明城市创建统筹推进机制，开展七大整治行动(机动车停放秩序、非机动车停放秩序、占道经营和店面外溢、小区环境秩序、不文明养犬、镇村环境秩序综合治理、公益广告提升),创新实施乡风文明测评活动,再次与镇江市同步获得“全国文明城市”称号。选树“中国好人”1人、“省道德模范提名奖”1人、“江苏好人”3人,评选“丹徒最美人物”10人,建成“市标准型善行义举榜”10组和“市好人工作室”2个,开展“梦想改造+”关爱计划,建设“梦想小屋”20间。新四军四县抗敌总会纪念馆入选首批江苏“红色地名”和市党史研学精品线路,世业村创成“江苏省乡村旅游重点村”。(李 凯)

【全区党史学习教育】 2021年,丹徒区委宣传部采取多项措施,推进党史学习教育提质增效、走深走实。组织开展集中学习1700余场次,讲党课1000余场,召开专题组织生活会926场,邀请中央、省、市宣讲团成员到丹徒区宣讲30余次,围绕“乡村振兴”“产业链”主题举办专题读书班。开设“奋斗百年路 启航新征程”专栏,组织“红色印记——讲述丹徒百年党史故事”主题调研采访活动,举办庆祝中国共产党建党百年主题系列新闻发布会,推出歌曲《长山的承诺》、沙画《百年瞬间》等一批主题原创作品。组织“丹心永向党”群众性主题宣传教育、“丹心献给党 奋力开新局”大型文艺演出、“传承百年志 奋进新征程”党旗传递等活动1075场次,营造“共庆百年华诞、共享伟大荣光、共创复兴伟业”的氛围。在《人民日报》等国家级媒体发稿150余篇、省级媒体发稿400余篇,宣传丹徒区党史学习教育动态。世业镇党史学习教育经验获镇江市委书记马明龙批示并被江苏省党史学习教育简报第116期专刊推送。(李 凯)

【新闻宣传】 2021年,丹徒区委宣传部打造全媒体传播矩阵,围绕全区中心工作、改革举措、民生事项等内容,先后在中央和省、市主流媒体发稿1000余篇。举办“2021年丹徒区十件民生实事新闻发布会”“‘我为群众办实事’系列新闻发布会”等新闻发布会20场。推进媒体融合服务,围绕第五届上党黄桃节、第七届江心无花果节等活动开展网络直播10场,取得良好的社会和经济效益。(李 凯)

【文化事业产业】 2021年,丹徒区委宣传部深化“乡村文艺播种计划”,实现文艺志愿者结对挂钩村(社区)全覆盖,志愿服务超200场次,举办“清风雅韵戏曲周”等主题群众文化活动236场次。推出图书《大运河上的江南屋脊——行走丹徒水道》等原创作品6部。开展“宜文读书节”,有序推进“书香丹徒”建设项目42个,组织各类阅读活动900余场次,农家书屋通借通还率均为100%,相关经验新闻稿件被省、市级媒体采用99篇。举办第四届“米芾杯”青少年国际书法大赛,推介丹徒。编制《大运河丹徒段文化保护传承利用规划》,举办“大美运河”书画摄影展、“运河文化”读书会等运河系列活动6个。新增规模以上文化企业9家,全年规模以上文化企业营收比上年增长28%,“金色年华”等4个市级重点文化产业项目有序推进。举办历时8个月的“丹徒旅游文化节”,助推丹徒乡村旅游复苏与发展。(李 凯)

【新时代文明实践服务中心建设】 2021年,丹徒区委宣传部制定文明实践点“四公示”(场所公示、功能公示、活动公示、成效公示)工作实施方案,建成包含“中国梦 宜路行”主题展示馆和指挥大厅在内的区级文明实践中心,建立起区、镇、村级三级文明实践点565个,依托“区文明实践云中心”信息化平台,健全志愿者招募、志愿团队注册、记录管理、褒奖激励等工作机制,组建志愿服务队356支,全年开展各类办实事实践活动近3400场。(李 凯)

统战工作

【概况】 2021年,中国共产党镇江市丹徒区委员会统一战线工作部(简称丹徒区委统战部)立足基层实际,坚持守正创新,推进各项工作。围绕庆祝中国共产党建党100周年和党史学习教育,组织统战系统党史学习教育宣讲会、“翰墨初心•挥毫追梦”庆祝中国共产党建党100周年书法大赛、“民主党派微讲堂”等学习教育活动60余场；围绕学习贯彻落实《中国共产党统一战线工作条例》，凝聚各方面智慧和力量；发挥丹徒区民营经济统战工作协调机制作用，开展民营企业服务活动，全年举办线上、线下政策辅导活动5场，农产品直播推介会3场，激发"产业强区"新动能；指导世业镇卫星村开展2021年项目建设，争取中央财政民族项目补助资金400万元；协助致公党丹徒总支升格为基层委员会，指导农工党丹徒基层委员会、民盟丹徒基层委员会、九三学社丹徒支社、丹徒无党派人士联谊会、丹徒区工商联、丹徒区侨联、丹徒区基督教三自爱国运动委员会、丹徒区道教协会完成换届工作。宜城街道宜和社区、爱回家健康俱乐部通过"微侨家"验收，"侨海服务站"搬入新地址，建成区党外知识分子统战工作实践创新基地；成立丹徒区欧美同学会，扩大统战"朋友圈"。3月，致公党丹徒总支举行"致公之家"揭牌仪式，打造开展侨海工作、强化理论学习、增进政治共识、凝聚党派力量、激发基层活力的平台。同月，丹徒区委统战部组队赴深圳、珠海开展考察调研活动，考察深圳镇江商会及会员企业、珠海同创智谷，邀请有关企业到丹徒考察。（杨　燕）

【庆祝中国共产党成立100周年书法大赛】 2021年6月20日，丹徒区在区美术馆举行"翰墨初心 挥毫追梦"——庆祝中国共产党成立100周年书法大赛(统战篇)优秀作品展开幕式。参展作品围绕培育和弘扬社会主义核心价值观，以回顾党史、歌颂党的丰功伟绩，反映各族人民昂扬奋进的精神面貌，祝福祖国繁荣昌盛的美好愿景为主题，展现祖国经济社会各项事业取得的成就。大赛特邀言恭达等20余位书法名家参展，近200名业余爱好者参赛，80件获奖和入展作品汇编成册。（杨　燕）

【丹徒区企业家乡村振兴沙龙暨农产品直播推介会】 2021年8月，丹徒区委统战部牵头举办"万企联万村　共走振兴路"——丹徒区企业家乡村振兴沙龙暨农产品直播推介活动3场，发动全区各类企业家帮助上党镇、世业镇、江心洲生态农业园区等地农民销售水果，累计销售葡萄、黄桃、无花果等各类水果77.5吨。（杨　燕）

2021年8月13日，"万企联万村　共走振兴路"——丹徒区企业家乡村振兴沙龙暨农产品品鉴会世业镇专场活动（丹徒区委统战部）

【丹徒区无党派人士联谊会换届大会】 2021年12月8日，丹徒区无党派人士联谊会换届大会暨第三届一次会员大会召开。大会通报第二届区无党派人士联谊会工作推进情况和取得的成效，明确新时期工作目标，对章程草案作修改说明。大会选举产生会长1名、副会长5名、秘书长1名。（杨　燕）

【丹徒区党外知识分子统战工作实践创新基地揭牌仪式】 2021年12月28日，丹徒区党外知识分子统战工作实践创新基地揭牌仪式在镇江晟昊文创科技有限公司非遗传承技艺展示馆举行。该实践创新基地依托镇江晟昊文创科技有限公司非遗传承技艺展示馆建立，负责人赵平作为丹徒区优秀无党派人士、党外知识分子代表，多年来致力于传承和发扬非物质文化传统技艺——失蜡法铸造，在全区党外知识分子中具有较强的影响力。（杨　燕）

【丹徒区欧美同学会(丹徒区留学人员联谊会)成立】 2021年12月30日，丹徒区欧美同学会(丹徒区留学人员联谊会)成立大会在丹徒区风景城邦酒店召开。镇江市委统战部常务副部长徐建锋、镇江市欧美同学会(镇江市留学人员联谊会)会长李遇梅应邀出席会议。会议选举产生丹徒区欧美同学会(丹徒区留学人员联谊会)首届理事会，并由理事会选举产生会长1人、副会长4人，推选确定秘书长。新当选会长作表态发言。农工党丹徒基层委员会主委戴文研代表全区各民主党派、无党派人士、统战团体致贺词。截至年底，丹徒区欧美同学会(丹徒区留学人员联谊会)有会员33人。(杨　燕)

机构编制管理

【概况】 2021年，中共镇江市丹徒区委机构编制委员会办公室(简称丹徒区委编办)落实《中国共产党机构编制工作条例》，推进各项改革任务，创新机构编制管理方式，持续优化机构编制资源配置，提升机构编制管理科学化、制度化、规范化水平。截至年底，全区行政编制核定数为1693名，实有数为1616 名；事业编制核定数为5501名，实有数为5081 名；完成机构和人员编制调整事项60项，机构设置和人员编制设置更加优化。 (徐　伟)

【江苏省世业洲旅游度假区与世业镇“区政合一”管理体制】 2021年，丹徒区委编办印发江苏省镇江世业洲旅游度假区管理办公室、世业镇“三定”规定(“三定”规定，即对部门的职能配置、内设机构和人员编制等所作规定的简称)，明确江苏省世业洲旅游度假区与世业镇实行“区政合一”的管理体制，明确区域内的经济发展和建设、旅游管理由江苏省镇江世业洲旅游度假区管理办公室相关职能机构承担，社会事务管理由世业镇有关职能机构承担。 (徐　伟)

【宜城街道基层“三整合”示范街道建设】 2021年，丹徒区委编办按照江苏省、镇江市开展基层治理体系改革先行先试试点要求，经中共江苏省委机构编制委员会办公室批准，将宜城街道作为丹徒区基层治理体系改革先行先试试点，以“党建+”为引领筑牢基层党组织堡垒，以“一网通办”为重点打造为民服务品牌“宜通办”，以创新管理为着力点强化基层治理“一张网”，推动基层“三整合”(“三整合”即推进基层整合审批、服务、执法力量)改革。 (徐　伟)

【综合行政执法体制改革】 2021年，丹徒区委编办完成市场监管领域综合行政执法队伍优化调整、农业领域综合行政执法队伍整合组建工作，科学设置内设机构，强化队伍建设，提升执法水平，有效解决交叉执法、重复执法、多头执法等问题。 (徐　伟)

【三责联审】 2021年，丹徒区委编办会同组织、审计部门，对丹徒区商务局开展领导干部在(离)任“三责联审”(对领导干部进行用人责任审查、机构编制责任审核、经济责任审计)，以民主测评、查阅资料、分组约谈的方式，进行机构编制责任审核，并形成审核报告。 (徐　伟)

【事业单位调查摸底】 2021年，丹徒区委编办开展事业单位调查摸底工作，完成全区51家主管部门所属194家事业单位调查摸底任务，了解事业单位机构编制、人员配备、职能履行、机构运转、服务效能等情况，汇总梳理调研结果，形成调研报告，为深化事业单位改革工作做好准备。 (徐　伟)

【事业单位日常登记管理】 2021年，丹徒区委编办完成事业单位年度报告公示工作，全区215家事业单位按要求在网上提交年度报告，公示率100%。完成机关、群团统一社会信用代码赋码工作，全年办理机关、群团统一社会信用代码证书日常变更登记21家，全部整理归档。推进事业单位信用等级评价工作，全区214家单位参加事业单位信用等级评价，全部获评为A级守信单位。 (徐　伟)

保密工作

【概况】 2021年，丹徒区国家保密局贯彻上级决策部署，立足实际，主动作为，推进保密各项工作，完成全年目标任务。推进保密自查自评工作。5月，转发国家保密局《机关、单位自查自评工作办法》，要求全区各单位按照保密规范化、信息化建设工作部署，贯彻落实，做到加强单位全员保密教育、及时修订保密制度、认真落实自查自评工作有关要求。加强国家考试保密管理。6月，检查丹徒区教育局招生办保密室相关工作，提醒单位领导和相关人员严格落实保密责任，消除安全隐患；参加丹徒区安全生产暨2021年中考考前准备工作检查活动，开展中考考务工作相关保密检查和指导工作。常态化推进载体销毁工作。年内，全区送销纸质载体290袋；对接相关部门，开展电子设备载体销毁中转服务，电子设备载体销毁工作步入规范化、常态化阶段，全年送销计算机等电子载体73台。（周明波）

【保密宣传教育】 2021年，丹徒区国家保密局采取多项措施，推进保密宣传教育。4月15日，丹徒区国家保密局通过在微丹徒等微信公众号、丹徒区行政中心一楼电子大屏播放保密公益宣传片，在机关单位宣传栏张贴保密宣传海报等方式，提高机关工作人员和民众的保密意识。落实镇江市委保密委全体会议精神和《镇江市国家保密局关于开展保密实训工作的通知》相关部署，结合党史学习主题教育活动，于6月1日组织各单位相关人员前往镇江市保密技术服务中心参加中共保密史教育。落实中央保密办、国家保密局《关于组织开展庆祝中国共产党成立100周年保密知识竞赛活动的通知》要求，在全区开展保密知识竞赛答题活动，并督促各单位将其纳入单位党史学习教育活动重要内容，全区完成答题3300余人次。（周明波）

【区委保密委会议】 2021年5月27日，丹徒区召开区委保密委员会全体(扩大)会议。会议要求全区保密干部深刻认识新时期保密工作面临的新形势、新任务，推动保密年度重点工作落实，推进保密人才队伍建设提质增效。会上，通报全区保密管理中存在的突出问题和关键环节，要求相关单位落实保密主体责任，推动问题整改，实现保密管理常态长效。（周明波）

机关党建

【概况】 2021年，中共镇江市丹徒区委区级机关工作委员会(简称丹徒区级机关工委)以习近平新时代中国特色社会主义思想和中共十九大、十九届历次全会精神为指引，在“围绕中心、建设队伍、服务群众”中找准定位，推进机关党建服务高质量发展。开展多项活动，庆祝中国共产党建党100周年。全年发展新党员100人，转正25人。推荐的1名党组织书记被江苏省人社厅和江苏省委省级机关工委评为全省机关党建“先进工作者”。9月，举办第32期入党积极分子培训班，面向入党积极分子开展党性教育，参训学员71人；12月，组织区级机关中共十九届六中全会精神宣讲报告会。年末，丹徒区级机关工委有一级党组织60个，其中直属机关党委3个、党总支部16个、党支部41个，党员2641人；有“五星”党支部3个，“四星”及以上党支部占比48%。（雷　涛）

【区级机关党史学习教育】 2021年，丹徒区级机关工委开展各项党史学习教育活动。6月，承办“丹心向党 启航新征程”“党史、新中国史、改革开放史、社会主义发展史”知识竞赛；联合11个党员数较少的机关支部，开展参观红色教育基地闻捷诗歌纪念馆、“蚕桑科普　党建助农”、庆祝中国共产党建党100周年党史专题讲座等“互联共建学党史”主题党日活动；6月18日，联合11家区级机关部门在宝龙城市广场开展“市县联动聚合力，我为群众办实事”活动，提供法律咨询、民生服务、政策宣传、医卫义诊等志愿服务。（雷　涛）

【庆祝中国共产党成立100周年座谈会】 2021年6月22日，丹徒区级机关工委召集全体直属机关党委、党(总)支部书记，在丹徒区财政局召开区级机关庆祝中国共产党成立100周年座谈会。会上，

2021年度丹徒区级机关50名优秀共产党员、15名优秀党务工作者和35个先进基层党组织受到表彰，优秀代表作交流发言；邀请专家学者，为区级机关基层党组织书记上党史专题集体党课。（雷 涛）

【区级机关党代表选举】 2021年7月20日，丹徒区级机关工委组织召开中国共产党镇江市丹徒区委区级机关工委党代表会议，以无记名投票方式，选举产生丹徒区委区级机关工委出席中国共产党镇江市丹徒区第十四次代表大会代表32人。其中，领导干部21人，占65.6%；各类专业技术人员5人，占15.6%；各条战线先进模范人物6人，占18.7%；妇女5人，占15.6%；45岁以下的10人，占31.2%。（雷 涛）

【机关党员抗击新冠肺炎疫情】 2021年7月，丹徒区级机关工委动员组织50家区级机关400余名党员志愿者投身一线开展"敲门"行动，逐户上门，开展"地毯式"排查，做好疫情防控政策宣传、筛查核准重点人员、落实防控措施等各项任务，完成敲门入户27927家，核查登记人员69342人，发放告知书36465份，签订承诺书10285份。（雷 涛）

【区级机关人大代表选举】 2021年11月起，丹徒区级机关工委组织开展镇江市丹徒区第十七届人大代表换届选举工作。12月10日，以无记名投票方式选举产生丹徒区委区级机关出席镇江市丹徒区第十七届人民代表大会代表15人。其中，党政干部7人，占46.7%；各类专业技术人员8人，占53.3%；妇女6人，占40%；45岁以下的7人，占46.7%。（雷 涛）

【文明机关建设】 2021年，丹徒区级机关工委采取多项措施，开展文明机关建设，引导党员干部做文明行为的践行者、道德风尚的传播者；向机关党组织倡议，号召机关党员干部参加"学党史、助农销、促振兴"主题农展会，开展助农行动；号召区级机关党员参加义务献血活动，累计献血200余人次，总量6万余毫升；组织机关职工参加"永远跟党走 劳动谱赞歌"全市职工歌手大赛，1人获三等奖；推荐丹徒区人社局劳动人事争议仲裁院申报并获得"镇江市工人先锋号"荣誉称号。（雷 涛）

【作风效能建设】 2021年，丹徒区级机关工委持续推进机关作风效能建设。开展机关日常作风效能制度执行、区重点产业投资项目推进、优化营商环境、对外服务窗口等重点领域专项督查，全年印发通报14期、问题交办单5份，现场交办问题200余条；开展区级机关"十佳群众满意窗口""十佳效能标兵"评选活动，选树典型；开展镇(街道、园区)和区级机关满意度半年测评和年度测评；坚持对违反党的纪律、责任意识淡化等行为"零容忍"，配合丹徒区纪委对所属机关党支部3名党员给予党纪处分；移交丹徒区纪委监委调查处理的作风效能问题线索1例。（雷 涛）

党校工作

【概况】 2021年，中国共产党镇江市丹徒区委员会党校(简称丹徒区委党校)贯彻习近平总书记在全国党校工作会议上的讲话精神，落实《中国共产党党校工作条例》，将"党校姓党"贯彻于干部教育培训、理论研究和自身建设之中。年内，选派多人次参加省委党校、市委党校组织的专题培训。全年申报省、市级课题4个，侧重围绕乡村振兴、社区治理、精准扶贫等热点、难点问题开展调研并结项。按照丹徒区委要求，组建丹徒区新时代文明实践志愿服务总队理论宣讲志愿服务队，围绕习近平新时代中国特色社会主义思想、党史教育等主题，开展理论宣讲16场。（彭 莹）

【干部教育培训】 2021年，丹徒区委党校明确抓好主业主课的重要性，提升党员干部教育培训的质量和效果。全年主办各类培训班10期，培训人员410人次，其中主办主体班6期，培训人员350人次。优化课程设置，强化理论教育、党性教育。结合丹徒区委党校实际情况和党员干部学习效果，以课堂教学和现场教学相结合作为培训主要形式，提升教学效果。探索案例教学、互动教学、体验教学等培训模式，提高培训的针对性和实效性。（彭　莹）

老干部工作

【概况】 2021年末，丹徒区有离休干部51人(含垂直系统3人)，其中抗日战争前期参加革命工作3人、抗日战争后期参加革命工作6人、解放战争时期参加革命工作42人；离休干部中，有行政单位26人、事业单位7人、企业18人，有年龄90周岁以上43人、80—89周岁8人，享受地市级待遇1人、县处级待遇29人、科级待遇21人。中国共产党镇江市丹徒区委员会老干部局(简称丹徒区委老干部局)贯彻落实全国老干部工作先进集体和先进个人表彰大会和全国、全省、全市老干部局局长会议要求，统筹老干部业务工作和党史学习教育、庆祝建党百年、新冠肺炎疫情防控等各项工作，提高老干部工作科学发展水平。年内，组织丹徒区四套班子老领导就近就地开展参观学习活动2次；落实经常性走访慰问老干部制度，在重大节日、高温季节、老干部生病住院期间看望慰问老干部；新冠肺炎疫情防控期间，通过电话、微信、工作群等形式与老干部交流谈心，了解老干部的身体、生活状况，并征求意见和建议；结合中国共产党建党100周年和“光荣在党50年”纪念章发放，组织各单位开展形式多样的慰问活动；组织全区离休干部和县处级退休干部针对性健康检查；落实改制和破产企业单位离休干部的医疗待遇，为6个特困单位的6名离休人员和1个困难单位的1名离休干部支付近17万元医保统筹费；开展离休干部家庭医生签约服务“回头看”工作，加强检查、督促、考核；为2名提高医疗费待遇的离休干部落实医药费再报销2万余元，为17名特殊困难离休干部和遗属发放帮扶费用4万元。（杨　琳）

【丹徒区老干部工作会议】 2021年4月27日，丹徒区委老干部局、区委离退休干部工作委员会在区文化艺术中心会议室召开丹徒区老干部工作会议，总结交流经验做法，安排部署工作任务。全区各镇(街道、园区)、部门老干部工作分管领导、离退休干部党支部书记90余人参加会议。会上，有关领导为获批为省级“六有一提升”(有组织，有班子，有活动，有作用发挥，有制度，有保障；提升组织力)示范党支部的荣炳盐资源区老干部党支部和获批为第三批市级“六有一提升”示范党支部的高资街道高资老干部党支部、丹徒自然资源和规划分局老干部党支部、丹徒区检察院老干部党支部授牌。丹徒区高资街道老干部党支部、丹徒区税务局老干部党总支、丹徒自然资源和规划分局老干部党支部、丹徒区检察院离退休干部党支部、丹徒区财政局离退休干部党支部、丹徒公安分局老干部党支部获得“2020年度丹徒区‘六有一提升’创建工作先进党组织”称号，倪锐敏、殷长辉、严京龙、孙瑞华、袁宝凤、尤林获得“离退休干部党建工作先进个人”称号。（杨　琳）

【离退休干部党支部书记培训班】 2021年12月23—24日，丹徒区委老干部局、区委离退休干部工作委员会在京口区锦绣皇宫大酒店举办全区离退休干部党支部书记培训班，学习贯彻中共十九届六中全会精神，引导离退休干部参与“两在两同”建新功行动(同人民想在一起、干在一起，风雨同舟、同甘共苦，在现代化新征程上建新功)。各镇(街道、园区)和区级机关部门近40名离退休干部党支部书记参加培训。培训班邀请丹徒区委党校专家就十九届六中全会精神进行专题辅导，并邀请丹徒区消防救援大队、中国移动丹徒分公司就消防安全知识和如何使用智能手机开展培训。培训期间，组织参加培训的老干部实地参观京口区京口路社区、焦顶山社区，观摩引导老干部助力社区治理的经验做法。（杨　琳）

【离退休干部党组织建设质量提升行动】 2021年，丹徒区委老干部局、区委离退休干部工作委员会持续巩固和深化离退休干部党支部“六有一提升”达标创优成果，实施追赶计划、争创计划、拓展计划。其中，追赶计划针对压线达标党支部，实行局领导分工负责制，推动支部攻坚补短；争创计划围绕持续提升示范党支部建设水平，推动丹徒区住建局老干部支部、谷阳镇三山老干部支部、谷阳镇西麓老干部支部创成市级示范党支部；拓展计划围绕进一步优化离退休干部党组织建设，推进离退休干部党组织覆盖面，新建老干部党支部2个。 （杨 琳）

【离退休干部党支部主题党日活动】 2021年，丹徒区委老干部局、区委离退休干部工作委员会在全区离退休干部党支部统一开展“回望百年路，助跑加速度”主题党日活动，先后组织全区离退休干部参观茅山新四军纪念馆、黄桥战役纪念馆、海军诞生地纪念馆等红色基地，教育引导全区老同志加强党性锻炼，弘扬党的光荣传统和优良作风。主题党日活动期间，各离退休干部党支部因地制宜，开展专题理论学习、红色教育、实地参观学习、志愿服务，以及诗歌、音乐、书法、绘画创作等活动。丹徒区区级机关党群口离退休干部党支部“再看丹徒新发展，助推振兴奉余热”、高资街道高资老干部党支部“赴红色阵地，忆革命初心”、辛丰镇辛丰老干部党总支“助力村庄环境整治”、辛丰镇黄墟老干部党支部“助力抗疫，畅谈发展”、宝堰镇老干部党支部“我为乡村振兴献一策”等主题党日活动获评为2020年镇江市离退休干部党支部百佳“统一主题党日”优秀案例。（杨 琳）

【“我看建党百年新成就”座谈会】 2021年3月26日、4月8日，丹徒区委老干部局、区委离退休干部工作委员会先后召开“我看建党百年新成就”座谈会，邀请老干部、老党员代表18人参加座谈。与会人员从亲历者、见证者、参与者、建设者的视角，围绕建党百年新成就畅所欲言，各抒已见。（杨 琳）

【离退休干部党史学习教育专题宣讲会】 2021年4月27日，丹徒区委老干部局、区委离退休干部工作委员会在区文化艺术中心会议室举办离退休干部党史学习教育专题宣讲会。宣讲会邀请丹徒区委党史学习教育宣讲团成员，市委党校党委委员、教育长彭智勇教授作“深悟党史，砥砺前行”的专题报告。全区各离退休干部党支部书记和丹徒区委老干部局全体党员干部40余人参加宣讲会。

（杨 琳）

【“开启新征程，银发再出发”志愿服务行动】 2021年，丹徒区委老干部局、区委离退休干部工作委员会在全区离退休干部中开展“开启新征程，银发再出发”专项行动，召开现场推进会3次，实行志愿服务项目化管理，推进“党支部+银发志愿者+服务项目”模式，成立特色志愿服务团队18支，围绕“五服务五助力”（服务发展，助力产业升级；服务农业，助力乡村振兴；服务稳定，助力社会治理；服务树人，助力传承精神；服务党建，助力建强堡垒）开展志愿服务。年内，退休干部殷国福获评“江苏省百佳离退休干部党员”，袁宝凤获评镇江市第二届“最美老干部志愿者”，丹徒区税务局“税务维权，助企发展”银发志愿项目获评镇江市第二届“最佳老干部志愿服务项目”，8名老干部获评镇江市2020年度“百名‘不忘初心、牢记使命’正能量先锋”。 （杨 琳）

【老年人才服务中心建设】 2021年，丹徒区委老干部局、区委离退休干部工作委员会探索老年人才服务中心建设，成立丹徒区老年人才服务中心，制订下发《丹徒区关于发挥老年人才助力乡村振兴的实施意见》。建立银发人才库，设立分中心5个，实施“银辉闪耀”项目6个，助力全区老年人才带动周边农户增收。丹徒区税务局老干部党总支、丹徒区上党镇壹零捌茶叶合作社付玉香农业发展团队挂牌镇江市“银发人才工作站”。 （杨 琳）

【镇江市离退休干部庆祝中国共产党成立100周年书画摄影展】 2021年6月11—18日，“回首百年路，助跑加速度”镇江市离退休干部庆祝中国共产党成立100周年书画摄影展在丹徒区老干部活动中心举办。开幕式上，有关领导及部分参展作品作者代表110余人出席活动并参观书画摄影展。该书画摄影展由镇江市委老干部局、市委离退休干部工作委员会主办，镇江市老干部活动中心、丹徒区委老干部局承办，丹阳、句容、扬中、京口、润州等市、区委老干部局和镇江市老干部文体协会协办，展出书画摄影作品167幅，其中丹徒区送展47幅。

（杨　琳）

台湾事务

【概况】 2021年，中共镇江市丹徒区委台湾工作办公室(简称丹徒区委台办)贯彻落实中央对台方针政策和工作部署，分析把握形势，研究探讨问题，推进各项工作。采取多种措施，强化台商招引工作。会同丹徒区商务局与大洋玻璃投资方沟通，招引相关项目；推进崇佑建材新厂房建设，二期项目有序开展；聘请台商作为招商代表，加强中介招商，提高“以台引台”“以台引外”效应；借助投资洽谈会等交流平台，宣传丹徒区优势。参加“2021镇江长三角投资推介会”，邀请台商7人，签约项目1个，总投资3800万美元。强化台企台属服务工作。整理全区台资企业材料，统计企业数量和相关数据，掌握企业情况；继续开展服务台资企业活动，走访领先电子、三鑫金属、崇佑建材、大洋玻璃、五星机械等台资企业，掌握企业面临的困难与问题，落实解决措施；协调法院等相关部门解决李长荣公司判决执行的相关问题；联合丹徒区人社局协调解决领先电子员工社保基金问题，得到台商好评；完善涉台投资软环境，落实中央、省、市各项惠台措施，解决台胞看病就医、子女入学等问题；截至年底，全区有台胞28人、台企员工1458人接种新冠疫苗；与丹徒区教育局协调解决台商朱某子女入学问题；走访慰问涉台婚姻家庭，构建新一代的台属朋友圈；会同炎黄外国语学校，在镇江市台办、江苏省羽毛球运动协会的指导下，举办“2021我是女王”女双羽毛球比赛，180名来自各地的选手参加比赛。开展社会公益活动。10月14日，由丹徒区委台办主办，台商投资企业协会和台属联谊会承办的重阳节慰问活动在荣炳敬老院举行。活动中，李长荣综合石化工业有限公司捐赠6000元，用于在院老人日常生活费用；台属联谊会向敬老院老人们赠送慰问金、营养品，并表达节日的问候。（宋雅静）

【“相约醋都　放飞梦想”2021台湾大学生镇江实习就业体验营活动】 2021年7月15日，丹徒区委台办开展对台交流“进高校、进社区、进企业、进基地、进园区”活动，举办“相约醋都　放飞梦想”2021台湾大学生镇江实习就业体验营活动，120余人参加活动。该次活动的目的是帮助台湾青年深入了解祖国大陆，感受镇江历史文化和自然风光，以及“宜居、宜业、宜游”的城市氛围。（宋雅静）

党史·地方志

【概况】 2021年，镇江市丹徒区史志办公室(简称丹徒区史志办)立足存史、育人、资政职能，推进党史地方志各项工作发展。党史方面，《中国共产党丹徒历史(第一卷)》完成编纂，并报送出版社；《中国共产党丹徒历史(第三卷)》完成初稿，进入补充完善阶段；完成《丹徒革命斗争史》电子版修订并制作光盘 。地方志方面，《丹徒年鉴(2021)》出版发行，该期设有类目31个、分目145个、条目804个，表格63个，随文插图照96幅，计60万字；6月，《高桥镇志》出版发行。

推进全区红色资源普查工作，协助区老促会开展普查人员培训3场50余人次；配合丹徒区委宣传部完成“记录小康工程”(1949—2021年)大事记资料收集整理工作，并制作电子版；6月，江苏省民政厅、省委党史工作办公室、省文化和旅游厅、省退役军人事务厅、省地方志编纂委员会办公室联合发布江苏首批100个“红色地名”，位于丹徒区宝堰镇的新四军四县抗敌总会纪念馆入围，丹徒区史志办专门撰写的《新四军四县抗敌总会纪念馆》一文入选《江苏地方志》“红色地名”专刊。（李东东）

【上党镇烈士陵园入选第一批“镇江市党史教育基地”】 2021年4月15日，丹徒区史志办联合上党镇在上党镇烈士陵园举行第一批“镇江市党史教育基地”挂牌仪式。上党镇烈士陵园坐落在上党镇其一村境内，始建于1984年10月。近年来，有关方面先后投入资金约500万元，扩建改造陵园。截至年底，陵园面积占地面积0.33公顷(5亩)，有烈士墓36座、无名烈士合葬墓2座。（李东东）

【沙画《百年瞬间——红色丹徒的光辉历程》】 2021年上半年，丹徒区史志办联合丹徒区文联策划沙画创作《百年瞬间——红色丹徒的光辉历程》，庆祝中国共产党成立100周年。该沙画创作选材均为丹徒区具有代表性的历史事件，由沙画师根据史料描述以及老照片进行再创作，共计创作沙画图片50余幅，绘制时长40余小时，绘制过程全程录像。沙画创作完成后，相关专题展板在丹徒区人民广场展出；利用沙画绘制视频资料，制成短视频《百年瞬间——红色丹徒的光辉历程》。（李东东）

档　案

【概况】 2021年，镇江市丹徒区档案馆(简称丹徒区档案馆)加强档案服务利用效能建设，提高档案服务社会、服务民生能力。开展档案征集和接收进馆工作，构建突出丹徒地方特色的档案资源体系，全年接收婚姻登记、出生医学证明、疫情防控等档案2万余件，征集区篆刻协会《印象丹徒》书籍5套10本。档案馆全年接待查档3432人次，调阅档案3170卷(件)，复制页数5805页。

推进党史学习教育，开展“为民办实事”实践活动。在各镇(街道、园区)便民服务中心设立档案咨询服务点；在查档服务大厅开展“七心”(暖心、放心、顺心、舒心、称心、省心、贴心)优质服务，推行延时查档、预约查询、电话查档等惠民措施；举办丹徒区革命历史档案文献图片展，庆祝中国共产党成立100周年；结合“6•9”国际档案日，开展“档案话百年•科普惠民行”“档案进社区”活动，增强市民档案法治意识。（夏　欢）

2021年4月28日，丹徒区档案馆举办革命历史档案文献图片展（丹徒区档案馆）

【档案安全建设】 2021年，丹徒区档案馆严格执行《丹徒区档案馆安全保卫制度》《丹徒区档案馆火灾及外来灾害事故应急预案》等制度，安装红外报警系统，扩充监控存储容量，开展消防演练，确保档案库馆安全。对照“八防”(防高温、防潮、防盗、防火、防鼠、防光、防尘、防虫)要求，每天巡查库房并填写库房检查记录表，查看监控库房恒温恒湿系统工作情况，发现问题及时解决。（夏　欢）

【档案数字化建设】 2021年，丹徒区档案馆重视加强档案数字化加工质检工作，发现问题及时整改，确保档案数字化质量。新增全文数字化扫描11.79万页，馆藏档案累计全文数字化扫描699.94万页；新增目录著录7.58万条，累计著录案卷目录和卷内目录264.88万条。（夏　欢）

丹徒区人民代表大会

综　述

【概况】 2021年，镇江市丹徒区人民代表大会常务委员会(简称丹徒区人大常委会)以习近平新时代中国特色社会主义思想为指导，学习贯彻中央人大工作会议精神，立足“四个机关”(建设自觉坚持中国共产党领导的政治机关、保证人民当家作主的国家权力机关、全面担负宪法法律赋予的各项职责的工作机关、始终同人民群众保持密切联系的代表机关)定位，围绕中共丹徒区委中心工作，开拓创新、依法履职。年内举行常委会会议8次、主任会议13次，听取和审议“一府两院”专项工作报告11项，作出决议、决定10项，开展视察调研活动29次，常委会会议任免干部30人次，助推全区经济社会高质量发展和民主法治建设。2021年末，丹徒区有全国人大代表1名、省人大代表3名、市人大代表37名、区人大代表202名、镇人大代表366名。(张　磊)

【依法履责】 2021年，丹徒区人大常委会强化监督，塑造全面依法担负各项职责的工作机关。助推产业强区，开展“暖心助企大走访”活动，走访企业37家，协助企业和项目解决难题15个；助推民生实事，实地考察医养结合运行模式，就推进丹徒区医养结合工作提出意见建议；关注学前教育发展，助力构建优质均衡的基本公共教育服务体系；助推高质量发展，围绕丹徒“十四五”规划重点领域和高质量发展根本方向开展工作监督；助推法治丹徒建设，完成全区5个部门的专项工作评议，重视丹徒区政府法治宣传教育工作情况，持续提升公民法治素养和社会治理法治化水平。

履职为民，打造保证人民当家作主的国家权力机关。推动实施街道议政会制度，制定并实施关于推行街道议政代表会制度的暂行办法；举办五级人大代表专题询问暨新闻发布会，将推动政府民生实事项目作为全过程人民民主的重要实践方式；开展五级人大代表统一接待选民日活动，围绕“民呼我应——听民声、解民忧、聚民意”主题，开展统一选民接待日活动，收集人民群众对经济社会发展和民主法治建设的意见、要求及普遍关心的热点、难点问题。

民呼我应，建设始终同群众保持密切联系的代表机关。在全区人大系统开展“民有所呼，我有所应”主题教育活动，在“查民情”“汇民智”“办民事”中践行初心使命，推动代表建议落实落地。通过重点督办、定期推动、常态化推进等形式，依法完成区、镇人大换届。在镇江市委、丹徒区委的领导和镇江市人大的指导下，依法有序组织开展区、镇两级人大换届选举工作。丹徒区选举委员会加强对各选举单位的督查、联络和指导，及时发布各类公告，确保换届选举依法有序开展。　(张　磊)

重要会议

【丹徒区十六届人大五次会议】 2021年1月12—14日，丹徒区第十六届人民代表大会第五次会议在丹徒会议中心召开。大会应到代表182名，实到代表168名，组成代表团11个。区政府、区政协全体领导，区政府工作部门，区级机关各部门和有关单位负责人，区政协十届五次会议的全体与会人员，部分市人大代表，原担任过区人大常委会领导和委办负责人的离退休老同志列席会议。

大会听取和审议丹徒区人民政府区长马振兵所作的《政府工作报告》、丹徒区人大常委会主任李幸福所作的《丹徒区人民代表大会常务委员会工作报告》、丹徒区人民法院院长汤国生所作的《丹徒区人民法院工作报告》、丹徒区人民检察院代理检察长黄卫群所作的《丹徒区人民检察院工作报告》。书面审查《丹徒区2020年国民经济和社会发展计划执行情况与2021年计划(草案)的报告》《关于丹徒区2020年财政预算执行情况和2021年财政预算草案的决议》，并作出相应决议。

会议表决通过《关于区国民经济和社会发展第十四个五年规划和二〇三五年远景目标纲要的决议》，通过《选举办法(草案)》《民生实事项目票决暂行办法(草案)》。

会议选举陈平才、贺文为丹徒区十六届人民代表大会常务委员会副主任，选举陈炳林为丹徒区监察委员会主任，选举黄卫群为丹徒区人民检察院检察长，会议选举产生丹徒区十六届人大法制委员会主任委员姚遇平、财政经济委员会主任委员杨明凤，会议补选杨明凤、吴富祥、姚遇平、殷宝玉、蒋朝晖为丹徒区十六届人大常委会委员。选举结束后，新当选的人员向宪法宣誓。

会议期间，收到代表10人以上联名提出的议案10件。其中，属于水利建设方面的4件、交通建设方面的2件、组织人事方面的2件、城市建设方面的1件、社会事业方面的1件。根据议案处理办法，经大会秘书长会议审查，主席团会议通过，确定戴益峰等10名代表提出的《关于加快推进城市养老事业健康发展的议案》和刘苗苗代表提出的《关于加快美丽宜居村庄建设的建议》作为重要建议，交由区人大常委会主任会议处理。会议期间收到代表提出的建议、批评和意见51件。大会秘书处在会议结束后，将其中50件建议、批评和意见，连同作为建议处理的议案，交丹徒区人民政府及有关部门，按照丹徒区人大常委会《关于办理区人大代表建议、批评和意见的办法》的规定，办理后书面答复代表。 （张 磊）

2021年1月12—14日，丹徒区第十六届人民代表大会第五次会议在丹徒会议中心召开 （丹徒区人大办）

【丹徒区十六届人大常委会会议】 2021年1月7日，丹徒区十七届人大常委会举行第三十一次会议，会议听取和审议区政府《关于“十三五”规划执行和“十四五”规划纲要(草案)编制情况的报告》，听取和审议《丹徒区2020年财政预算执行情况和2021年财政预算草案的报告》，初步审查2021年本级预算，听取和审议区政府《关于2021年民生实事候选项目的报告》，讨论区人大常委会工作报告，审议通过《2021年区人大常委会工作要点、工作计划》，听取和审议《2019—2020年度优秀区人大代表、先进人大工作者、优秀议案建议和先进承办单位的方案(草案)》，并作出决定。会议对政府工作部门和“一委两院”进行效能建设测评，并表决通过有关人事任免。

3月26日，区十六届人大常委会举行第三十二次会议，会议听取和审议“一府两院”《关于2020年区人大常委会审议意见落实情况的报告》，并进行票决；听取和审议区政府《年度环境状况和环境保护目标完成情况的报告》，并进行票决。

5月11日，区十六届人大常委会举行第三十三次会议，会议通过《关于推行街道议政代表会制度的暂行办法》《镇江市丹徒区民生实事项目人大代表票决制暂行办法》，并表决通过有关人事任免。

5月27日，区十六届人大常委会举行第三十四次会议，对法院、检察院和区政府工作部门进行专项工作评议并进行票决，听取和审议区人民法院院长汤国生所作的关于人民法庭建设情况的汇报，表决通过有关人事任免。

7月30日，区十六届人大常委会举行第三十五次会议，听取和审议区政府《关于2021年上半年国民经济和社会发展计划执行情况以及下半年执行意见的报告》；听取和审议区政府《关于2020年度财政决算草案及2021年上半年财政预算执行情况的报告》，审查丹徒区2020年度区级财政决算，并作出相应的决议；听取和审议区政府《2020年度本级预算执行和其他财政收支情况的审计工作报告》；听取和审议区人民检察院关于护航民企工作情况报告，并表决通过有关人事任免。

9月17日，区十六届人大常委会举行第三十六次会议，听取和审议区政府关于区十六届人大五次会议代表建议办理情况的报告，并进行票决；听取和审议区政府国有自然资源管理情况报告，听取和审议全区粮食安全生产工作执行情况的汇报；讨论通过区、镇人民代表大会换届选举工作有关问题的决定，并表决通过有关人事任免。

12月13日，区十六届人大常委会举行第三十七次会议，听取和审议区政府《关于提请审议谷阳湖科技文化创意园项目的议案》，并做出相应的决定；听取和审议区政府关于2021年1—10月预算执行情况的说明，通过《关于批准丹徒区2021年财政预算调整方案的决议》；听取和审议区政府《关于2020年度本级财政预算执行和其他财政收支审计查出问题整改情况的报告》，听取和审议区政府《法治宣传教育工作情况的报告》，作出“八五”普法决议，并表决通过有关人事任免。

12月31日，区十六届人大常委会举行第三十八次会议，听取和审议《丹徒区2021年财政预算执行情况和2022年财政预算草案的报告》，初步审查2022年本级预算；听取和审议《丹徒区2021年国民经济和社会发展计划执行情况和2022年国民经济和社会发展计划草案的报告》，初步审查《丹徒区2022年国民经济和社会发展计划(草案)》，听取和审议区政府《关于2022年民生实事候选项目的报告》，讨论并通过人大常委会工作报告；对政府工作部门和“两院”(丹徒法院、丹徒区检察院)效能建设进行测评，并表决通过有关人事任免。

（张　磊）

2021年丹徒区十六届人大常委会主任会议情况表

表3

时间	会议名称	会议内容
1月5日	区十六届人大常委会第四十七次主任会议	审阅《2020年区政府民生实事项目展播》专题片，听取和讨论区政府关于2021年民生实事候选项目的汇报；听取有关人事说明；讨论《关于表彰2019—2020年度优秀区人大代表、先进人大工作者、优秀建议和先进承办单位的方案(草案)》；讨论区人大常委会工作报告及2021年工作要点、工作计划
2月25日	区十六届人大常委会第四十八次主任会议	对区十六届人大五次会议提出的《关于加快推进城市养老事业健康发展的议案》《关于加快美丽宜居村庄建设的建议》两件重要建议作交办意见
3月24日	区十六届人大常委会第四十九次主任会议	听取区政府2020年民生实事项目、重点项目、重点工程完成情况及2021年计划安排情况的汇报
4月29日	区十六届人大常委会第五十次主任会议	集中学习中共丹徒区委《关于在党史学习教育中深入开展“学亚夫、做亚夫——把成绩写在大地上”先锋行动的通知》精神，并安排部署区人大系统开展相应主题活动
5月10日	区十六届人大常委会第五十一次主任会议	会议讨论修订《关于推行街道议政代表会制度的暂行办法》《镇江市丹徒区民生实事项目人大代表票决制暂行办法》

续表3

时间	会议名称	会议内容
5月25日	区十六届人大常委会第五十二次主任会议	听取有关人事任免情况说明
6月29日	区十六届人大常委会第五十三次主任会议	听取区政府关于全区文化旅游发展情况的汇报
7月29日	区十六届人大常委会第五十四次主任会议	听取区政府关于河湖长制工作的情况汇报；听取有关人事说明
8月30日	区十六届人大常委会第五十五次主任会议	听取政府工作报告承诺清单及民生实事项目推进实施情况的汇报；讨论2021年度五级人大代表专题询问会暨新闻发布会有关事宜
9月15日	区十六届人大常委会第五十六次主任会议	听取区政府关于美丽宜居村庄建设情况的报告；听取有关人事说明；讨论区、镇人民代表大会换届选举有关问题
10月28日	区十六届人大常委会第五十七次主任会议	听取区政府关于区十六届人大五次会议重要建议办理情况的汇报；讨论安排五级人大代表接待选民工作
12月9日	区十六届人大常委会第五十八次主任会议	听取丹徒区谷阳湖科技文化创意园项目情况报告；听取有关人事说明
12月18日	区十六届人大常委会第五十九次主任会议	听取有关人事说明；听取区政府关于政府投资工程项目监督情况的报告；讨论区人大常委会工作报告

（张　磊）

重点工作

【五级人大代表专题询问会暨新闻发布会】 2021年9月10日，丹徒区人大常委会采用“政情通报+询问+新闻发布+满意度测评”的模式，召开由全国、省、市、区、镇五级人大代表参加的专题询问会暨信息发布会。会上，市代表朱立荣，区代表范艳荣、胡克明等7名人大代表和《新华日报》、江苏卫视、《镇江日报》、镇江电视台、丹徒融媒体中心等媒体，围绕产业项目建设、“双减政策”落实、扬尘污染等10个方面问题，向丹徒区政府提出询问和提问，并由区政府相关负责人正面回应，一一作答。五级人大代表专题询问暨新闻发布会开启政府部门与人大代表、新闻媒体间的良性互动，成为丹徒民主法治建设的一大特色。（张　磊）

【区、镇人大两级换届选举】 2021年12月10日，丹徒区举行区、镇两级人大代表换届选举统一投票。依照《中华人民共和国选举法》规定，各选区根据选民分布状况，按照方便选民投票原则分别设立选举大会主票箱、投票站。会场设置“秘密写票处”，方便选民依法投票，保障选民的民主权利。全区登记选民306882人，选民登记率99.44%。选举日设立投票大会13处、投票站1222个，选出区人大代表202名、镇人大代表366名。（张　磊）

【五级人大代表统一接待选民活动】 2021年11月12日，丹徒区人大常委会组织开展人大代表统一接待选民活动，404名全国、省、市、区、镇五级人大代表到全区50个选民接待点，零距离听取群众的意见和建议，接待选民1202人，收集意见建议546件，现场解答259件。（张　磊）

【专项工作评议】 2021年3月，丹徒区人大常委会根据《镇江市丹徒区人大常委会2017—2021年专项工作评议实施方案》，启动对丹徒法院、丹徒区检察院、丹徒区人社局、丹徒区城管局、丹徒区统计局5个部门的专项评议工作，刚性化开展专项评议。评议过程中，各评议组提出建议、批评意见20余条。被评议部门坚持问题导向，直视问题和不足，并加以改进，确保取得成效。（张　磊）

议案和重要建议

【概况】 2021年，丹徒区十六届人大五次会议期间，收到代表提出的建议51件，议案转建议10件，共计61件，全部答复代表。其中满意44件、基本满意17件，满意、基本满意率100%；办成22件，办理中33件，难以办理5件，办成率36.07%。一批涉及教育就学、医疗卫生、城市管理、环境保护等方面，并与群众生产生活息息相关的热点难点问题得到有效解决。（张　磊）

【关于加快推进城市养老事业健康发展的议案】 2021年，蒋朝晖等10名代表在丹徒区十六届人大五次会议上提出《关于加快推进城市养老事业健康发展的议案》被确定为重要建议。建议内容：1.将社会养老服务建设作为重要民生工程，列入重要议事日程，纳入绩效考评体系。建立政府公共财政社会养老服务体系建设项目投入机制，将公办养老服务设施建设经费、管理运行经费、政府购买服务经费、高龄老人津贴、设置公益性岗位经费、政府激励性政策补贴列入财政预算。2.加大资金投入力度。在原有的开办补助基础上，增设安全生产运营补助。扩大政府资金补助覆盖面，确保开办补助和运营补助涵盖全区所有养老机构；制定社会化养老扶持政策，提高政策优惠强度，简化审批手续，吸引、鼓励、支持更多社会力量和民间资本进入养老服务行业。加大督查力度，确保扶持政策落实。3.尽快研究制定强制性的规划建设标准，规定城市住宅开发建设必须规划建设老年人活动场所。加大养老服务信息系统建设投入的力度，实现养老服务需求和社区为老服务资源的对接，为养老服务提供智能化技术保障。理顺养老服务资源投入、管理和使用的关系，实现社区居家养老服务站与医疗卫生服务机构的有效对接。4.推进养老机构的科学化发展，统筹规划、协调发展。引导养老机构的规范化建设。强化政府在养老服务社会化中的主导作用，全面规范养老机构的服务、管理、运营、设施、配备，加强养老机构的专业化管理。5.发展多种形式的养老模式，开展各种层次的养老服务。社会养老服务体系以居家养老为基础、社区养老为依托、机构养老为补充，形成政府、社会和市场共同推动的发展格局。6.完善服务体系。建立居家养老服务和管理人员的培训制度，加强培训工作，提高服务人员的素质，提高服务和管理水平。建立居家养老服务网络和老年人居家养老档案，降低居家养老事业的各项成本，使老年人能从社区获得托养、日间照料、助餐送餐、医疗护理、精神关爱等居家养老基本服务。（张　磊）

【关于加快美丽宜居村庄建设的建议】 2021年，刘苗苗代表在丹徒区十六届人大五次会议上提出《关于加快美丽宜居村庄建设的建议》。建议内容：丹徒区政府将美丽宜居村庄建设工作作为全区实施乡村振兴战略的主要工作，把生态立区和美丽丹徒的要求贯穿于工作全过程。1.建立健全宜居村庄建设保障机制。加强组织领导，上下联动，明确建设目标和时序进度。督查考核、推进落实，在加快建立和完善多元投入机制的同时，加大财政投入，健全绩效考评、责任追究机制等制度体系。2.坚持规划引领、示范先行。优化镇村布局规划，强化村庄规划设计，因地制宜，因村施策，分类推进，通过提升规划发展村庄公共服务水平，吸引农民自愿适度集中居住，杜绝形象工程、政绩工程。总结工作经验，提升工作标杆，试点示范，点面结合，推动整体提升。3.依法开展视察监督工作。组织人大常委及市、区代表依法履职，创新监督形式，助推乡村振兴工作。（张　磊）

丹徒区人民政府

综 述

【概况】 2021年，丹徒区坚持稳中求进，经济运行持续向好。全年新增市场主体17270户，累计为各类市场主体减税降费2.35亿元，安排各级涉企扶持资金1.13亿元，新增规模以上工业企业43家，总数259家，其中亏损企业48家。全年地区生产总值461.07亿元，增长9.5%；一般公共预算收入24.38亿元，增长2%；固定资产投资103亿元，增长12.2%；规模以上工业总产值466.6亿元，增长23.4%；规模以上工业销售收入462.7亿元，增长24.2%；社会消费品零售总额73亿元，增长16.3%；城镇和农村居民人均可支配收入分别达到57971元、28258元，增长8.2%、10.2%。 (倪羽娟)

【项目建设】 2021年，丹徒区推进"双百计划"(每年招引实施100个产业项目，完成100亿元产业投资)，全年120个产业项目实际完成投资116亿元。签约亿元以上项目56个，总投资287亿元，项目落地率、列统率均高于全市平均水平。开展闲置低效资源盘活利用"三年行动"，全年盘活处置低效闲置土地163.87公顷(2458亩)、闲置厂房8.35万平方米。建华科创园、德晴碳纤维等省、市级重点项目实现当年建设、当年投产；润祥油品码头项目获江苏省发展和改革委员会核准，LNG(液化天然气)加注站码头投入运行；总投资45亿元的中圣节能制造基地项目有序推进，总投资30亿元的柒壹康养农旅综合体、10亿元的原轼高性能材料等优质项目签约落户。 (倪羽娟)

【营商环境】 2021年，丹徒区推进"放管服"(简政放权、放管结合、优化服务)改革，出台优化营商环境十条举措，在全市率先推出"轻微违法首次免罚"清单，规范各类涉企行政执法检查。常态化开展"暖心助企"大走访，建立"一件事一次办"清单110项，首创税务"个体新办套餐"并在全市推广，企业开办时间缩短至0.5个工作日以内，全年新登记法人企业3247家。坚持创新驱动引领，完成44家全民所有制企业改革任务，新认定高新技术企业43家、科技型中小企业181家，"材智汇"获批国家级众创空间，恒顺醋业被认定为AAA级"两化"(信息化和工业化的高层次深度结合)融合贯标试点企业，大力液压马达获国家级制造业"单项冠军"，希西维轴承获评国家级"专精特新"小巨人企业。打造"1+4"人才政策体系("1"是"长山计划"3.0版主文件，"4"是相关配套文件，包括人才、团队申报，人才培育，引才主体奖励细则和人才项目绩效评价细则)，扩大"长山计划"3.0("长山计划"是丹徒区实施的高层次创新创业人才引进计划)和"才荟丹徒"人才品牌影响力，新增江苏省"双创人才"(创新创业人才)2人、镇江市"金山英才"计划("金山英才"计划是镇江市实施的高技能领军人才计划)7人、丹徒区"长山计划"8人，签订产学研合作协议30项，累计兑现各级科技项目奖励资金1800余万元。 (倪羽娟)

【城乡功能建设】 2021年，丹徒区坚持优势互补、协同联动，加快城乡融合发展步伐。提升公共服务功能，新增城区公共停车位500个，新建健身步道5000米、健身公园14个，区体育馆完成升级改造，城西公园对外开放。完成312国道丹徒段、346国道丹徒段改扩建工程搬迁任务，改造提升长香中大道、谷阳大道慢车道，265省道丹徒段(镇荣公路)全线贯通。推进乡村振兴，发展乡村产业，全年签约产业项目38个、完成投资11.16亿元，均位居全市前列。新建800公顷(1.2万亩)高标准农田，创成省级“特色田园乡村”1个、市级“特色田园乡村”2个、区级“美丽宜居村庄”61个。新四军四县抗敌总会纪念馆入选首批江苏“红色地名”，江心园区御隆河创成省级水利风景区，宝堰镇创成“全国农业产业强镇”，世业镇入选全国“一村一品”(以村为基本单位，按照国内外市场需求，发挥本地资源优势，通过推进规模化、标准化、品牌化和市场化建设，使一个村或几个村拥有一个或几个市场潜力大、区域特色明显、附加值高的主导产品和产业)示范村镇。（倪羽娟）

【民生保障】 2021年，丹徒区落实30项政府投资项目，办好10件民生实事，民生支出占一般公共预算支出比重78.3%。全面压降“三公”〔公务接待、公务用车购置和运行、因公出国(境)〕经费，超过60%区级机关首批创成“全国节约型机关”。围绕就业优先导向，健全“3+2”(向被帮扶者提供至少3次职业介绍、1次职业指导和1次技能培训)对接帮扶机制，新增城镇就业5192人次，城镇登记失业率控制在3%以内。城区居民消费价格指数为101.5%，总体保持平稳。提升安置保障水平，全年竣工交付安置房315套，回迁安置1229套，用市场化的办法妥善化解谷阳湖片区安置历史遗留问题。优化健康服务功能，建成老年友善医疗机构6家、PCR核酸检测(利用聚合酶链反应的方法检测病毒核酸)实验室2家，创成省级农村区域性医疗卫生中心、尘肺病人康复站、健康促进医院各1家，镇江市口腔医院丹徒分院对外营业。推进教育现代化，贯彻“双减”(减轻义务教育阶段学生作业负担和校外培训负担)政策，全面开展课后延时服务，加快学前教育提档升级，宜城小学东校区建成招生，江苏省智慧校园覆盖率超过96%。巩固拓展脱贫攻坚成果，加强易返贫群体精准识别，建立低收入人口常态化帮扶机制，发放各类帮扶资金1930万元，城乡低保标准从每人每月790元提高到每人每月820元。（倪羽娟）

【政务公开】 2021年，丹徒区贯彻落实《中华人民共和国政府信息公开条例》的各项规定，树立“公开为常态，不公开为例外”的理念，强化组织领导，建立健全工作机制，以深化政务公开为主线，以依法行政、提高效能、建设服务型政府为目标，推进政府信息公开各项工作。全年丹徒区人民政府网站公开各类新闻、图片、资料及动态类信息4249条，其中区政府文件、区政府办公室文件信息1072条，25个区直部门、11个镇(街道、园区)子站发布信息3177条；收到本级信息公开申请15件，均依法依规回复办结；收到纸质信息公开申请9件，其中依法依规办结8件、办理中1件。开设政务新媒体14个，按政务新媒体类型分，微信12个、微博2个；按开设主体分，区政府部门5个、镇(街道、园区)9个。全年累计发布各类新闻动态、政策宣传、通知公告等1.08万篇。（倪羽娟）

【外事工作】 2021年，丹徒区统筹推进疫情防控和涉外工作，推动区域高水平开放。强化入境人员信息跟踪摸排，完善区、镇(街道)、村(社区)三级联动双向核查机制，向镇、街道推送人员信息380余人次，对接村、社区摸排信息30余条，确保丹徒入境人员应管尽管。建立健全防控网络，实现入境人员“机场到社区”全过程防疫闭环管理。摸排入库区内常住外国人61人、境外丹徒籍人员172人，宣传并组织外籍人员接种新冠疫苗50余人。全年因公出国(境)团组2批，出国(境)3人次，辖区企业邀请外籍高管、技术人员11批28人次。（倪羽娟）

重要会议和活动

【丹徒区政府常务会议】 2021年，镇江市丹徒区人民政府(简称丹徒区政府)先后召开常务会议7次。

1月5日，审议有关事项，集中学习中央农村工作会议精神，听取《镇江市丹徒区国民经济和社会发展第十四个五年规划和二〇三五年远景目标纲要(草案)》，研究讨论2021年政府工作报告。3月3日，集中学习《江苏省防范和惩治统计造假、弄虚作假督查工作规定》，研究2021年区政府民生实事项目和2021年区政府重点工作任务分解方案，听取《镇江市丹徒区危险化学品使用安全专项治理行动工作方案》的汇报。3月30日，听取和研究2021年丹徒区各镇(街道、园区)党委政府和区安委会成员单位履行安全生产工作责任考核评价指标、进一步深化安全生产三年专项整治工作的实施意见，研究《丹徒区新冠病毒疫苗接种实施方案》、调整被征地农民基本生活保障标准等事宜。4月29日，审议有关事项，听取和研究《关于全面推进乡村振兴加快农业农村现代化建设的实施意见》、《2021年丹徒区招商引资“招大引强年”工作意见》、2020年丹徒区“长山计划”拟资助名单等有关事项。6月18日，学习中共中央总书记习近平、国务院总理李克强关于安全生产事故重要指示批示，以及全国、省、市相关会议精神，听取全区安全生产工作和全区消防工作情况汇报，集中学习《中华人民共和国行政处罚法》，研究《丹徒区集中整治“散乱污”企业专项行动方案》；7月23日，审议有关事项，集中学习《江苏省水域保护法》《中华人民共和国排污许可管理条例》《江苏省水污染防治条例》《中华人民共和国未成年人保护法》《中华人民共和国预防未成年人犯罪法》，研究《镇江市丹徒区突发事件总体应急预案》《关于加快全区闲置低效资源盘活利用的三年实施方案》等事宜。8月23日，学习中共中央总书记习近平关于疫情防控工作的重要批示精神，听取全区疫情防控工作情况汇报，研究《镇江市丹徒区新冠肺炎疫情应急处置预案》，确保全区继续保持“零输入、零疑似、零确诊”。(倪羽娟)

【丹徒区重点产业投资推介暨项目集中签约活动】 2021年5月10日，丹徒区重点产业投资推介暨项目集中签约活动在世业镇举行，集中签约项目20个，总投资156亿元，其中包括规划投资55亿元的高效节能装备制造基地及研发中心项目、总投资30亿元的调峰燃机投资合作项目、总投资30亿元的世业洲康养农旅项目、总投资18亿元的天安智能制造产业园项目、总投资10亿元的顺丰丰泰智慧仓储物流项目、总投资10亿元的奥克斯产业园项目等一批高质量项目。区委副书记、区长马振兵出席活动。

(倪羽娟)

2021年5月10日，丹徒区重点产业投资项目集中签约仪式（第一批） （丹徒区政府办）

【建华科创园奠基仪式】 2021年2月26日，建华科创园奠基仪式在丹徒开发区举行。该项目总投资50亿元，用地73.33公顷(1100亩)，重点建设绿色建材智能制造工厂，打造“生态环保绿色”的现代化码头、全封闭智能化仓储、智慧物流大数据中心以及新材料及环保装备产业园。区委副书记、区长马振兵出席活动。

(倪羽娟)

行政审批

【概况】 2021年，丹徒区行政审批局以政务服务提质增效、优化营商环境为重点，推进行政审批制度改革和政务服务创新，组建“一窗受理”专职队伍，实现审批局审批事项“一窗通办”；开设“红色专窗”，为产业项目提供一对一帮办服务；营商环境考核“政务服务”“办理工程建设项目审批”指标位列全市第一，“开办企业”指标位列全市第二。政务服务中心全年窗口办件133732件，办结率100%；全年承办“12345”政府热线工单41022件，按时办结率100%，综合满意率96.06%。公共资源交易中心完成工程和政府采购类交易项目135项，交易金额8.2亿元；全年完成农村产权交易2022笔，交易额2.27亿元；完成国有建设用地使用权网上交易宗地33宗，成交总额2.87亿元。

（沈雅凡）

【丹徒区首张民办非企业单位登记证书】 2021年3月8日，丹徒区行政审批局社会事务窗口向镇江市丹徒区卓越教育培训中心颁发丹徒区第一张民办非企业单位登记证书。登记换证过程中，社会事务窗口开辟“绿色通道服务直通车”，做到解答咨询一口清、资料发放一次清、材料收集一次清，得到前来办事人员的肯定。

（施　露）

【社会事务窗口首张社会团体法人登记证书】 2021年3月19日，丹徒区行政审批局社会事务窗口为镇江市丹徒区青商会换发加盖丹徒区行政审批局印鉴的第一张社会团体法人登记证书，标志丹徒区行政审批局社会事务窗口完成全部划转事项的融合工作。通过设置“一窗受理”综合审批窗口，实现“一枚印章管审批”的行政审批新模式，让群众和企业感受到“一站式”服务的便民化和高效性。

（施　露）

2021年丹徒区政务服务中心办件情况表

表4

序号	窗口	项目受理件数		收费（万元）
		受理件	办结件	
1	投资建设窗口	526	526	—
2	税务局窗口	8352	8352	539.35
3	自然资源和规划局	226	226	74.51
4	住建局窗口	111	111	—
5	交通局窗口	6358	6358	—
6	城管局窗口	61	61	31.37
7	财政局窗口	30	30	159.31
8	银行归口收费	216	216	—
9	住房公积金中心	7098	7098	—
10	农业农村局窗口	766	766	—
11	公安窗口	6904	6904	—
12	华润燃气窗口	10831	10831	—
13	自来水窗口	33808	33808	—
14	供电窗口	2065	2065	—
15	消防窗口	15	15	—
16	一窗通办窗口	13074	13074	—
17	烟草局窗口	225	225	—
18	应急管理局窗口	101	101	—
19	公交IC卡窗口	42700	42700	—
20	公共资源交易中心	63	63	11.6

续表 4

序号	窗口	项目受理件数		收费(万元)
		受理件	办结件	
21	农村产权交易窗口	202	202	—
合计		133732	133732	816.13

(沈雅凡)

说明:1—12月银行归口收费9744.4345万元,1—12月公积金中心支出19328.6351万元,1—12月政务服务中心邮寄EMS1465件

机关事务管理

【概况】 2021年,镇江市丹徒区机关事务管理中心(简称丹徒区机关事务管理中心)围绕区委、区政府中心工作,理顺体制机制,强化工作落实,推进机关事务高质量发展。围绕优质服务保障,提升机关干部职工的满意度和获得感。加强会务保障,会议音响、弱电维保纳入服务外包。强化机关餐饮服务,树立“一切以宾客为中心”的服务理念,打造服务品牌。 (罗轶凡)

【公务用车管理】 2021年,丹徒区机关事务管理中心强化公车内外部监督管理,制定《丹徒区党政机关公务用车管理办法》,将公务用车管理纳入区级机关各部门、镇(街道、园区)高质量发展考核的重要内容,并建立区、镇两级联络员制度。安装车载定位系统,实时查看全区公务用车运行轨迹,并可回看历史运行轨迹,确保公车运行处于“透明”状态。(罗轶凡)

【办公用房管理】 2021年,丹徒区机关事务管理中心完成40幢办公楼建筑数据、产权情况摸底工作,推进产权统一管理。建立年度报送工作制度,加强信息系统实时更新。制定优化方案,整合人才市场楼、卫健委楼等5幢办公楼的办公用房资源。完成科级以上领导办公室面积现场测量检查,巩固党政机关办公用房清理整改成果。 (罗轶凡)

【公共机构节能】 2021年,丹徒区机关事务管理中心推进公共机构节能各项工作。丹徒区总工会等14家单位创建成为“国家节约型机关”,丹徒区教育局创建成为“省级节能示范单位”。开展全区公共机构反对食品浪费和垃圾分类工作的专项督查。加强用能系统和设备设施的日常巡查、维护保养和运行管理,强化日常节能管理。与丹徒区水利局联合举办“世界水日”“中国水周”主题宣传活动,加强节能宣传培训。 (罗轶凡)

信　访

【概况】 2021年,丹徒区接待群众上访549批2007人次,批次和人次分别比上年上升3%和9%,其中集体上访95批1213人次,批次比上年上升5%,人次比上年下降1%。

全年群众反映的信访诉求主要是:土地征用类,有45批72人次,占5.8%;城乡建设类,有275批355人次,占35.3%;劳动保障类,有75批159人次,占9.6%;民政类,有7批50人次,占1%。(赵　洋)

【“一战两整治”工作】 2021年,丹徒区信访局以化解重点矛盾、解决突出问题、维护信访秩序为重点,开展以信访矛盾化解攻坚战、城乡建设领域信访问题专项整治、规范信访秩序集中整治为主要内容的“一战两整治”工作。成立以区分管领导为组长,区信访局局长为副组长,区相关部门和各镇(街道、园区)分管领导为成员的专项治理工作领导小组,制定并印发专项整治工作方案,提出整治重点和明确工作要求。注重矛盾排查,先后召开

专题会议4次，部署开展信访矛盾大排查大整治行动，将越级进京访、城乡建设领域信访问题和纳入“双月攻坚”的信访事项作为排查重点，做到不漏一件、不差一人。落实领导包案，所有重点信访事项，坚持以化解为目标，按照“一个案件、一名领导、一个班子、一个方案、一套台账、一抓到底”要求，明确化解措施、办结时限、包案责任，调度各方力量稳步攻坚。强化依法处置，公安机关成立依法处置专案组，挖掘线索、收集证据、依法打击。（赵　洋）

【“集中治理重复信访、化解信访积案”专项工作】 2021年，丹徒区信访局聚焦积案化解，开展“集中治理重复信访、化解信访积案”专项工作。丹徒区委常委会、丹徒区政府常务会定期听取专项工作情况汇报，分析研究信访形势。建立区级领导接访直通车，实行预约接待、优先接待、重点接待，对时间跨度长、涉及人员多、化解难度大的专门安排“一把手”接待，并纳入党政主要领导“百县千案”重点化解事项。成立由党政主要领导、分管领导和包案领导组成的“三合一”攻坚化解专班，区委主要领导对疑难复杂问题主动靠前、亲自调度，党委领导挂包联系地区、政府领导挂包分管条线、各级领导挂包疑难案件成为常态。全年中联办交办信访事项化解率97.9%。年底，丹徒区信访局被市信访联席办评为信访工作先进单位。（赵　洋）

【信访专项行动】 2021年，丹徒区信访局成立工作专班，由丹徒区委、区政府分管领导担任总指挥，同时指导镇(街道、园区)和部门成立工作专班。部署开展信访矛盾大排查大整治行动，全方位滚动排查重点领域、重点问题。建立区、镇、村三级联调联动机制，每日通过信访云视频系统自下而上地进行分析汇总，及时收集掌握信息，对重要访情、预警信息进行联合研判。丹徒区纪委、丹徒区委政法委、丹徒公安分局、丹徒区信访局组成两个督查组，每日分片检查督查各地领导接访、信息报送、信访值班等工作情况，发现问题当场整改。（赵　洋）

【“人民满意窗口”质量提升工程】 2021年，丹徒区信访局围绕创优服务品牌、改进工作方法和维护合法权益，开展“人民满意窗口”质量提升工程。建立“丹信为民、信服万家”服务品牌，倡导树“六心”（爱心、耐心、善心、良心、恒心、信心）和强“六力”（能力、毅力、智力、定力、鉴别力、执行力），践行微笑服务、温馨服务、诚信服务和亲情服务，开展“党员示范岗”“人民满意接访员”创建评比工作。接访大厅完成提档升级，整合综治、法律服务、涉法涉诉联合接待、非诉讼服务等职能，推行联合接待机制。丹徒区纪委监委、丹徒区委政法委、丹徒区信访局为常驻单位，丹徒区司法局、丹徒区农业农村局等8个信访量较多的部门每天轮流值班，其他属地和部门根据情况随时接访，为来访群众提供“一站式”受理、“一条龙”服务。推行快处快结机制，简单问题现场办理、即时回复，一般问题当天交办、按时反馈；一时难以解决的，依托“1+6+X”研判调度指挥中心，成立情况处置专班，共同研究解决；重大疑难事项，形成书面情况分析报告，提交党委政府集中会办，高位推动解决。年底，丹徒区信访局被市信访联席办评为“人民满意窗口”质量提升工程示范单位。（赵　洋）

2021年，接待信访群众　　（丹徒区信访局）

政协丹徒区委员会

综 述

【概况】 2021年,中国人民政治协商会议镇江市丹徒区委员会(简称丹徒区政协)践行习近平新时代中国特色社会主义思想,坚持发扬民主和增进团结相互贯通、建言资政和凝聚共识双向发力,发挥专门协商机构作用,履职尽责,为推动全区经济社会高质量发展作出贡献。截至年底,丹徒区有政协委员162人。

制定实施《关于丹徒区政协系统开展"创五好党建、助聚力同心"活动的实施意见》,坚持区政协党组把方向、管大局,严格落实中共丹徒区委各项决策部署,坚持重大事项和重点工作及时向中共丹徒区委请示报告制度,全年向中共丹徒区委常委会专题汇报2次。落实党建工作责任制,完善区政协系统党的组织网络,在所有协商议事室成立临时党支部110个,在有条件的界别设立临时党支部12个,设立"区政协委员联合党支部",依托委员活动小组设立"委员履职党小组"。区政协党组定期听取党支部专题汇报,按照五星级的标准加强区政协机关党支部建设。筹备建党100周年庆祝活动,组织区各民主党派、工商联、无党派人士联谊会2次,听取各党派的发展历史以及与中国共产党团结合作的奋斗历程。

开展"智慧政协"建设,搭建综合性、常态性、制度化政协委员专用网络履职平台。举办政协常委培训班、委办主任课堂和政协委员讲堂,深化委员履职成效考核,落实委员履职档案。健全同党外知识分子、非公有制经济人士、新社会阶层、台侨和民族宗教界人士的联络机制,组织开展"政协开放日""委员接待日""三走进一联系"(走进企业、走进社区、走进乡村,联系群众)等各类交流联谊活动,广泛凝聚共识,汇聚高质量发展合力。

制定《丹徒区政协党组及机关关于开展党史学习教育的实施方案》,每月开展"政协机关学习交流会",组织区政协常委和部分委员赴西柏坡、嘉兴、溧水、黄桥等地开展党史学习教育培训。在宜城街道诈输社区举行公益义诊活动,走进宝堰敬老院为老人开展健康养老讲座和问诊活动。

(孙晋跃)

【政治协商】 2021年,丹徒区政协围绕发展全局,广泛协商,为丹徒区委、区政府科学决策、改进工作建言献策。全年组织召开政府政协联席会议1次,召开常委会议7次,围绕"传承发展乡贤文化、加强养老体系建设"等方面开展重点协商。召开主席会议8次,其中围绕"完善就业平台建设,缓解企业用工难"和"推进医共体建设,完善基层医疗保障体系"开展专题协商2次。(孙晋跃)

【民主监督】 2021年,丹徒区政协围绕高桥临港产业园建设、低效闲置土地利用、台侨资企业发展、运河文化带建设等情况,组织委员开展专题视察6次。修订《中国人民政治协商会议镇江市丹徒区委员会提案工作实施办法》,深化区领导领衔督办重点提案工作机制,继续高质效推进重点提案督办,全年104件提案均得到有效落实。(孙晋跃)

【参政议政】 2021年，丹徒区政协围绕高新园区企业转型升级、全区国土空间总体规划编制等方面，组织委员开展重点调研4次，鼓励和引导政协委员运用提案和社情民意形式参政建言。组织实施民主评议提案办理，针对3件综合类提案，专委会开展对口协商3次，形成大会发言材料12篇，畅通社情民意反映渠道，全年上报社情民意信息26条。 （孙晋跃）

重要会议

【丹徒区政协十届五次会议】 2021年1月11—14日，中国人民政治协商会议镇江市丹徒区第十届委员会第五次会议在丹徒区会议中心举行。会议听取并讨论区委书记谢继步代表中共镇江市丹徒区委所作的讲话。与会政协委员列席丹徒区第十六届人民代表大会第五次会议，听取并讨论区长马振兵所作的《政府工作报告》及其他相关报告。会议对区政府过去一年取得的成绩表示满意。会议审议通过黄子来代表政协镇江市丹徒区第十届委员会常务委员会所作的工作报告和任金华代表政协镇江市丹徒区第十届委员会常务委员会所作的提案工作情况报告。会议号召，区政协各参加单位和全体政协委员要在中共镇江市丹徒区委的坚强领导下，不忘初心齐奋斗，善作善为勇担当，在丹徒"三高一争"（推进高质量发展、创造高品质生活、实施高效能治理，在谱写"镇江很有前途"新篇章中争得城市荣光）的生动实践中展现更大作为，以优异的成绩迎接中国共产党百年华诞。 （孙晋跃）

2021年1月11—14日，中国人民政治协商会议镇江市丹徒区第十届委员会第五次会议召开

（丹徒区政协办）

【丹徒区政协常委会议】 2021年，丹徒区政协召开常委会议7次。1月7日，召开十届二十一次常委会议，审议通过人事调整相关事项；审议通过《区政协常委会工作报告》和《区政协常委会关于提案工作情况报告》；决定召开区政协十届五次会议有关事项。

1月11日，召开十届二十二次常委会议第一次全体会议，听取区委对区政协十届委员会副主席候选人提名情况的说明，酝酿候选人建议名单，讨论《选举办法(草案)》。1月12日，召开第二次全体会议，听取各组讨论情况汇报，提出监票人建议名单，听取《选举办法(草案)》讨论情况汇报。1月13日，召开第三次全体会议，听取各组讨论情况汇报，听取各组酝酿候选人情况汇报，确定提交大会选举的正式候选人名单，确定提交大会的《选举办法(草案)》和选举总监票人、监票人建议名单，讨论《会议决议(草案)》及其他决议(草案)，听取关于提案审查情况的汇报。

4月19日，召开十届二十三次常委会议，审议通过人事调整相关事项，审议通过《区政协2021年工作要点》，审议修订《丹徒区政协提案工作实施办法》，动员部署"共抓长江大保护——政协委员在行动"主题活动，部署政协其他工作。

8月5日，召开十届二十四次常委会议，听取区政府关于2021年上半年国民经济和社会事业发展及下半年工作安排的情况通报，听取区文明办关于"传承发展乡贤文化，合力助推乡村振兴"的情况通报，听取和讨论区政协课题组相关调研情况的汇报。

9月30日，召开十届二十五次常委会议，听取和讨论区政府关于"加强养老体系建设"的情况通报，听取和讨论区政府关于"推进高新园区企业转型升级"的情况通报。

10月28日，召开十届二十六次常委会议，听取和讨论区政府关于提案办理情况通报，对部分提案办理情况进行民主评议。

12月31日，召开十届二十七次常委会议，审议通过有关人事事项，讨论和审议《区政协常委会工作报告(讨论稿)》《区政协常委会提案工作情况报告(讨论稿)》，讨论和审议召开区政协十一届一次会议有关事项。 (孙晋跃)

【丹徒区政府政协联席会议】 2021年12月27日，丹徒区政府与政协召开联席会议，区委副书记、区长马振兵出席并讲话，区政协主席黄子来主持会议。会上，黄子来介绍《区政协常委会工作报告》《丹徒区政协2022年工作要点》，区委常委、常务副区长张蕾向政协通报政府工作，区政府各副区长围绕区政协2022年工作提出意见和建议。副区长李庆丰、王军、胡光亮、杨忆宁、江达贤、施展，区政协副主席叶向东、朱彤、郭祥明、李晓娟、任金华、梅放，秘书长蔡怀根出席会议。 (孙晋跃)

重要活动

【“共抓长江大保护——千名政协委员民主监督在行动”主题活动】 2021年，丹徒区政协组织全体委员开展“共抓长江大保护——千名政协委员民主监督在行动”主题活动，将全体政协委员分为6个视察监督小组，通过市、区两级联动或独自开展视察监督的方式，全程跟踪18个重点项目，督查推进。其间，开展活动9批次，参加委员100余人次。 (孙晋跃)

2021年3月26日，“共抓长江大保护——千名政协委员民主监督在行动”主题活动启动仪式 (丹徒区政协办)

【“有事好商量”协商议事室建设】 2021年，丹徒区政协转发《镇江市政协系统“有事好商量”协商议事工作标准化的实施意见》，完成全区130家“有事好商量”协商议事室标准化建设，并将所有政协委员编入各协商议事室，全年开展协商议事活动150场。宜城街道西麓村协商议事中心和丹徒区高新园协商议事中心被评选为协商议事“精品店”。 (孙晋跃)

【“百场宣讲·千场议事”活动】 2021年，丹徒区政协在全区88个行政村(社区)完成“学党史、办实事、树新风”协调议事季活动。围绕“完善村规民约、树立文明新风”主题，在宜城街道西麓村举办协商议事现场观摩会1次；在全区镇、村两级协商议事室开展“‘七一’讲话·协商议事室委员来宣讲”活动20场。 (孙晋跃)

2021年4月18日，丹徒区政协在宜城街道西麓村举办协商议事现场观摩会 (丹徒区政协办)

纪检监察

综 述

【概况】 2021年,中国共产党镇江市丹徒区纪律检查委员会、镇江市丹徒区监察委员会(简称丹徒区纪委监委)学习贯彻习近平新时代中国特色社会主义思想,持续加大监督执纪问责和监督调查处置力度,贯彻落实中央、省、市纪委和区委全会部署安排,整治群众身边腐败和作风问题,深化纪检监察体制改革,推进全区党风廉政建设和反腐败工作。

纪检监察体制改革。探索实施监督检查、专案办理、管理保障"三大工作法",构建协调有序、规范高效的工作格局。建立健全疑难信访"包案化解"、信访举报查否会商、问题线索预先评估等制度,细化流程,明确节点,落实责任,确保综合研判的规范性、准确性、全面性。组建监督审查攻坚组和信息宣传工作组,以个人自学、领导引学、同事荐学、重点督学等方式,常态化开展学习交流活动。抽调监督审查攻坚组成员参与专案办理、专项检查,在实践中积累经验,提升能力。

纪检监察队伍建设。坚持自我净化、自我完善、自我革新、自我提高,锻造忠诚干净担当、敢于善于斗争的纪检监察铁军。锤炼思想作风,制定"打铁必须自身硬"专项行动方案和创建模范机关工作指引,审理室创成全市纪检监察系统模范室组。注重干部日常教育管理,丹徒区纪委监委领导坚持带头讲党课,分类谈心谈话97轮次,组织"重走总书记视察路""重温入党誓词""重拾不变初心"等活动6场,增强凝聚力。提升能力素质,抓住"选""训""比"三个环节,通过选调、招考、军转等渠道加大优秀干部引进力度,采取考察、轮训、测试等方式严把"入口关"。深化分层分类培训和实战锻炼,组织各类集中培训24场2000余人次。举办全区村(社区)纪检干部培训班,制定《村(社区)纪检工作规定(试行)》。开展"以案带训"活动2期,明确"导师"帮带,组织集中研学,在实践中选出好干部。开展全区纪检监察系统"十佳青年岗位能手"评选活动,分类制定高质量发展考核办法,以比学赶超推进争先创优。严格自我监督,严肃党内政治生活,以党史学习教育专题组织生活会为契机,加强纪检监察干部警示教育。坚持刀刃向内,常态化开展内部作风效能督查11次,发现问题5个,谈话提醒14人,保证队伍纯洁性。 (马传纪)

【执纪执法成效】 2021年,丹徒区纪委监委坚持"严"的主基调,把严惩腐败与严密制度、严肃教育紧密结合,坚持系统施治、标本兼治,持续巩固反腐败斗争压倒性胜利。持续强化"不敢""知止"氛围,全区纪检监察组织处置问题线索363件,立案183件,其中乡科级17件,留置15人,移送司法机关11人,挽回直接经济损失1522.7万元。建立健全"室组地"联动监督联合办案、派驻监督"协作片"等工作机制,强化日常监督,严格执纪问责,相关纪检监察组织立案111件。严肃查处医疗卫生、征地拆迁等领域严重违纪违法犯罪案件,净化一方政治生态。把办案与堵塞漏洞、强化监管结合起来,找准案件背后的体制性障碍、机制性梗阻、制度性漏洞,推动召开专题民主生活会、案件通报会5场,建立健全制度机制17项。形成案件剖析报告、专项监督报告等7份，报区委决策参考。运用监督执纪“四种形态”处理386人次，通过提醒、谈话、批评教育等处理248人次，最大限度教育、帮助、挽救干部。在关键节点分层分类开展廉政谈话65轮次，发挥廉政宣传“风向标”作用，制作发布廉政主题海报《清正廉明过清明》、《清风揽明月 廉洁过佳节》、微动漫《粽情端午清风润廉》、公益广告《雕刻可以再来人生不能重启》，推送廉政短信7500余条，拍摄警示教育片《贪婪的代价》，引导党员干部筑牢拒腐防变的思想堤坝。（马传纪）

重要会议

【**中共镇江市丹徒区第十四届纪律检查委员会第一次全体会议**】 2021年7月28日，中共镇江市丹徒区第十四届纪律检查委员会在丹徒区行政中心召开第一次全体会议，选举产生丹徒区纪委常委和书记、副书记。会议由陈炳林主持。参加会议的15名区纪委委员以无记名投票的方式，选举陈炳林、戴伟、张云飞、朱志文、马庆军、龚恋淇、包珩7人为区纪委常委；选举陈炳林为区纪委书记，选举戴伟、张云飞为区纪委副书记。

【**全区领导干部警示教育大会**】 2021年12月31日，丹徒区领导干部警示教育大会在丹徒新城召开。区委常委，区人大常委会、区政府、区政协领导，区法院院长、区检察院检察长，区纪委常委、区监委委员、区委巡察组组长，各镇、街道、园区党委(党工委)主要负责人，区级机关各部门、各直属单位主要负责人参加会议。会议现场播放警示教育片《贪婪的代价》，对全区各级领导干部进行警示教育。（马传纪）

【**区纪委常委会议**】 2021年，丹徒区纪委召开常委会议32次。常委会议围绕丹徒区纪委主要工作展开讨论，主要包括区纪委“三重一大”（重大事项决策、重要干部任免、重要项目安排、大额资金的使用）事项、立案情况、重要案件审理情况、纪检监察文件起草制定等。区纪委常委会议定期开展中心组学习讨论，重点学习落实中共十九大和十九届历次全会精神、习近平总书记重要讲话精神，贯彻上级纪委和区委对纪检监察工作的要求，落实党风廉政建设和反腐败工作的要求和部署。（马传纪）

审查调查

【**概况**】 2021年，丹徒区纪委监委立案183件，比上年增长12.3%，其中自办案件153件，占立案总数83.6%。其中纪委立案100件、监委立案103件、纪委监委双重立案20件，涉及乡科级领导干部17人。对15人采取留置措施，增长7.1%，移送司法机关依法处理11人。（林世辉）

【**正风肃纪工作**】 2021年，丹徒区纪委监委接收信访举报266件(次)，比上年降低25.7%。围绕换届、节日等关键节点，严明换届纪律“十条禁令”和作风建设“十个严禁”要求，围绕违规吃喝、违规发放津补贴、“公车私用、私车公养”等问题强化监督检查，推动立行立改问题16个，查处违反中央八项规定精神问题22起，党纪政务处分31人，通报曝光典型问题9批13起16人，严防“四风”(形式主义、官僚主义、享乐主义、奢靡之风)问题反弹回潮。聚焦医保资金、惠民养老、停车收费等民生领域，强化靶向监督，严肃查处以权谋私、截留侵占、失职渎职等问题8起，党纪政务处分6人。结合近年来查处的典型案例和日常监督发现的共性、突出问题，选取“农村集体经营性资产管理”开展“小切口”监督，推动整改问题30个，查处相关问题13起15人，党纪政务处分8人，推动收缴租金100余万元。（马传纪）

【**运用“四种形态”工作**】 2021年，丹徒区运用监督执纪“四种形态”处置389人次。其中，第一种形态248人次，占63.8%；第二种形态116人次，占29.8%；第三种形态7人次，占1.8%；第四种形态18人次，占4.6%。在准确把握运用好后三种形态的同时，用好“第一种形态”，对发现的苗头性、倾向性问题，采用谈话提醒、约谈函询等方式，全年谈话函询100人次；对反映问题不实，但需防微杜渐的问题，全年提醒谈话110人次；对存在轻微违纪问题，综合考虑违纪性质情节和认错悔错态度，给予批评教育93人次、诫勉谈话22人次，使“红脸出汗”成为常态。（林世辉）

监督执纪

【概况】 2021年，丹徒区各纪检监察组织围绕区委、区政府中心工作，聚焦疫情防控、污染防治、安全生产、农村乱占耕地建房整治等重点工作，系统推进农村集体“三资”（农村集体所有的货币资金、资产和资源）管理、违法用地整治、惠民养老资金发放管理、群众反映强烈的突出问题整治等19项专项监督，查处违纪违法问题51件63人，处分49人，问责10人。加大专项督查和执法监察工作力度，向相关单位发出纪检监察建议9份。（洪　英）

【政治监督强化工作】 2021年，丹徒区纪委监委围绕护航乡村振兴、新冠肺炎疫情常态化防控、政法队伍教育整顿、粮食购销领域腐败问题专项整治等重大战略实施情况，加强监督检查，立案30件，党纪政务处分37人，确保政令畅通。协助区委制定年度全面从严治党“三张清单”，对37人、5个党组织履责不力、作风不实问题追责问责，压实管党治党政治责任。协助区委做好年度政治生态监测评估反馈问题整改工作，确保按期销号的同时，推进相关单位举一反三，排查风险点33个，制定整改措施41项。完善党风廉政意见回复工作，实施党风廉政意见回复4528人次、提出暂缓或否定性意见4人，严把选人用人“廉洁关”。（马传纪）

【“两个责任”贯彻落实】 2021年，丹徒区纪委监委协助区委制定年度“两个责任”〔全面从严治党党委(党组)主体责任，纪委监督责任〕三张清单、35项具体任务，项目化推动责任落实，对管党治党“两个责任”落实不力的党组织和个人实施问责7件13人。（洪　英）

巡察工作

【概况】 2021年，丹徒区委巡察工作精准把握政治定位，坚持发现问题与成果运用并重，以制度化、规范化、标准化为重点，巩固深化巡察监督全覆盖。围绕“三个聚焦”（聚焦党的理论路线方针政策和党中央重大决策部署在基层贯彻落实情况、聚焦群众身边腐败和作风问题、聚焦基层党组织建设情况），对6家党组织进行巡察“回头看”，对4家党组织开展常规巡察，开展个别谈话601人次，发现突出问题170个，向相关部门提出意见建议39条，移交信访件58件次，移送问题线索13件，转立案5件，给予党纪政务处分9人，完成十三届区委巡察工作任务。（赵望舒）

【巡察质效】 2021年，丹徒区委巡察机构加强对巡察监督与其他监督贯通融合的统筹，强化全过程协作配合，拓宽监督融合主体，分别印发与组织部门、纪检监察机关加强统筹衔接的实施意见，深化与审计、信访等职能部门的协作配合，全年调阅审计报告29份、领导干部廉政档案120份，查阅信访信息37件次。注重从政治高度归纳提炼发现的问题，加强系统性、倾向性问题的分析研判，形成专题报告供丹徒区委决策参考。针对市巡察指导督导反馈意见，形成丹徒区巡察整改工作方案，制定整改措施26项，建章立制5项，明晰工作方法，提升巡察质效。（赵望舒）

【巡察整改】 2021年，丹徒区委巡察机构优化巡察整改质效评估机制，建立整改评审人员库，集中评审每轮巡察整改工作，量化评估整改成效，促进被巡察单位长效管理。注重整改日常监督，落实“室组”联动机制，督促派出监察员办公室、派驻纪检监察组及镇(街道、园区)纪委定期报送巡察整改进展情况，提升巡察整改完成率。联合区纪委监委组建巡察整改专项督查组，专项督查巡察满1年的6个镇(街道、园区)所辖64个村(社区)党组织整改落实情况，形成督查综合情况报告，并在全区范围内通报，确保巡察监督落地见效。（赵望舒）

民主党派·工商联

民革丹徒区基层委员会

【概况】 2021年，中国国民党革命委员会镇江市丹徒区基层委员会(简称民革丹徒区基层委员会)有支部2个、党员35人，有市人大代表1人、市政协委员1人、区政协常委4人，年内吸纳新党员1人。新冠肺炎疫情防控期间，党员周鹏捐款2万元，受到民革镇江市委表彰。年内，党员赵爱华获评“江南大学管理先进个人”，党员马健杰参加民革镇江市委组织的“百年中国梦，风雨同舟情”征文活动获一等奖。

（民革丹徒区基层委员会）

【支部活动】 2021年，民革丹徒区基层委员会以中国共产党成立100周年和中共党史学习教育为契机，组织两支部党员开展多种形式的学习活动。集中学习中共中央总书记习近平《在庆祝中国共产党成立100周年大会上的讲话》和《中国共产党党史》部分章节、《中国共产党统一战线工作条例》等文件材料；通过关注“江苏民革”“镇江民革”微信公众号，党员开展自主学习。

一支部、二支部开展各类特色活动。4月14日，一支部党员在长山文化园开展“学习中国共产党党史，回顾合作历程”主题学习和参观活动；4月26日，一支部党员在位于西津渡的镇江市非物质文化遗产保护中心开展“作风建设年”主题学习活动，并参观镇江民间文化艺术馆；6月，一支部党员参加“风雨同舟·筑梦同心”镇江市政协庆祝中国共产党成立100周年诗书画印联展活动和民革镇江市委庆祝中国共产党成立100周年文艺汇演，二支部党员编排舞蹈《不忘初心》参加民革镇江市委“永远跟党走”文艺汇演；10月8—9日，一支部党员赴民革南京市江宁区总支“中山博爱之家”开展党员之家研习活动，并开展乡村振兴和特色小镇调研活动。

（民革丹徒区基层委员会）

【参政议政】 2021年，民革丹徒区基层委员会履行参政议政职能，建言献策。镇江市“两会”期间，提交《关于建立分级诊疗、促进家庭医生签约服务落实的建议》等提案建议8件；丹徒区“两会”期间，提交《关于优化事业单位专业技术人员岗位设置的建议》《规范小区物业管理的建议》《关于幼前教育的提案》等提案建议9件。一支部结合城市高质量发展的思路，开展“推动城市内涵式发展，建设现代品质新城”专项调研；为绿色新能源汽车产业出谋划策，组织调研北汽麦格纳新能源汽车产业发展并形成调研报告。二支部党员王柏平根据“青少年身心健康”调研课题，开展走访调查并形成调研报告；党员戴竹青关心城市和经济建设，撰写文章《关于镇江古运河的一点见解》。

（民革丹徒区基层委员会）

【社会服务】 2021年，民革丹徒区基层委员会弘扬博爱精神，开展社会服务活动。1月8日，一支部联合丹徒区妇联开展“把爱带回家”系列活动，关爱慰问孤儿、困境儿童和留守儿童；12月9日，一支部在镇江市残疾人就业创业基地开展“扶残助残在行动　冬季慰问暖人心”关爱残障人士活动，慰问困难残疾人。

（民革丹徒区基层委员会）

民盟丹徒委员会

【概况】 2021年10月21日，中国民主同盟镇江市委丹徒委员会(简称民盟丹徒委员会)召开换届选举会议，选举产生民盟丹徒第二届委员会，徐俊任主委，肖涛、姚凯、盛景俊任副主委，吴丹、凌茜、汪梦卉任委员。

2021年，民盟丹徒委员会有盟员51人，年内新发展盟员2人；盟员中有教师21人、政府机关及事业单位工作人员20人、民营企业从业人员10人，有市人大代表1人、市政协委员1人，有丹徒区政协常委2人、委员7人。年内，盟员凌茜、汪梦卉、吴文方、曹群获“2021年镇江市优秀盟员”称号、肖涛获评社会服务工作先进个人；丹徒二支部获评宣传工作先进集体，丹徒三支部获评社会服务工作先进集体。（凌　茜）

【支部活动】 2021年，民盟丹徒委员会坚持以习近平新时代中国特色社会主义思想为指引，学习贯彻中共十九届四中、五中全会精神，以及省、市《民盟2021年度盟务工作要点》和《丹徒区2021年统战工作要点》精神，各支部以中国共产党成立100周年、中国民主同盟成立80周年、镇江民盟成立65周年为契机，集中学习《中国共产党统一战线工作条例》《中国民主同盟纪律处分办法(试行)》《中国民主同盟章程》等部分重点内容；落实民盟中央、民盟江苏省委、民盟镇江市委重大决策部署，继承和发扬民盟优良传统；依托“盟员之家”平台，深化“同心共盟”社会服务品牌建设，带领“同心共盟”志愿者服务队开展各项活动，发挥盟内人才资源优势，做好优秀盟员宣传工作；引导盟员企业家开展“关爱老兵在行动”活动，与丹徒区退役军人事务局共建，全年走访6名慰问困难退役军人，承办多场退役军人专场招聘会，帮助5名退役军人就业；助力新冠肺炎疫情防控工作，与社区协同筑牢疫情防控“防火墙”，做到“不漏一户、不漏一人”。（凌　茜）

【参政议政】 2021年，民盟丹徒委员会履行参政议政职能，关注社会热点和难点问题，徐俊、肖涛、吴丹等11名盟员参加丹徒区“两会”。会议期间，参会盟员听取区政府工作报告、区人大常委会工作报告、区人民法院工作报告、区人民检察院工作报告，并参与分组讨论，就民生、教育、卫生、文化建设、文旅融合、乡村振兴、城建和各自履职进行发言，共提交建议和提案18件。（凌　茜）

2021年1月11—14日，民盟丹徒委员会盟员参加丹徒区“两会”（民盟丹徒委员会）

民建丹徒区基层委员会

【概况】 2021年，中国民主建国会镇江市丹徒区基层委员会(简称民建丹徒区基层委员会)组织会员开展中共党史学习教育，学习贯彻习近平新时代中国特色社会主义思想、中共十九大和十九届历次全会精神，凝聚思想共识；围绕社情民意，向民建镇江市委、中共丹徒区委统战部、丹徒区政协等部门上报各类社情民意信息共20余件。截至年底，共有会员69名(其中发展新会员2人)，平均年龄49.8岁；全日制研究生1人，高级职称13人，其余均为本科学历或中级职称；担任区人大代表2人、政协委员14人、区政协常委3人；担任科级以上领导职务4人。年内，程炜获评民建镇江市优秀会员、丹徒区统战工作先进个人、丹徒区“十佳医师”和民建丹徒区基层委员会“先进工作者”。（温守信）

【支部活动】 2021年，民建丹徒区基层委员会按照《中国民主建国会章程》要求，全年组织开展全体会员活动10次。3月16日，开展全体会员活动，组织学习中共党史及传达“两会”精神，总结2020年工作和确定2021年工作计划，并宣读增设6个虚拟机关岗位的决定；3月30日，与政协丹徒区第十二小组联合开展活动，赴宝堰镇6个试点示范项目就职业农民培育情况及农产品线上销售情况开展调研；4月23日，与政协丹徒区第十二小组联合开展活动，实地调研建设中的五峰山长江大桥、江苏润祥油气物流园和高桥实验学校；4月29日，组织会员(含会友)参加丹徒区政协为庆祝中国共产党成立100周年举行的政协讲堂活动；5月26日，与政协丹徒区第十二小组联合开展活动，赴红色革命老区荣炳盐资园区开展调研活动；6月25日，组织全体会员赴常州溧阳新四军纪念馆及浙江长兴新四军苏浙军区旧址开展学习活动；6月26日，组织全体会员赴浙江嘉兴南湖及位于张家港市的江苏爱康科技股份有限公司、上海电气集团(张家港)变压器有限公司开展学习交流活动；6月27日，组织全体会员赴常州市天宁一支部会员之家，与民建常州市天宁区基层委员会联合开展庆祝中国共产党成立100周年活动；10月28日，与政协丹徒区第十二小组联合开展活动，赴江心洲生态农业园区开展调研活动；12月30日，组织全体会员赴高资街道考察和调研丹徒区2021年长江经济带废弃露天矿山生态修复工程项目的实施情况。

2021年6月26日，民建丹徒区基层委员会组织全体会员到江苏爱康科技股份有限公司开展学习交流活动

（民建丹徒区基层委员会）

各支部通过独立或联合的形式开展活动。5月11日，民建丹徒一支部和四支部在江苏省大港中学体育馆联合开展学习活动；6月17日，民建丹徒五支部组织会员开展中共党史和中共镇江市委书记马明龙重要讲话的学习活动；11月4日，民建丹徒一支部组织会员赴镇江新运公交运输有限公司开展提案调研专题活动；11月10日，民建丹徒二支部组织会员赴上党镇古洞村开展专题调研活动；12月17日，民建丹徒五支部组织会员赴上党镇谭家边自然村及区农村污水运维中心，开展丹徒区农村生活污水治理专题调研活动。 （温守信）

【参政议政】 2021年，民建丹徒区基层委员会履行政治协商、民主监督、参政议政的职能。在丹徒区政协十一届一次会议上，民建丹徒区基层委员会及担任政协委员的14名会员、2名人大代表共提交集体提案并立案8件，提案内容包括教育科技、城建交通、经济资产、民生和社会保障等方面。（温守信）

【对口交流】 2021年，民建丹徒区基层委员会围绕全区发展重点，收集与对口单位相关的社情民意，并提出具有前瞻性、可操作性的建议，为区域经济社会发展做贡献。9月28日，与丹徒区住建局开展对口交流学习，并讨论谋划2022年“两会”的集体提案和大会发言等工作；11月25日，与丹徒区商务局开展对口活动交流，并讨论谋划2022年“两会”的集体提案和大会发言等工作；12月30日，与镇江市自然资源和规划局丹徒分局开展对口交流活动，并就丹徒区2021年长江经济带废弃露天矿山生态修复工程项目开展座谈。 （温守信）

民进丹徒支部

【概况】 2021年，中国民主促进会镇江市丹徒支部(简称民进丹徒支部)以“发扬民主精神、推进中

国民主政治之实践”为宗旨，吸收丹徒区内教育文化传媒及相关科学技术领域的高、中级知识分子加入，壮大组织力量。截至年底，共有会员12人。年内，史海华获评江苏省“333高层次人才培养工程”培养对象、镇江市“169跨世纪学术技术带头人培养工程”科技骨干，并获镇江市“命题比赛一等奖”。

（史海华）

【换届工作】 2021年3月10日，民进丹徒支部在丹徒区政协会议室召开换届选举大会，民进镇江市委专职副主委尹红敏、民进镇江市委办公室主任卢普生出席会议，会员和入会积极分子参加会议；马骏代表民进丹徒支部第一届委员会作工作总结，并组织学习十三届全国人大四次会议和全国政协十三届四次会议精神，重温《中国民主促进会章程》；选举产生民进丹徒支部第二届委员会，史海华任支部主委、盛阳任支部宣传委员，新任主委史海华代表新一届委员会作表态发言。9月28日，根据民进镇江市委会2021年换届工作要求，民进丹徒支部在丹徒区政协会议室召开全体会员会议，民进镇江市委会专职副主委尹红敏、民进镇江市委会组织处处长卢普生会议出席，会议表决通过马骏、史海华为中国民主促进会镇江市第八次代表大会代表。（史海华）

农工民主党丹徒区基层委员会

【概况】 2021年，中国农工民主党镇江市丹徒区基层委员会（简称农工民主党丹徒区基层委员会）完成换届工作。9月24日，农工党丹徒区基层委员会第三届党员大会在农工党镇江市委社会服务基地召开，选举产生第三届农工党丹徒区基层委员会委员和出席农工党镇江市委第十一次代表大会的代表；随后召开农工党丹徒区基层委员会三届一次会议，戴文妍当选主委，张卫新、李叶红、殷飞当选副主委，新任主委戴文妍代表新一届委员会领导班子作表态发言。

截至年底，农工党丹徒区基层委员会共有党员66人，其中任副处职干部1人、副科级干部2人、市人大代表1人、区人大代表3人、区政协委员10人、区政协常委1人，新发展党员1人。年内，戴文妍获农工党江苏省委“参政议政工作先进个人”和“社会宣传工作先进个人”称号，魏红被定为江苏省第六期“333高层次人才培养工程”第三层次培养对象，张卫新、邢朝富入选镇江“金山英才”高层次领军人才培养计划，邢朝富被镇江市医学会评选为镇江市医学会消化病学专业委员会副主任委员，魏红、秦晓静、孙开霞获评“镇江市第八批中青年骨干教师”，鲁和纪获评“镇江市优秀医师”。

（戴文妍　江　珊）

【支部活动】 2021年，农工民主党丹徒区基层委员会组织活动坚持制度化、规范化和特色化，全年开展支部活动8次，到会率90%以上。11月10日，农工党丹徒区基层委员会三届二次全委（扩大）会议在丹徒区教育局会议室召开，农工党丹徒区基层委员会主委、副主委和各支部主任、副主任及部分近年发展的新党员参加会议。年内，以中国共产党成立100周年庆祝活动为契机，组织“百年党史”专题学习、“百年之路”现场实践教学、“党史读书会”、“百年红船歌声扬”音乐党史宣教、“百幅作品、百句祝福”庆党生、“献礼100周年”主题征文、“农工党健康服务行”进革命老区、“我为祖国献一策”参政议政等活动。（戴文妍　江　珊）

【参政议政】 2021年，农工民主党丹徒区基层委员会党员中的人大代表、政协委员参加区“两会”，主委戴文妍作题为《全力推进“三治融合”全面建设和谐丹徒》的大会发言；党员张卫新、殷飞、孙开霞获“优秀政协委员”称号，集体提案《关于打通企业优惠政策“最后一公里”的建议》获评政协优秀提案，人大代表邢朝富提出的《关于加强丹徒区医院医学人才队伍建设及医疗设备投资的建议》获评优秀议案建议。年内，组织党员参加农工党江苏省委组织的课题及论坛论文申报工作，多篇社情民意信息被采用，其中戴文妍提交的论文《因势利导统筹兼顾加强工业园区“绿岛”建设》获评二等奖、论文《碳达峰、碳中和背景下切实加强生态环境源头治理》获评优秀奖。　（戴文妍　江　珊）

2021 年 4 月 30 日，农工民主党丹徒区基层委员会组织医卫支部部分党员到宜城街道诈输社区开展义诊活动
（农工民主党丹徒区基层委员会）

【社会服务】 2021年，农工民主党丹徒区基层委员会热心公益事业，加强与丹徒辖区内的公益组织合作，为服务对象——孤寡老人及“空巢老人”赠送冬鞋近百双。4月30日，组织医卫支部部分党员到丹徒区宜城街道诈输社区开展义诊活动，向居民群众普及健康知识，对老年人日常保健和常见病、多发病的预防进行指导，对腿脚不便的居民提供上门免费问诊服务；9月3日，为帮助江心洲果农解决因疫情影响无花果销售的难题，副主委张卫新参加“践行新思想　助农办实事”活动，采用直播带货方式，向广大网友介绍江心洲无花果的保健功效和药用价值，在1.5小时内售出江心洲无花果近30吨；10月18—24日“全国胃食管反流病宣传周”期间，副主委张卫新和一支部主任邢朝富带领由丹徒区人民医院胸外科主任季强、内分泌科主任张开凤、骨科主治医师张赟组成的专家团队开展义诊活动，免费为广大市民和胃食管反流病患者提供专科咨询和治疗策略，并普及胃食管反流病相关知识。
（戴文妍　江　珊）

致公党丹徒区基层委员会

【概况】 2021年5月7日，中国致公党镇江市丹徒总支部(简称致公党丹徒总支部)升格成立基层委员会并完成换届选举工作，选举产生中国致公党镇江市丹徒区基层委员会(简称致公党丹徒区基层委员会)第一届领导班子，盛莉莉任主委，刘刚、朱正化、潘杰任基层委员会委员兼支部主委，王长江、王心如、吕卓任支部委员。截至年底，致公党丹徒区基层委员会有支部3个、党员39人，其中科级职务3人、新发展党员2人；有镇江市政协委员2人，丹徒区人大委员1人，丹徒区政协委员9人，丹徒区政协常委2人。

2021 年 5 月 7 日，致公党丹徒总支部升格成立基层委员会，图为集体合影留念　（致公党丹徒区基层委员会）

年内，王长江被镇江市委政法委授予2020年度镇江政法网军工作“优秀个人”称号，徐杰被镇江市留学人员联谊会评为“2020年度优秀会员”，陶胜被镇江市政协评为“2019—2021年度反映社情民意信息工作先进个人”、被丹徒区人力资源和社会保障局授予丹徒区“技术能手”称号，盛莉莉被丹徒区委评为年度考核优秀，刘刚被丹徒区委、区政府评为“2020年度优秀公务员”并授予“扎根基层好先锋”称号，冷丽被丹徒区教育局评为丹徒区“优秀班主任”。　（陈亚敏）

【支部活动】 2021年，致公党丹徒区基层委员会

定期召开例会，组织学习，通报情况。3月，致公党丹徒总支部举行首个“致公之家”揭牌仪式，成为致公党支部活动的重要阵地，并主办致公党镇江市委会七届十七次全委会议；同月，江苏省政协副秘书长、致公党江苏省委专职副主委米其智开展“走基层”活动，到“致公之家”与党员座谈交流。4月，致公党丹徒总支部一支部和致公党京口区基层委员会四支部跨区开展联谊活动，参观中国米芾书法公园，并围绕运用侨海力量服务“产业强市”一号战略召开座谈交流会。5月，致公党丹徒区基层委员会组织学习《中国共产党统一战线条例》，并主办致公党镇江市委会专题学习分享会进行深入交流。5—6月，致公党丹徒区基层委员会号召全体党员参加“庆百年华章”征文活动，多名党员的优秀作品在镇江致公网页刊登。6月，致公党丹徒区基层委员会动员骨干党员参加致公党镇江市委会组织的“风雨同舟、携手圆梦”党史知识竞赛，获团体三等奖；同月，致公党丹徒区基层委员会组织参加“同心向党 侨海圆梦”——庆祝中国共产党成立100周年红色歌曲演唱会，获“最佳台风奖”。9月，致公党丹徒区基层委员会召开全体党员会议，选举致公党镇江市委第八次代表大会代表。11月，在致公党镇江市委第八次党代会上，致公党丹徒区基层委员会主委盛莉莉当选致公党镇江市委会委员，并推荐为党代表参加致公党省委党代会；同月，致公党丹徒区基层委员会组织学习致公党市委会第八次党代会精神，以及主委张红娣在会上所作工作报告。（陈亚敏）

【参政议政】 2021年，致公党丹徒区基层委员会履行参政议政职能，向致公党镇江市委员会提交调研报告6篇；其中，刘刚撰写的调研课题《进一步优化政策环境　促进江苏民宿产业健康发展》入选致公党省委重点课题。全年向镇江市政协提交提案6件，向丹徒区人大提交个人议案1件、集体议案1件，向丹徒区政协提交个人提案30件、集体提案2件；其中，金云霞撰写的提案《关于推进“互联网+农业”发展的建议》和集体提案《关于规范校外培训机构管理的建议》被丹徒区政协评为优秀提案。

（陈亚敏）

【社会服务】 2021年，致公党丹徒区基层委员会对接项目，发挥基层党员社会服务作用。6月，徐杰为制作庆祝中国共产党成立100周年文艺演出《伟大征程》的舞台演出服装，动员公司全员加班加点抓质量、保进度，各个环节从严把关，确保17000余套服装如期制作完成。7月，周昕力在郑州市灾后重建中，以市场价一半的价格向河南省供货双液注浆泵30台，让利30余万元；同月，郑晖带领人员和捐赠物资到河南省新乡市辉县，向灾区群众发放矿泉水1500箱、方便面600箱和八宝粥450箱。8月，致公党丹徒区基层委员会参加“丹徒慈善温暖进万家”公益捐款活动，累计捐款近万元。（陈亚敏）

九三学社丹徒支社

【概况】 2021年9月24日，九三学社镇江市丹徒支社（简称九三学社丹徒支社）召开第三届全体会议，会议选举产生新一届领导班子，严慧任主委，郑琴、周文婧任副主委。截至年底，九三学社丹徒支社有社员15人，其中博士1人、硕士3人，副处级职务2人、正科级职务1人、副科级职务1人，具有高级职称7人；社员平均年龄41岁，本科以上学历90%以上。

年内，九三学社丹徒支社围绕全区中心工作，增强履职能力，发挥参政议政作用，开展社会服务；结合九三学社中央委员会社会主义学习实践活动要求，通过会议座谈、平台交流等形式，学习中共十九届四中、五中全会精神，贯彻落实习近平新时代中国特色社会主义思想。九三学社丹徒支社被九三学社镇江市委员会评为“2021年度思想宣传先进集体”，邱明建被九三学社江苏省委员会评为“2021年度社会服务先进个人”。

（周文婧）

【参政议政】 2021年,九三学社丹徒支社履行参政议政职能,围绕“强富美高新丹徒”专题开展调研,建言献策,在丹徒区“两会”上反映社会热点和难点问题。参与九三学社镇江市委员会组织的服务民营经济专项调研,走访企业实地了解存在的问题和困难,并就重点问题做好研究反馈。 (周文婧)

【社会服务】 2021年,九三学社丹徒支社与妇联开展“两在两同建新功,关爱农村留守儿童”活动,持续做好帮扶全区农村留守儿童爱心活动,发放助学款和学习大礼包;六一儿童节,到宝堰镇走访慰问贫困儿童,送去节日祝福和礼物。发挥民主党派联络广泛和人才智力的优势,联合丹徒区人力资源产业园走访调研企业,了解企业人才需求,共同制定人力资源特训营活动方案,为企业牵线搭桥引人才。 (周文婧)

丹徒区工商联

【概况】 2021年,镇江市丹徒区工商业联合会(简称丹徒区工商联)履行商会职能,围绕非公有制经济发展工作参政议政,推动构建“亲清”政商关系,营造良好营商环境。以党史学习教育为契机,加强对所属商会党建工作的领导,指导建立基层商会党建工作机制,9个镇(街道、园区)商会建立功能性党组织。根据全区行业商会整顿工作要求,由丹徒区民政局牵头对高桥镇裘皮鞋业行业商会、丹徒区家居装饰行业商会开展整改工作,丹徒区工商联现场指导协调,2家行业商会整改到位。联合相关部门在世业镇和上党镇开展以“万企联万村,共走振兴路”直播带货为主题的企业家沙龙活动,近60名爱心企业家参与线上和线下购买,帮助农户销售黄桃、葡萄近50吨。开展苏陕扶贫协作,为澄城县提供价值约15万元的劳保物资。年内,丹徒区工商联获2020—2021年度全国“五好”县级工商联称号。 (钟雪花)

【重要会议】 2021年9月9日,丹徒区工商业联合会第九届四次执委会在丹徒区政协会议室召开,会议选举产生丹徒区工商业联合会新任主席,并邀请丹徒区委党校辅导教师为与会人员解读习近平总书记“七一”重要讲话精神。12月24日,丹徒区工商业联合会(商会)第十次会员代表大会在丹徒新城举行,区委书记谢继步、镇江市工商联党组书记王红卫出席会议并讲话,会议听取并审议丹徒区工商联第九届执行委员会工作报告,选举产生丹徒区工商业联合会(商会)第十届执行委员会委员59人,选举产生新一届工商联(商会)领导班子,徐靖当选丹徒区工商联主席、商会会长。 (钟雪花)

【申报推荐工作】 2021年,丹徒区工商联落实镇江市委统战部、镇江市工商联关于做好第二批镇江市民营经济人士理想信念教育基地的推荐工作,申报冷遹纪念馆和新四军四县抗敌总会纪念馆2家单位并获批。落实镇江市委统战部、镇江市工商联关于做好第二批市级民营企业文化建设示范单位推荐工作,推荐江苏蓝圈新材料股份有限公司参加申报。镇江市成立中小微企业委员会,丹徒区工商联推荐的镇江合力汽车紧固件有限公司总经理田文斌当选为副主任,江苏宝山重型机械制造有限公司总经理姜松亭当选为委员。 (钟雪花)

【服务企业工作】 2021年,丹徒区工商联所属行业商会丹徒区税收维权协会,服务企业发展,发挥“纳税人之家”作用,组织税务人员分别到上党镇商会、谷阳镇商会、高桥镇商会和家居装饰行业商会开展税收咨询辅导。丹徒区工商联指导丹徒区税收维权协会在丹徒高新园开展“纳税人之家”活动,联系金融机构开展“税银企”互动活动,为企业提供信贷授信服务,帮助企业解决复工复产融资难的问题。 (钟雪花)

群众团体

丹徒区总工会

【概况】 2021年末，丹徒区有基层工会组织586家，工会会员7万余人；建会企业建立集体协商制度468家，达到应建数98.9%，在餐饮、裘皮、机械制造、笔刷等8个行业推进工资集体协商工作，覆盖企业636家。年内，镇江市丹徒区总工会(简称丹徒区总工会)举办工会业务培训班26期，培训工会干部和职工1200余人次，有216名职工实现技能晋级；帮助342人实现创业和再就业，全年参加职工互助保障2.4万余人，赔付人数130余人，赔付金额33万余元。

推进企业普遍建会，探索“网上职工之家”建设，基层单位工会会员实名制管理录入29086人，录入率100%。“镇工惠”小程序激活率75.6%。通过“工会进万家”“送清凉”等专项服务，在兴乐市政、圆通快递、申通快递等6家公司建立工会组织，货车司机、快递员等“八大群体”(货车司机、快递员、护工护理员、家政服务员、商场信息员、网约送餐员、房产中介员、保安员)职工新入会2000余人。全区10个镇(街道、园区)强化辖区内基层工会组织建设，67个符合建会条件的村和社区全部建立联合工会。截至年底，基层工会组织覆盖面73.8%，职工入会率89.6%。

以党史学习教育为契机，先后组织开展丹徒区总工会党支部与企业党支部结对共建、在党史学习教育中开展中国工运史学习、“走近职工·共话发展”主题宣讲等活动；在微信公众号开设“学党史、悟思想、办实事、开新局”专栏，发布各类信息报道130余篇。发挥工会职能优势，组织劳模工匠分别走进镇江高专、镇江技师学院和江苏申模等单位，开展“丹心讲堂——匠心说”流动宣讲活动8场；打造丹徒劳模文化墙，宣传模范故事、传递榜样力量，推荐评选韩庆祝、黄娟、蒯忠山3名省级劳动模范，在网络平台集中展播劳模事迹。年内，丹徒区总工会先后获“全省工会财务会计工作竞赛二等奖”“全市工会经审规范化建设一等奖”等荣誉。

（王　纲）

2021年5月27日，“丹心讲堂——匠心说”流动宣讲活动走进镇江技师学院　（丹徒区总工会）

【助力乡村振兴行动】 2021年，丹徒区总工会围绕区委实施乡村振兴战略部署，组建“劳模助力乡村振兴服务团”，实施“四大行动”（“美丽乡村+美丽经济”行动、农民创业扶助行动、农民绿领技能强身行动、帮困扶弱公益行动)。“四大行动”做法分别在《江苏工人报》(6月11日)和《镇江日报》(6月10日)头版刊登。建成夏林祥、孔国娣、聂永平、戴网成、付玉香、汪月霞等12个劳模创新工作室，聚焦企业发展、乡村振兴和重点难点问题，带动职工和农户共同成长。依托戴网成、付玉香、汪月霞农民劳模创新工作室，举办新型职业农民技术培训16期，参训人员760余人次；与上党壹零捌茶叶合作社联系，免费赠送当地茶农优质茶树苗1万余株。（王　纲）

【产业工人队伍建设】 2021年，丹徒区总工会上报市产改试点板块1个(谷阳镇)、试点企业2家(江苏蓝圈新材料股份有限公司、江苏中兴药业有限公司)。打造省级大学生创业园1家，帮助创业载体吸纳高新科技企业入驻，年内招引科创型企业3家。实施人才领创计划，全年举办各类培训班18期，新增高技能人才270人，新培育企业新型学徒制技能人才173人，技能提升培训5900人次。（王　纲）

【职工维权服务】 2021年，丹徒区总工会与人社部门联合开展“企业劳动用工监督评估专项服务”6场，内容涉及劳动合同、集体合同订立和履行，以及集体协商、职代会落实情况检查等，服务企业230余家；在辛丰镇、谷阳镇、上党镇、高资街道、宜城街道和高新技术产业园设立工会律师服务点，由丹徒区总工会聘请执业律师为各级工会组织和职工提供法律服务。实施就业优先战略和人才引进计划，帮助就业困难群体实现就业再就业，维护职工合法权益，全年举办线上线下招聘活动7场，参与企业119家，提供岗位7934个次，进场求职8828人次，达成就业意向1450人。（王　纲）

【职工生活保障】 2021年，丹徒区总工会集中开展大调研、大走访慰问活动，慰问对象包括困难职工、一线环保职工、卫生防疫一线职工和快递员、货车司机等“八大群体”，共走访慰问92人，慰问款物5.46万元。开展“夏送清凉”活动，走访慰问企业和建筑工地一线职工800余人，发放慰问款物10余万元。推进帮困扶弱公益行动，制定“农民工服务清单”，开展农民工服务专项行动计划。推进职工互助保障工作，为1.2万余名职工办理补充医疗保险，为200名女职工赠送女职工特殊疾病保险；帮助患大病职工解决医疗补助22万元，单笔最高补助6万元。（王　纲）

共青团丹徒区委员会

【概况】 2021年末，丹徒区基层团组织710个，共青团员5872人。年内，共青团镇江市丹徒区委员会(简称丹徒团区委)坚持以习近平新时代中国特色社会主义思想为引领，学习贯彻中共十九届六中全会精神，围绕区党政中心工作，精准服务青年需求，提升共青团工作组织力和凝聚力。4月，召开共青团镇江市丹徒区十九届五次全委(扩大)会议，总结2020年丹徒区共青团工作，研究部署2021年工作。10月，组织全区各级团干部参加2021年度全省共青团基层建设培训班，丹徒区共设3个分会场，各镇(街道、园区)和村(社区)近100名团干部参加培训。11月，辛丰镇、上党镇、宝堰镇完成镇团委换届工作。（赵文雯）

【青年献礼建党百年】 2021年，丹徒区各级团组织开展庆祝中国共产党成立100周年活动，其间，丹徒区人社局、丹徒区税务局开展主题演讲比赛，丹徒区市场监管局、丹徒高新园、谷阳镇、江苏省大港中学开展形式多样的文艺汇演，丹徒区住建局召开庆祝中国共产党成立100周年座谈会暨红色歌曲演唱会，丹徒经济开发区、高资街道围绕党史学习教育开展2021年度青年干部讲堂。在丹徒区范围内遴选10名优秀青年组建丹徒区青年党史宣讲团，挖掘丹徒红色资源，常态化开展党史宣讲活动，全年拍摄“100年•正青春——丹徒青年说党史”主题宣传片4期。开展丹徒区大学生聚镇“青训汇”线上党史宣讲活动，以现场参观+直播的方式宣传丹徒红色资源，打造党史“云课堂”，运用新媒体平台助推党史学习教育。创新打造“丹心赓续党史路”青年学习社线路，以“铭记历史•缅怀先烈”“以史为镜•不忘初心”“见贤思齐•接续奋斗”为三大主题，让本土红色资源成为党史学习教育生动素材；6月，承办镇江市“青年学习社”线路现场推进会暨迎“七一”全市“百年党史青春说”示范活动。8月，与镇江报业传媒集团新媒体运营中心金山网、丹徒区退役军人事务局联合策划举办镇江“新青年对话老党员”专题座谈会，5名退役军人老党员通过线上线下新媒体互动的方式，与丹徒区部分新青年代表进行对话，让老党员的故事和精神感染更多青年朋友，激励青年肩负起新时代赋予的责任。（赵文雯）

【新时代少先队工作】 2021年，丹徒区各级团组织以《中共中央关于全面加强新时代少先队工作的意见》为行动纲领，坚持以“党建带团建、促队建”工作原则，开创全区少先队事业新局面。4月14日，丹徒区召开2021年度少先队辅导员培训暨中学团校建设推进会，学习贯彻《中共中央关于全面加强新时代少先队工作的意见》，系统推进全区少先队工作再深化、再落实，深化中学共青团改革，健全团员教育管理机制。5月14日，“铭记光荣历史，争做新时代好队员”镇江市迎“六一”少先队新队员分批入队示范观摩活动在茅以升实验学校举行，该活动旨在增强全市少先队员的光荣感和组织归属感，让全市少先队员代表得到一次政治启蒙、接受一次仪式教育。12月31日，中国少年先锋队镇江市丹徒区第五次代表大会召开，回顾丹徒区第四次少代会以来少先队的奋斗历程，研究谋划今后三年的工作任务，全区102名少先队员和少先队工作者代表参加会议。（赵文雯）

【青少年关爱活动】 2021年，丹徒团区委推进“我为青少年办实事”实践活动，关爱青少年成长。新冠肺炎疫情防控期间，向困境青少年配送防疫物资和生活物资；8月中旬，贯彻团省委“梦想改造+”关爱计划，动员全区各级团组织开展结对关爱行动，实施20户“梦想小屋”改造任务。12月24日，2022年丹徒区“共青团与人大代表、政协委员面对面”暨“童享阳光　点亮梦想”暖冬行动启动仪式；活动现场，爱心企事业单位代表向团干部移交课外书、学习用品、生活用品等微心愿礼物，用实际行动帮助困境学生实现微梦想。（赵文雯）

【“学党史、强信念、跟党走”主题团日活动】 2021年4月29日，丹徒区“学党史、强信念、跟党走”主题团日活动在宜城中学举行。该活动旨在弘扬“爱国、进步、民主、科学”五四精神，激励和引领全区广大青少年不忘初心跟党走、牢记使命勇担当，成长为社会主义事业的合格建设者和接班人。活动现场，表彰“两红两优”（红旗团委、红旗团支部、优秀共青团员、优秀共青团干部）先进集体和个人，发布第一期“100年·正青春——丹徒青年说党史”宣传片，向青年党史宣讲团成员颁发聘书，并举行“梦想改造+”关爱计划认捐仪式。（赵文雯）

【首期青年企业家沙龙活动】 2021年2月26日，丹徒团区委与丹徒区经济发展局、宜城街道、宜城科创园联合举办首期青年企业家沙龙活动。该活动以“数字经济　共赢未来”为主题，搭建青年企业家互动交流平台。活动中，园内直商直播，宜城科创园邀请产业专家，现场与大数据、云计算、网络游戏、文化传媒等入驻企业代表30余人开展专题座谈，帮助青年企业家拓宽视野、转变理念，助力企业创新发展。（赵文雯）

【“青春助农”直播带货活动】 2021年，丹徒团区委通过搭建助农直播平台，发掘当地优秀青年主

2021年，青春助农直播间　　（丹徒团区委）

播和特色农产品，帮助农户销售农产品，为乡村振兴贡献青春力量。8月12日，在世业镇先锋村四季春农业园举办“青春助农”直播带货活动，线上销售阳光玫瑰葡萄、黑甜糯玉米等当地特色农产品，当天线上销售黑甜糯玉米2700根、阳光玫瑰葡萄20余箱。（赵文雯）

丹徒区妇女联合会

【概况】 2021年，镇江市丹徒区妇女联合会(简称丹徒区妇联)推动妇女岗位建功创评、妇女维权机制建设、文明家庭创建、困境妇女儿童帮扶等重点工作，为丹徒区高质量发展贡献巾帼力量。3月，被江苏省妇女儿童福利基金会评为“2020年99公益网络募捐优秀组织奖”；年底，被中共镇江市委、镇江市人民政府评为“2018—2020年度镇江市文明单位”。

年内，以庆祝中国共产党成立100周年和党史学习教育为契机，开展“学党史、守初心、跟党走”主题教育活动，组织机关在职党员参观镇江翰雅有机农业研究院有限公司，了解公司在“乡村振兴”中电商服务工作开展情况；开展“七一建党100周年纪念活动”座谈会，邀请全区妇联系统各条战线上优秀女性党员代表分享成长经历和在各自岗位取得的成绩，会后组织基层妇联主席参观赵亚夫事迹馆，开展“亚夫精神　巾帼传承”庆祝建党百年主题党日活动。8月，《中国妇女报》驻江苏省记者采访丹徒区世业镇永茂圩自然村洪家勇家庭，洪家勇向记者讲述6年多前习近平总书记到访时的情景；洪家勇家庭被确定为镇江市巾帼党性教育实践基地，党史学习教育期间为当地儿童开设红色党史小课堂。（袁　瑶）

【关爱妇女儿童活动】 2021年，丹徒区妇联采取多种形式关爱妇女儿童，增强广大妇女儿童的获得感和幸福感。1月11日，联合6家妇联组织和2家民主党派及社会妈妈，对全区农村留守流动儿童开展以“四送”(送家风故事、送家教服务、送法治安全、送社会关爱)为内容的“把爱带回家”活动。3月8日，开展“巾帼金话筒　丹徒‘她声音’——我为巾帼奋斗者代言”活动，现场为抗疫抗洪、乡村振兴、产业强区、岗位建功、社会治理的8位优秀妇女代表颁发“巾帼金话筒”。3月15日，联合丹徒区总工会举办“联线幸福家　守护她婚姻”心理大讲堂活动，普及婚姻家庭方面知识，促进家庭和谐和社会稳定，全区各级妇联、工会及女企业家代表等100余人参加活动。3月28日，联合丹徒区人社局在丹徒区宝龙广场开展2021年“春风行动”专场招聘会，现场设立女职工普法宣传与女性创业就业服务咨询台，发放普法宣传资料和企业用工信息等宣传资料，帮助困难就业妇女就业和缓解企业招工难问题。4—12月，举办流动的“丹心讲堂”——“巾帼说”宣讲活动，邀请全区妇联系统各条战线的优秀女党员代表走进社区、车间、田间、校园开展宣讲，讲述励志成长故事，加强全区妇女思想政治引领。5月28日，开展“童心向党”红色故事宣讲“六一”儿童节庆祝活动，旨在传承红色基因，弘扬革命精神，激发学生爱党、爱国、爱社会主义的情怀；活动中，全体合唱歌曲《没有共产党就没有新中国》，丹徒区妇联与丹徒区图书馆为学生送上书包、文具、图书等节日礼物。（袁　瑶）

【公益服务活动】 2021年，丹徒区妇联发挥群团组织作用，搭建公益服务平台，各级妇联组织围绕“政府所急、社会所求、妇联所能”开展志愿者服务活动。宜城街道妇联新创“宜城姐妹花”志愿者服务品牌，建立200余人的志愿服务队伍；5月12日，宜城街道在丹徒区宝龙广场开展志愿者服务品牌(平台)发布仪式，丹徒区妇联主席现场为“宜城姐妹花”志愿者服务队授旗。5月24日，丹徒区妇联与宜城街道宜和社区联合吉瑞堡早教中心、诚瑞物业在亚厦风和苑小区开展“大手牵小手‘益童’成长”社区亲子活动，邀请12组社区亲子家庭参与活动，现场开展亲子律动游戏，增进亲子关系；活动中，社区妇联干部向居民介绍“三全”（社区全域、父母全程、家庭全类型）家庭教育指导服务内容，同时了解居民对家庭教育的需求和难点，吉瑞堡早教中心妇女志愿者以手偶剧的形式讲述红色故事《小英雄王二小》，开启儿童红色思想启蒙教育。9月13日，联合丹徒区委统战部在世业镇卫星民族村举办“关爱少数民族妇女·同心共筑幸福家园”志愿者公益活动，邀请镇江市丹正律师事务所执业律师谢利萍开展妇女权益保护和未成年人保护专题讲座，并邀请国家二级心理咨询师、三级婚姻家庭咨询师蔡懿围绕关爱妇女儿童健康成长、和谐婚姻家庭关系和解答幸福婚姻的密码等内容开展现场咨询。深化家庭教育服务，9月25日，丹徒区妇联开展“阅见最美——文化荣光　书香传家”家庭阅读故事分享会，全区11个参赛家庭通过朗诵、PPT(幻灯片)、讲故事等方式分享家庭阅读体会，促进和谐亲子关系，营造书香家庭氛围；同日，结合党史学习教育，与丹徒区委宣传部联合举办“学党史　颂党恩　传家风——宜风拂润”家风分享会活动。10月14日，镇江市妇联、丹徒区妇联和宜城街道妇联在宜和社区开展“我为群众办实事　暖暖爱心敬老情”重阳节活动，邀请国家高级公共营养师作健康养生专题讲座，同时开展网络安全知识宣传、心理和家庭教育宣传、法律咨询宣传和家庭金融服务宣传等，并免费为老人提供修脚、采耳、理发等服务。　　　　　　　　（袁　瑶）

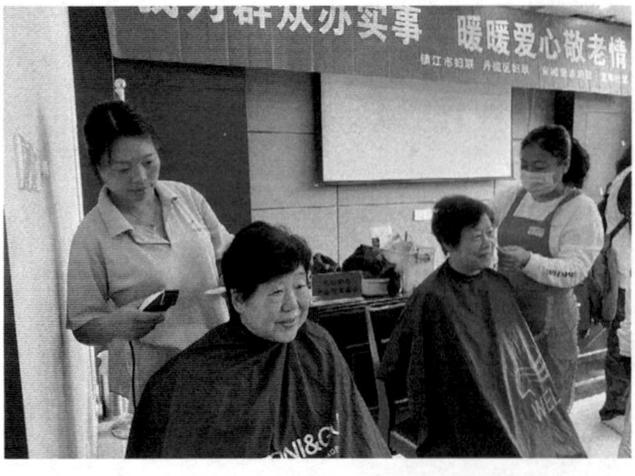

2021年10月1日，“我为群众办实事　暖暖爱心敬老情”重阳节活动　　　　（丹徒区委宣传部）

【维权普法宣传活动】 2021年，丹徒区妇联扩大法治宣传教育覆盖面，增强维权和普法宣传工作的成效。5月24日，参与在上党镇宝润康商业广场举办的丹徒区第33届科普宣传周活动，巾帼志愿者现场向群众发放女童保护、妇女维权等各类宣传资料300余册，并解答关于婚姻家庭法律方面的咨询20余人次。6月26日国际禁毒日，联合丹徒区禁毒办、江苏科技大学举办“禁毒宣传进高校”大型禁毒宣传活动和禁毒志愿者丹徒大队江苏科技大学中队的授旗仪式，通过宣传禁毒知识让学生了解毒品的危害，增强识毒、拒毒、防毒意识和自觉抵制毒品的能力，同时引导学生参与禁毒普法宣传，倡导身边人珍爱生命、远离毒品。10月21日，依托丹徒区人社局平台开展“消除就业性别歧视”宣传活动，巾帼志愿者现场向妇女群众发放倡议书及相关维权材料100余册，倡议消除性别歧视、实现公平就业，构建和谐的劳动关系。12月2日，联合丹徒区卫健委疾控中心组织巾帼志愿者到镇江高等专科学校开展“生命至上　终结艾滋　健康平等”宣传活动，普及艾滋病防治知识，现场发放《预防艾滋病　健康全家人》《江苏省妇女权益保障条例》等各类宣传资料200余份。12月4日全国法治宣传日，组织巾帼志愿者到上党镇开展普法宣传活动，旨在弘扬宪法精神、维护妇女儿童权益和增强群众法治观念，现场接受群众法律咨询，共发放《中华人民共和国反家庭暴力法》《中华人民共和国妇女权益保障法》和《女童保护》手册等宣传资料200余份。

（袁　瑶）

【女企业家走访帮扶活动】 2021年，丹徒区妇联发挥职能，鼓励和支持妇女创业发展，为女企业家解决实际问题。4月28日，开展“彩虹联创”——巾帼企业家联盟活动，推进联盟成员之间的合作，实现优势互补、资源共享，丹徒区巾帼企业家联盟成员和各镇(街道、园区)妇联主席共40余人参加活动；活动中，先后走访丹徒高新园2家企业(崇佑新材料有限公司、惠泽新材料有限公司)，参观企业样板间和新建厂房，并就企业发展史和创业经验进行交流；随后召开座谈会，花神西餐厅、苏南商贸等4家企业负责人分享创业经验，同时丹徒区税务局和江苏银行丹徒分行的工作人员为女企业家作税务和金融知识讲座。8月19日，走访镇江甬润工具有限公司、镇江惠泽装饰材料有限公司、镇江市许布医疗器械有限公司3家企业，实地了解新冠肺炎疫情防控期间的生产经营情况和存在的困难，提振女企业家防控疫情和企业发展的信心。9月13—16日，联合镇江市水木年华现代农业科技有限公司在丹徒新城会议中心举办“践行乡村振兴 丹徒本土抹茶研发产品推介品鉴活动”，现场销售抹茶新产品并邀请群众免费品尝；活动前，实地走访镇江市水木年华现代农业科技有限公司，了解抹茶制作工艺等情况，鼓励企业拓宽抹茶发展道路。（袁 瑶）

2021年4月28日，“彩虹联创”巾帼企业家联盟活动
（丹徒区妇联）

【“捍卫幸福家庭”新闻发布会】 2021年3月11日，丹徒区妇联联合丹徒法院召开以“捍卫幸福家庭”为主题的新闻发布会。会前，组织妇女代表参观法院诉讼和非诉讼对接中心，并旁听涉婚外情赠与合同纠纷案件庭审，庭审结束后主审法官与妇女代表进行答疑互动，现场解答关于婚姻相关的法律法规问题；会上，丹徒法院步跃刚结合《中华人民共和国民法典》中婚姻家庭相关法律规定，结合近期法院审理的涉婚外情赠与合同纠纷案件情况，总结分析妇女维护自身合法权益时普遍存在的难点和原因，并就增强法律意识、及时保留证据、寻求妇联组织帮助等提出有效措施，倡导广大妇女群众在婚姻期间正确及时保障自身合法权益。（袁 瑶）

丹徒区科学技术协会

【概况】 2021年，镇江市丹徒区科学技术协会（简称丹徒区科协）立足“四服务一加强”（服务科技工作者、服务创新驱动发展战略、服务公民科学素质提高、服务党委政府科学决策，加强自身建设）工作职责，实施《丹徒区全民科学素质行动计划纲要》，深化科协系统改革。8月，丹徒区科协党组成立，领导班子建立基层科协联系服务点，班子成员对接联系镇（街道、园区）2—3家，加强工作服务与指导。以党史学习教育为契机，成立以“学亚夫、做亚夫”科普服务先锋团队，完成“我为群众办实事”4项；为世业镇兴隆村新建科普文化广场1座，累计投入15万元；分别与江心洲生态农业园区、宝堰镇团结村共建科普图书室2个。年内，丹徒区科协被江苏省科协评为2021年江苏省“全国科普日”优秀组织单位，举办的第33届科普宣传周活动被江苏省科协评为“2021年全国科技活动周暨江苏省第33届科普宣传周优秀活动”，《集聚人才资源 助力乡村振兴》工作案例被江苏省科协评为2021年度县级科协“四服务一加强”单项工作创新案例。（魏 游）

【科技工作者之“家”建设】 2021年，丹徒区科协借力新媒体推动网上科技工作者之“家”建设，创建“丹徒科协”微信公众号，形成“线上”联系服务体系。注重科技工作者宣传举荐推优，以中国共产党成立100周年为契机，开展“最美科技工作者”选树活动，通过基层推荐、审核公示，共评选出11名长期扎根丹徒、扎根基层一线、事迹感人的优秀科技工作者代表，同时向丹徒区委宣传部推荐贾明国、赵成刚2名优秀科技工作者评选“镇江好人”“丹徒微美人”。通过“丹徒科协”微信公众号、

丹徒电视台等平台宣传优秀科技工作者，营造鼓励创新、尊重人才成长的社会环境。组织发动科技工作者参与建言献策活动，广泛征集科技论文，选送8篇参加镇江市科协科技论文评比活动。（魏 游）

【科普宣传】 2021年4月，丹徒区科协开展院士专家科普进社区活动，邀请江苏省科协院士专家——南京医科大学附属逸夫医院副主任医师王权、主治医师皋德帅一行走进丹徒区丹盛社区和丹桂社区，举办“腰腿疼的诊治及进展”和“吃的明白、活的健康”专题科普讲座。5月，在上党镇举办丹徒区第33届科普宣传周现场科普咨询服务活动，区科普宣传周领导小组成员单位20余家单位开展科普展览、展示、体验、咨询、义诊、有奖问答等活动，共2000人次参与，发放材料5000余份。拓宽线上、线下科普宣传渠道，9月全国科普日活动期间，在“丹徒科协”微信公众号开展有奖科普知识竞答活动，在全国科普日专题平台上报并通过审核活动60余项，其中荣炳盐资源区上报的“消防安全知识大讲堂”活动被推荐为省优秀活动。10月，组织参加全国(江苏)农民科学素质网络知识竞赛、江苏省公民科学素质大赛等活动。（魏 游）

【青少年科学素质行动】 2021年，丹徒区科协完成第32届青少年科技创新大赛作品征集，共申报作品科学幻想绘画358幅、小制作2件、小论文38篇、教课制作12项，有198人获奖。与丹徒区教育局联合举办2021年丹徒区中小学“金钥匙”科技竞赛，并组织参加江苏省第33届“金钥匙”科技竞赛，8人获特等奖，24人获一等奖，50人获二等奖；3人被评为“青少年科技教育先进个人”，15人被评为“优秀青少年科技辅导员”，8人被评为“优秀青少年科技教育校长”，5所学校获评“先进学校”。10月，与丹徒区教育局联合举办“我为群众办实事——趣味科学实验”校校行公益科普活动，走进全区12所农村学校开展活动10余场次。10月30日，与丹徒区教育局联合举办丹徒区第三届青少年科技节活动，组织50余名学生参观镇江市科技馆，参与制作和发射伞降火箭、培训“电子百拼”项目及趣味实验课堂等活动，集知识性、科学性、趣味性、实践性及团队协作于一体，提高参与率和实效性。

（魏 游）

2021年10月30日，丹徒区第三届青少年科技节活动，图为学生参观镇江科技馆 （丹徒区科协）

【学会能力建设】 2021年，丹徒区科协加强学会组织建设，提高学会服务能力。8月，召开部分学会组织建设座谈会，健全学会组织体系。年内，区公路学会召开会员大会，换届选举产生新一届领导班子；区税务学会对丹徒区内36家汽车及零部件企业开展调研和座谈，为促进丹徒区汽车及零部件行业高质量发展提供调研报告；区医卫学会先后在丹徒区疾病预防控制中心、丹徒区人民医院、谷阳卫生院召开座谈会，听取医务人员在常态化背景下疫情防控的措施及建议，撰写调查报告报送区委、区政府，并联合丹徒区中医院开展送医下乡活动15次，惠及居民1400余人次。（魏 游）

【科技服务】 2021年，丹徒区科协与丹徒区财政局合作实施“基层科普行动计划”，调整惠农资金奖补模式，减少数量，提升质量，组织相关职能部门对申报的项目进行现场考核评选，镇江农谷农业科技园有限公司等8家基地被授予“丹徒区基层科普行动计划先进单位”称号。开展科普示范村(社区)创建工作，经基层推荐和丹徒区科协审核，创建2021年度丹徒区科普示范村(社区)9家。开展先进争创和推优工作，中国农业科学院蚕业研究所、镇江市华夏制漆科技有限公司、江心洲奔马艺术长廊、高资街道水台村获评“市级科普教育基地”，丹徒区水青水稻专业合作社、丹徒区远亮农机服务专业合作社、丹徒区丰阳稻米专业合作社、江心洲生态农业园区五套村获评“市级科普惠农服务站”，镇江市水木年华农业科技有限公司、宜城街道丹盛社区获评“市基层科普行动计划先进单位”。年内，丹徒区科协为学校、社区等重点区域免费布点配备科普大屏3个，强化“科普中国”“科普云”等优质科普资源在基层落地应用。（魏　游）

【服务企业创新发展】 2021年，丹徒区科协发挥引领作用，服务企业创新发展。联合丹徒区科技局等部门到江苏蓝圈新材料股份有限公司、中铸新材工业(江苏)有限公司、镇江瑞来电气有限公司、江苏苏建路桥机械有限公司等企业宣传科技政策，了解企业科技需求，组织30家规模以上高新技术企业参加镇江市“市会”合作助推G312产业创新发展对接会，促成中铸新材与江苏省铸造学会、世业镇与江苏省病理学会对接交流，并签订项目合作协议。（魏　游）

【科协组织网格化管理】 2021年，丹徒区科协推动科协组织向企业延伸，新成立江苏蓝圈新材料股份有限公司科学技术协会、江苏苏建路桥机械有限公司科学技术协会2家企业科协，建立企业科技服务站1家。推动镇级科协组织换届全覆盖，吸纳30余名“四长”(学校校长、医院院长、农业农村局局长、科技型企业家)到镇级科协组织兼职，带动医疗、教育、农业等各领域资源向农村社区一线倾斜。（魏　游）

丹徒区文学艺术界联合会

【概况】 2021年，镇江市丹徒区文学艺术界联合会(简称丹徒区文联)以中国共产党成立100周年和第二个百年奋斗目标开局为指引，学习贯彻习近平新时代中国特色社会主义思想和习近平总书记视察江苏重要指示精神，以文艺的方式深度融入、主动服务全区奋斗进程，鼓励优秀文艺作品的创作生产，为“强富美高”新丹徒建设再出发、奋力开创高质量发展新局面贡献文艺力量。

以党史学习教育为契机，践行“人民至上”文艺观，培养高素质的文艺队伍，提升文联组织的行业凝聚力和社会影响力。组织各文艺家协会学习中国文联“修身守正　立心铸魂”——致广大文艺工作者倡议书，组织新四军四县抗敌总会纪念馆、闻捷诗歌馆参观学习活动和《镇江市丹徒区革命老区发展史》读书研讨活动；组织丹徒文艺家走进二重(镇江)公司开展送文艺进企业联谊会活动，市、区摄影协会摄影家为生产车间一线工人拍摄工作照，区音乐家协会、区戏剧曲艺家协会为职工举行文艺演出；开展庆祝中国共产党成立100周年系列文艺活动，营造提神振气、凝心聚力的文艺氛围；开展“文艺进万家”文化惠民活动，丰富文艺工作者的创作素材和基层文化生活；举办“书法艺术进机关”公益培训班，弘扬中华优秀传统文化。（巫智勇）

2021年2月12日，丹徒文艺家走进二重（镇江）公司开展文艺进企业联谊会活动　（镇江市文联）

【庆祝中国共产党成立100周年系列文艺活动】 2021年，丹徒区文联开展庆祝中国共产党成立100周年系列文艺活动，与贯彻落实习近平新时代中国特色社会主义思想和党史学习教育相结合，以文艺形式汇聚精神力量，举办各类展示、展演活动。承办由江苏省委宣传部和江苏省文联主办的“红色墨韵——庆祝中国共产党成立100周年江苏省书法名家主题作品邀请展”，邀请省、市、区书法家协会18名书法家召开座谈会，近300名书画爱好者参观展览；与中共江苏省委党校、中共镇江市丹徒区委员会联合主办“红色记忆——程默摄影图片展”，在省委党校图书馆展出，共展出100幅摄影作品，参观人数近5000人；与丹徒区委宣传部联合举办“百年瞬间——红色丹徒的光辉历程”沙画作品展，与丹徒区委宣传部联合举办“丹徒好山好水好人”美术作品展；先后组织“百年辉煌　致敬时代”书法美术篆刻作品展、“走向我们的小康生活”摄影图片展、“程默镜头里的共产党人”图片展、“颂建党百年，做时代新人——丹徒区庆祝建党100周年少儿绘画”获奖作品展、“翰墨初心　挥毫追梦——庆祝中国共产党成立100周年书法大赛(统战篇)”优秀作品展、“以史为鉴　开创未来”——学习习近平总书记“七一”重要讲话精神主题书法展和“翰墨宜韵　经典传承”书法临摹展。区音乐家协会创作演出歌曲《长山的承诺》并入选“学习强国”平台，歌曲《长山的承诺》和混合室内乐《缘分·回眸》参加第十五届江苏省“五星工程奖”舞台艺术作品(音乐类)终评。（巫智勇）

2021年11月，“红色墨韵——庆祝中国共产党成立100周年江苏省书法名家主题作品邀请展”举行

（丹徒区文联）

【“文艺进万家”文化惠民活动】 2021年，丹徒区文联秉承“惠民生、接地气”宗旨，组织文艺工作者深入基层和群众，举办“文艺进万家”文化惠民活动，全年开展写春联、拍摄全家福、送戏下乡等文艺志愿服务活动100余场；“跟着农民拍，帮助农民销”摄影公益品牌的社会效益日益显现，成为镇江市文联“为民办实事”主题实践活动的核心内容，《镇江日报》《京江晚报》等多家媒体予以专题报道。开展乡村文艺播种计划，助力乡村文化振兴，组织书画协会骨干作者40人次在春节前夕到宝堰镇南宫村、辛丰镇辛桥村、荣炳园区文化大院、高资街道巢凰村、宜城街道缪家甸社区开展“送春联下基层”活动，为当地群众义务书写春联1000余幅。（巫智勇）

【“书法艺术进机关”公益培训班】 2021年，丹徒区文联继续举办以“翰墨宜韵”为主题的第二届“书法艺术进机关”公益培训班，通过定期组织系统学习、讲授书法知识、现场创作示范，提升机关事业单位职工文化修养，培养书法人才。年内，推荐部分学员参加丹徒区文联举办的书法展览，提高学员书法鉴赏能力；组织部分学员到丹徒区宝堰镇开展采风活动，开阔眼界，并与当地书法爱好者相互交流。春节前，组织部分学员到高桥镇参与“翰墨宜韵”公益书法送福进万家文艺志愿服务活动，现场为群众送福送春联。至年底，学员发展至20人。（巫智勇）

2021年，“书法艺术进机关”公益培训班

（丹徒区文联）

丹徒区归国华侨联合会

【概况】 2021年，丹徒区归国华侨联合会(简称丹徒区侨联)学习中共十九大和十九届五中、六中全会精神，学习中共中央总书记习近平关于侨务工作的重要论述，坚持“为侨服务”工作宗旨，凝聚侨心、汇聚侨力，为丹徒区高质量发展贡献力量。举办中国共产党成立100周年庆祝活动，5月，联合承办镇江市“侨心向党·同心逐梦”文艺演出，并开展困难归侨侨眷义诊和普法活动，走访慰问老党员2人、老归侨2人；同月，联合举办“传承红色文化　献礼建党百年”广场文艺演出，近千名群众参与活动。12月29日，召开丹徒区第七届归侨侨眷代表大会，选举产生新一届侨联主席、副主席、委员。年内，依托“微侨家”基地，举办传播花道文化、剪纸、养身、厨艺、读书等艺术公益讲座8场，归侨侨眷属、留学生亲属200余人次参加活动；指导影剧服装厂和苏润有限公司创建省侨联“微侨家”示范基地。全年接待来访群众5人次，接待海外华人华侨来访8人次、来电来信4人次，满意率和结案率均为100%。(姜健俊)

【侨资企业调研活动】 2021年4—5月，丹徒区侨联对区域内10余家侨资企业开展“走访、调研、服务”活动，了解侨资企业发展现状和困难，向侨资企业家问需问计，为侨联服务联络侨企找准方向；同时，组织侨界人大代表、政协委员走访调研全区侨资企业，了解侨企发展现状和存在问题，为促进侨企健康发展建言献策。5月11日，陪同镇江市侨联一行4人走访调研区内2家侨资企业(镇江市欣瑞农业发展有限公司、镇江佳鑫刷业有限公司)，通过实地参观花卉生产基地、生产车间和召开座谈会，了解花卉销售情况和疫情防控期间生产经营状况，就公司发展和企业文化建设提出意见和建议，并向2家公司赠送《江苏省促进华侨投资条例》等涉侨法律法规书籍。(姜健俊)

【困难归侨侨眷慰问帮扶】 2021年，丹徒区侨联按时发放困难归侨生活定补2.23万元、春节慰问金1.2万余元；配合镇江市侨联慰问困难归侨10人次，支出专项资金2000元。春节前，配合镇江市侨联走访慰问困难归侨及归侨遗孀22人，慰问金共计1.95万元，其中困难归侨19人(每人900元)、困难归侨遗孀3人(每人800元)。(姜健俊)

丹徒区残疾人联合会

【概况】 2021年末，丹徒区残疾人总人数7902人(城镇496人、农村7406人)。其中：视力一级296人、视力二级603人、视力三级251人、视力四级299人，听力一级128人、听力二级61人、听力三级42人、听力四级40人，言语一级16人、言语二级7人、言语三级7人、言语四级3人，肢体一级88人、肢体二级1615人、肢体三级932人、肢体四级1405人，智力一级15人、智力二级377人、智力三级216人、智力四级231人，精神一级0人、精神二级530人、精神三级250人、精神四级197人，多重一级240人、多重二级28人、多重三级18人、多重四级7人。

2021年，镇江市丹徒区残疾人联合会(简称丹徒区残联)用心为残疾人士排忧解难，为残疾人在康复、教育、就业、扶贫、维权、社会保障等方面提供优质服务，推进全区残疾人事业高质量发展。全年完成残疾人证换领450人次，新增办理贫困精神残疾人免费用药卡30例，白内障患者复明20例；假肢安装15例，0—6岁残疾儿童康复训练86人，7—14岁残疾儿童康复训练17人，轮椅发放48台；为14名高等教育阶段残疾学生发放教育补贴2.7万元，为12名贫困残疾人家庭子女发放教育专项补贴1.8万元。按照“两优先”(优先考虑特困残疾人家庭、优先考虑重度残疾人家庭)原则，完成低收入残疾人家庭无障碍改造任务72户；举办残疾人农村实用技术培训班4期，共150人次参加。全年处理“12345”政府热线投诉78件、处理来信2件，办件率均为100%。

年内，按照群团组织“强三性、去四化”（增强政治性、先进性、群众性，防止机关化、行政化、贵族化、娱乐化）改革的总要求，根据拟定的《丹徒区残疾人联合会改革实施方案》成立丹徒区残联党组。以庆祝中国共产党成立100周年和党史学习教育为契机，丹徒区残联在“全国助残日”“爱耳日”“爱眼日”“世界康氏综合征日”“世界自闭症日”等残疾人重大节日开展主题宣传活动；通过“丹徒残联”微信公众号和“金山网”等网络媒体平台开展残疾人事业宣传工作，全年投稿42篇；联合荣炳阳光残艺团举行残疾人“百年百场百人”文艺巡演，旨在倡导扶残助残新风尚，引导残疾人树立“自尊、自信、自强、自立”的人生观和价值观，该文体项目被江苏省残联评为2021年度“创新创优”项目。（王　秀）

【“残疾人之家”规范化建设】 2021年，丹徒区残联按照“八有八服务”（“八有”即有合法登记注册或者依托合法的主体设立、有独立的财务核算、有统一的名称和标识、有稳定的服务对象、有适宜的活动场所、有管理服务队伍、有健全的管理制度、有安全保障，“八服务”即托养服务、辅助性就业、康复服务、文体活动、教育培训、志愿者服务、维权服务、其他服务）要求，推进“残疾人之家”规范化建设，年内投入约6万元改造谷阳镇槐荫村“残疾人之家”，满足附近镇村15名以上残疾人的日间照料和康复服务。“残疾人之家”是以辅助性就业为主，集托养、康复、培训、文化体育、维权等各项服务为一体的残疾人综合服务机构，截至年底，丹徒区共建成“残疾人之家”21家，其中镇级“残疾人之家”10家、村级“残疾人之家”11家。（王　秀）

【残疾人辅助性就业工作】 2021年，丹徒区共集中安置330名残疾人就业；与区人社部门合作，摸查就业困难的残疾人，通过线上点对点服务，帮助残疾人就业；开展农村实用技术、电商、扫盲等项目培训，以支持、扶持残疾人自主创业带动劳动就业。因地制宜创新残疾人辅助性就业模式，推广残疾人尤其是行动不便的重度残疾人居家就业模式，年内与好幸福残疾人之家服务中心联合在荣炳盐资源区“残疾人家庭”开展“财富计划展初心、就业送给残疾人”送鹅苗助残活动，帮助残疾人增收致富。（王　秀）

【残疾人托养服务】 2021年，丹徒区采取政府、机构、社会齐抓共管的方式，依托“残疾人之家”开展残疾人托养服务。全年需安置托养残疾人员431人。丹徒区残联首先通过镇、村一级“残疾人之家”对残疾人提供托养服务，再依托有残疾人托养资质的养老机构对符合条件的残疾人提供托养服务，同时与市残疾人托养服务中心协调，将符合托养条件的残疾人送至市托养中心提供托养服务，共安置完成托养残疾人员351人。针对无法到机构进行托养的80名重度残疾人，采取政府购买服务，委托第三方机构提供居家式托养服务，全年开展生活照顾1968人次，上门助医服务984人次。（王　秀）

【残疾人康复工作】 2021年，丹徒区残联推进残疾人康复工作，优化拓展区残疾人康复中心服务功能，为有需求的各类残疾人群提供便捷、优惠、高效的康复服务，并对贫困残疾人康复服务给予适当的收费优惠。主动与丹徒区人民医院、高资中心卫生院协调沟通，新增康复设备，组建长期固定的残疾人专业服务团队，全年组织专家开展免费康复服务指导和业务咨询6场，并协助开展公益助残服务，同时开展残疾预防及健康宣传活动4场。（王　秀）

丹徒区红十字会

【概况】 2021年，镇江市丹徒区红十字会（简称丹徒区红十字会），凝聚人道力量实施救灾、救护、救助工作，坚持以人为本开展募捐筹资活动，合力开创丹徒区红十字事业高质量发展新局面。参与丹徒区应急管理局在“5•12”国家防灾减灾日期间组织的防灾减灾宣传活动，全年进校园和镇(街道、园区)等地开展应急救护培训活动，提升基层红十字会应急救护能力；10月14日，到丹徒区社会福利院开展健康义诊活动，为福利院老人免费量血压、测血糖，宣传遗体器官捐献和糖尿病、高血压等慢性病防治知识，并举办健康知识等讲座。推动学校红十字事业持续发展，创成“江苏省红十字会示范校”1所和“镇江市红十字达标示范校”2所。

(丹徒区红十字会)

2021年10月14日，丹徒区红十字会到丹徒区社会福利院开展健康义诊活动 (丹徒区红十字会)

【应急救援体系建设】 2021年，丹徒区红十字会加强应急救援体系建设，主动融入政府防灾救灾工作体系，与丹徒区应急管理局于6月签订防灾减灾救灾工作机制合作协议，年内修订完善《丹徒区红十字会自然灾害和突发事件应急预案》。推进救护培训工作，年初制定《2021年丹徒区红十字会应急救护培训工作方案》，明确救护培训“五进”(进机关、进企业、进学校、进社区、进农村)及均衡各类培训对象比例的工作要求，年内组织初级救护员培训552人次、普及性培训6014人次。

(丹徒区红十字会)

【博爱“助老、助医、助困”活动】 2021年，丹徒区红十字会继续开展博爱“助老、助医、助困”活动。自筹价值6.9万元的大米和扶贫慰问金1.5万元，结合江苏省红十字会下拨食用油、大米、棉被等物资，发放给各镇(街道、园区)贫困群众，受益人数约1500人。配合省、市红十字会开展博爱送万家常态化工作暨“七一”慰问困难党员活动，走访慰问困难党员家庭4户。走访慰问全区现有52户麻风病治愈存活者困难家庭，发放大米104袋、食用油104桶；对上门求助的贫困家庭和大重病患者发放人道救助金共计9.5万元。 (丹徒区红十字会)

【“三献”工作】 2021年，丹徒区红十字会推动“三献”〔无偿献血、造血干细胞捐献、遗体(器官)捐献〕工作。造血干细胞成功捐献1例，遗体和器官捐献登记人数2人；先后开展以“三献”活动和“送医送药送健康”为主题的志愿服务活动3场，现场发放宣传册200余份。 (丹徒区红十字会)

【红十字宣传工作】 2021年，丹徒区红十字会采取线上线下相结合的方式开展宣传工作，扩大社会知晓率和影响力。借用互联网平台促进募捐工作透明化、社会监督常态化，提高红十字会公信力。与丹徒区广电信息网络有限公司签订一年公益广告播放协议，在“5•8”世界红十字日、“5•12”国际防灾减灾日、“6•14”世界献血者日期间利用电视滚动字幕的方式进行相关宣传；利用三山小学、丹徒区中医院、丹徒区妇计中心等地的宣传栏，制作“三救三献”〔应急救援、应急救护、人道求助，无偿献血、造血干细胞捐献、遗体(器官)捐献〕知识展板，利用重大节日节点在辖区内发放各类宣传册8000余份。 (丹徒区红十字会)

法　治

政法委及综治

【概况】 2021年，丹徒区政法系统推进平安丹徒、法治丹徒建设和社会治理现代化建设，助力经济高质量发展和社会平安稳定新篇章，推动“十四五”政法工作顺势开局。年内，全区政法系统开展党史学习教育活动，从百年党史中感悟思想伟力、砥砺初心使命、汲取奋进力量；贯彻落实《中国共产党政法工作条例》和江苏省委《实施意见》，落实重大事项请示报告等制度；推进政治轮训工作，全年政法系统开展学习贯彻中共十九届六中全会精神宣讲报告会等政治轮训100余场次；印发《党委政法委员会纪律作风督查巡查工作暂行规定》，推进公正规范文明执法司法；选优配强乡镇政法委员，印发《丹徒区镇(街道、园区)政法委员职责清单(试行)》，推动政法委员聚焦主责主业、强化履责担当；开展政法队伍教育整顿和政法队伍教育整顿“回头看”专项督察，政法队伍教育整顿工作综合考核、群众对政法机关和政法队伍满意度均位列全市第一，丹徒区基层社会治理工作得到省政法队伍教育整顿中央督导组肯定。（丁　鑫）

【平安丹徒建设】 2021年，丹徒区完成全省社会重大风险清单管理试点工作，试点工作经验在全省和全市推广。先后完成中国共产党成立100周年庆祝活动、中共十九届六中全会、江苏省第十四党代会等重要节点的安保维稳任务，实现零事故；9月，全市信访维稳工作推进会在丹徒区召开，丹徒区作经验交流。常态化开展扫黑除恶斗争，推进四大行业领域整治，严厉打击整治电信网络诈骗犯罪，电信网络诈骗万人发案率持续下降，反诈宣传满意度93.08%，相关经验做法得到上级肯定。健全完善治安防控体系，提升社会面见警率和治安控制力，全年巡逻抓获违法犯罪嫌疑人65人，比上年上升23%，群众安全感、夜间出行安全感分别为99.5%、96.5%。（丁　鑫）

【社会治理创新】 2021年，丹徒区委成立平安丹徒(社会治理现代化)建设领导小组及5个专项小组，制定实施《加快推进社会治理现代化建设更高水平平安丹徒的意见》和《丹徒区社会治理现代化(平安建设)行动纲要(2021—2025年)》等文件。推进社会治理现代化先进镇(街道)创建工作，世业镇和宜城街道创建成为全市首批社会治理现代化先进镇(街道)。在全市创新开展网格化服务管理规范化建设，按照“四个一”(一个场所、一支团队、一组微信平台、一套运行机制)标准，实现290个网格工作室规范化建设全覆盖；在全市率先成立网格学院，建成规范化、标准化“平安前哨”警

2021年9月18日，丹徒网格学院成立揭牌暨第一期网格员培训班开班仪式　（丹徒区委政法委）

务室10个，警网格信息推送率100%；开展“三官一律”（法官、检察官、公安机关和律师）进网格活动，全年“三官一律”进网格3580人次，化解矛盾纠纷671件、处置安全隐患54件；网格化服务管理知晓率67.5%，比上年上升20%，网格化服务管理满意率98.4%。（丁　鑫）

【法治丹徒建设】 2021年，丹徒区印发《法治丹徒建设规划（2021—2025）》和《法治社会建设实施方案（2021—2025）》，明确“十四五”期间丹徒法治建设的“时间表”和“路线图”。聚焦产业强区“第一战略”，制定实施《全区政法系统助力优化法治化营商环境，服务民营企业健康发展的八条举措》。严厉打击涉企违法犯罪行为，全年侦破涉企案件30件，抓获涉企犯罪嫌疑人93人，挽回经济损失8000余万元。办理破产案件14件，盘活企业资产2251万元、释放土地资源3.06公顷（45.9亩）、处置房屋8.2万平方米。依法审慎行使逮捕权和起诉权，对涉企刑事案件依法不捕1人、不诉15人。开展涉企执法司法专项督查，规范全区执法司法行为。制定《全区政法系统25条安民便民惠民措施》，广泛开展法治惠民活动，全区政法干警为群众办实事751件，领导干部领办并解决群众“急难愁盼”问题47个，相关做法被《镇江日报》头版头条宣传报道。（丁　鑫）

法治政府建设

【概况】 2021年，丹徒区坚持以习近平新时代中国特色社会主义思想为指导，贯彻落实中共十九大及十九届历次全会精神、中央全面依法治国工作会议精神，在创成全省法治政府建设示范区的基础上，以创建全国法治政府示范区为目标，提升法治政府建设规范化、程序化和法治化水平。

健全法治建设体系，将“提升依法治区水平，建设更高水平法治丹徒”纳入《镇江市丹徒区国民经济和社会发展第十四个五年规划和二〇三五年远景目标纲要》，将“加快法治社会建设，在提高治理效能上实现新突破”纳入区委常委会2021年工作要点；丹徒区委于6月召开全面依法治区工作会议，专题谋划部署依法治区和法治丹徒建设工作，在区委常委会和区政府常务会议上专题听取法治政府建设年度报告和重大决策事项专题汇报；加强法治专题学习，区委常委会上开展平安法治建设、中央政法工作会议精神和防止干预司法“三个规定”、退役军人保护、党内法规等方面法治学习，区政府常务会上开展《中华人民共和国行政处罚法》《中华人民共和国未成年人保护法》《中华人民共和国预防未成年人犯罪法》《排污许可管理条例》《江苏省水域保护法》《江苏省水污染防治条例》等法律法规学习；贯彻落实《法治政府建设与责任落实督察工作规定》，查找存在问题和原因，找准短板弱项，精准抓好整改提升；督促各镇（街道、园区）和各部门对法治政府建设再学习、再检视和整改提高，并对党政主要负责人履行推进法治建设第一责任人职责情况和法治政府建设开展专项督察。全年开展《民法典》宣讲活动及报告会120场次，举办专题法律咨询68场，开展公共法律服务进园区活动；“12348”法律服务队开展企业宣讲活动98场次，发放宣传手册10万余册。全年新创建省级民主法治示范村（社区）2个（高资水台村、辛丰东街村）。

推动线上线下深度融合，加强政务服务平台应用，安排专人将部门数据录入一体化平台，提升从区到村（社区）的网上政务办理覆盖率，统筹维护全区各部门权力事项和公共服务事项认领率，每月对网上政务办理情况进行考核通报，提高办件数量和网办发生率指标。全年事项认领率93.1%，二次录入办件数据218805条。加强政务信息系统优化整合，推进政务数据共享，制定包括8个子模块的丹徒数据融合平台方案，做好区数据共享交换平台建设工作，加强对大数据的分析、挖掘、处理和应用，运用大数据辅助行政决策和行政执法工作。加强部分重点监管领域数据归集，督促各相关部门定期报送监管数据，打通部门信息通道，提升监管智能化水平。丹徒区全年上报监管数据3.26万条。（张　磊）

【“放管服”改革】 2021年，丹徒区深化“放管服”

改革，惠利于民。推进“政照分离”，采取告知承诺、优化准入服务等方式，改审批为备案，对首批106个事项实行“证照分离”，全年累计办理设立、变更登记2387件，惠及市场主体1580户；提升基层审批服务能力，协调指导各镇（街道、园区）为民服务中心建设，梳理完成28项基层审批赋权办事指南和服务流程，开展业务操作培训，全区各为民服务中心的赋权事项承接率为43.3%；完善工程建设项目审批，设立工程建设项目审批专窗，实现“一份办事指南、一张申请表单、一套申报材料、完成多项审批”运作模式，全年完成办件389件。（张　磊）

【优化营商环境】 2021年，丹徒区实现审批事项“一窗通办”，丹徒区行政审批局组建“一窗受理”专职队伍，开设“红色专窗”提供一对一帮办服务，形成一站式政务服务新模式，全区在美容美发、劳务派遣等领域均做到减环节提时效；持续推进“不见面”交易覆盖面，全年完成不见面开标项目56项，节约企业成本约220万元；建立数字见证室，开启“数字见证服务”新模式，促进改善服务环境，提高企业满意度。贯彻落实《综合监督执法机构食品安全工作规范》和《卫生计生基层机构食品安全工作指南》，围绕省级食品安全示范城市工作标准，加强食品安全风险监测、食源性疾病管理，做好食品安全事件流调、样品检测等技术支撑，推动食品安全关口前移；在交通运输领域建立联合治超机制，全年联合查处违法超限超载车辆647辆次，其中“百吨王”36辆次，监督卸驳载19330.42吨，实施“一超四罚”案件38起；加强新业态监管，重点查处网约车不合规经营等违法行为，推进交通运输新业态规范健康持续发展，全年查处“黑车”、非法网约车3起。（张　磊）

【规范性文件管理】 2021年，丹徒区完善新一届政府法律顾问聘用程序，加强法律顾问日常工作考核管理，组织政府法律顾问对26件政府协议及重大行政决策开展审查，出具法律意见书32份，为全区在政府投资、民生服务等领域的重大决策提供科学合理的法律意见。法制部门参与政府涉法事务的协调，组织政府法律顾问在不动产登记、拆迁安置、信访复查等民生领域建言献策，确保政府工作在法治轨道上运行；全面推行行政规范性文件合法性审核机制，配合做好其他文件审核工作，全年审核常务会材料17件，审核《丹徒区富民强村帮促行动实施意见》等非规范性文件9件；按时开展两年一度的规范性文件清理，对区涉及长江流域保护、行政处罚法、计划生育法的规范性文件及政策性文件进行专项清理，《镇江市丹徒区公路管理养护实施意见》等10件规范性文件继续有效，清理结果在区政府网站对外公示；印发《2021年度镇江市丹徒区政府重大行政决策事项目录》，其中列入目录的区农业农村局高标准农田建设、区卫健委完善现代化医疗卫生服务体系、消防救援大队村级微型消防站建设等全程跟踪督促。（张　磊）

【行政权力制约监督】 2021年，丹徒区政府及各部门自觉接受各界监督，坚持重大事项向人大报告制度，重视人大、政协对政府专项工作的调研，及时办理人大代表提出的意见、建议和政协建议，自觉接受司法监督，确保行政权力运行合法化、规范化。实现重大行政决策、行政规范性文件、行政合同协议等合法性审查全覆盖。及时向市政府和区人大报备规范性文件。将行政诉讼、行政复议案件情况纳入全区高质量发展综合考核范围，加大督查考评力度。严格执行《政府信息公开条例》，坚持以公开为常态、不公开为例外，完善信息公开机制，推进决策、执行、管理、服务、结果“五公开”，提升政务公开的质量和实效。全年通过丹徒区政府门户网站发布政务信息4266条，其中疫情防控专栏发布各类信息47条；通过传统媒体和其他政务新媒体公开政府信息564余条；政府信息做到应公开、尽公开，10月完成全区政府信息公开工作的检查评议。依法落实政府重大行政决策实施前向本级人大常委会报告制度。支持人民法院依法审理行政案件，全年以丹徒区政府为被告的已开庭审理的行政诉讼案件，行政机关负责人出庭应诉率100%；尊重并执行人民法院生效判决，分别在城市管理、教育、交通、村庄整治等领域及时向法院、检察院反馈司法建议采纳情况，年度办复率100%。做好全区规范性文件备案审查工作，全年备案审查72件，出具法律意见书57份；受理行政复议案件24件，其中直接纠错4件，间接纠错9件，行政复议综合纠错率为54.17%；制定《丹徒区区级预决算信息公开工作方案》，明确预算公开的表格表式、内容说明，及时公开历年政府预算相关数据，并督促指导全区预算单位对各自预算数据公开，在公开内容和细化程度上均实现提升；全方位防控审计风险，全年完成审计项目28个，涉及财政、专项资金、经济责任、公共投资、企业项目5个领域，共提出审计报告、审计意见28份，审计建议21条，查出管理不规范金额6.81亿元。 （张 磊）

【行政执法监督】 2021年，丹徒区研究制定《丹徒区2021年行政执法监督检查计划》，对全区实施包容审慎柔性执法情况、基层综合执法情况、推行证明事项告知承诺制情况、重点领域行政执法及“两法衔接”（行政执法与刑事司法衔接）和全面推行行政执法“三项制度”（行政执法公示制度、执法全过程记录制度、重大执法决定法制审核制度）工作情况开展专项监督检查。组织评查各行政执法部门报送的60余份行政执法案卷，梳理案卷整改问题161条，发出行政执法监督建议书14份。制定印发《关于报送行政处罚“轻微违法首次免罚”事项清单的通知》，梳理确认60项轻微免罚事项清单，并在全区予以执行。实行证明事项告知承诺制，组织对部门梳理报送的实行证明事项告知承诺制清单进行审核，并印发《丹徒区实行告知承诺制的证明事项清单》，首批清单包含承诺制证明事项42项。做好全区行政执法人员证件管理，对883份行政执法证件进行注册，对301名新申领行政执法证件人员进行资格审核，共发放执法证件222份、监督证件22份。丹徒区全年收到84件重大行政处罚决定备案，共处罚款173.03万元、收缴4.36万元、追缴0.41万元，吊销烟草许可证4件，15日以上行政拘留12件21人次。区各行政执法机关推进行政指导工作，分别在行政许可、行政处罚等6个领域通过政策辅导、走访约见、规劝提示、警示告诫、行政建议等方式，开展行政指导20858项。 （张 磊）

【社会矛盾化解】 2021年，丹徒区完善矛盾多元化解机制，畅通社会矛盾多元纠纷化解渠道，健全非诉中心和非诉分中心，深化交通事故、劳动争议、婚姻家庭、消费纠纷、物业纠纷五大领域的人民调解组织规范化建设。推广运用“苏解纷”信息平台，预防化解社会矛盾纠纷，全年调解矛盾纠纷7459件，其中在“苏解纷”平台上办理1934件。行政复议作出撤销、确认违法、责令履行等直接纠错4件，直接纠错率16.67%。依法对涉政府信息公开、公安处罚、工伤认定等领域的行政复议案件开展调解，努力促成和解。 （张 磊）

公 安

【概况】 2021年，镇江市公安局丹徒分局（简称丹徒公安分局）维护辖区治安秩序持续稳定，完成庆祝中国共产党成立100周年安保维稳任务。依托数据赋能、合成作战，侦破“1•22”“3•29”等一批网络犯罪大要案件；侦破电信网络诈骗案件数、抓获人数比上年提升111%、113%，全区电诈警情比上年下降28.8%，电诈发案比上年下降8.1%。制定实施《丹徒公安机关优化营商环境服务经济社会高质量发展十条措施》，落实“警企一警通”项目警官、全警挂钩服务机制；加强惠民服务窗口建设，全市公安政务服务现场会在丹徒公安分局召开并在全市推广丹徒经验。创新实施食药环侦、内保专业警种“所队合一”机制，推动警种综合绩效跨越式提升；打造“枫桥经验”丹徒品牌，高资派出所“综治+公安+部门”“警格+网格”融合治理工作获得中央政法队伍教育整顿指导组肯定。升级重建交警事故中队，建成交警综合作战指挥中心、交通事故“一站式”处理中心和“四调合一”大调解中心；推进列入政府投资项目的城区派出所、上党派出所、宝堰派出所新建改建工程。全市公安机关城乡社区警务工作会议在丹徒公安分局召开，推荐丹徒公安深化改革强基取得成果的经验，并为基层公安机关加快构建现代警务体系指明行动方向。推进战训练兵常态化，制定《暖警惠警十二项措施》，投入2800余万元建设一体化执法办案中心和民警训练基地。持续开展党史学习和教育整顿活动，推进“讲党性·筑警魂”党旗增辉行动，立项整改顽瘴痼疾59个，挖掘一等公安英模魏网清等全省先进标杆。举办庆祝中国共产党成立100周年“歌声献给党、丹心铸警魂”文艺演出暨“两优一先”表彰活动；举办首个中国人民警察节庆祝活动，同时举行庆祝中国人民警察节宣誓仪式以及退休民警荣休和从警特定年限荣誉仪式。年内，丹徒公安分局被镇江市委授予庆祝中国共产党成立100周年安保维稳集体三等功，获评法治镇江先进集体、全市抗击新冠肺炎疫情先进集体；有52个集体、53名个人获上级表彰奖励，丹徒公安分局数据战队在全市公安数据建模竞赛中获一等奖。（姚　欢）

【风险防控】 2021年，丹徒公安分局落实分级管控措施，守住全区暴恐案事件“零发生”底线。健全党委政府主导、综治牵头、部门协作的“大维稳”格局。做好新冠肺炎疫情防控工作，开展数据核查反馈、重点人员管控、社会面查控、隔离点安保等具体工作。推进安全生产整治专项行动，侦破“6•24”非法储存危险物质案，道路交通事故一次死亡3人以上事故数连续多年“零发生”，新312国道沿线流动摊点全部取缔。（姚　欢）

【社会治安治理】 2021年，丹徒公安分局投入260余万元，建成全市首家电子数据勘查取证分析实验室。侦破全国集群打击专案“1•22”非法获取计算机信息系统数据案、“3•29”破坏计算机信息系统案等一批网络犯罪大要案件，捣毁黑客公司4家，抓获犯罪嫌疑人70人；侦破帮信类案件10余起，抓获犯罪嫌疑人26人。先后侦破“4•8”制售假表专案、酒托诈骗专案、市公安局挂牌“222”电诈专案、40人团伙的直播“打赏”网络诈骗案件等一批新型犯罪专案；侦破电诈案件48起，查获嫌疑人75人，收缴手机卡、银行卡2000余张。组建分局反诈中心，推出全市首辆“反诈公交”，“零诈高校”建设等经验做法被国家级媒体报道。举行“巡处一体化”警务改革启动仪式，在全市率先实行主城区巡逻处警一体化勤务机制，建立“1+8”（“1”是运行机制，“8”是事故处理、调解规范、指挥调度、考核管理、警情处置、警情交接、警务保障、运作规范）工作机制，依托主城区宝龙警务站、华山街警务站开展24小时“控网巡格”，现场处置纠纷求助警情1721件，占主城区警情82%，自处率98%。（姚　欢）

【“蓝剑”行动】 2021年1月中旬至3月31日，丹徒公安分局应对岁末年初治安复杂形势，部署开展全区公安机关防风险、保安全、护稳定、增效能“蓝剑”行动。其间，突出打击犯罪大围剿、社会治安大巡防和安全整治大排查，共抓获刑事作案成员184人，比上年增加7.6%；抓获电诈犯罪嫌疑人27人、网络犯罪嫌疑人20人、污染环境嫌疑人6人、境外逃犯3人；查处寄递物流案件13起、特种行业违规经营案件12起，均超额完成目标任务。通过巡防抓获现行违法犯罪人员37人，破案74起，分别比上年增长27.6%、19.4%。（姚　欢）

【营商环境优化】 2021年，丹徒公安分局贯彻落实优化营商环境的决策部署，构建亲企、安企、护企、帮企的警企关系，持续优化营商环境。实行企业挂钩联系的“项目警官”制度，明确局党委成员定点联系区规上企业、派出所领导挂钩联系辖区重点企业或项目、社区民警常态联系辖区其他企业或项目；常态化开展暖心助企服务，全局民警与429家规上企业挂钩走访，协调解决涉企困难问题85件；推行《丹徒公安机关优化营商环境服务经济社会高质量发展十条措施》，为企业提供个性化、精准化服务。建立专项打击机制、涉企执法行为机制和涉企警情处置机制，开展打击涉企突出犯罪行动，先后查处制售假冒“蓝月亮”洗衣液、“施耐德”电源开关等侵犯知识产权案件4起，抓获犯罪嫌疑人46人；侦破“8•21”虚开增值税专用发票案，打掉一个长期在丹徒区中药材产销行业虚开增值税发票的7人犯罪团伙。 （姚 欢）

【惠民服务窗口建设】 2021年，丹徒公安分局贯彻落实“放管服”改革部署要求，树立人民至上思想和创新警务理念，加强公安政务“一站式”窗口、派出所综合服务窗口和24小时自助服务超市建设。打造“公安一号窗口”，65项政务服务事项“应进全进”纳入区行政服务中心，实现“一窗办理”，年内获评区级“十佳群众满意窗口”称号；推进公安服务事项纳入区镇级便民服务中心建设整体规划，实现公安16项行政审批项目梳理下放至各派出所，高资、荣炳、世业、江心等4家派出所行政服务项目分别进驻乡镇综合行政服务中心，高资派出所省级试点窗口建成并有序运行；在全区核心区域建设6个24小时交管、外管、户籍业务自助服务区，实体化开展接处警、信息采集、调解纠纷、自助服务受理。（姚 欢）

【“所队合一”警务改革】 2021年，丹徒公安分局深化公安改革，推进新时代派出所建设工作，创新实施内保大队与长山派出所、食品药品环境侦查大队与森林派出所“所队合一”机制，侦破省公安厅挂牌“8•18”环境污染专案、全省首例非法倾倒垃圾故意毁坏财物案件、市公安局挂牌医保诈骗案等一批重点案件。根据上级森林公安属地化划转要求，森林派出所与食品药品环境侦查大队开展联合执法，至年底，共侦办食品、药品、环境等领域的刑事案件17起，其中省公安厅挂牌督办污染环境案件1起，先后破获丁化生产销售假洗发水案件、张某等非法占用农用地案等一批有影响力的案件，共40人被公诉，公诉指标完成全年绩效任务的154%，综合绩效排名全市第一方阵。 （姚 欢）

【基层网格化社会治理】 2021年，丹徒公安分局围绕打造共建共治共享社会治理新格局的工作思路，践行“矛盾不上交、平安不出事、服务不缺位”的新时代“枫桥经验”，提升基层“网格化”治理工作水平。全区科学划分城乡自然网格343个，高新园区、高校园区、工业园区等专属网格13个，选配总网格长96人、网格长356人、专职网格员356人，兼职网格员1707人，明确网格员信息采集维护、社会治安巡逻、安全隐患和矛盾纠纷排查化解、便民服务等9大类、22个小类、82项工作任务，实现社区警务工作向每一个小网格延伸、融合。至年底，通过多元联调机制化解矛盾纠纷1800余起，调解成功率97.2%。 （姚 欢）

【群租房安全专项整治】 2021年，丹徒公安分局按照群租房专项整治部署要求，滚动开展兜底式排查，全面摸清群租房和居住人员底数，整顿规范房屋租赁市场秩序，建立健全群租房长效管理机制，严防发生影响安全稳定的案事件。累计登记群群租房租住人员1275人(含流动人口1138人)，登记在册群租房48户，在册群租房排查整改各类安全隐患149处，查处群租房治安案件7起7人，整改销号28户，非治安类安全隐患全部推送安全生产委员会办公室和消防救援、住建部门落实整改措施。（姚 欢）

【全民反诈攻坚战】 2021年，丹徒公安分局贯彻落实习近平总书记对打击治理电信网络诈骗犯罪工作的重要指示精神和上级有关部署，狠抓组织领导、职责任务、督导检查三个环节，组建“民警+网格员+志愿者”三支队伍，针对“社区居民、企业员工、在校学生”三类重点群体，畅通警民沟通、警网共治、精准劝阻三个渠道，突出分析研判、打击效能、黑灰产业三个重点，推进电信网络诈骗打击治理各项工作。5月，丹徒公安分局联合相关部门举行“平安合伙人•反诈全民行”集中启动仪式，旨天构建全警反诈、全社会反诈的新格局，全区各镇、街道(园区)同步举办“平安合伙人•反诈全民行”集中启动仪式。至年底，全区涉诈警情逐月下降，

电诈万人发案率从7月的全省第12位降至第51位，全区电诈警情423起。 （姚　欢）

2021年，丹徒公安分局开展防范电信网络诈骗宣传进校园活动 （丹徒区委宣传部）

检　察

【概况】 2021年，镇江市丹徒区人民检察院(简称丹徒区检察院)依法履行宪法法律赋予的法律监督职责，为丹徒区经济社会高质量发展提供司法保障。年内，该院蝉联“江苏省文明单位”，连续4年获评“全市先进基层检察院”，连续2年获评“区级机关目标考核优胜单位”，3起案件入选国家级和省级精品案例；1名干警被最高人民检察院、公安部、生态环境部联合评为“检察机关打击危险废物环境违法犯罪行为活动表现突出个人”，1名干警获评“全国检察宣传先进个人”，1名干警获评“全省民事检察业务标兵”，5名干警被纳入全市检察机关青年拔尖人才库。

服务保障民营企业发展，办理各类涉民企案件28件48人，依法对16名企业经营人员作出不捕、不诉决定，最大限度减少司法办案负面产出；突出打击破坏市场经济秩序、严重侵害民营企业合法权益犯罪，批准逮捕7件8人，提起公诉11件14人，办理1起虚开发票案获评全市护航民企典型案例；强化检企联系，通过带案下访、实地走访、当面接访等方式，为企业提供法律服务67次；与镇江市检察院联合开展“丹心护企　检与同行”大型普法宣传活动，邀请辖区19家民营企业代表参加涉税专题普法讲座，多家中央级、省级主流媒体集中采访报道，相关做法被江苏省检察院转发。常态化推进扫黑除恶斗争，依法办理“9•3”恶势力专案，对涉案9起的沙某等人以恶势力共同犯罪提起公诉；庭审中公诉人指控有力、答辩有理，法院一审判决采纳全部公诉意见及量刑建议；办案中严格落实“一案三查”(指扫黑除恶斗争中，既查办黑恶势力犯罪，又追查黑恶势力背后的“保护伞”，还倒查党委政府的主体责任和部门的监督管理责任)要求，发现并移送涉嫌恶势力“保护伞”线索2件。主动延伸办案触角，分析研究案件背后反映的社会治理问题，针对性制定发出治理类检察建议18件，撰写风险研判报告5份，获上级批示关注2篇；针对办案中发现的被告人户籍登记年龄与其实际年龄相差10岁、办案机关长达30余年未予纠正问题，跨省制定发出检察建议，推动当地开展同类问题专项排查，相关做法被《检察日报》头版报道。助力打造“法治丹徒”，强化以案释法，开展主题法治宣传83场次，发放普法宣传册8650份；推进“检察官进网格”〔指通过定期组织检察官下沉一线，协助镇(街道、园区)和社区开展社会管理、矛盾化解、法治宣传教育、社区矫正、征求民声民意等工作，实现检察机关与基层组织在社会治理职能方面的优势互补，保障群众合法权益和基层秩序安稳〕工作，开展入户走访、实地调研59次，排查安全隐患、调处矛盾51次，提供检察服务114次。深化反腐败斗争，受理职务犯罪案件10件13人，依法决定逮捕3件3人，提起公诉7件10人；其中，司法人员犯罪1件1人，医疗卫生系统人员犯罪2件2人，征地拆迁领域人员犯罪3件3人。注重发挥庭审教育功能，深化以案为鉴、以案促改，先后组织基层公职人员观摩旁听职务犯罪案件庭审、现场接受警示教育100余人次。

全年受理各类刑事犯罪案件452件687人，依法批准逮捕64件84人，提起公诉275件387人。严厉打击“两抢一盗”、涉枪涉爆、黄赌毒等严重影响社会治安刑事犯罪，批准逮捕22件24人，提起公诉41件89人。受理食品药品安全领域案件3件6人，提起公诉2件2人。联合公安、市场监管等部门开展食药安全专项检查活动3次。落实最高人民检察院“四号检察建议”（2020年4月8日，最高人民检察院向住房和城乡住建部发送的检察建议书。这是最高人民检察院针对多地出现坠井事件的实际情况，结合办案及时深入调研，就窨井施工、管理、养护方面存在问题发出的检察建议），针对窨井“吃人”“伤人”问题，实地走访排查8次，督促加装防坠网、防位移改进装置48个。落实7日内程序性回复、3个月内办理过程或结果答复要求，办理来信来访104件。坚持“阳光司法”，组织开展不捕不诉、司法救助、公益诉讼等案件公开听证41件。人民监督员对尤某拒不支付劳动报酬司法救助案进行监督案件获评全省典型案例。运用刑事和解机制化解矛盾，将29起轻微刑事案件导入刑事和解程序，邀请人民监督员、律师等第三方人员参与释法说理，促使达成民事赔偿和解协议24份。开展多元化司法救助，向20户特困刑事被害人或其近亲属发放救助金20.4万元。关注农民工合法权益保护，通过支持仲裁、支持起诉等方式帮助66名农民工追索劳动报酬319万元。结合最高人民检察院“一号检察建议”（2018年10月19日，最高人民检察院向教育部发送的检察建议书。这是最高人民检察院分析办理的性侵幼儿园儿童、中小学生犯罪案件，针对校园安全管理规定执行不严格、教职员工队伍管理不到位，以及儿童和学生法治教育、预防性侵害教育缺位等问题，历史上首次以最高人民检察院名义发出的检察建议），推进“法治副校长”全覆盖，聚焦校园安全、婴幼儿生命健康安全等领域开展专项排查整治活动5次，以防性侵、防欺凌、防拐骗、防毒品等为重点开展校园法治宣传30场次。结合办理的辖区某教师诈骗案件，通过检察建议推动在全区开展教师资格清查工作，对4名有不良记录或综合表现较差的编外教师予以辞退。结合丹徒“生态立区”战略定位，打造“丹心护绿”生态检察品牌(指丹徒区检察院以专业办理环境资源等案件为核心，立足“精准化办案、专业化研究、综合性治理”原则，围绕“打击、修复、防控”三个重点环节，为打好绿水蓝天保卫战而创立的特色品牌)，办理生态领域刑事犯罪案件14件29人，提起刑事附带民事公益诉讼10件，督促治理被污染、损毁的耕地、山地等近7公顷(100余亩)。创新开展守护“地球之肺”（指丹徒区检察院结合已办结的盗伐林木案件，向涉案林木管理单位发出检察建议，督促加强林木管理并组织开展补植复绿）、守护“长江微笑”（指丹徒区检察院结合已办理的非法捕捞水产品及污染长江水体案件，开展精准普法宣传活动，并联合镇江长江豚类自然保护区管理处开展江豚日常监测和常态防护巡航活动）等专项行动，相关工作被《检察日报》头版刊发。办理的谭某等人非法处置危险废物污染环境案获评全省环境资源保护典型案例。

2021年5月28日，丹徒区检察院到驸马山庄幼儿园开展“赠你一顶小红帽”防拐骗法治宣讲活动

（王运喜）

强化刑事案件诉前主导作用，监督立案5件，监督撤案21件，纠正漏捕、漏罪、漏诉8人，书面纠正侦查活动违法16件；贯彻少捕慎诉慎押刑事司法理念，不批捕55人，不起诉74人；对判决畸轻畸重、适用法律错误的刑事案件，依法提出抗诉4件；针对审判活动违法，发出纠正违法通知书2份；落实认罪认罚从宽制度，认罪认罚适用率97.56%，确定刑量刑建议采纳率99.73%；推进刑罚执行和监管活动监督，书面纠正违法18件。保障基层“两委”换届选举工作，开展剥夺政治权利刑罚执行专项

检察监督活动。强化民事行政检察，受理民事行政诉讼监督案件29件，提请民事抗诉获上级院采纳1件，建议再审获法院采纳并改判3件；发出审判、执行活动违法监督检察建议19件，其中17件被采纳。常态化开展虚假诉讼监督，建议再审的1件涉嫌虚假诉讼侵害民营企业权益案件获丹徒法院再审改判，为涉案民营企业规避经济损失650余万元。深化公益诉讼，紧扣公益保护核心立案审查公益诉讼案件76件，发出诉前检察建议60件；稳步拓展公益诉讼保护范围，聚焦红色资源、燃气安全、生物多样性保护等领域，开展专项监督活动6次，推动行政部门整合零散烈士纪念设施5处，清除"加拿大一枝黄花"9.13公顷(137亩)，建设无障碍通道31条，整改燃气安全问题隐患282处。办理的无障碍环境建设诉前公开听证督促履职行政公益诉讼案获评全国优秀案件。规范司法办案，完善案件质量评查工作机制，开展内部评查、异地评查239件，对重点案件开展专项核查4次，发现并纠正各类瑕疵问题126个。严格落实检察官联席会议制度和检委会议事议案规则，撤回起诉、无罪判决等办案考评负面指标均保持为零。强化律师执业权利保障，及时调查答复7件律师控告有关单位阻碍诉权案件，督促相关单位及时安排律师会见，控告律师均给予满意评价。　　（许　欣）

【婴幼儿护肤类产品专项排查整治】 2021年1月，

2021年1月12日，丹徒区检察院联合市场监管部门开展婴幼儿护肤类产品专项排查整治活动　　（王运喜）

丹徒区检察院针对网上热议的"大头娃娃"事件，联合市场监管部门开展婴幼儿护肤类产品专项排查整治活动，针对排查中发现的1家母婴店未经备案从事第二类医疗器械经营等问题，通过诉前检察建议督促相关行政监管部门依法履职，严格规范流通环节婴幼儿护肤品市场经营秩序。　　（许　欣）

【基层"两委"换届选举专项监督】 2021年2月，丹徒区检察院主动跟进辖区基层"两委"(村党支部委员会、村民委员会)换届选举工作，同步开展剥夺政治权利刑罚执行专项检察监督活动，依法监督剔除2名被剥夺政治权利人员的选举资格。为保障基层换届选举工作合法有序进行，针对履职中发现的选民资格审查不严不细、刑罚执行环节监管不到位等问题，分别向民政部门和公安机关制定发出的检察建议均被采纳。　　（许　欣）

2021年3月23日，丹徒区检察院与镇江豚类保护区管理部门联合开展防护巡航活动　　（王运喜）

【守护"长江微笑"专项行动】 2021年3月，丹徒区检察院针对江豚种群数量逐年衰减的情况，开展守护"长江微笑"专项行动，主动牵头与辖区公安、环境资源、渔政监管等部门召开江豚保护专题工作座谈会，就建立专项法律监督联系点、构建"社会型"系统防护网等工作达成共识。联合镇江豚类保护区管理部门开展江豚巡护活动1次，并结合办理的江豚保护区内非法捕捞案件，开展"守护'母亲河'　留住'长江微笑'"主题普法宣传活动，助

力长江“十年禁渔”。相关工作被《检察日报》(8月16日)头版刊发。 (许 欣)

2021年7月17日,丹徒区检察院开展“守护‘母亲河’ 留住‘长江微笑’”主题普法宣传活动 (王运喜)

【守护“地球之肺”专项行动】 2021年3月,丹徒区检察院结合办理的柳某等人盗伐林木案,开展守护“地球之肺”专项行动,通过制定发出检察建议督促4家涉案防护林管理保护单位开展所辖防护林的补植复绿工作,并实地参与补植活动。相关工作被《检察日报》(3月14日)头版刊发。 (许 欣)

2021年3月9日,丹徒区检察院开展守护“地球之肺”专项行动。图为盗伐林木案办案团队现场勘察林木毁坏情况 (王运喜)

【红色资源保护专项行动】 2021年6月,丹徒区检察院以中国共产党成立100周年为契机,开展红色资源保护检察公益诉讼专项监督活动,针对辖区内零散烈士纪念设施存在管护缺失的情形,通过制定发出诉前检察建议督促丹徒区退役军人事务局、丹徒区民政局等部门依法履职,按照“应迁尽迁,集中管护”原则及时整改到位,年内5座零散烈士墓先后迁入丹徒区烈士陵园集中管护。9月18日,丹徒区检察院联合属地政府慰问上述烈士遗属。(许 欣)

法 院

【概况】 2021年,镇江市丹徒区人民法院(简称丹徒法院)坚持“司法为民 公正司法”,发挥审判职能,维护社会稳定。全年受理各类案件9248件,办结8489件,比上年分别上升25.2%和23.4%。年内,丹徒法院被江苏省高级人民法院确定为“全省多元解纷和诉讼服务示范法院”,2名干警撰写的案例在全国和全省法院系统2021年度优秀案例评选中获奖,1名干警被最高人民法院评为“人民法院司法警察先进个人”,3名干警先后获“全省优秀人民法庭庭长”“全省法院执行裁判工作先进个人”“全省法院新闻宣传工作先进个人”荣誉称号。

全年受理各类民事案件4447件,审结3907件,其中以调解撤诉方式结案1787件,调撤率48.61%。推进家事审判方式改革,成立专业化审判团队审理家事纠纷案件,保障妇女、儿童和老人合法权益,审结婚姻、赡养、抚养、继承等家事案件412件。妥善处理劳资纠纷,维护劳动者合法权益,全年审结劳动争议案件961件,为农民工追回劳动报酬212.55万元;2起案件入选全市法院大力弘扬社会主义核心价值观十大典型民事案例,1篇案例入选

2021年,丹徒法院通过“云法庭”依法公开开庭审理并当庭宣判一起盗窃、诈骗案件 (丹徒法院)

全国2021年度《劳动人事争议典型案例》。

全年受理刑事案件231件，审结224件，判处人犯302人。严厉打击危害人民群众生命财产安全犯罪，审结故意伤害、寻衅滋事等严重暴力犯罪案件16件21人，审结盗窃、诈骗等多发性侵财犯罪案件52件84人，审结1起网络赌博案件。从严惩处职务犯罪，保持反腐高压态势，审结贪污、贿赂、渎职等职务犯罪案件8件13人。

全年受理执行案件3768件，执结3304件，执结标的19.5亿元。围绕“切实解决执行难”工作目标，坚持“用足、用好强制执行措施”要求，重点打击有能力而拒不履行行为，实施“雷霆行动2021”“见‘镇’执行”等系列集中执行行动，常态化开展凌晨、夜间、假日执行，组织开展集中执行行动34次，依法拘传271人，拘留3人，罚款15.1万元，以涉嫌拒不执行判决裁定罪移送公安机关处理9人。完善执行联动机制，常态化开展集中执行和专项执行行动，至年底，有财产可供执行案件法定审限内结案率98.77%，无财产可供执行案件终本合格率79.71%。推进执行指挥中心“854”模式实体化运行，完善执行信息公开、财产处置、案款管理和信访办理制度，提高执行工作规范化水平。（吴安娜）

【营商环境法治化】 2021年，丹徒法院树立“法治是最好的营商环境”理念，根据丹徒区委、区政府关于优化营商环境的十条规定，并结合法院工作实际，制定实施关于为深化法治化营商环境建设提供司法保障的十二条措施，为优化营商环境提供新动能。组织开展“访企业、听意见、送服务”大走访活动，院领导带队走访全区重点企业和中小微企业55家，对接企业需求，开展法治宣传，依法为企业纾难解困。以依法有效防范化解金融风险为重点，与公安、检察机关会商，针对“套路贷”案件的甄别、移送和反馈问题达成共识，完善对接工作机制。（吴安娜）

【诉讼服务体系优化】 2021年，丹徒法院加大“一站式”多元解纷和诉讼服务体系建设力度，改造升级诉讼服务中心，与宜城街道就加强诉调对接工作、解决基层社会管理的突出问题进行研讨，共同制定关于共建“宜网”调解品牌的工作意见，建立调解共享互通机制，联合推进3个调解工作室创建工作。贯彻落实“把非诉讼纠纷解决机制挺在前面”的要求，开展民商事纠纷诉前分流调解工作，全年通过诉非对接中心委派人民调解组织调解案件1683件，调解成功613件。推进物业服务、家事纠纷、道路交通事故等专门领域类型化纠纷诉调对接工作取得成效，丹徒法院被江苏省高级人民法院评为“类型化诉调对接工作先进集体”。（吴安娜）

【诉源治理深化】 2021年，丹徒法院推进“法官进网格”工作，深化诉源治理。辛丰法庭结合辖区矛盾纠纷特点和基层治理实际，打造“天平护航乡村治理1+4行动”网格化工作品牌。宝堰法庭针对丹徒南乡地区外出打工人员较多的实际，注重加强对留守妇女儿童合法权益的司法保护，打造“天平护雏鹰”工作品牌，借助社会各方力量妥善处理妇女儿童权益保障案件。辛丰法庭、宝堰法庭与辖区派出所、司法所等部门签订“和谐共建”协议，协同排查化解突出矛盾纠纷。（吴安娜）

2021年“六一”儿童节前，宝堰法庭开展“法治助力留守儿童健康成长”活动（丹徒法院）

司法行政

【概况】 2021年是“十四五”开局之年，丹徒区司法局统筹全面依法治区工作，承担行政执法、刑罚执行和公共法律服务职能任务，落实国家和省、市重大决策部署，积极回应人民群众新要求、新期待，全面启动“八五”普法，纵深开展队伍教育整顿，科学谋划法治丹徒、法治政府、法治社会一体建设，开创丹徒区司法行政工作新局面。

强化全面依法治区工作，丹徒区委全面依法治区工作会议审议通过《丹徒区委依法治区委员会2021年工作要点》，明确年度法治重点工作任务；制定实施《法治丹徒建设规划(2021—2025年)》和《丹徒区法治社会建设实施方案(2021—2025年)》，明确“十四五”期间丹徒区法治建设“时间表”和“路线图”；党政主要负责人履行推进法治建设第一责任人职责；贯彻新发展理念，推进优化法治化营商环境，强化绿色发展法治保障；在镇(街道、园区)推行“全科全员”政务服务，搭建区镇村三级帮代办队伍和体系；规范证明事项告知承诺制，印发《丹徒区实行告知承诺制的证明事项清单》共42项，并实行动态管理；建立公共服务目录清单，推进镇(街道、园区)公共服务管理体制改革；健全法律顾问机制，全面推行行政规范性文件合法性审核机制，审核常务会材料17件、非规范性文件9件、政府文件25件；推动综合行政执法体制改革和综合执法队伍建设，培训行政执法人员700余人；落实被诉行政机关负责人出庭应诉制度；制定丹徒区“八五”普法规划，常态化开展实施法治惠民项目，深度融合普惠均等公共法律服务，推动“援法议事”活动，完善矛盾多元化解机制，推广运用“苏解纷”信息平台，深化人民调解组织规范化建设；实现矛盾纠纷“小事不出村(居)，大事不出镇(街道、园区)，矛盾不上交”。

推进普法和依法治理工作，高质量起草“八五”普法规划，向各镇(街道、园区)、区级机关各部门和直属单位共72家单位开展两轮意见征集后，制定实施《丹徒区法治宣传教育第八个五年规划(2021—2025)》；组织全区396名法律明白人参加2次以上业务培训，在参与纠纷调处、法治宣传、法律服务引导、化解矛盾纠纷等活动中发挥作用；组织参加江苏省第四届“百万党员学宪法学党章考法律活动”之“学党章学党史学民法”专项答题活动；全区有8956人参加网上学法考试，参考率和绝对人数均列全市各辖市区第一；全年新增省级民主法治示范村2个(高资水台村、辛丰东街村)，丹徒区法治宣传教育领导小组被中央宣传部、司法部、全国普及法律常识办公室评为“全国依法治理创建活动先进单位”。

(张　磊)

【公共法律服务】 2021年，丹徒区司法局持续完善公共法律服务体系建设，夯实公共法律服务平台，为社会提供公共法律服务保障，满足人民群众的法律需求。通过构建区级公共法律服务中心为基础、乡镇公共法律服务中心为补充、村(社区)法律服务顾问为延伸的法律服务网络，完善“三大平台”〔区公共法律服务中心、各镇(街道、园区)公共法律服务工作站、“12348”公共法律服务热线电话〕建设，实现线上线下公共法律服务融合互补。完善“一村(居)一法律顾问”制度，发挥好“12348”法律服务队作用，“零距离”开展法律助企服务，推进“法企同行”，对走访的60家企业开展法治体检，收集、排查企业法律风险服务需求75条，帮助企业化解风险、解决问题170个。探索“律师+网格”法律服务新模式。全区有网格94个，其中网格律师66人、法律工作者28人，全年累计进网格856次，

2021年6月18日，“12348”法律服务队在丹徒区宝龙广场开展法律咨询服务　（丹徒区司法局）

法制宣传394场次，调解案件8449起。深度拓展法律援助服务效能和范围，以“应援尽援、应援优援”为目标，保障公共法律援助供给，让所有符合法律援助条件的弱势群体得到便捷、优质、高效的法律援助服务，全年受理援助案件392件，其中刑事案件25件、民事案件367件，法律帮助案件131件。接待来访咨询1469人次，免费代写法律文书526份，接听“12348”热线413人次。（贡超 尹鸣）

【基层法律服务】 2021年，丹徒区司法局结合司法行政队伍教育整顿活动，在基层法律服务行业集中开展突出问题专项治理工作，共举办习近平法治思想轮训2场次、党史学习教育8场次、局党总支部书记讲党课1场次。组织法律工作者参观党性教育馆和党风廉政建设警示教育基地，参与“春风行动——我为群众办实事”送法进社区等活动。每名基层法律服务工作者在专项治理工作期间至少为群众办一件实事，每周至少去一次社区提供法律咨询服务。在每个法律服务所建立联络员制度，确保上下工作沟通顺畅。引领全区基层法律工作者开展“法企同行”和“乡村振兴·法治同行”等专项活动。围绕全区重点工作任务，结合“全区大走访”“涉企矛盾纠纷排查调处”等活动方案，引导基层法律工作者开展“一村一顾问”工作。建立全区法律服务所和法律工作者诚信档案机制，对全区具有合法资质和审批手续的法律服务所及法律工作者进行“逐单位登记、逐人造册”诚信档案建设，并将全区6个法律服务所和24名法律服务工作者诚信档案及服务所最新收费标准在局域网和公示公开栏中公示。（景平平）

2021年6月15日，丹徒区司法局荣炳司法所开展“法企同行”法治宣传护航企业生产经营活动

（丹徒区司法局）

【特殊人群监管】 2021年，丹徒区社区矫正管理局对接江苏省司法厅，完善“智慧矫正”中心建设，被评为江苏省“智慧矫正”中心和“江苏省规范化社区矫正中心”；推动社区矫正“一三三模式”（围绕“促进社区矫正对象顺利融入社会，预防和减少犯罪”一个目标，落实“精细管理、精准矫治、精心帮扶”三项机制，统筹“力量保障、科技支撑、阵地建设”三大要素）部署落实；实现区、镇两级社区矫正委员会全覆盖，召开全区社区矫正委员会第一次会议，开展“依法矫正·护安促稳”主题活动；完善刑满释放人员衔接、建档工作，落实重点安置帮教对象“必接必送”制度，共接回重点对象20人；落实解戒人员后续照管工作，区后续照管工作站和全区9个服务站通过贯标复评，建立健全跟踪帮扶机制，实地走访帮扶后续照管对象2人次，后续照管对象现身说法2例，组织开展家属座谈会4场，完成省戒毒管理局关于后续照管交流评价工作。（袁敏鑫）

【律师行业管理】 2021年，丹徒区司法局开展为期10个月的律师行业突出问题专项治理工作，在全区律师队伍中树立起对违法违规执业的“零容忍”态势。用好执业监管、行业惩戒等手段，促进律师依法依规诚信执业。建立常态化检查机制，着重解决律所内部管理松散、重业务轻管理问题。深化涉企法律服务，组织律师参加法律宣传、法治体检等活动60余次，助推优化营商环境。至年底，全区有律师事务所7家，律师109人。（陈亮）

军 事

丹徒区人武部

【概况】 2021年，镇江市丹徒区人民武装部(简称丹徒区人武部)，牢固确立习近平强军思想指导地位，以军事任务准备为核心，聚焦练兵主业，同步推进疫情防控和训练备战，全面建设过硬国防动员和后备力量，完成上级赋予的各项工作任务。年内，坚持学习习近平新时代中国特色社会主义思想和习近平强军思想，引导专武干部和民兵领会内涵实质，筑牢思想根基；将开展党史学习教育作为一项重大政治任务，深化“传承红色基因、担当强军重任”主题教育，提升政治理论学习质量；推进国防教育工作，组织开展全民国防教育日活动，激发全区人民群众崇军尚武的政治热情和国家情怀。(张 沂)

【练兵备战】 2021年，丹徒区人武部贯彻习近平主席训令指示，着眼“平时应急、战时应战”要求，突出部首长机关、乡镇专武干部、民兵营长、应急连排和专项任务分队“三级五类”人员，分专业、批次和层级开展针对性训练，每月同步参加江苏省军区指挥技能领训，每年集中组织应急连轮训备勤和干部文员基础体能、专业技能考核，每逢战备节日组织值班分队拉动训练。组织基干民兵训练，超额完成年度军事训练任务。7月28日，《中国国防报》专题报道丹徒区民兵训练工作情况。组织参加江苏省军区“四会”(会讲、会做、会教、会做思想工作)教练员比武考核，丹徒区民兵代表队获全省单项第二名。 (张 沂)

【民兵调整编建】 2021年，丹徒区人武部采取成立组织、宣传发动、调查摸底、科学编组、集中点验、拉动演练、整改总结等步骤，完成基干民兵编组任务，民兵编建实现由以往主要依靠乡镇向目前主要依靠辖区内优质企业的转变，党员、退伍军人比例和专业对口率均达到规定要求。6月底和7月初，分别在江苏交工集团和江苏润祥集团组织全区民兵应急分队和民兵专业分队成建制点验，《中国民兵》杂志等媒体进行宣传报道。11月，迎接省民兵整组检查考核，丹徒区民兵编建的特色做法受到上级表扬。 (张 沂)

2021年6月9日，“热血披戎装，青春献国防”征兵宣传进高校巡演活动在镇江高等专科学校举行

（丹徒区人武部）

【兵员征集】 2021年，丹徒区人武部贯彻落实国家和省、市关于征兵工作的指示精神，以提高新兵质量为核心，利用多种媒体开展征兵宣传进校园、领导干部走家入户精准宣传等活动；严把征兵体检关、政治考核关、思想意志关、廉洁纪律关、集体定兵关，狠抓日常监督工作落实，按照“模拟化建制、

正规化训练、封闭式管理、全程化淘汰”组织役前训练，坚持择优定兵原则，完成年度新兵征集任务。

（张　沂）

【拥政爱民】 2021年，丹徒区人武部推进特色产业发展，与荣炳曲阳村、江心益平村和江心洲生态农业园区党委建立挂钩联系，全年投入资金25万元用于产业项目和党建帮扶。参与新冠肺炎疫情防控、抗洪抢险等重大任务，民兵队伍争当遂行急难险重任务的突击队，防疫期间，参与社区（村）网格化疫情防控排查，强化末端防控网络，构筑群防群治严密防线；防汛期间，出动民兵加固堤坝1.1千米，累计巡堤510千米。（张　沂）

人民防空

【概况】 2021年，镇江市丹徒区人民防空办公室（简称丹徒区人防办）以提高人防指挥通信能力和推进人防工程建设为重点，推动人防事业高质量发展。持续拓展宣传教育途径，在国防主题公园、新城广场和高校园区建立固定的人防宣传阵地；利用报刊、微信、网络等媒体，在防灾减灾日、安全生产日等重要节点宣传人防法律法规、人防工程维护管理及开发利用、人防车位使用等知识。加强人防专业队建设，组织开展集中训练和参与人防各项活动，提高人防队伍隧行任务和应急保障能力。（凌雅婷）

【人防信息化建设】 2021年，丹徒区人防办新增防空警报器1台，升级改造警报点1个；9月18日，全区22台防空警报器完好率100%，圆满完成防空警报试鸣任务。根据年初训练计划，按照“依纲施训、依法施训、联合精干、多能高效”目标，组织机动指挥所赴外地参加跨区域机动训练，提升全区人防信息保障能力。（凌雅婷）

【人防工程监管】 2021年，丹徒区人防办加强人防工程质量监管，全年开展人防工程建设工地监督检查120余人次，对发现的质量问题落实整改；从推行网上报监手续、规范交底协调会、严格现场质量监督、组织技术培训、把好竣工验收备案关五个方面，对新开工项目实行流程式管理，确保人防工程建设质量不留隐患。加强人防工程安全生产监管，按照“三管三必须”（管行业必须管安全、管业务必须管安全、管生产经营必须管安全）原则，落实安全生产责任，分别明确在建人防工程和竣工人防工程的主体责任单位，并做好监督检查；规范安全生产制度，建立健全各项安全管理制度、值班值守和事故信息报告制度，制定人防工程专项《安全事故应急救援预案》，明确专项救援预案报备后方可开工，并纳入竣工资料中管理；加大安全隐患排查整治力度，结合市防汛检查、外市（县）考察调研等开展人防工程安全隐患随机检查，同时对全区竣工人防工程、国防主题公园和应急避难场所开展拉网式安全隐患排查整治，及时清除安全隐患，共出动检查116人次。（凌雅婷）

退役军人事务

【概况】 2021年，镇江市丹徒区退役军人事务局（简称丹徒区退役军人事务局）围绕高质量发展目标，推进退役军人服务保障事务。以中国共产党成立100周年和党史学习教育为契机，建成“邮说戎

2021年，“邮说戎辉”邮票纪念馆建成

（丹徒区退役军人事务局）

辉”邮票纪念馆，免费对外开放，展出邮票772枚；举办“老兵永远跟党走”“学党史、庆百年”和“邮票上的百年党史”进校园等系列活动。年内，1人当选区人大代表、1人当选区政协委员，1户家庭被评为“全区模范家庭”，2名退役军人当选第二届“镇江最美退役军人”；宝堰、荣炳、世业、江心4个镇(园区)退役军人服务站通过国家级示范型服务站评审，实现镇级国家级示范型服务站全覆盖；建成丹徒区“退役军人之家”，丹徒区市场监管局被命名为省级“戎耀之家”。（凌 茜）

【移交安置】 2021年，丹徒区退役军人事务局贯彻落实中央和省、市退役军人安置政策，完成军队转业干部、符合政府安排工作条件退役士兵和自主就业退役士兵的报到接收、落户办理、教育培训等工作。完成两轮部分退役士兵社保接续工作，审核率、办结率均为100%。根据退役军人就业创业现状，组织退役军人参加技能培训和学历提升，开展退役军人专场招聘会，并提供针对性帮助。年内，丹徒区建成2家“市级就业创业基地”，2家退役军人企业被评为“全市第一届优秀退役军人创业之家”，1名退役军人企业家被聘为“全市退役军人就业创业导师”。（管小明）

【优抚褒扬】 2021年，丹徒区退役军人事务局严把优抚对象信息审核关，开展调整残疾等级、老年烈士子女补助和“三属”(烈士遗属、因公牺牲军人遗属、病故军人遗属)补助工作，确保优抚资金安全运行、优抚对象权益有效保障。完成残疾军人新证换发工作，为优抚对象发放各类抚恤慰问资金，向新入伍士兵父母赠送人身意外保险，为重点优抚对象建立大病住院商业保险制度，组织重点优抚对象、企业军转干部免费体检。检查全区7个烈士陵园和烈士纪念设施，5名烈士遗骸迁移至丹徒区烈士陵园集中安葬；在清明节、中秋节、烈士纪念日等重要节点，开展“祭扫英烈·重温誓词”“陪烈士父母过中秋”“卢荣华烈士雕塑落成仪式”等纪念活动，营造全社会崇尚英模、缅怀英烈的良好氛围。（姚玉琴）

【军休所】 2021年，丹徒区军队离休退休干部休养所足额发放军休干部离退休费，并发放遗属补助，下拨无军籍职工地方性津补贴。组织每月上门慰问老干部12次、高温慰问8次、住院慰问4次，发放春节、“八一”建军节慰问金和住院慰问金等，发放困难补助和医疗补助；组织军休干部开展拓展活动4次，做好休养所基础设施维护工作。（蒋殷颖）

【双拥工作】 2021年，丹徒区退役军人事务局以新一轮全省双拥模范区考评为契机，召开全区“九创”迎检推进会，部署迎检目标任务，加快整改落实，推动全区双拥工作取得新成效。年内，完成为部队办实事6件，向武警镇江支队和驻丹徒某部队赠送防疫物资，帮助该部队建成“联胜”桥；解决官兵“三后”〔后路(转业安置)、后院(家属就业)、后代(子女入学)〕问题，协调官兵子女入学难问题。持续开展“军事日”活动，举办“第五届国防知识辩论赛”和评选“最美拥军人物”“好军嫂”等活动；开展为二等功、三等功军人家庭送喜报活动，组织“温暖军属、稳固后方”拥军优属送关怀活动，在全区开展上门悬挂“光荣之家”匾牌活动。（朱 翔）

综合管理

宏观经济运行管理

【概况】 2021年，镇江丹徒区经济发展局(简称丹徒区经发局)聚焦产业强区，巩固拓展新冠肺炎疫情防控和经济社会发展成果，经济运行保持高开稳走态势，经济发展稳中有进，发展韧性持续显现，做好“十四五”发展开局工作。

主要经济指标。地区生产总值461亿元，比上年增长9.5%；一般公共预算收入24.4亿元，增长2%；固定资产投资103.3亿元，增长12.2%；制造业投资43.25亿元，增长19.5%；规模以上工业销售收入462.7亿元，增长24.2%，增幅全市排名第三；进出口总额67.9亿元，增长38.5%，增幅全市排名第二；房地产销售面积47.9万平方米，增长39.3%，增幅全市排名第一。

产业发展。全区粮食种植面积1.87万公顷(28.03万亩)，总产13.33万吨，分别增加373.33公顷(0.56万亩)、0.17万吨；农业加工型龙头企业销售额32亿元，增长8%；休闲观光农业综合收入4.65亿元，增长15.1%。规模以上工业总产值466.6亿元，占市全年目标序时102.7%，增长23.4%，增幅全市排名第四；全区工业“50强”企业完成应税销售322亿元，增长25.7%。24家规模以上服务业核算企业营业收入10.8亿元，增长51.6%；社会消费品零售总额73亿元，增长16.3%。

重点项目建设。运用产业链招商、平台招商、以商引商等形式，签约亿元以上项目56个，总投资287亿元，项目落地率和列统率均高于全市平均水平。全年120个产业项目实际完成投资116亿元，58个省、市、区重点产业项目超序时完成投资任务。22个市级重点产业项目完成投资69.2亿元，超序时9%。省重点项目建华工程建设高性能复合材料完成年度投资任务。制造业投资占固定资产投资比重41.86%，增长2.54%。全年备案项目297个，总投资425.06亿元，其中亿元以上项目82个。备案项目总数比上年增加20个，总投资增长92.82%。

创新驱动发展。高端装备制造、新材料、食品医药、绿色建材、汽车及零部件五大主导产业应税销售分别比上年增长18.3%、37.9%、57.7%、6.2%、7%。全年新增市场主体17270户，新登记法人企业3247家，新认定高新技术企业43家、科技型中小企业181家，兑现各级科技项目、奖励资金1800余万元。分别创成国家、省、市级“专精特新小巨人”1家、3家、8家，建成省级智能车间(工厂)3家，投产省级首台(套)产品1个。

社会事业发展。全年提供就业岗位1.3万个次，新增城镇就业5192人，城镇登记失业率控制在3.0%以内。城镇和农村居民人均可支配收入分别为57971元、28258元，分别增长8.2%、10.2%。全年主要民生商品市场秩序良好，商品价格总体小幅波动，监测的11种品规的蔬菜价格基本保持稳定，其中上涨3种、下跌7种、持平1种。　(李　柏)

【服务业】 2021年，丹徒区完成第三产业增加值208.4亿元，比上年增长8.7%。全区规模以上服务业企业实现营业收入35.7亿元，增长36.8%；列入核算的24家服务业企业实现营业收入12.97亿元，增长61.5%。有市级重点服务业项目7个，年度计

划投资15.7亿元，全年完成投资17.7亿元，完成年度计划112.7%。（凌秀华）

【能源管理】 2021年，丹徒区经济发展局围绕“能耗双控”（能耗总量和强度）工作主线，加大传统产业升级改造力度。全年非电行业煤炭消费量67.74万吨，比上年减少0.52万吨，完成镇江市下达的减煤目标。培育绿色工厂，结合企业在节能降耗、清洁生产、资源综合利用等方面的工作基础，开展绿色工厂创建，江苏镇安电力设备有限公司、镇江建科建设科技有限公司创成市级绿色工厂。发展绿色能源，推进分布式光伏发电等项目，加快整区屋顶分布式光伏开发，支持可再生能源发展。做好充电桩建设及新能源汽车推广。（包晨惠）

【散装水泥工作】 2021年，丹徒区水泥总产量908.7万吨，产量与上年减少62.1万吨，降低6.4%，其中散装水泥产量872.1万吨，减少57.3万吨，降低6.2%，水泥散装率95.97 %。5家预拌砂浆企业全年生产销售预拌砂浆40万吨，其中干混38.47万吨、湿拌1.53万吨、产量比上年增加1.2万吨。（吴志良）

自然资源管理和规划

【概况】 2021年，镇江市自然资源和规划局丹徒分局(简称丹徒自然资源和规划分局)按照江苏省、镇江市自然资源工作部署，围绕“优空间、护资源、促发展”工作主线，推动全区高质量发展。立足经济发展部署，稳步加快土地市场交易和供应。全年上市交易土地8期33宗63.09公顷(946.37亩)，出让金额2.87亿元；出让供地26宗66.66公顷(999.97亩)，划拨供地4宗62.91公顷(943.6亩)，市级上市供地3宗6.44公顷(96.6亩)，累计供地33宗136公顷(2040亩)，总价5.54亿元，供地态势与上年相比呈上升趋势。自然资源窗口办理各类许可及服务事项178件。掌握项目进展需求，落实报批保障，全年完成挂钩批次13.8公顷(207亩)报批以及312国道宁镇段38.75公顷(581.3亩)、高桥润祥新能源液化天然气接收站25.13公顷(377亩)、中心城区批次22.3公顷(334.43亩)土地组卷上报工作。346国道城区段3.57公顷(53.6亩)、村镇2批次27.6公顷(413.94亩)等土地报批加快组卷。落实耕地“非粮化”治理，根据耕地保护督察要求，核实举证土地卫片涉及“非粮化”图斑287个，并完成推进整改。按照第三次全国国土调查数据库，开展耕地分等调查评价。完成2020年度设施农业备案上图入库。序时推进永久基本农田核实整改补足工作，完成通济河等项目补划方案编制及评审。实施占补平衡项目22个，净增耕地22.47公顷(337亩)，建设规模25公顷(375亩)。实施生态一体化保护，长江经济带废弃矿山生态修复35个工程项目均通过省级验收，其中7个项目被评为优良工程。国土绿化工作有序推进，全区绿化造林合格面积54.9公顷(823.5亩)，净增面积27.8公顷(417亩)，长江丹徒段两岸造林46.8公顷(702亩)，绿美乡村建设基本完成。开展林业有害生物防控工作，三代美国白蛾防治面积2418.73公顷次(36281亩次)。修复湿地13.53公顷(203亩)，救护受伤受困野生动物14起。（沈　涛）

【国土空间规划编制】 2021年，丹徒自然资源和规划分局完成丹徒区国土空间规划近期实施方案编制，并获批实施。该方案有效落实“三条控制线”(生态保护红线、耕地和永久基本农田、城镇开发边界三条控制线)刚性管控要求，以及预下达66.67公顷(1000亩)空间规模指标和266.67公顷(4000亩)流量指标，强化过渡期规划引领，基本完成丹徒区国土空间分区规划(2020—2035年)“三条控制线线”的划示并汇总至镇江市级国土空间规划方案。启动村庄实用性规划编制，辛丰镇、谷阳镇等地17个村庄规划工作有序推进。在荣炳曲阳村建立省级规划师下乡工作站。（沈　涛）

【节约集约用地】 2021年，丹徒自然资源和规划分局推进闲置低效土地清理处置，深挖存量资源潜能。联合丹徒经济发展局制定《关于加快闲置低效资源盘活利用的三年实施方案》，全年盘活处置低效闲置土地27宗163.84公顷(2457.54亩)。其中通过收回收储拟重新上市14宗111.57公顷(1673.48亩)，司法拍卖2宗25.35公顷(380.205亩)，重新开工8宗19.18公顷(287.635亩)，办理延期3宗7.75公顷(116.22亩)。推进253.33公顷(3800亩)批而未供土地消化任务。对65宗291.19公顷(4367.8亩)国有建设用地实施线上监管，实时督促处置开竣工及低效闲置问题。通过现场调查、履约通知、函告督促、及时约谈等措施，加强2020年以来新供国有建设用地的批后监管，完成7宗18.68公顷(280.15亩)建设用地项目验收及147宗477.61公顷(7164.2亩)抵押、转让土地核查，遏制违规用地行为。科学推进沉睡资源收储利用，全年收储土地12宗73.64公顷(1104.54亩)。其中，收储宁沪高速镇江管理处边线25.08公顷(37.62亩)存量土地用于解决安置房建设任务，收储镇江金街口商业投资有限公司2宗2.07公顷(31.11亩)土地用于盘活存量，收储镇江市高校投资建设发展(集团)有限公司、高校园区配套医院等9个项目69.05公顷(1035.81亩)建设用地，集中用于解决全区用地矛盾。全年通过收回收储进行再开发利用土地4宗39.67公顷(595亩)，收取出让金1.59亿元。 （沈　涛）

【不动产登记】 2021年，丹徒不动产登记中心受理、办理各类登记事项24081宗，发放不动产权证书9075件、不动产登记证明9576件。在一、二季度市营商环境考核评价中，丹徒不动产登记中心列第一位，并完成《镇江市打造“镇合意”服务品牌优化营商环境的工作方案》下达的工作任务；推进存量房转移抵押合并办理常态化，相关办件承诺1日办结；在不动产登记窗口开展“周六我在岗”增时服务；农行丹徒支行不动产登记便民服务网点开放，中国邮政储蓄银行镇江分行“全城通办”服务网点加快建设；按“难易并举、先易后难”方法，妥善解决全区绝大部分不动产登记历史遗留问题，全年完成涉及改变容积率的12个小区143幢4270户商品房分割，以及土地批准手续缺失的世纪花苑等12个小区(1572余户)的不动产登记；为镇江氧气有限责任公司、江苏昆仲机械有限公司等29家企业117幢建筑物办理房屋登记。 （沈　涛）

【民生权益保障】 2021年，丹徒自然资源和规划分局有序推进房地一体农村不动产确权登记，全年完成村审核35754户、镇初审32267户、公告29311户，公告完成率50.43%。配合农业农村部门开展宅基地管理工作，申请农转用计划8.65公顷(129.7亩)。保障安置房建设，完成长山二期、高资幸福家园、望山舒苑、宜东茗苑安置房项目供地手续，做好曾南苑二期，蔡巷铭苑3、4号安置房地块前期准备，组卷报批江心安置房1.23公顷(18.5亩)。依法依规实施征地补偿工作，全年实施征地补偿20宗21.92公顷(328.74亩)，拨付补偿资金4867.3万元，安置农业人口282人。为应对“烟花”强台风影响，勘验排查地质灾害隐患点、危险点62处，落实相应监测责任和防范措施，确保辖区内人民生命财产安全。（沈　涛）

市场监督管理

【概况】 2021年，镇江市丹徒区市场监督管理局(简称丹徒区市场监管局)把安全作为首要职责，保持全区市场安全稳定态势。27个涉企监管部门开展联合“双随机”(随机抽取检查对象、随机选派执法检查人员)检查行动，检查市场主体1506户次。开展打击市场销售长江流域非法捕捞渔获物专项行动，打击传销、非法金融等违法犯罪行为。开展规范5G基站转供电主体价格行为专项行动，开展停车收费、校外培训机构等民生热点领域收费检查行动。推进公平竞争审查工作，全年梳理文件6629份，审查公平竞争文件379份。年内，全区2020年度企业年报公示率为97.3%，列全市第一。丹徒区市场监管局先后获得“全省市场监管系统先进集体”“2021年度江苏巾帼文明岗”“2021年度江苏省‘百支优秀退役军人志愿服务队’”“全市抗击新冠疫情先进集体”“全国文明城市创建工作模范单位”“镇江市先进基层党组织”等多项荣誉称号。 （孙　薇）

【食品安全】 2021年，丹徒区市场监管局采取多项行动，守住食品安全底线。开展食品生产经营单位、学校食堂及校园周边食品安全治理专项检查行动和餐饮油烟整治行动，加强全区冷链食品安全监管。全年开展食品快检11278批次，抽检4000批次，抽检率为千人11.5批次，食用农产品问题发现率为10.3%。全年查处食品类案件92件。培育4家食品小作坊创成江苏省“名特优”小作坊。年内，丹徒区未发生重大食品安全事故。 (孙 薇)

【特种设备安全】 2021年，丹徒区市场监管局开展起重机械、场(厂)内叉车、压力容器、电梯等10余项专项整治，检查特种设备使用单位440家，发现安全隐患问题510个，整改率98.04%。年内，丹徒区未发生重大特种设备安全事故。 (孙 薇)

【药品药械安全】 2021年，丹徒区市场监管局对全区新冠疫苗接种单位、“延伸接种点”和“临时接种车辆”开展全覆盖闭环监管检查，确保疫苗接种安全有序。开展中药饮片、新冠病毒检测试剂、医疗器械、儿童化妆品等专项检查。继续推动“家庭过期失效药品回收活动”。年内，丹徒区未发生重大药品药械安全事故。 (孙 薇)

【质量安全】 2021年，丹徒区市场监管局开展非标电动三轮车、四轮车，燃气器具及配件产品，成品油等监管与抽查行动。江苏镇安电力设备有限公司通过省级标准化试点项目验收，恒顺集团进入首批标准化领军企业名单。开展集贸市场、眼镜配制场所等计量检查。开展网络监管专项行动，行政约谈重点电商，加强对网络直播等新业态的引导与监管。 (孙 薇)

2021年“5·20”世界计量日期间，丹徒区市场监管局在农贸市场开展计量检查 (丹徒区委宣传部)

【消费者维权】 2021年，丹徒区市场监管局受理咨询、投诉、举报1950件，处理率100%，满意率在92.8%以上，为消费者挽回经济损失41万余元。推行线下实体店“无理由退货”承诺制度，办理线下无理由退货2416件，退货金额10.73万元。(孙 薇)

价格管理

【概况】 2021年，丹徒区经发局完善价格监测网络，扩大市场监测范围，提高监测频次，加大市场监测巡视力度，做好涉及人民群众必需的疫情防护用品和食、蛋、肉、果、蔬共计5类33个品种的商品应急价格监测工作，并做好分析研判。全年编报《丹徒监测简报》12期，上报丹徒区政府和镇江市发展和改革委员会。按月在政府网站发布监测商品的市场价格信息，回应社会关切和群众需求。(潘建荣)

【农产品初加工用电】 2021年，丹徒区经发局贯彻落实农产品初加工用电价格政策，牵头相关部门推进企业农产品初加工环节用电比例审定工作。截至6月30日，丹徒区首批11家稻米、面粉等加工企业农产品初加工环节用电比例审定完成。7月起，按照审定比例执行电价，电价较调整前每千瓦时减少0.15元，为企业降低用电成本10余万元。(潘建荣)

【房地产价格监管】 2021年，丹徒区经发局完成绿翠园、福临广场、璟院、九渚园2期、晟悦尚居等小区30个批次、建筑面积35.17万平方米商品住房销售备案工作，向社会公布备案价格。按照镇江市政府《关于市区安置房统建统管的工作意见》精神，做好丹徒区新建安置房回购价审批工作，完成曾南

苑二期、蔡巷茗苑2个小区60.18万平方米安置房回购价测算工作。（潘建荣）

【物业收费监管】 2021年，丹徒区经发局执行《镇江市市区物业服务收费管理实施办法》，规范前期物业收费备案程序，完成绿翠园、华珊豪庭二期、三和园、尚湖雅居等13个片区的前期物业收费备案；完成聚旺城市花园、米芾公园、彩虹城等14个小区的停车收费报备工作。9月中旬，协同有关部门开展物业服务收费信息公开专项整治工作，规范物业收费行为。（潘建荣）

【公共停车收费专项整治】 2021年7—9月，丹徒区经发局联合丹徒区城管局等六部门开展公共停车收费专项整治行动，规范全区公共停车收费管理，提升停车长效管理水平。（潘建荣）

【价费环境】 2021年，丹徒区经发局采取多项措施，推进清费减负，促进经济发展，创优价费环境。重点清理行业协会、商会收费项目，完善长效监管机制；动态调整公布行政事业性、政府定价经营服务性、考试考务性收费目录清单，确保清单之外无政府定价收费；开展收费单位巡察工作、缴费单位走访工作，做好收费情况报告和年度统计分析工作；围绕项目建设，加强收费观察和诉求对接，提供政策咨询和政策护航，开展精准化、个性化服务，释放清费降本政策红利；完善基础教育收费机制，加强全区教育收费管理、政策制定的统筹协调，保持区域之间的相对稳定平衡；有序推进调价计划，做好教育收费政策调研论证工作。年内，丹徒区经发局公布4个收费目录清单，全区行政事业性和政府定价的经营服务性年度收费28058.51万元，比上年增加1256.83万元。（马 莉）

统 计

【概况】 2021年，镇江市丹徒区统计局（简称丹徒区统计局）坚持以提高统计数据质量为中心，持续增强统计监测、预警、服务能力，为推动全区高质量发展提供支撑。提升常态化服务水平，发挥统计“预警器、晴雨表”参谋助手作用，采取“分班式”“共享式”“VIP式”“实战式”“考评式”等培训方式，培训乡镇统计员、辅调员、调查员、协管员、“四上单位”（规模以上工业、限额以上批零和住餐业、资质以上建筑业和房地产开发经营业、重点服务业）统计员23场800余人次，与其他部门联合开展培训8场200余人次。推进统计法治教育进党校工作，轮训副科级领导干部180人次。完成“七人普”（第七次全国人口普查）各项任务，1人获国家级“七人普”先进个人荣誉、3家单位获省级“七人普”先进集体荣誉、3家单位获市级“七人普”先进集体荣誉、60人获省级“七人普”先进个人荣誉、66人获市级“七人普”先进个人荣誉。建立健全主要经济指标、高质量考核绩效指标月讲评、季评估、年考核机制，牵头开展高质量发展绩效评价考核工作。每月对“3+2”（高端装备、绿色建材、食品医药、新材料、新能源汽车及零部件）先进制造业、应税销售前50强企业、规上企业综合能源消费量开展统计监测预警。全年撰写统计信息69篇、统计分析和调研报告30篇，其中省统计局网站采用5篇，市统计局网站采用23篇，区委主要领导批示10篇。通过“丹徒统计”公众号平台，回应社会公众的关注与需求，加大统计数据解读、统计知识普及、统计法治教育、热点解读等宣传力度。每月发布《丹徒统计月报》120份到全区相关部门，发布《2020年丹徒区经济和社会发展统计公报》和《2020年丹徒统计年鉴》，回应社会公众的关注与需求。加大统计数据解读、统计知识普及、统计法治教育、热点解读等宣传力度。印发《第七次人口普查统计公报》，全面准确反映全区人口结构、素质变化趋势，为全区“十四五”规划、2035年远景目标，科学制定人口导入政策提供参考。（陈 岑）

【统计数据质量】 2021年，丹徒区统计局贯彻落实习近平总书记关于统计工作重要指示批示精神，做好江苏省统计督察备查工作，实施“双随机”(随机抽取被检查对象、随机抽取执法人员)统计执法检查行动，在全区开展《关于深化统计管理体制改革提高统计数据真实性的意见》《统计违纪违法责任人处分处理建议办法》《防范和惩治统计造假、弄虚作假督察工作规定》《中华人民共和国统计法》等相关法律法规学习，打造“造假必究，违法必惩”的统计环境。围绕联网直报企业，开展执法检查，完善统计日常执法检查工作制度，确保统计数据质量。 (陈 岑)

审 计

【概况】 2021年，丹徒区审计局履行审计监督职能，发挥审计“免疫系统”功能。召开区委审计委员会第五次、第六次会议，会议听取2020年度区本级财政预算执行和其他财政收支审计的结果报告、2021年全区审计发现问题整改情况和党政领导干部任期经济责任审计情况汇报，审议《2022年度丹徒区本级审计项目计划(草案)》。全年完成审计项目32个，其中，预决算执行类项目 5个、专项资金审计(调查)项目5个、经济责任审计项目10个、固定资产投资审计项目9个、企业审计项目3个，查出管理不规范金额 7.02亿元，提出审计建议26条，撰写各类信息文章63篇，被区级以上媒体采用43篇(次)。年内，丹徒区审计局获2021年度镇江市审计系统项目评审一等奖，组队参加丹徒区庆祝中国共产党建党100周年歌咏比赛并获二等奖。 (李 芸)

【区级财政预决算审计】 2021年，丹徒区审计局开展“同级审”(在同一级政府领导下对同级部门进行审计)各项工作。强化预算管理审计监督，从政策制定、制度执行、预算管理、项目管理、绩效评价、监督检查、责任落实等环节发挥审计“治已病、防未病”的作用，发现问题10条，管理不规范金额49622.06万元；拓展审计广度和深度，加强数据采集与分析，逐步实现对一级部门预算审计全覆盖，向有财政预算安排的二、三级单位延伸，解决违规问题下沉的问题；强化成果运用，分析问题背后的体制障碍、机制缺陷、制度漏洞，挖掘整理可供决策参考的审计成果，提出“加强预算编制和管理，强化动态监控”“落实重大政策和项目事前绩效评估机制，实现绩效目标与预算同步批复下达，对绩效目标和预算执行进行‘双监控’”等建议。(李 芸)

【经济责任审计】 2021年，丹徒区审计局依法履行审计监督职责，加强对党政领导干部的监督工作，全年计划并完成经济责任审计项目10个。重点围绕领导干部及所在单位财政财务收支情况、目标责任制完成情况、遵守有关法律法规和财经纪律情况、国有资产管理情况、内控制度建立与执行情况、对下属单位有关经济活动的管理和监督情况、自然资源资产管理情况等方面开展审计，查出管理不规范金额5954.50万元。 (李 芸)

【固定资产投资审计】 2021年，丹徒区审计局完成政府投资审计项目9个，送审结算总造价59383.58万元，审定结算造价54845.47万元，核减造价4538.11万元，平均核减率为7.64%，在为政府节约建设资金的同时，规范政府工程建设管理。 (李 芸)

【村级财务专项审计调查】 2021年，丹徒区审计局围绕近年来丹徒区实施的乡村振兴战略重点工作，在上年度工作基础上，继续推进全区88个行政村(社区)的财务管理情况专项审计调查，做到摸清家底，揭示问题，监督整改，提出意见和建议，从而有效防范潜在风险，规范财务管理行为，维护农村的稳定和发展。 (李 芸)

人力资源和社会保障

综　述

【概况】 2021年，镇江市丹徒区人力资源和社会保障局(简称丹徒区人社局)持续推进就业创业、社会保障、人力资源、劳动维权等工作，坚持人才建设和民生建设两翼并举，服务全区高质量发展。全年城镇新增就业人数5192人，帮助企业失业人员实现再就业2223人，帮扶困难人员就业336人，扶持成功创业2015人，创业带动就业8385人，城镇登记失业率控制在2.4%以内。全年引进各类人才3445人，其中大学专科2061人、大学本科1288人、硕士及以上学历62人、技师及以上34人，完成全年目标任务的137.8%。推进社会保险参保征缴，全区企业养老保险登记参保单位3228户，参保人员39913人，灵活就业参保人数15629人，新开工建设项目工伤保险参保率100%，城乡社会保险参保率稳定在99%以上。全年受理各类投诉举报案件511件，立案105件；办理拖欠工资类案件348件，帮助1396名劳动者追讨工资2346万余元；立案受理仲裁案件503件，结案503件，涉案金额2356万余元，结案率100%，结案率超过江苏省人社厅要求的90%目标任务。

年内，丹徒区人社局被国家机关事务管理局、中共中央直属机关事务管理局、中华人民共和国国家发展和改革委员会、中华人民共和国财政部评为“节约型机关”，被镇江市委、市政府评为“2017—2019年度镇江市文明单位”，被丹徒区委、区政府评为“2020年度区级机关综合考核十佳单位”和“2021年度先进集体(十佳群众满意窗口)”。(李　芸)

就业创业

【概况】 2021年，丹徒区人社局在新冠肺炎疫情防控常态化背景下，加大“援企稳岗”力度，采用“线上＋线下”帮扶举措强化服务保障，线上利用微信公众号、移动点对点向终端进行岗位信息推送，线下通过专场招聘会、企村对接、“就业大篷车”、“集会就业超市”等方式开展宣传。通过购买公益性岗位、在企业开设“就业扶贫车间”等形式，为有就业意愿和就业能力的劳动者提供就业帮扶。全年举办“春风行动”“就业援助月”等线上线下招聘活动11场，共组织239家企业提供就业岗位13062个次，达成就业意向3299人。(李　芸)

【就业援助】 2021年，丹徒区人社局持续开展就业援助，加大扶贫车间开发力度，开发出一批精准就业扶贫岗位，实施岗前专业技能培训，落实企业吸纳就业困难人员社保补贴政策，发挥企业就业扶贫作用，支持重点群体就业。同时，加强公益性岗位开发管理，确保镇江市人社局分配的32个岗位指标落实，妥善安置城乡就业困难人员，提升就业援助质效。(李　芸)

【政产学研合作】 2021年，丹徒区人社局牵头与丹徒区教育局、丹徒区卫健委等部门联合组建考察组赴东北高校开展调研，先后到吉林大学护理学院、通化师范学院就引才育才、学生就业、交流合作等工作进行座谈，促成丹徒区教育局与通化师范学院签订毕业生“实习+就业”基地协议，推动东北高校与丹徒校地人才科技合作持续深化拓展。

（李　芸）

【“校企对接”专项招聘活动】 2021年4月12—14日，丹徒区人社局赴宁夏职业技术学院开展“校企对接”专项招聘活动，组织江苏真绩机械制造有限公司、江苏沃得高新农业装备有限公司、沃得重工（中国）有限公司等10家企业，共提供就业岗位805个，涵盖管理、工勤和专业技术等岗位，现场吸引数百名学生洽谈求职，有26人初步达成就业意向。

（李　芸）

【“直播带岗”活动】 2021年，丹徒区人社局创新运用“直播带岗”，搭建高效劳动对接平台。7月6日，开展“人社局长直播带岗”活动，采用官方云端送岗在线上进行人才新政推广，为广大求职者提供就业岗位300余个；从“云宣讲”到线上招聘、线上面试、线上就业实现全流程“一站式”线上招聘，活动长达一个半小时，参与观看直播人数近3000人次。

（李　芸）

2021年7月6日，“人社局长直播带岗”活动

（丹徒区人社局）

【夜市人才招聘会】 2021年9月12日晚，“第二届丹徒夜市人才招聘会”在丹徒区政府一期广场举办。该次招聘会吸引包括帝高力、崇佑、苏建路桥、百川航务等丹徒区内30家企业入场，共提供工程师、设备管理、行政文员、会计、销售、各类技术人员等595个工作岗位，现场累计入场超过2000人次，达成初步就业意向180余人。

（李　芸）

【菁英创业大赛丹徒选拔赛】 2021年9月16日，2021中国·镇江国际菁英创业大赛丹徒选拔赛在金陵风景城邦大酒店举办。大赛由丹徒区委、区政府主办，丹徒区人社局、丹徒区人才工作领导小组办公室承办，丹徒区科技镇长团、丹徒区人力资源服务产业园协办。该次选拔赛重点围绕丹徒产业结构的领域开展优质项目征集，共遴选出20个优质项目，并决出前五强项目入选2021中国·镇江国际菁英创业大赛。

（李　芸）

2021年9月16日，2021中国·镇江国际菁英创业大赛丹徒选拔赛现场

（丹徒区人社局）

【“金秋创业行”专场招聘会】 2021年10月22日，丹徒区2021“金秋创业行”专场招聘会在上党镇举办，以加大对失业人员、就业困难人员等重点群体的就业服务力度为目的，依托基层平台向辖区内10个板块征集30余家重点缺工企业岗位信息。该次招聘会现场提供咨询服务，共吸引求职者百余人。（李　芸）

社会保障

【概况】 2021年，丹徒区人社局强化信息化建设，通过数据共享和信息比对，确保社保基金安全运行，推进各类人员全面、持续参保。全区企业养老保险登记参保单位3476户，参保人员39913人，灵

活就业参保人数15629人，退役士兵养老保险补缴续保29人，新开工建设项目工伤保险参保率100%。机关事业养老保险、城乡居民基本养老保险参保人数分别为6954人、28014人，2123名建档立卡低收入人员通过财政全额代缴参保，城乡社会保险参保率稳定在99%以上。（李　芸）

【人社服务大厅改造升级】 2021年，丹徒区人社局改造升级服务大厅，优化功能区域划分，新增叫号机、自助查询一体机等设备，增添饮水机、一次性纸杯、休息座椅等便民服务设施，开通大厅公用无线网络，提供免费复印服务，建立老年人“帮代办”机制，并安排引导人员指导办事群众操作，满足群众多元化、个性化的服务需求，同时最大限度减少材料、压缩时限，80%的事项提交2项材料即可办理，90%的事项“最多跑一次”，提升企业、群众办事满意度。（李　芸）

【工伤认定工作】 2021年，丹徒区人社局提高服务效能，做好工伤认定工作，维护劳动者合法权益。全年受理工伤认定申请591件，比上年增加145件；完成工伤认定526件，工伤认定终止7件，行政复议2件，行政诉讼应诉11件；劳动能力鉴定381人，工伤预防培训90余人。（李　芸）

【基础养老金调整工作】 2021年，丹徒区人社局做好退休人员基本养老金和城乡居民基础养老金调整工作，确保新增的养老金按时足额发放到位。其中，机关事业单位退休人员基础养老金人均调整每人224元，城乡居民基础养老金最低标准提高到每人每月210元，每人增加25元，惠及城乡居民6万余人。（李　芸）

【城乡居保公共服务标准化试点工作启动】 2021年，丹徒区人社局根据《关于开展城乡居民基本养老保险公共服务标准化试点工作的通知》，在上党镇上会村试点推行城乡居民基本养老保险公共服务标准化工作。通过多次走访和调研，以及补充完善基层服务平台办公设备、加强基层服务平台工作人员业务培训、建立完善相适应的城乡居民养老保险基本公共服务标准化工作指南等举措，推动城乡居民基本养老保险经办服务提档升级，打造服务规范、保障有力、办事高效、群众满意的城乡居民基本养老保险“暖心”服务品牌。（李　芸）

人力资源

【概况】 2021年，丹徒区人社局推荐1名技能人才入选“镇江市企业首席技师”、1人入选“江苏工匠”。全年开展补贴性职业技能培训人数7685人，新增高技能人才242人(其中技师38人)，每万名高技能人才数1057人，新型学徒制培训人数173人，职业技能鉴定取证人数(含职业技能等级认定)3437人，新增职业技能等级认定备案机构数5家。全年申报高级乡村振兴技艺师3人、乡村振兴技艺师3人，审核推荐134份高级、213份中级专业技术资格评审材料，共6批、374人取得初级专业技术资格。做好大学生报到登记、档案转接、户籍返籍落户、党组织关系转接等服务，全年办理档案转入1100余份、档案转出240余份，办理报到登记112人，利用系统“大数据”平台提供档案查询服务900余人次。（李　芸）

【校企联动】 2021年，丹徒区人社局强化校企深度融合，与“江苏科技大学材料科学与工程学院”达成战略合作，全年根据协议签订目标向丹徒区输送优秀学生139人；通过“江苏科技大学材料科学与工程学院认识实习活动”，与区内8家企业开展就业见习活动。全区新审核认定见习基地15家，共开发各类见习岗位316个。（李　芸）

【人才补贴政策落实】 2021年，丹徒区人社局落实人才补贴政策，拨付高校毕业生社保补贴59.17万元、生活补贴71.08万元、租房补贴55.16万元、购房补贴97.2万元、留镇学费补助4万元，共计兑现

人才补贴286.61万元，比上年增长35.95%；拨付就业见习补贴17.98万元。（李　芸）

【乡土人才工作】 2021年，丹徒区人社局推荐3名乡土人才参加江苏省乡土人才高级研修班，推荐5名乡土人才参加镇江市乡土人才培训班。鼓励乡土人才建立大师工作室、传承基地，开展师徒结对、技艺传承活动，正高级乡村振兴技艺师戴网成获评丹徒区首个"江苏省乡土人才大师工作室"，并推荐其申报省级乡土人才传承示范基地项目。推荐6人参加江苏乡土人才技艺技能大赛，参加茶艺、玉雕、修脚3个项目竞赛，5人通过预赛选拔入围总决赛，其中玉雕项目选手陈昆明获三等奖。（李　芸）

劳动维权

【概况】 2021年，丹徒区人社局立足职能构筑和谐劳动关系，维护劳资双方合法权益。全年受理各类投诉、举报511件，立案105件；办理拖欠工资类案件348件，涉及劳动者1396人，为劳动者追讨工资2346.8万元。全年对560家用人单位开展书面审查，"双随机"日常巡查用人单位300家，涉及劳动者3.06万人，补签劳动合同180余份，督促新办社会保险登记15家，补缴社会保险156人。（李　芸）

【集体争议案件处置】 2021年，丹徒区人社局处理集体争议案件7起，涉及劳动者240人，追回损失约540万元。因新冠肺炎疫情影响，其中一起涉及109人的高桥镇拖欠劳动报酬案件，创新采用"双庭庭审"（在高桥镇当地开庭审理，在丹徒仲裁现场庭审旁听）方式推进案件审理，充分保障庭审的公开和透明，同时降低集体争议中人员的聚集，有效落实了疫情防控措施。（李　芸）

【根治欠薪检查】 2021年，丹徒区人社局联合相关部门开展"安'薪'·'镇'在"等4轮农民工工资专项行动，共检查在建工程项目54个、欠薪隐患企业12家，做到在建项目和隐患企业全覆盖；全年举办保障农民工工资支付工作专项培训班3期，向项目建设单位负责人讲解建设领域劳务用工管理注意事项，解读保障农民工工资支付工作细则。（李　芸）

2021年，高桥镇拖欠劳动报酬案件创新采用"双庭庭审"方式审理（丹徒区人社局）

【新业态劳动者权益维护】 2021年9月2日，丹徒区人社局邀请辖区内部分新业态企业参加全区新就业形态劳动者权益保障工作座谈会。会上，按照《关于维护新业态形态劳动者劳动权益的指导意见》要求，指导顺丰快递公司、叮咚买菜和美团旗下的曦雅配送3家试点单位分类报送劳动合同和劳务协议，以及与外包公司、劳务派遣公司的合作协议。会后，丹徒区人社局依法履职，对相关材料进行合法性审查，促进该领域用工关系的规范。（李　芸）

【规模以上企业劳动合同用工规范化】 2021年10月8—19日，丹徒区人社局、丹徒区总工会等部门组成的丹徒区协调劳动关系委员会，以"抓基层、打基础，苦练基本功"为目标，依托镇(街道、园区)组织，推进全区200余家规模以上企业劳动合同用工规范化建设。丹徒区协调劳动关系委员会工作人员从企业用工的角度出发，汇总劳动合同签订、解除和终止环节中的难点问题，围绕"劳动关系和劳动合同""劳动合同和《招工登记表》"及"劳动合同签订、续签的时效"等12个方面的问题进行宣讲和培训，为企业抓好落实劳动合同签订及今后劳资矛盾方面的化解、调解等工作奠定基础。（李　芸）

农业·农村

综 述

【概况】 2021年，镇江市丹徒区农业农村局(简称丹徒区农业农村局)以全面实施乡村振兴战略为抓手，深入落实高质量发展要求，不断转变农业发展方式，推动农业农村现代化，全年各项重点工作发展态势稳中向好。

新建800公顷(1.2万亩)高标准农田，全年粮食种植面积1.87万公顷(28.03万亩)，总产量13.33万吨。全区生猪存栏5.48万头，家禽存栏464.29万羽、出栏1304万羽，牛存栏0.11万头，羊存栏0.6万只、出栏0.42万只。新增常年菜田面积31.87公顷(478亩)、设施园艺面积168.4公顷(2526亩)；全年蔬菜种植面积3840公顷(5.76万亩)，总产量11.93万吨，产值9.78亿元。全区水产养殖面积1900公顷(2.85万亩)，水产品总产量1.6万吨，总产值8.4亿元。创成省级绿优基地1个，规模886.67公顷(1.33万亩)。

围绕"全域、全面、干净、整洁、有序、党建+"方针，开展农村人居环境整治提升，整改各类村庄环境卫生问题3361个，20个重点管理薄弱村完成整改验收，全区全年无害化处理生活垃圾91276.48吨、各类杂物4224.41吨，完成99座垃圾房密闭化改造，整治河道13条、残垣断壁740处，清理违规搭建176处、小广告乱贴乱画1.7万余条，整治侵占公共设施用地40处、排水管网堵塞及污水乱排2330米。推进农业废弃物治理，全区畜禽规模养殖场粪污综合利用率98.52%，秸秆综合利用率97.18%，废旧农膜回收率90.41%。全年使用化肥7123吨，比上年降低0.6%；使用农药188吨，降低0.5%。

截至年底，全区有省级名牌产品4个、市级名牌产品18个、驰名商标4个、著名商标7个、知名商标19个；农业龙头企业48家，其中国家级1家、省级6家、市级19家、区级22家，省级以上农业龙头企业全年完成销售额26.67亿元，比上年增长11.03%。全年完成休闲观光农业综合收入4.65亿元、电子商务销售额12.7亿元，均增长15%。

落实《丹徒区富民强村帮促行动实施意见》《丹徒区帮扶资产管理办法》《丹徒区乡村振兴"书记领航"强村项目实施方案》，将"实施村级集体经营性收入提升行动"作为乡村振兴"书记领航"项目，建立区领导、区级部门和域内企业挂钩帮扶经济相对薄弱村机制，协同丹徒区委组织部向经济薄弱村选派乡村振兴"第一书记"，指导各镇开展"一镇一方案""一村一方案"编制及项目编排等工作，推动新型农村集体经济持续稳定发展。开展消费扶贫，全年帮助农民销售各类农产品109.48万元。

（岳晨暄）

2021年，上党镇组织志愿者清理小广告

（丹徒区委宣传部）

【粮食生产】 2021年，丹徒区全年粮食生产面积18686.67公顷(280300亩)，总产量133269吨。其中夏粮5090公顷(76350亩)，总产量24270吨；秋粮13596.67公顷(203950亩)，总产量108999吨。其中小麦4910公顷(73650亩)，总产量23730吨；元大麦20公顷(300亩)，总产量96吨；蚕豌豆160公顷(2400亩)，总产量444吨；水稻10113.34公顷(151700亩)，总产量92608吨；玉米2146.67公顷(32200亩)，总产量12510吨；豆类1003.33公顷(15050亩)，总产量2065吨；薯类333.33公顷(5000亩)。 (王建军)

【园艺生产】 2021年，全区新增“菜篮子”面积31.87公顷(478亩)、果树20.8公顷(312亩)，新增设施园艺168.4公顷(2526亩)。全区蔬菜播种面积3840.7公顷(5.76万亩)、果树1153.93公顷(1.73万亩)、茶树1100.06公顷(1.65万亩)、花卉44.67公顷(670.1亩)；全区园艺总产130552.33吨，其中蔬菜产量119308吨，比上年增长1.99%，茶叶产量346.33吨，增长0.04%，水果产量11201吨，增长0.17%，花卉总产121.2万盆，增长0.17%；全区园艺总产值12.20亿元，其中蔬菜产值97817万元、茶叶产值13112.92万元、水果产值10080.4万元、花卉产值1013.41万元，园艺总产值比上年增长7.8%。 (凌须美)

【园艺农产品成果】 2021年，丹徒区农业农村局组织各类优秀园艺农产品外出参展评比。丹徒区森茂(江苏)生物科技食用菌有限公司选送的鹿茸菇在江苏省举办的“菌物，让地球和人类更健康”主题作品征集活动中获金奖，江苏翰雅有机农场有限公司在江苏省“味美菜园”评比活动中被评为“江苏省味美菜园”，上党坞庄茶叶专业合作社选送的“上丹”牌长山剑毫、上党三泉茶场选送的“三泉”牌长山剑毫、镇江市水木年华现代农业科技有限公司选送的“水月雨”牌白茶在镇江市举办的“共品共享镇江茶”活动中获2021年度“镇江十佳名优茶”，半岛绿色农业发展(镇江)有限公司选送的“半岛伴甜”牌白凤桃、上党尚山诺水果树种植家庭农场选送的“尚山诺水”牌白凤桃在江苏省优质桃品鉴推介活动中获金奖，丹徒区沁园果树专业合作社选送的“翠玉”梨在江苏省优质早熟梨品鉴活动中获金奖。 (凌须美)

【生猪调运百日巩固行动】 2021年4月初至7月中旬，丹徒区农业农村局联合丹徒公安分局、丹徒区交通运输局、丹徒区市场监管局开展打击生猪违法违规调运联合执法行动。行动期间，在上党高速入口设置固定检查站点，对过往生猪运输车辆实施车车必查，检查过往生猪运输车辆608车次，检查生猪63438头次，没有发现违规调运生猪车辆或异常生猪，有效控制“非洲猪瘟”疫情在丹徒区境内传播。(苟灵俏)

【农业龙头企业】 2021年，根据省、市、区有关动态监测和申报认定要求，丹徒区完成区内农业龙头企业结构优化调整。截至年底，丹徒区有农业龙头企业48家，其中国家级1家、省级6家、市级19家、区级22家，比上年净增12家，新增省级以上龙头企业1家，市级龙头企业减少1家(新增3家，同时调整淘汰4家)，市级以上龙头企业保持稳定。全年区级龙头企业净增12家(其中2家由市级龙头企业淘汰直接回归，10家初次申报)。6家省级以上龙头企业全年完成销售额266676.8万元，比上年增长11.03%，带动农户数11.01万户，增长8.19%。 (朱平义)

【农村创业创新项目】 2021年，丹徒区参加江苏省、镇江市农村创业创新活动。7月，参加镇江市第五届农村创业创新项目创意大赛，包揽成长组一、二、三等奖。一等奖获得者为镇江仙妻味业有限公司总经理文学，参赛题目是“醋泡食品的研究与开发”。二等奖获得者为江苏江心源生态农业有限公司销售经理徐伟，参赛题目是“江水养蟹创新及产品销售”。三等奖获得者为镇江市万丰工具有限公司总经理吴明，参赛题目是“传统制刷业的生存与发展”。9月，一、二等奖选手代表镇江市参加第五届江苏省农村创业创新项目创意大赛，均获优胜奖。 (朱平义)

【**农业项目建设**】 2021年，丹徒区立项申报财政各类支农资金项目108个，其中市级财政支农项目42个，争取市级财政支农资金678.48万元；省级以上农业发展项目66个，其中现代农业发展项目39个，农业公共服务项目、农业科技创新与推广项目、农业生态保护与资源利用项目27个，争取省级及以上财政支农资金2351.66万元。（童根永）

【**"一事一议"财政奖补项目**】 2021年，丹徒区组织实施省级公益事业"一事一议"（指对农民通过"一事一议"筹资筹劳开展的村办道路、农田水利、村容村貌及村民通过民主程序议定需要兴办且符合有关规定的其他公益事业建设项目，国家按规定给予奖补）财政奖补项目16个，拨付省补资金238万元，项目涉及10个镇（街道、园区）计16个村。完成项目总投资430.4万元，其中项目村"一事一议"筹资47.15万元，集体自筹145.25万元，共建设村内道路11条、文化体育场所2个、路灯亮化工程3个。（冯建华）

【**惠农补贴**】 2021年，丹徒区发放惠农补贴3263.45万元，其中发放农业支持保护补贴（耕地地力保护）2114.46万元，补贴标准为每亩120元；发放种粮农民一次性补贴339.88万元，补贴标准为每亩14.21元；发放稻谷生产环节补贴809.11万元，补贴标准为每亩115元。（王建军）

【**农民培训**】 2021年，丹徒区开展高素质农民培训29期，培训农民1845人。其中，完成2020年省级高素质农民任务计4期352人；完成2021年省级高素质农民任务22期1241人，涉及粮食生产培训656人、农民手机应用技能培训199人；另外由相关院校完成培训任务3期252人。发放满意度调查1781份，满意度100%。（马 莹）

【**脱贫攻坚**】 2021年，丹徒区推进巩固拓展脱贫攻坚成果与乡村振兴有效衔接，落实《丹徒区防返贫机制》，推行镇、村一级监测，帮扶责任人和"第一书记"二级监测，区扶贫办三级监测的三级监测网络，落实区、镇、村三级党组织书记负总责的精准扶贫责任落实机制。选派第一书记46人，实现区领导包村、单位部门对口帮扶和干部结对帮扶全覆盖，村户结对帮扶实际覆盖率100%。建立由各镇（街道、园区）主要领导为第一责任人的六级责任体系。全区原建档立卡低收入户1585户3196人，人均收入稳定达到8000元以上，实现"两不愁三保障"（"两不愁"就是稳定实现农村贫困人口不愁吃、不愁穿；"三保障"就是保障其义务教育、基本医疗和住房安全），全区43个经济薄弱村村集体经济收入稳定达到每年80万元以上，全面完成脱贫攻坚成果的巩固工作。（嵇庆峰）

【**绿色优质农产品**】 2021年末，丹徒区认定绿色食品基地289.53公顷（4343亩）、有机农产品基地52.07公顷（781亩）、省级绿色优质农产品基地6998公顷（10.497万亩），全区种植业绿色优质农产品比重为43.97%。（吴俊雅）

【**秸秆综合利用**】 2021年，丹徒区粮油种植面积2.29万公顷（34.42万亩），全年秸秆可收集总量为13.17万吨，全区秸秆机械化还田面积为夏季8540公顷（12.81万亩）、秋季7933.33公顷（11.9万亩），消耗秸秆9.27万吨；通过秸秆饲料化、肥料化、原料化和燃料化等形式，消耗秸秆3.53万吨。全年秸秆综合利用率97.18%。（孙 瑶）

【**畜禽粪污综合利用**】 2021年末，丹徒区有规模养殖场35家、小规模养殖场62家，规模养殖场及小规模养殖场治理率均为100%，畜禽粪污综合利用率98.52%。推进全区标准化生态健康养殖，创建省级生态健康养殖场16家，比重100%。（张凌锋）

【**废旧农膜回收利用**】 2021年，丹徒区农业农村局在上党镇义村绿蔬园蔬菜种植基地实施丹徒区地膜减量替代试验，观察记录一膜两用技术的田间表现，并推广一膜两用技术。推动废旧农膜回收体系建设，建成废旧农膜回收总站1个、废旧农膜回收站9个，实现各镇(街道、园区)回收站点全覆盖。开展废旧农膜回收利用工作观摩会、培训班10期，培训440余人，印发《丹徒区废旧农膜回收宣传手册》2400余份。丹徒区农业农村局联合丹徒区市场监管局开展农膜销售执法行动4次，检查全区29家农膜经销点。全年回收废旧农膜109.41吨，回收率90.41%。(刘　颖)

【肥药管控】 2021年，丹徒区围绕农药化肥减控总体目标，以新技术推广为重点，开展农药化肥减量工作。全年使用化肥7123吨，比上年降低0.6%，使用农药188吨，降低0.5%，打造示范典型和应用亮点14个，建设农药化肥“三新”(新药肥、新机械、新技术)技术集成试验示范点4个，开展专题技术培训1200人次，完成典型户农药化肥使用量调查，开展水稻、茶叶、蔬菜病虫绿色防控示范区建设，建成示范面积254.5公顷(3817亩)，辐射面积2360公顷(35400亩)，示范区内绿色防控产品使用面积占比100%，化学农药亩使用量较常规防治区平均降低49.4%，达到农药减量控害目的。(王建军)

【农村人居环境整治与长效管护】 2021年，丹徒区落实农村人居环境卫生“红橙黄”榜长效管护机制，村级每周开展巡查，镇级每月开展核查、抽查，区级每月开展暗访，每季度开展考评，全年发现各类村庄环境卫生问题3361个。建立问题发现、交办、督查、回访、销号机制，问题销号率100%。全区全年无害化处理生活垃圾91276.48吨，完成99座垃圾房密闭化改造，清理各类杂物4224.41吨。开展垃圾分类，建设有机易腐垃圾处置中心，整治河道13条、残垣断壁740处，清理违规搭建176处、小广告乱贴乱画1.7万处，整治侵占公共设施用地现象40处。全区12个农村人居环境整治综合示范村通过市级核查，建成省、市、区三级“特色田园乡村”3个，“美丽宜居村庄”60个，“省级绿美村庄”3个，列入省级传统村落保护名录1个。(吴如成)

【高标准农田建设项目】 2021年，丹徒区实施高标准农田项目4个，项目总投资4625万元，均为财政资金。项目涉及4个镇，实施面积1266.67公顷，具体为世业镇卫星、兴隆片，谷阳镇东湖、莱村、槐荫片，辛丰镇黄墟、星棋片，上党镇上党片。项目实施后，每年可实现节水102.13万立方米，新增粮食生产能力2026.8吨，增加项目区农民收入561.56万元。(袁海燕)

【农村集体产权制度改革】 2021年，丹徒区继续深化农村集体产权制度改革，稳妥推进“政经分离”改革，落实荣炳盐资源区曲阳村，宜城街道诈输社区、姚庄社区，江心洲生态农业园区整镇开展改革试点各项工作，实行机构职能、人员选举、议事决策、财务核算、资产管理“五个分开”，构建集体经济组织与村民自治组织各司其职、相互协调的乡村管理格局。加强农村集体资产管理，探索农民集体资产股份有偿退出、抵押、担保和继承等权能。探索集体经济的有效实现形式，支持村(涉农社区)股份经济合作社以出租、入股、合作经营等方式盘活利用闲置住宅和闲置宅基地，提升集体经济组织的自主经营管理能力，为集体经济的长效发展注入动力。(彭生林)

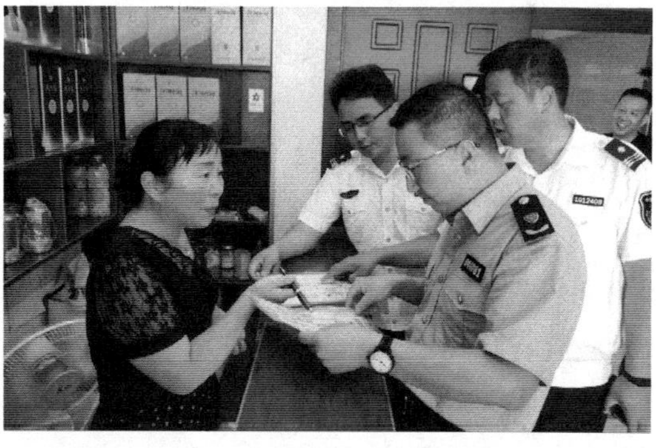

2021年6月25日，执法人员在江心洲开展江鲜违法售卖专项检查　(丹徒区委宣传部)

【长江禁捕工作】 2021年，丹徒区完成长江禁捕渔政执法和巡护队伍建设，核定区级渔政执法人员43人、沿江镇(街道、园区)具体负责人员8人、沿江行政村巡护人员51人。整合利用丹徒区水利部门基层防汛预警监控平台高清探头20个，在违法捕捞和非法垂钓易发的重点江段增设高清监控摄像头8个，提升技防设施建设及执法装备水平。全年发放禁渔宣传册8000余册，在重点地段悬挂禁渔横幅200余条，安装宣传牌74块、网格化管理公示牌15块，营造禁渔氛围。与镇江市豚类保护区、长航公安镇江所、镇江市水上分局征润州派出所和沿江镇(街道、园区)派出所开展联合执法行动，与丹徒公安分局、丹徒区市场监管局等联合开展市场违法售卖专项检查5次，与江心派出所等8家沿江单位签订禁捕工作党建联盟。全年开展联合执法行动20余次，出动执法船92次、执法车辆190次、执法人员480余人次、协助护渔人员320余人次，清理残留废弃网具190条，废弃竹篙、插杆160余根，办结非法垂钓行政处罚案件91起，其中电捕4起、网捕1起，移交公安部门刑事侦办3起，罚没款2.6万元，查获非法捕捞渔获物33公斤。（吴晓东）

水　利

【概况】 2021年，镇江市丹徒区水利局(简称丹徒区水利局)以“补短板、强监管、走前列，推进水利高质量发展”为工作总基调，增强系统治理观念，助力乡村振兴。全年投资5352万元，完成墓东水库溢洪河整治、南宫小流域综合治理和龙山、张寺水库除险加固等重点河湖疏浚、环境安全提升工程；完成江心御隆河省级水利风景区创建工作，改善河湖环境面貌，造福周边群众；有效应对强台风“烟花”侵袭，保障群众生命财产安全；世业中心河、水厂大套河、宝堰墓东水库溢洪河成为全省首批“幸福河湖”试点，国家级节水型达标县建设通过江苏省水利厅技术验收和行政验收。年内，丹徒区水利局被镇江市水利局表彰为2021年度防汛工作、水资源管理及节约用水工作、水行政执法工作先进单位，被国家机关事务管理局、中共中央直属机关事务管理局、国家发展和改革委员会、财政部联合命名为“节约型机关”。（杨晓斌）

2021年，墓东水库溢洪河整治工程完成

（丹徒区水利局）

2021年，南宫小流域综合治理工程完成

（丹徒区水利局）

【农田水利建设】 2021年，丹徒区完成水土保持项目世业中心河小流域综合治理工程，总投资919万元，完成全线整治，疏浚整治河道3千米；实施宝堰镇南宫小流域综合治理工程，总投资393万元，结合南宫村党建工作，建成悠闲观光农村公园；完成墓东水库溢洪河丹徒段整治工程，总投资2477.7万元，清淤拓浚4.1千米，支河清淤0.78千米，新建防汛道路4.77千米，打造生态景观河道0.21千米，拆建滚水坝4座，改造大塘3座；完成辛丰镇德胜村，宝堰镇徐巷村、团结村塘坝整治3个农村水利补助项目；建成高陵生态清洁型小流域，农村生态河道建设覆盖率33.75%；完成《丹徒区“十四五”生态河道建设规划》《丹徒区水利发展“十四五”规划》《丹徒区“十四五”水土保持规划》报批。（刘艳明）

【水利工程管理】 2021年，丹徒区投入江苏省骨干河道、水库、湖泊及长江堤防维修养护经费509.6万元，其中省级201万元、市级149.7万元、区级158.9

万元；投资1053万元，重点实施张寺、龙山两座小水库除险加固工程；完成江心御隆河省级水利风景区创建工作；完成长山提水站管理处、凌塘水库管理所、江心排涝总站管理所3家水管单位复核工作；强化水库规范化管理，西麓等9座水库规范化管理通过复核。 （庄锋雷）

【水资源管理】 2021年，丹徒区开展第二十九届"世界水日"、第三十四届"中国水周"暨创建国家节水型社会达标县启动仪式，推进节水宣传进企业、进学校、进社区；开展长江非法采砂专项整治活动，全年出动"丹徒"号执法艇350航次、执法人员822人次、工作人员1163人次，配合省级、市级开展联合专项行动6次；完成2019年、2020年水土保持违规项目整改，开展涉河建设项目监管；完成省、市水资源和节约用水监督检查，推进节水型载体建设，创成省级节水型学校1家、市级节水型学校3家、市级节水型企业1家；开展国家级节水型达标县(区)建设，6月通过市级初审，11月通过省级验收，并按专家意见修改报送水利部；完成2021年丹徒区水资源和节约用水管理制度考核。 （王 龙）

【防汛工作】 2021年汛期，丹徒区有梅雨期29天，梅雨量116.6毫米，梅雨量较常年平均(253.9毫米)降低55%，但5月长江平均流量比常年同期增长30%。5月26日，长江镇江(汽渡)站出现历史同期第三个超警洪水。5月28日20时，大通流量每秒61100立方米。5月29日8时40分，长江镇江(汽渡)站高潮位7.46米(警戒7米)，超警时间比上年提前38天。7月28日，长江镇江(汽渡)站高潮位达最高水位7.77米。受第6号台风"烟花"影响，自7月25日8时至7月29日8时，全区面均降雨量238.22毫米，其中7月28日凌晨及傍晚的两轮短时集中强降雨对全区造成一定影响，通济河旧县站达最高水位7.42米(警戒7.00米)，胜利河吴村桥达最高水位8.11米(警戒7.30米)，导致胜利河刘甲段发生局部渗漏。台风"烟花"造成全区12625人受灾，转移安置86人，农作物受灾面积1403.31公顷，水产养殖受灾面积372.22公顷，一般损坏农房131户。年内其余时间，全区水情、雨情、工情相对平稳，各类水利工程基本安全运行，未发生较大险情。 （丁幸国）

【河湖长制工作】 2021年，按照《丹徒区河长湖长履职办法》《丹徒区河长制湖长制工作考核办法》要求，丹徒区召开专题会议56次，完成区级河长巡河84次、镇级河长巡河1486次；跟踪督办中央、省市暗访交办，涉及苏南运河中天码头、洛阳胜利河等涉河违法问题，年内全部完成整改、销号；持续开展"两违、三乱"(河湖违法圈圩、违法建设、乱占、乱排、乱建)专项整治行动，完成行动中发现的2处"两违"问题整治工作；联合丹徒区检察院设立"河长+检察长"联动协作机制，统筹行政执法和司法监督职能，形成工作合力，推进河长制工作；建成江心园区河长制公园，打造世业、荣炳、宝堰河长制公园3处，拓展水文化展示空间；发挥"丹徒区河长制"信息化系统及App应用平台作用，具体量化河长履职情况，实现巡河电子化、数据实时化、管理无纸化、资料集中化；利用政府门户网站、融媒体、"丹徒治水"公众号等渠道开展河湖长制工作宣传，推送各类信息64篇、新闻报道45次，营造全民参与河湖保护的氛围。 （李化宁）

农 机

【概况】 2021年，丹徒区落实农机购置补贴政策，使用农机购置补贴资金471.96万元，其中中央、省财政资金362.26万元，市级农机化发展资金73.5万元，区级农机化发展资金36.2万元，补贴机具151台，享受补贴106人次。全区稻麦种植面积1.78万公顷(26.69万亩)，投入大中型拖拉机750台，配套大型秸秆还田机700台以上。全年稻、麦享受秸秆机械化还田补贴面积1.32万公顷(19.87万亩)，其中夏季享受省级秸秆机械化还田补贴面积6293.33公顷(9.44万亩)，秋季享受省、区级秸秆机械化还田补贴面积6953.33(10.43万亩)，全年还田率74.43%。

（朱跃庭）

2021年10月，水稻机械化收割　（荣炳盐资源区）

【农机安全监理】 2021年，丹徒区深化农机安全生产专项整治，开展农机隐患排查治理，排查农机事故隐患13项，整改率100%；继续开展“铁牛卫士”农机安全执法行动，组织执法检查50人次，打击各类违法违规行为，全年办理农机行政处罚案件14起；加强拖拉机、联合收割机和驾驶人牌证管理，开展送检下乡便民服务，全年办理拖拉机注册登记71台次，转入1台，变更登记11台，转移登记14台，补领牌证3台，年度检验417台，注销313台；办理联合收割机注册登记28台次，转入3台，转移登记3台，补领牌证2台，换领牌证1台，年检102台，注销登记77台次；拖拉机驾驶员驾驶证初次申领23人，增驾准驾机型5人，有效期满换证37人，恢复驾驶证7人，违章审验4人，注销驾驶证85人次。在检上道路拖拉机交强险投保率100%。道路外未发生较大以上农机事故。

（符荣良）

农业气象

【概况】 2021年，镇江市丹徒区气象局围绕全年工作目标，联系气象部门工作实际，围绕监测精密、预报精准、服务精细等环节，发挥气象防灾减灾第一道防线作用。做好重要时间节点的气象服务，强化恶劣天气和重大天气过程的监测预警，地面气象综合观测业务质量位居全省中等以上水平，各项气象服务和保障工作及时、无失误。镇江丹徒农业气象试验基地项目(一期)完工，水稻自动观测试验达到预期目标，为全省开展水稻自动化观测和研究提供有效数据支撑。完善基层气象防灾减灾体系建设，镇江市丹徒区突发事件预警信息发布中心运行平稳，覆盖全区各部委办局主要负责人、网格员、气象灾害信息员等1500余人。做好气象为农服务，强化公共服务，助力乡村振兴。坚持依法行政，提升气象社会管理能力，做好防雷安全监管和气球安全监管工作，开展气象科普和防灾减灾知识宣传，提高公众气象防灾减灾意识和自救互救能力。

（朱志荣　邢钰媛）

2021年4月12日，丹徒气象局开展汛前应急演练
（丹徒区气象局）

【水稻种植与气象】 2021年，丹徒区水稻从播种至成熟历时154天，其间≥0℃的积温3997.8℃，比历年平均偏多276.3℃，比上年偏多82.9℃；降水量820.2毫米，比上年少14.3毫米；日照时数762.6小时，比上年偏多34.7小时。水稻全生长发育期间，农业气象条件利弊相间。秧苗期(5月中旬至6月中旬)：水稻秧苗期光温水配置总体较好，利于水稻的播种和出苗。水稻出苗快，长势好，秧苗总体素质好。6月上旬至6月中旬气温偏高，降水偏少，光照充足，有利于壮秧。移栽分蘖期(6月下旬至7月中旬)：水稻移栽后，肥水协调，返青活棵快。6月13日入梅，7月11日出梅，梅雨量偏少。分蘖期间

降水主要集中在7月上旬，持续的阴雨寡照天气不利于水稻分蘖发棵，对水稻的分蘖造成一定的影响，不利于水肥管理和搁田控苗。拔节孕穗期(7月下旬至8月中旬)：7月下旬受6号台风“烟花”影响，降水偏多，日照偏少，导致田间部分积水较多，搁田效果欠佳。8月上旬以高温天气为主，加快田间水分的蒸发，有利于水稻水肥管理，晴好天气利于搁田控苗，利于提高群体质量和成穗率。8月中旬平均气温较常年平均偏低1.3℃，降水偏多，日照不足，影响水稻光合产物的积累，导致植株抗病能力下降。抽穗成熟期(8月下旬至10月下旬)：8月下旬多阴雨天气，气温偏高，光照不足，不利于水稻抽穗扬花。9月上旬至10月上旬多晴好天气，光照充足，利于水稻生长，尤其昼夜温差大，有利于水稻灌浆充实。10月中旬受降水以及前期综合影响，水稻有小部分倒伏现象，但对最终产量影响有限。收获期多晴好天气，有利于水稻收割和晾晒。

（朱志荣　邢钰媛）

2021年丹徒区温、光、水与历年平均值比较情况表

表5

项目		12月	1月	2月	3月	4月	5月	6月	7月	8月	9月	10月	11月	12月	全年值	常年值
平均气温（℃）	历年	5.1	2.7	4.7	8.9	14.9	20.5	24.3	27.8	27.2	23.2	17.7	11.2	5.1	—	15.7
	本年	4.2	3.7	9.1	11.4	15.7	21.7	26.2	28.1	27.4	26.0	19.1	11.7	5.4	17.1	—
极端最高气温（℃）		—	—	—	—	—	—	—	36.7	—	—	—	—	—	36.7	39.5
≥35℃高温日（天）		—	—	—	—	—	—	1	6	1	1	—	—	—	9	11.5
极端最低气温（℃）		—	−11.3	—	—	—	—	—	—	—	—	—	—	—	−11.3	−12.0
≤0℃低温日（天）		16	16	2	—	—	—	—	—	—	—	—	3	17	38	43.5
降水量（毫米）	历年	33.5	50.7	55.1	82.9	76.8	85.1	171.5	206.3	147.8	76.5	57.8	62.0	33.5	—	1106.0
	本年	20.0	26.1	38.4	68.3	50.1	177.9	41.6	432.1	189.0	45.2	69.2	23.5	2.7	1164.1	—
梅雨量（毫米）		—	—	—	—	—	—	36.9	76.5	—	—	—	—	—	113.4	251.8
日照时数（小时）	历年	153.0	140.2	130.8	150.3	174.1	202.5	165.7	199.3	204.8	175.5	172.1	157.4	153.0	—	2025.7
	本年	136.7	158.8	150.5	127.4	130.2	171.1	153.5	135.6	125.9	180.4	170.6	196.8	208.2	1909.0	—

说明：表中第一个“12月”指2020年12月，历年为1981—2010年月平均值，常年值为1981—2010年平均值

（朱志荣　邢钰媛）

丹徒区扶贫“三会”

【概况】 2021年，镇江市丹徒区老区开发促进会、镇江市丹徒区扶贫开发协会、镇江市丹徒区宜农扶贫基金会(简称丹徒区扶贫“三会”)坚持以习近平总书记关于老区建设重要论述为指导，秉承“全心全意为老区人民服务”的立会宗旨，助推丹徒老区实施乡村振兴战略，助力丹徒老区建设发展。聚焦产业扶持项目，促进群众持续增收，推进省、市、区老区扶贫示范项目建设，制定《丹徒区宜农扶贫基金会基金支持项目实施办法》，明确基金支持项目对象与重点向茅山老区有返贫风险的经济薄弱村倾斜，要求每个镇(街道、园区)基金会办事处每年支持本区域范围内的产业扶持项目不少于1个。全年扶持产业项目24个，其中省级借款项目6个，投入借款资金140万元；市级贴息项目5个，投入银行贷款资金380万元；区级项目13个，投入借款资金40万元。发放银行贷款资金855万元，具体分布为水稻种植加工项目8个、果树种植项目7个、花卉和苗木种植项目3个、水产品和禽类养殖项目2个、茶叶种植制作项目2个、雪地靴加工项目1个、农产品销售项目1个。

开展调查研究，撰写《丹徒区实施乡村振兴战略、农村人居环境整治情况调研》《丹徒区扶贫“三会”开展慈善公募捐赠活动情况调研》，另外撰写的《丹徒区防返贫机制落实情况调研报告》在中国老区建设网刊发。全年向中国老区建设网、金山网、丹徒电视台、《江苏老区》、《镇江老区》等媒体杂志投稿25篇，用稿23篇，丹徒区扶贫“三会”获中国老区宣传工作三等奖。

参与“2021携手助老区镇江行”公开募捐活动，实施“关爱儿童情暖丹徒”公募项目，募集善款15.82万元，各镇(街道、园区)均完成1万元募捐任务，丹徒区每名困境儿童家庭均获得2000元资助。联合相关企业开展“安全饮水扶贫公益活动”，为全区5个镇(街道、园区)的经济薄弱村和困难群众家庭免费安装市场单价5980元的净水器55台。全年为70名困难退役老兵发放慰问金7万元，为江苏省大港中学、丹徒高级中学20名贫困学生发放助学金6万元。 (庄 芳)

【丹徒区扶贫基金组织全覆盖】 2021年1月21日，丹徒区10个镇(街道、园区)全部成立扶贫基金会办事处，为镇江市首家。年内，丹徒区扶贫基金规模迅速壮大，各镇(街道、园区)扶贫基金会办事处均完成100万元扶贫基金筹集任务，基金规模由400万元增加到1400万元。本着存本用息原则，丹徒区扶贫“三会”通过产业扶贫、项目贴息、撬动贷款的方式，带动贫困人口就业增收、劳动脱贫。年内，丹徒区扶贫“三会”建成贴息贷款项目库，进库项目20个，扶持项目13个，完成贴息39.09万元，撬动银行贷款855万元，带动贫困人口就业1161人，带动农户820户(其中低收入户287户)，实现贫困人口年人均增收2.3万元。10个镇(街道、园区)基金办事处完成贴息项目1个、贴息资金3万元，无偿资助农业项目11个，无偿资助金额28.6万元。 (庄 芳)

【红色资源调研普查】 2021年9月，丹徒区下发《关于在全区开展红色资源调研普查工作的通知》，在全区开展红色资源普查工作。普查对象为本区域内从新民主主义革命至2020年期间内所创造和完成的红色资源。截至年底，全区有红色资源普查人员148人，初步完成各镇(街道、园区)红色资源目录，全区有革命遗址、遗迹26个，革命历史馆(室)3个，革命烈士陵园11个、纪念碑183个，烈士命名的镇、村、4个，烈士命名的桥梁6座，烈士命名的水库3座，非物质文化资料33份，革命历史文物19个，爱国主义教育基地5个。 (庄 芳)

工 业

综 述

【概况】 2021年，丹徒区规模以上工业企业完成产值466.6亿元，比上年增长23.4%。按行业类型分，采矿业产值4.17亿元，比上年增长15.2%；制造业产值420.76亿元，增长20.3%；电力、热力、燃气及水生产和供应业产值41.67亿元，增长67.1%。按经济类型分，国有独资公司工业产值18.53亿元，增长0.2%；其他有限责任公司工业产值62.43亿元，增长20.7%；股份有限公司工业产值16.72亿元，降低1.5%；私营独资企业工业产值4.69亿元，降低26.1%；私营有限责任公司工业产值229.11亿元，增长34.6%；私营股份有限责任公司工业产值13.74亿元，增长16.4%；港澳台商投资企业工业产值54.29亿元，增长16.5%；外商投资企业工业产值67.08亿元，增长22%。18家大中型企业工业完成产值178.94亿元，增长18%。丹徒区规模以上工业企业实现销售收入462.7亿元，比上年增长24.2%。实现利税总额30.1亿元，降低6.5%，其中利润总额20.7亿元，降低5.8%。规模以上工业企业亏损面为18.5%，与上年基本持平。 （丹徒区统计局）

【工业产品】 2021年，丹徒区主要工业产品产量中，食醋27万吨，比上年降低6%；起重机3966吨，增长9.1%；水泥907.1万吨，降低6.3%；小麦粉2.8万吨，降低16.2%；饮料酒71525千升，增长5.2%；酱油2251吨，降低12.8%；原盐156.8万吨，降低2.3%；方便面12649吨，降低9.1%；商品混凝土49.37万立方米，降低2.1%；滚动轴承612.8万套，增长14.6%；新能源汽车6239辆，增长288.7%。（丹徒区统计局）

【销售超亿元企业】 2021年，丹徒区有销售超亿元企业75家，比上年净增13家，其中销售额1亿—5亿元的企业55家，销售额5亿—10亿元的企业7家，销售额10亿—20亿元的企业11家，销售额超20亿元的企业2家。全区“50强”企业实现应税销售收入322亿元，占全区应税销售总额的58.9%。 （姚 亮）

区属工业

【概况】 2021年，镇江市丹徒区工业资产管理总公司(简称丹徒区工业总公司)围绕企业环境治理、国有资产监管、民生信访维稳等重点工作，高质量完成年度目标任务。全年受理信访件5件，受理“12345”政府热线22件，办结率100%。接待服务来访群众32批次，妥善处理群众诉求。完成区机械密封件厂、区印刷厂主楼围墙修缮，原丹徒工具厂生活区下水排放设施改造等工程，协调解决丹徒化肥厂生活区住户房屋安全隐患整治与修理问题，推进系统内服务建设高质量发展。根据岗位廉政风险点与防控措施规定，统一发放2021年特困企业职工年终解困金，向7家特困企业发放解困金150万元。其中，慰问各类企业困难职工48人，发放困难补助7.88万元；慰问企业军转干部50人、老山前线退役士兵70人，发放慰问金14.55万元。统筹党建和中心工作，落实书记项目，打造精细化工业团队。全年完成42名关停企业退休党员组织关

系转属地管理工作，推进工业系统下属企业党组织架构优化调整。（张　君）

【企业环境治理】 2021年，丹徒区工业总公司开展企业环境治理各项工作。推进镇江茂源化工有限公司退役地块土壤及地下水修复项目。4月，通过招投标方式确定茂源化工退役地块土壤及地下水修复工程施工单位和监理单位。7月底，完成场区内土壤协同处置工作。10月上旬，完成水处理设备调试并投入运行。截至年底，处置原厂区污染土壤8388.51立方米，处理地下污水4.58万立方米、基坑降雨积水1.53万立方米，经检验合格后全部纳管排放。经专家论证，该项目土壤修复效果达标，地下水修复效果达到阶段性评估要求，进入监测期。推进丹徒区天龙化工有限公司退役地块土壤及地下水管控项目。7月，镇江市自然资源和规划局丹徒分局同意将天龙化工地块用地规划调整为二类用地。8月初，相关报告通过审批。9月，相关报告完成省级专家确认。10月中旬，完成初步设计和概算编制。11月15日，通过招投标方式确定中标单位。11月20日，项目施工组织设计方案通过专家评审，施工单位进场施工。该项目于12月18日完成止水帷幕施工，垂直阻隔和水平阻隔全部到位，污水处理设计正常运行，项目管控措施全部到位。8月，镇江市乙炔厂完成场地土壤前期初步调查，进入专家评审前期准备阶段。（张　君）

【国有资产监管】 2021年8月，丹徒区工业总公司排查关停企业丹徒化肥厂生活区安全情况，修缮公共设施，为171户公租房申请危房鉴定。12月，成立镇江市润幸企业管理有限责任公司，完成公司制改革和僵尸企业清理任务。引进闽商投资新项目，有效盘活丹徒区砖瓦厂6公顷(90亩)存量土地，获得资金约2000万元。（张　君）

主导产业

【概况】 2021年，丹徒区重点打造“3+2”(新材料、新能源汽车及零部件、高端装备制造，绿色建材、食品医药)先进制造业产业体系。壮大发展新材料、新能源汽车及零部件、高端装备制造三大战略性新兴产业，把握产业高质量发展内涵，构建一批各具特色、优势互补、结构合理的战略性产业增长引擎；提升绿色建材、食品医药两大传统产业，聚焦产业升级与创新赋能，推动传统产业高端化、智能化、绿色化和融合化发展。（姚　亮）

【五大主导产业】 2021年，丹徒区五大主导产业集聚初具规模，完成应税销售395.7亿元，占全区比重72.3%。

新材料产业完成应税销售收入116.6亿元，占全区比重21.3%，重点企业有李长荣、龙源铝业、苏润高碳材等。

绿色建材产业完成应税销售收入79.9亿元，占全区比重14.6%，重点企业有鹤林水泥、帝高力、蓝圈新材料等。

高端装备制造产业完成应税销售收入125.7亿元，占全区比重23%，重点企业有振光电力、希西维、大力液压马达等。

食品医药产业完成应税销售收入32.5亿元，占全区比重5.9%，重点企业有恒顺醋业、健力宝、中兴药业等。

新能源汽车及零部件产业完成应税销售收入40.9亿元，占全区比重7.5%，重点企业有北汽蓝谷麦格纳、先锋汽车、捷诚车载等。（姚　亮）

项目建设

【概况】 2021年，丹徒区经济发展局、丹徒区重大项目服务中心围绕“十四五”规划，结合国家和省、市投资方向，谋划一批对丹徒区发展大局起重大支撑作用的项目，为经济高质量发展提供动力和保障。年内，58个区级以上重点产业项目实际完成投资97.4亿元，完成年度计划的104.6%。总投资50亿元的建华工程建设高性能复合材料项目、总投资

15.8亿元的德晴碳纤维产品制造项目、总投资2亿元的健力宝饮料有限公司扩建项目、总投资2亿元的赛维尔车用环保纤维等项目相继竣工投产。

实施产业项目快速评审机制，完善项目落户制度，推进项目决策科学化和管理规范化，把握产业变革趋势，定期牵头召开项目快速评审会议，从项目准入第一道关口促进优质项目集聚，引导产业项目在全区范围内合理布局；在提高存量资源利用率方面，加强项目建设用地全过程精细化管理，加快处置和盘活闲置厂房、闲置土地和低效用地，完成建华工程建设高性能复合材料项目收储原国华高资公司土地、德晴碳纤维产品制造项目购买原华通重工闲置厂房，盘活存量，提高要素配置效率；在服务项目建设方面，定期梳理项目建设问题清单，加强与相关部门、属地板块联动服务机制，为项目建设解决困难。摸排分析全区产业项目用地缺口，梳理项目用地优先级顺序，形成《重点产业项目土地保障情况表》，并不定时动态更新，保障项目供地。　（金荣贵）

【项目快速评审机制】 2021年，丹徒区制定《丹徒区产业项目快速评审机制实施办法(试行)》，加强项目准入管理，提高资源利用效率和投入产出率。该办法结合产业政策、国土空间规划，快速研判项目能源消耗、安全环保、投资强度、经济效益、科技含量、市场前景和生命周期等方面情况，提高项目落地效率，明确产业项目快速评审会议评审时限，原则上要求会上即时形成项目评审意见。全年举办快速评审会议12期，完成56个产业项目快速评审工作。　（金荣贵）

【项目日常跟踪管理】 2021年，丹徒区经济发展局以项目建设为中心，加大日常服务推进力度。健全产业项目推进工作机制，实施区领导挂钩重大项目制度、重大项目统筹推进制度、属地主体责任制度、部门协调推进制度、重大项目绿色通道服务帮办制度，完善产业项目快速评审机制，推动全区项目建设。围绕全年工作目标，每月跟踪梳理项目开工情况、完成投资和形象进度情况，定期重点督查区领导挂钩项目和10亿元以上重大产业项目。全年22个市重点项目完成投资64.6亿元，完成年度计划的101.7%；1个省重大项目实际完成投资16.2亿元，完成年度计划的115.7%。　（金荣贵）

重点项目选介

【建华工程建设高性能复合材料项目】 建华工程建设高性能复合材料项目由建华管桩集团有限公司与建华建材(中国)有限公司共同投资建设，在镇江市丹徒区注册成立建华科创园(江苏)有限公司，同时由建华科创园(江苏)有限公司与建华建材(中国)有限公司在镇江市丹徒区注册成立建华(江苏)港口服务有限公司。项目计划总投资50亿元，规划总占地面积65.33公顷(980亩)，总建筑面积38.4万平方米，建筑占地35.3万平方米，堆场14万平方米，绿化4.7万平方米，道路场地19.3万平方米。主要建设大型桥梁隧道、轨道交通、水利水运、电力通信、公路市政、绿色建筑等领域高性能、大直径新型工程复合材料生产线。规划依托长江干线建造万吨级公共码头2座，在便民河建造2座5000吨、2座3000吨和1座1000吨内河码头及环保型全封闭智能化仓储设施。2021年，该项目一期竣工投产。　（金荣贵）

【德晴碳纤维产品制造项目】 德晴碳纤维产品制造项目由江苏德晴新材股份有限公司投资建设，主要从事碳纤维及其他复合材料制品研发、生产、销售。产品包括风机叶片碳梁PET芯材、手机外置件及内置件、汽车轻量化部件、笔记本电脑外置件等。项目计划总投资15.8亿元，占地面积25.13公顷(377亩)，总建筑面积12.7万平方米，其中车间8万平方米、仓库2万平方米、公用设施用房0.78万平方米、综合楼1.9万平方米，购置安装30条3C生产线、10条PET芯材生产线、6条碳纤维编织布生产线。项目年产能1100万套(片)结构件、9000吨编织布、14.3万立方米风机叶片芯材产品。2021年，该项目部分达产。（金荣贵）

【比泽尔旋转式、涡旋式压缩机生产项目】 比泽尔旋转式、涡旋式压缩机生产项目由江苏德澳压缩机制冷技术有限公司投资建设，并由江苏德澳压缩机制冷技术有限公司、德国比泽尔集团成立合资公司运营。项目计划总投资11亿元，用地14.33公顷(215亩)，建设生产车间、仓库、办公楼等设施，新增建筑面积8.82万平方米，购置组装日本加工机械等国外设备40台(套)、电泳等国产设备160台(套)，安装4条旋转式压缩机生产线，可形成年产500万套旋转式压缩机的产能。2021年，该项目一期工程建设启动，部分厂房建设完成。（金荣贵）

重点企业选介

【上豪包装机械(镇江)有限公司】 上豪包装机械(镇江)有限公司是专业从事包装机械研发、制造和销售的国家高新技术企业，具备方底纸袋机、尖纸纸袋机、平张机及柔板印刷机等全纸袋系列包装产品的研发和制造能力，拥有一批国际先进的加工设备和检测设备，售后服务支持遍及欧洲、中东、美洲、非洲、印度等地区和国家。2021年末，公司拥有“SUNHOPE”注册商标3个、“LOCWING”注册商标1个，累计申报专利40件，获得授权专利27件，其中发明专利7件、实用新型专利20件。公司作为主要起草单位，参与制定《卷筒方底纸袋机通用技术条件》国家标准。2021年，该企业被认定为“江苏省专精特新小巨人”企业。（姚　亮）

【江苏恒顺醋业股份有限公司】 江苏恒顺醋业股份有限公司始建于1840年清道光年间，是国内规模最大、经济效益最好、生产现代化水平最高、产品市场覆盖面最广的食醋生产企业，是国内食醋同行业首家上市公司，同时是中国调味品协会会长单位、中国调味品协会食醋专业委员会主任单位、中国食醋产业技术创新战略联盟理事长单位。作为“镇江香醋”的代表，“镇江恒顺香醋酿制技艺”被列入首批国家级非物质文化遗产保护名录。“恒顺”品牌先后获得“中华老字号”“中国驰名商标”“中国食醋产业领导品牌”等荣誉称号，公司先后获得“国家技术创新示范企业”“国家智能制造试点示范企业”“国家级农业产业化重点龙头企业”等荣誉称号。2021年，“恒顺”品牌价值为83.7亿元，居中国食醋品牌第一位。（姚　亮）

恒顺香醋酿制技艺　　（江苏恒顺醋业股份有限公司）

【北汽蓝谷麦格纳汽车有限公司】 北汽蓝谷麦格纳汽车有限公司是北汽集团和麦格纳国际下属的北汽新能源和麦格纳斯太尔联合打造的高端新能源汽车制造基地，位于镇江市汽车生态产业园，项目总投资60亿元，年规划产能30万辆高端新能源汽车。2021年，该企业建成15万辆高端新能源汽车的生产能力，新一代纯电动车阿尔法S上市。（姚　亮）

特色园区

江苏丹徒经济开发区

【概况】 江苏丹徒经济开发区(简称丹徒经济开发区)位于长江以南，镇江城区西侧，与句容市下蜀镇交界，是省级装备制造业特色基地、省级临港物流特色园区、国家级循环经济标准化示范试点园区、江苏省循环化改造示范试点园区、国家级循环经济标准化示范试点园区、江苏省知识产权示范园区。丹徒经济开发区总体规划面积25平方千米，拥有长江优质深水岸线6.32千米。2021年末，完成开发面积12.5平方千米，建成5万吨级以上码头9座、千吨级内河码头11座。

2021年，丹徒经济开发区坚持新发展理念，调整优化产业格局，取消化工定位，加速推动产业转型升级，构建“高端装备+绿色建筑和新材料+生产性服务业”产业发展体系，推动高质量发展。截至年底，丹徒经济开发区有法人单位企业238家、规模以上企业72家，拥有较为完善的绿色建筑、装备制造、现代物流等特色产业。

2021年，丹徒经济开发区完成规模以上工业产值175亿元，实现利税37亿元。完成社会固定资产投资19.08亿元，比上年增长5.6%，其中规模以上工业固定资产投资5.33亿元，比上年降低6.2%。完成实到外资1049万美元，完成公共财政预算收入4.05亿元。 (贡　献)

【招商引资】 2021年，丹徒经济开发区按照新冠肺炎疫情防控工作相关要求，采取网上招商、以商招商等形式，开展招商引资工作。全年有8个项目列入省、市、区重点产业项目，分别是总投资5.3亿元的船港物流生产资料智能集散中心综合技改工程项目、总投资2亿元的塞维尔环保纤维项目、总投资50亿元的省重点产业项目建华绿色建材科创园工程建设高性能复合材料项目、总投资10.9亿元的晋得高性能沥青材料及配套仓储项目、总投资3.05亿元的江苏格瑞普拉德70万吨新型环保建材项目、总投资1.1亿元的先锋植保新型制剂复配自动化生产线及智能化升级改造项目、总投资1.4亿元的智农食品现代农业综合开发项目、总投资1.1亿元的金华普年产75000吨钢结构项目、总投资1.5亿元的建科预制件扩建及技改项目、总投资0.3亿元的璞圜园艺综合项目。截至年底，建华绿色建材科创园项目部分竣工投产，塞维尔环保纤维项目建成投产。 (贡　献)

2021年12月，省重点产业项目建华绿色建材科创园大桩A车间 (丹徒经济开发区)

【科技创新】 2021年末，丹徒经济开发区有高新技术企业78个，全年实现产值162亿元、销售166亿元。完成科技中小企业申报24家、高新技术企业申报12家，完成研发投入2.1亿元，新认定省级研发机构1个。全年完成专利授权232件，其中年度企业发明专利授权10件，有效发明专利总数286件，万人发明专利拥有量62件。中铸新材工业(江苏)有限公司获“镇江市科技小巨人奖”，镇江建科建设科技有限公司获“镇江市专精特新奖”。10月，完成省级知识产权验收工作。（贡 献）

【园区建设】 2021年，丹徒经济开发区加强园区规划编制工作，完成新一轮29.5平方千米的开发区开发建设规划初步成果编制和中期成果编制、18平方千米的开发区雨污水初步方案编制和中期成果编制、25平方千米的开发区水系规划初步方案编制和中期成果编制。9月，完成312国道、346国道改扩建工程38.65公顷(579.8亩)土地调查和259户征地拆迁工作；强化园区基础及市政设施建设，投资128万元，完成一清路污水管网工程建设，建设污水管道2.8千米。投资223万元，实施清淤及岸坡治理、排口治理、水生态修复等工程，完成双仙河水环境整治。投资35万元，完成梓里路西段和迎宾南路道路维修。专项整治建成区内8类42家经营户排水行为，新建污水管网实现片区覆盖。11月，沙渚港上游水质自动监测站、下游水质自动监测站投入运行，提升园区水质监测监控能力。12月，镇江长三角精细化工有限公司关停工作完成“两断三清”(断水、断电、清原料、清设备、清场地)。加强巡查，确保建筑和道路施工工地安全生产，地下污水管网、企业燃气管网安全运行。开展园区内建筑工地防尘降尘措施检查，发现问题即刻交办企业整改到位，实行闭环管理。做好312国道快速化改造工程杆(管)线迁改工作，核查312国道快速化改造(高资段)供电线路、通信线路迁改总长约800千米，自来水迁改主管道约10千米。（贡 献）

【管理与服务】 2021年，丹徒经济开发区成立功能性临时党支部、环保服务、安全生产服务、科技创新服务4个服务团队，为企业开展包办、代办、会办等驻企便企服务，提高办事效率，优化营商环境。通过专题培训、专家指导、入企服务等方式，督促和指导企业完成安全风险辨识管控相关工作。开展危险化学品使用安全专项整治，要求57家相关企业严格落实管控措施，提升危险化学品使用的规范化水平。组织开展安全事故应急救援演练2场，提升企业员工自救互救能力。组织企业管理知识讲座3场、业务知识培训2场、企业家走进新农村活动1场、财务专题讲座1场，为企业发展答疑解惑。（贡 献）

2021年丹徒经济开发区骨干企业情况表

表6　　　　单位：万元

企业名称	产值	销售收入	利税
江苏鹤林水泥有限公司	322645	313704	112655
江苏镇江发电有限公司	274835	274835	−22249
金海宏业(镇江)沥青有限公司	201365	138417	3110
镇江李长荣高性能材料有限公司	137428	143645	437472
江苏苏亚迪炭材有限公司	134255	134485	14587
二重(镇江)重型装备有限责任公司	114403	99876	1696
江苏苏菱铝用阳极有限公司	109789	108452	5781
江苏苏润高碳材股份有限公司	72914	107523	5849
中盐镇江盐化有限公司	41736	41689	6989
镇江北固海螺水泥有限责任公司	34511	34701	5419
镇江李裕碳素有限公司	29493	29494	1024
镇江利德尔复合材料有限公司	28717	28546	1575

续表6

单位：万元

企业名称	产值	销售收入	利税
镇江市蓝火环保能源有限公司	24652	24652	1680
镇江先锋植保科技有限公司	23079	23085	32
中铸新材工业(江苏)有限公司	20656	19312	2830
镇江宏顺热电有限公司	15778	15778	867
江苏健神生物农化有限公司	14208	14208	591
江苏福世特混凝土有限公司	13441	13441	698

（贡　献）

丹徒高新技术产业园

【概况】 2021年，镇江市丹徒高新技术产业园(简称丹徒高新园)贯彻新发展理念，统筹推进新冠肺炎疫情防控和经济社会发展，实现“十四五”顺利开局。全年完成一般公共预算收入4.6亿元；完成工业应税销售218.9亿元，比上年增长11.5%；完成固定资产投资24.6亿元，增长66.7%；完成制造业投资19.8亿元，增长53.6%；完成规模工业总产值180.4亿元，增长32.84%，其中战略性新兴产业产值102.9亿元，增长37.2%;实到外资591万美元，新增规模以上工业企业16家、服务业企业1家；新增就业2739人(含谷阳镇718人)。（汤　颖　张凯旋）

【招商选资】 2021年1—12月，丹徒高新园(含谷阳镇)新签约项目40个，总投资61.5亿元，盘活闲置土地18.67公顷(280亩)、厂房3.1万平方米。其中，10亿元以上项目2个，分别为总投资18亿元的天安智谷产业园项目、总投资10.2亿元的原轼新材高强度金刚石线锯扩产技改项目;1亿元以上项目14个，分别为润祥集团总部办公研发及生产基地项目、瑞蓝新能源低温容器及配套项目、上豪包装年产200套纸袋机成套设备项目、澳盛汽车年产碳纤维汽车零部件21万件项目、捷祥方舱制造及附件生产项目、杜拓跨境电商综合基地项目、远海包装年扩产200万件吨桶技术改造项目、埃法电机车辆智能系统电机电控项目、意塔冷却年生产1000台冷却设备建设项目、龙源铝业5G基站AAU用高性能铝板项目、汉鼎华傲5万套环境质量微型监测站项目、机动车资源循环利用基地项目、鑫华盛新加州花园酒店项目、远东打包箱项目；签约限额以上先进制造业项目24个。（汤　颖　张凯旋）

【项目建设】 2021年，丹徒高新园排定镇江市、丹徒区重点产业项目20个(含谷阳镇3个)，总投资62.9亿元。年度计划投资32.2亿元，实际完成投资32.3亿元。

新开工项目13个，其中竣工投产7个，分别为德晴新材料、捷远容器、中兴药业、艾力升电缆项目、翰铭通信、合力汽车零部件、鑫华晟包装项目；通过租赁厂房投产5个，分别为易初特种电缆、海优威项目、大明可可、诺天实业、润合智能；有序推进1个，为恒顺香醋和料酒扩产项目。

续建项目7个，其中健力宝、田信光纤、崇佑建材、合力紧固件、捷诚车载、龙源铝业项目6个项目处于安装设备阶段；有序推进1个，为比泽尔压缩机项目。

“双百计划”(丹徒区实施“双百计划”，每年招引实施100个产业项目，完成100亿元产业投资)排定项目23个(含谷阳镇3个)，总投资27.1亿元，年度计划投资6.03亿元，全年完成投资5.7亿元。新开工项目20个，其中开工建设或竣工投产19个，分别为常晟驱动、斯特姆、万德工具、联宸科技、力凡胶囊技改、润发铝业、纽诚商贸、邦禾装备(二期)、捷祥厢舱、云德机器、产教融合科技园项目、乾景文化、施普瑞电力、海川生物、惠灵顿膜业、恒生涓恩、柜族集装箱、恒博塑料、大力液压马达；未开工项目1个，为协盛集团五金建材交易中心项目。续建项目3个，均部分竣工投产，分别为东艺机械、新泰瑞（二期）、光华置业项目。（汤 颖 张凯旋）

2021年2月，德晴新材料项目厂房

（丹徒区委宣传部）

【基础建设】 2021年，丹徒高新园推进各项基础建设。做好拆迁工作，张巷城中村改造项目接近尾声，搬迁189户（大户），完成拆迁面积8.5万平方米；高庄城中村改造项目搬迁108户，完成拆迁面积4万平方米，拆迁工作全部结束；中欧产业园拆迁工作全部完成。推进安置房建设，宜东铭苑四期完成交付，景泉印象二期13号、14号楼封顶，15号、16号楼进入墙面施工阶段；光明景园一期28号楼主体封顶。加快基础设施配套建设，飞亚路北段、尚上城支路竣工，盛丹路东延、尚上城支路东延、勤政路南延、金谷路南延等工程继续施工。完成盛丹路西延、龙山路东延道路建设前期准备工作。打造城市慢行系统，维修9800米人行道、慢行道，建成生态步道5100米。（汤 颖 张凯旋）

【科技人才】 2021年，丹徒高新园围绕创建省级高新园，推进科技各项工作。全年支出规模以上企业研发经费4.47亿元，新增发明专利授权60件，培育入库江苏省高新技术企业14家，完成高新技术企业申报42家，获得高新技术企业认定23家。申报江苏省“双创”（创新、创业）人才项目4项，立项1项；申报市“金山英才”人才项目8项，5个项目获得资助；申报省级工程技术中心4家，认定2家；申报市级工程技术中心9家，认定8家。丹徒人力资源产业园通过省级大学生示范基地审核，材智汇获评国家级专业化众创空间，并成功申报市级中小企业孵化园；举办第四届丹徒新材料创新创业大赛，签约项目6个。（汤 颖 张凯旋）

2021年丹徒高新园部分重点项目情况表

表7

序号	项目名称	项目实施单位	主要建设内容	投资总额（万元）	实际完成投资进度（万元）
1	碳纤维产品制造项目	江苏德晴新材股份有限公司	项目用地25.13公顷，其中车间8万平方米、仓库2万平方米，公用设施用房0.78万平方米，综合楼1.9万平方米，购置安装30条3C生产线、10条PET芯材生产线、6条碳纤维编织布生产线。项目建成后，年产能1100万套（片）结构件、9000吨编织布、14.3万立方风机叶片芯材产品	158000	80000
2	新建植物药制剂车间及研发实验室项目	江苏中兴药业有限公司	项目用地2.4公顷，主要为扩大植物药制剂产能并为后续广生堂公司建设镇江生产基地配套，主要生产品种为水飞蓟系列产品	15000	12000
3	IBC集装桶生产项目	江苏捷远容器有限公司	项目新建4条IBC集装桶生产线，建成后具备年产IBC集装桶60万只的产能	13005	15000
4	年产10万高端香醋和年产10万吨料酒黄酒扩产项目	江苏恒顺集团有限公司	项目用地2.33公顷，建设香醋及料酒黄酒生产过程所需的高速灌装线、智能化立体仓库等设施	56000	30000

续表7

序号	项目名称	项目实施单位	主要建设内容	投资总额（万元）	实际完成投资进度（万元）
5	70000台/年通用设备组装生产项目	江苏润合智能装备有限公司	项目用地2公顷，总建筑面积28000平方米，建成后具备年组装生产小型汽油发动机水泵机组20000台、柴油发电机组20000台、轻型建筑机械30000台的生产能力	10000	5000
6	环保水处理设备生产制造项目	上海诺天实业（集团）有限公司	项目用地2.67公顷，建设生产车间、仓库、办公楼，新增建筑面积18000平方米，引进激光焊接设备等国外设备10（台）套，购置数控机床、车床、铣床等国产设备200（台）套，建成后具备年产水处理设备450台（套）的生产能力	16000	3000
7	特种线缆技改项目	江苏艾力升电缆有限公司	项目用地1.6公顷，建成后具备年产实芯聚乙烯绝缘同轴电缆、发泡聚乙烯绝缘同轴电缆、聚氯乙烯绝缘电线、低烟无卤绝缘电缆、控制电缆及数据电缆共计6.38万千米的生产能力	12000	12000
8	可可制品生产加工及可可文化博物馆项目	上海大明可可制品有限公司	项目用地4公顷，建设工业厂房及可可文化博物馆，建成后具备每年加工可可豆20000—30000吨，产出可可粉8000—12000吨、可可白脱（可可脂）8000—12000吨、巧克力及巧克力制品6000—8000吨的生产能力	25000	8000
9	年产2000万平方米电子薄膜材料、1亿平方米高分子特种膜项目	镇江海优威应用材料有限公司	项目用地5.33公顷，新增建筑面积50200平方米，购置各类特殊保护膜生产线4条、电子薄膜材料生产线2条、各类高分子特种膜材生产线40条及RTO环保设备1套，建成后具备年产2000万平方米电子薄膜材料、1亿平方米高分子特种膜的生产能力	38558	16000
10	高端特种电线电缆制造项目	易初特种电线电缆（昆山）有限公司	项目用地9公顷，建设高标准办公楼、研发中心、厂房建筑10万平方米，主要产品有拖链电缆、机器人电缆、起重电缆等，可应用于机器人、新能源等行业	50000	8100
11	比泽尔旋转式、涡旋式压缩机生产项目	江苏德澳压缩机制冷技术有限公司	项目用地14.33公顷，新增建筑面积88220平方米，购置安装4条旋转式压缩机生产线，建成后具备年产500万套旋转式压缩机的生产能力	110000	60000
12	年产150万平方米洁净墙板项目	江苏崇佑新型建材有限公司	项目用地5.73公顷，项目分两期建设，一期工程（年产150万平方米洁净墙板项目）占地2.67公顷，总投资额2200万美元，建筑面积约17000平方米，购置设备31台（套）。二期工程（德国OWA品牌龙骨等金属制品出口项目）占地3.07公顷，投资约3800万美元	42000	23000
13	健力宝（镇江）饮料有限公司扩建项目	健力宝（镇江）饮料有限公司	项目用地3.33公顷，主要从事饮料、其他酒的生产，食品用塑料容器的生产，项目建成后新增饮料年产能13万吨，新增成品储存能力60万箱	20000	10000

续表7

序号	项目名称	项目实施单位	主要建设内容	投资总额（万元）	实际完成投资进度(万元)
14	智能汽车零部件制造项目	镇江合力汽车紧固件有限公司	项目用地2.67公顷，主要生产输入杆、贯穿杆、柱塞、输出杆等，建成后具备年产EBB(电子刹车助力系统)500万台、IDB(电子转向器零配件)190万台的生产能力	25000	6000
15	塑料光纤光缆研发、生产项目	江苏田信塑料光纤有限公司	项目用地3.33公顷，总建筑面积56187平方米，购置光纤押出机(拉丝机)、多米诺喷码机等生产设备221台(套)，主要从事塑料光纤光缆、光通信、传感线缆产品的研发、生产和销售	17509	15000
16	镇江市车载电子信息系统重点实验室	江苏捷诚车载电子信息工程有限公司	该项目立足特种车载系统工程，以重大装备研制需求为牵引，根据国际国内车载信息系统集成领域的发展趋势，开展多领域、多形式的车载信息系统集成技术的研究工作(包括各种特种车载工程装备、防护技术、抗恶劣环境信息设备)，研发新型高度集成化的车载信息系统集成装备和综合型、智能型特种车载信息系统平台装备，建成国内特种装备车载系统集成方面应用领域广、种类齐全、综合研制能力强的科研试验中心	880	—
17	5G基站用高性能原位纳米强化铝合金板材的研发及产业化	镇江龙源铝业有限公司	目标产品5G基站AAU用高性能铝合金板研发及销售	720	—

（汤　颖　张凯旋）

镇江生态汽车产业园

【概况】 镇江生态汽车产业园位于镇江市丹徒区上党镇，北至上党大道，南至沪蓉高速，西至镇荣公路，东至北汽大道，核心区占地面积4平方千米。2021年末，镇江生态汽车产业园区有北汽麦格纳、麦格纳卫蓝、海拉电子、中都物流等企业落户，有签约或在建项目6个、拟盘活项目1个，完成供地开发155.22公顷(2328.3亩)。2021年，镇江生态汽车产业园区实现应税销售收入21.1亿元，完成固定资产投资1.64亿元。（胡　焘）

【北汽蓝谷麦格纳汽车有限公司新一代智能豪华纯电动车阿尔法S上市】 2021年4月17日，北汽蓝谷麦格纳汽车有限公司新一代智能豪华纯电动车阿尔法S上市。该车型由北汽集团、华为集团、麦格纳合作研发。其中，智能车机OS、智能座舱、自动驾驶等部件和解决方案由华为公司提供，配备华为鸿蒙OS智能互联座舱，座舱搭载麒麟990A芯片，具有3.5TOPs算力，支持5G网络连接。在非城市道路、高速道路，阿尔法S可以实现高速公路自动变道辅助、CBC智能弯道续航、RCTA后向行人/车辆穿行预警等高级辅助驾车功能。（倪羽娟）

镇江市高桥临港经济产业园

【概况】 镇江市高桥临港经济产业园(简称高桥临港经济产业园)位于镇江市丹徒区东北部，南连长江与镇江新区大港港口隔江相望，东临长江与扬中市新坝镇遥望，西接长江与江心洲生态农业园区毗邻，北倚扬州新区与江广新城相连。高桥临港经济产业园作为镇江的“后花园”和扬州的“南大门”，区位独特，拥有长江深水岸线15.1千米。2021年末，园内有各类企业400余家，其中规模骨干企业18家，以现代能源物流、雪地靴制作、机械电器、船舶修造、特色水产等为主导产业。（赵志翔 芦玉杰）

【孟家港国际物流园】 孟家港国际物流园是经中华人民共和国国家发展和改革委员会等多部委批复的超大型港口物流园项目，由孟家港国际储运发展有限公司投资建设。该项目选址在江苏镇江市丹徒区高桥镇，总投资28.69亿元。以建设“双碳”（碳达峰、碳中和）生态绿色的港口物流园为目标，该项目规划建设5万吨(水工结构按7万吨)泊位3座及陆域相关生产设施，年吞吐量4000万吨，静态仓储能力450万吨，年加工能力1000万吨，构建集储运、加工、交易、金融服务、物流配送于一体的现货和期货、线下和线上兼具的长江大宗散货交易市场。该工程是华东五市经济示范区重点示范工程、长江经济带重点实施工程、江苏省重点工程、镇江市重点工程。2021年末，项目主体建设基本完成。（赵志翔 芦玉杰）

【润祥油气物流园】 润祥油气物流园包含镇江港高桥港区三益桥作业区润祥油品码头工程项目、镇江港高桥港区液化天然气加注站和接收站工程2个项目。

镇江港高桥港区三益桥作业区润祥油品码头工程项目位于镇江港高桥港区三益桥作业区液体散货码头区内，项目总投资10.5亿元，规划建设50000DWT油品码头1个，泊位长度284米，码头设计吞吐量为每年260万吨，库区工程规划建设34×104立方米成品油储罐及配套设施。2021年末，项目一期工程建成4.2×104立方米储罐及配套设施。

镇江港高桥港区液化天然气加注站和接收站工程项目是交通运输部长江干流江苏段水运行业应用液化天然气示范试点项目，其中加注站工程是被交通运输部等四部委列入《全国港口与船舶污染突出问题治理方案》的重点实施项目。项目总投资30.5亿元，占用长江岸线840米，主要建设加注站1座，包括2个1万吨级液化天然气动力船加注泊位、2个250立方米液化天然气储罐及相关配套设施，码头设计加注能力为每年27万吨液化天然气；接收站1座，包括2个3万总吨液化天然气泊位、2座10万立方米液化天然气储罐及相关配套设施，码头设计通过能力为每年150万吨液化天然气。2021年末，加注站泊位建设完成。（赵志翔 芦玉杰）

2021年，润祥油气物流园 （高桥镇）

江苏省镇江世业洲旅游度假区

【概况】 世业洲位于镇江市西郊，四面环江，南与镇江市区一水相隔，北与扬州市隔江相望，为长江中第三大岛。全岛呈“元宝状”，东西长16.5千米、南北宽3.5千米，总面积53平方千米，其中陆域面积30平方千米，四周筑有防洪大堤26.5千米，岛上有自然式开放公园和湿地景观120公顷。润扬长江公路大桥横跨世业洲南北，并在世业洲东部建有双向互通，北与扬州市相连，南与沪宁高速、宁杭高速、312国道、沿江高等级公路相连，区域交通优势突出。世业洲环境幽静、空气清新、河道纵横，是名副其实的江中绿岛、生态之岛。

2021年，江苏省镇江世业洲旅游度假区(简称世业洲旅游度假区)完成地区生产总值10.29亿元，其中第一产业增加值1.65亿元、第二产业增加值0.18亿元、第三产业增加值8.46亿元。2021年，世业洲旅游度假区采取多项举措，创建旅游品牌，“山水间•又见浮玉”民宿获“全国乙级民宿”、镇江市乡村旅游民宿“钻石宿”等称号，世业村获“江苏省乡村旅游重点村”称号，卫星村民族风情园入选镇江市“休闲农庄”。推进旅游厕所建设，新增开心休博园厕所1座。截至年底，世业洲旅游度假区有19座厕所通过旅游厕所等级评定，其中AA级厕所6座、AAA级厕所4座。（杨　燕）

【“润扬杯”2021世业洲风筝文化节】 2021年4月29日，“润扬杯”2021年世业洲风筝文化节开幕式在茅以升公园举行。该活动重点推介“重走总书记视察路”特色党建学习、休闲度假旅游、研学文化旅游3条世业洲精品旅游线路，现场放飞大型造型风筝数十架次，并为镇江单车营自行车爱好者俱乐部的骑行车队授旗。（杨　燕）

2021年4月29日，“润扬杯”2021世业洲风筝文化节（世业镇）

镇江高校园区

【概况】 2021年，镇江高校园区做好高校办学服务保障，加强园区管理，推进园区建设发展。江苏科技大学、江苏大学京江学院、镇江高等专科学校、江苏省交通技师学院、镇江技师学院5所高校和镇江市委党校推进招生办学各项工作，5所高校入学总人数近6万人。年内，江苏科技大学本科招生6184人，毕业4207人，连续两年扩大招生规模；江苏大学京江学院招生3635人，毕业3310人；镇江高等专科学校招生3140人，毕业2270人；江苏省交通技师学院招生2245(技工1871人、高等职业教育374人)，毕业1152人(技工858人、高等职业教育294人)；镇江技师学院招生1240人，毕业人数1070人。镇江高校园区联手丹徒区人社局等有关部门，为应届毕业生与当地企业牵线搭桥，促进毕业生平稳就业。园区内各学校围绕镇江市相关产业，有针对性开展技能培训和岗前训练，做好产学研对接活动，形成学校、地方双赢模式。（朱　添）

2021年，江苏省交通技师学院（镇江高校园区）

【园区疫情防控】 2021年，丹徒区高校园区建设指挥部按照新冠肺炎疫情防控属地管理原则，针对学校师生来自全国各地的特殊性，牵头丹徒区卫健委、丹徒公安分局长山派出所、丹徒区市场监管局长山分局以及高校园区城市管理办公室等职能部门，按照省、市、区的疫情防控要求，建立园区联防联控组织网络，制定“外防输入、内防扩散”的防疫措施，每周召开联防联控工作例会，调动防控物资和力量，做好疫苗接种、核酸检测等相关服务工作。年内，镇江高校园区没有发生新冠肺炎疫情感染事件。（朱　添）

【服务保障】 2021年，丹徒区高校园区建设指挥部采取各项措施，做好园区服务保障工作。丹徒公安分局、丹徒区交通运输局加强园区道路交通安全管理，保障园区交通秩序；丹徒区市场监督管理局加强各学校食堂安全检查，强化食品安全监管工作；高校园区城市管理办公室加强流动摊贩管理，维护园区环境整洁；丹徒公安分局长山派出所加强学生反诈宣传，妥善处理突发事件，保障学生财产不受损失，确保园区治安稳定。 （朱　添）

丹徒区长山文化产业园

【概况】 2021年，丹徒区长山文化产业园各项工作有序推进。长山文化产业发展有限公司建立健全国有资产保值增值制度，市场化运作园区资源，吸纳社会资金参与园区投资、建设、运营，实现园区资产增值。盘活公司资产，做大公司规模，完成文化创意中心产权证办理，强化银企合作，编制项目融资平台，增加项目贷比重，调整优化融资结构。运用产业建设的发展成果，申报国家、省、市文化产业专项资金，争取政策和资金扶持。强化规划引领，依托长山独特的山水景观及文化资源，邀请国内专业团队编制《镇江长山片区产业策划分析报告》《镇江长山旅游核心区规划》。完善园区基础设施建设，完成米芾书法公园出入口提升改造工程、米芾东路一期路灯亮化工程、米芾路亮化改造工程、米芾西路亮化改造工程，米园步道一期道路、山脊游步道开工建设。 （张　娟）

【文化产业发展】 2021年，丹徒区长山文化产业园采取多项举措，推进文化产业发展。举办百年风华——第四届“米芾杯”国际青少年书法大赛，通过“主赛场+分赛场+分赛点”“云直播”模式，围绕“百年风华”开展主题性创作，引导青少年听党话、感党恩、跟党走。发挥镇江市米芾文化研究会专家智囊作用，加深米芾文化艺术理论研究，增强米芾文化的创新活力，并推出米芾高仿真字帖、米芾精帖、建盏、笔筒、镇纸等系列文创旅游产品。依托、融合中国文字博物馆等单位高端资源建设“华夏汉字研学馆”“米芾书院”，完成内部布展。加快推进区域文化新地标——福因阁工程建设，年内完成文化展陈策划，启动展陈设计工作。（张　娟）

【景区运营】 2021年，丹徒区长山文化产业园采取多项措施，推进景区运营。强化营销策划，实施品牌营销战略，国庆期间举办“金秋盆景精品展”展示，推广盆景文化和书法艺术；利用互联网，推出“云赏米芾”短视频直播6期，活动采取“主题演讲+文化对话+互动研讨+云直播”模式，全程在抖音、“文化金山”微信公众号、“文化镇江云”等平台直播。对接教育系统，将华夏汉字研学馆作为中小学社会实践基地，开展多种形式的书法艺术展览、交流、培训和全民读书活动。参加苏州、南京等地专题旅游推介活动，拓展旅游市场。（张　娟）

2021年5月，华夏汉字研学馆开展研学活动
（丹徒区长山文化产业园）

丹徒星火技术密集区

【概况】 丹徒星火技术密集区位于镇江市东南部，在辛丰镇境内，总面积10.9平方千米，分为民营私营园区、外向型园区、轴承工业园区和纺织工业园区四个发展片区，以轴承、电子、笔刷、新材料等为主导产品，拥有规模企业60余家。2021年，丹徒区星火技术密集区销售收入、利税总额分别占辛丰镇的58.7%和57.3%。 （姜国平　刘　怡）

交通·通信

交通综述

【概况】 2021年，丹徒区公路总里程1069千米，其中一级公路138千米、二级公路87千米、三级公路111千米、四级公路734千米。农村客运站2个，公交枢纽站1个，城市公交首末站15个。长江汽渡2家，渡口2道。航道总里程45.98千米，其中三级航道10.26千米、七级航道18.53千米、等外级航道17.19千米。港口生产用码头泊位33个，非生产用码头泊位13个，其中千吨级泊位7个，码头岸线总延长1303米。

265省道镇江至荣炳段三期改扩建工程完成交工验收。继续实施农村公路提档升级工程，完成乡村道提档升级工程5条，通车里程约10.24千米，总投资1472.95万元。全年无公路危桥改造工程。加强航道建设，投入364万元对苏南运河镇江水上服务区、焦湾锚地和辛丰锚地开展航道疏浚工程，疏浚总土方量约119110立方米。长江汽渡方面，大港汽渡全年投资359.08万元，其中码头设施改造181.94万元、岸基监控系统二期工程建设投入17.14万元、北岸道路管养160万元。丹徒区江心汽车轮渡有限责任公司全年投入104万元，其中岸基监控系统升级维护40万元、船舶通信系统更新15万元、更换老旧消防救生设备5万元、冬季航道疏浚44万元。

丹徒区境内公路客运量110万人次，客运周转量3838万人千米；全区货运量1071万吨，货运周转量15.56亿吨千米；水路货物运输量256万吨，货运周转量113612万吨千米，港口货物吞吐量389万吨。

（车　雯）

2021年丹徒区农村公路建设项目情况表

表8

序号	镇(街道、园区)	项目名称	行政等级	技术等级	路基宽度(米)	路面宽度(米)	新改建道路情况				
							技术等级	新改建(千米)	路基宽度(米)	路面类型	路面宽度(米)
1	高桥镇	南北大河东路	乡道	四级公路	6	3.5	四级公路	5.3	8	沥青混凝土	6
2	谷阳镇	全东线	乡道	四级公路	6	3.5	四级公路	1.304	6.5	沥青混凝土	5.5
3	荣炳园区	宝荣线（天寺岗至东棚）	乡道	四级公路	7	3.5	四级公路	1.03	7	沥青混凝土	6
4	荣炳园区	宝荣线（曲阳村委会段）	乡道	四级公路	7	3.5	四级公路	1.63	7	沥青混凝土	6
5	高资街道	高水线一期	乡道	四级公路	5	3	四级公路	0.98	6	沥青混凝土	5.5

（丹徒区交通运输局）

【265省道镇江至荣炳段三期改扩建工程】 265省道镇江至荣炳段改扩建工程总投资8.6亿元，截至2021年底全部投产。该项目起于上会加油站，终点位于丹徒区与金坛市交界处凌甲庄南侧，全长19.26千米，道路按双向四车道一级公路标准实施改造，设计速度为每小时100千米；路基宽度一般路段采用26米，其中中间带宽3.5米(含左侧路缘带2×0.75米)，两侧行车道宽2×2×3.75米，硬路肩2×3.0米(含右侧路缘带2×0.5米)，土路肩2×0.75米；路面横坡2%，土路肩横坡4%。该项目主要工程量为路基填筑土方132万立方米，路面52万平方米，桥梁9座，涵洞63座，护栏4.8万米，并配套施工交通标志标线、路灯照明、公交站台、信号灯与监控、绿化等工程。该项目于2021年12月通过交工验收。 （车　雯）

2021年12月，265省道镇江至荣炳段三期改扩建工程交工验收 （丹徒区交通运输局）

交通管理

【概况】 2021年，丹徒区交通运输局共受理各类许可296件，新增车辆747辆，无一起违规发放许可案件。公交站亭建设总投资210万元。至年底，有5辆车以上(含)道路货运企业76家，水路货运企业4家，质量信誉考核率均为100%；有道路危化品运输车辆58台，水路运输企业资质核查业户4家，水路运输企业“两证”审验(换证)船舶28艘，年审率100%。全年各类投诉举报均在规定期限内办结，结案率100%，合理投诉处理满意率100%；共查处各类违章54起，结案54件，罚款6.3万元，未发生1起“三乱”(乱收费、乱罚款、乱摊派)和败诉案件。督查辖区内较大汽修企业和多家汽修门店，其中包含一类维修企业8家、二类维修企业11家、汽车快修1家。 （车　雯）

2021年6月，大学城周边道路执法检查行动 （丹徒区交通运输局）

【公路管理】 2021年，丹徒公路系统深化改革、推动转型升级迈上新台阶，8月揭牌成立丹徒区公路事业发展中心；打造党建品牌“丹心向党　一路通途”，创建成为四星党支部；全年答复“12345”政府热线、群众来电124次，回访率100%、满意率95%以上，各类投诉、信访件办结率100%。年内，养护科以“示范养护、精细养护、科学养护、安全养护”为宗旨，构建具有丹徒特色的现代化养护管理体系，在346国道开展绿色循环低碳公路养护技术示范，加快推进耐久性快速新型养护技术、预防性养护新型提升技术和路面低碳循环热再生技术，全年投资约698

2021年，高水线二期完成维修改造 （丹徒区交通运输局）

万元对346国道、265省道一期水毁及车辙路段实施路面大中修工程。农路科以“丹心通途”四好农路品牌为中心，推进全区农村道路提档升级，全年投资约163万元维修改造上会五岔路口、高水线二期、高碳线、高红线、辛高线、湖青线等路段；高水线在江苏省交通运输厅组织的“最美农村路”“平安放心路”评选中上榜，辛丰公路桥入围“水韵江苏”最美乡村桥，并被评为致富小康桥。服务实施科对辖区内公路损坏、变形、缺失标志、安全设施进行及时维修更换，维修标志标线和安防设施965处，全年办结行政许可案件10件、施工路段备案4件。路网应急科通过宣传展板、电子显示屏和QQ群、微信群等网络平台广泛宣传安全知识；结合实际组织开展应急演练1次，提高应对突发事件快速处置能力，全年上报路网突发事件4起、计划事件4项，发布路网信息276条。（车　雯）

2021年，辛丰公路桥入围“水韵江苏”最美乡村桥
（丹徒区交通运输局）

【航道管理】 2021年，丹徒区交通运输局规范开展航道赔(补)偿费收取工作，共收取航道赔(补)偿费30.39万元。全年开展航道巡查60余次，航道通航率100%。全年安全生产资金投入478.9万元，组织召开安全工作会议16次；开展安全检查58次，查出、整改安全隐患8处，整改率100%。（车　雯）

【港口管理】 2021年，丹徒区交通运输局在完善船舶污染物接收、雨污水拦截及收集池、堆场喷淋与覆盖、雾炮机和岸电等环保防治设施设备的基础上，推行使用“船易行”平台，做到船舶污染物种类、数量可查，递交方、接收方、转运方、处置方可追踪。丹徒区内河港口生活垃圾收集总量为5.94吨，生活污水接收总量为150.253吨，含油污水接收总量为3.035吨；岸电接电次数797次，总用电量为8916.5千瓦时，接电时间5999.32小时。年内，联合区生态环境部门、属地政府完成全区13家内河港口码头的联合检查工作，检查内容包括制度落实情况、设施建设及运行情况、排放处置情况和生态环境问题整改情况，区交通运输综合行政执法大队根据检查结果立案8起，其中生态环境类案件责令停产停业5起、安全生产类案件处罚3起，至年底全部结案。（车　雯）

【汽渡管理】 2021年，丹徒区有长江汽车渡运单位2家，全年渡运航次6.5万个，渡运车辆177.95万辆，运营收入6944.66万元，比上年增加4.11%。采取公司化改造方式，建立科学的现代企业制度，进一步激发企业内生动力，强化辖区渡口渡船管理及航运畅通，完成改革工作。4月23日，镇江市丹徒区渡口管理所完成国有企业公司制改革，正式更名为镇江市丹徒区江心汽车轮渡有限责任公司；8月10日，中共镇江市丹徒区江心汽车轮渡有限责任公司支部委员会暨镇江市丹徒区江心汽车轮渡有限责任公司挂牌成立；9月24日，镇江市丹徒区大港汽车轮渡管理处改制为镇江市丹徒区五峰山汽渡有限公司；10月26日，中共镇江市丹徒区五峰山汽渡有限公司总支部委员会暨镇江市丹徒区五峰山汽渡有限公司挂牌成立。年内，落实“为民办实事”优

2021年，五峰山汽渡运行正常
（丹徒区交通运输局）

惠政策，五峰山汽渡对行人、自行车和高桥镇居民的电动车、摩托车实行免费过渡政策，对高桥镇居民的小轿车过渡实行半价优惠政策；11月1日起，江心汽车轮渡有限责任公司对江心洲生态农业园区居民实行非机动车免费过渡政策。 （车　雯）

通　信

【电信】 丹徒电信分公司(简称丹徒电信)为中国电信集团有限公司镇江分公司下属子公司，现有员工90余人。该公司主要经营固定电话、移动通信、互联网接入及应用等综合信息服务，在全区党政机关、公安、交通、水利、旅游、安监、学校、中小企业、智能工业园区等行业领域，提供全要素网格指挥中心、智慧校园、"12345"政府热线、企业上云、智改数转等信息化建设方案，提高生产和管理效能，支撑丹徒区信息化建设。近年来，丹徒电信与丹徒区委、区政府深化战略合作，积极应对疫情影响，把握市场需求新变化，坚持用户导向和市场导向，以智能城市基础设施与传统城市基础设施同步规划、同步建设为机遇，加快5G、云计算、边缘计算、大数据中心等新型基础设施建设，推进云网融合，深耕智慧运营，助力全区高质量发展。

2021年，丹徒电信始终以"用户至上、用心服务"为理念，提升党政客户、公众客户、企业客户满意度，规范市场、资费及收费行为，加强用户信息安全、网络安全和信息化建设。截至年底，丹徒区域内千兆光纤网络建设完成，宽带接入速率能力达到千兆全覆盖；安装并开通271个5G室外站、93个室内5G分布站点，总投资约4700万元；天翼移动网络覆盖丹徒区所有镇(街道、园区)和自然村，以及境内高速公路、国道和省道；融合有线宽带、5G、Wi-Fi等多种接入方式，实现"天地一体化"通信网络。同时，加快推进国家雪亮工程建设，落实市委、市政府关于社会基本面监控要求，推动社会治理现代化相关工作，普及城乡高清监控覆盖，完成村级公路监控盲点补盲工作；继续围绕"平安乡村惠民"打造"平安乡村"示范村建设，截至年底，建成"平安乡村"示范村73个，安装天翼看家监控设备近1200个，为建成宜居美丽乡村示范村提供基础设施保障。 （徐桂美）

【移动】 2021年，中国移动通信集团江苏有限公司镇江分公司丹徒分公司以"两和"(党建和创、和格行动)升级为重点任务，注重党建工作与生产经营深度融合，推进数智化转型和高质量发展。履行社会责任，响应乡村振兴战略，签约智慧社区56家，打造平安乡村并签订76家，其中协助宝堰村申报成为数字化示范乡村；参与新冠肺炎疫情防控，发挥5G等信息化优势为政府、企业提供疫情防控科技支撑；参与文明城市建设，开展区域内小区通信光交箱的巡护、破损修复和清洁整理工作，并配合政府完成多个小区的美化工作；发挥大数据优势，配合公安部门精准推送防诈短信，联合社区多次开展防诈骗宣传活动，并举办老年人防诈骗知识讲座12场，与丹徒区委宣传部联合打造宝龙国际花园网络安全示范小区。年内，获评"镇江移动发展先锋""镇江市三八红旗集体""镇江市放心消费创建先进单位"等称号，并获丹徒区委、区政府颁发优质服务奖。 （丹徒移动）

2021年4月，丹徒移动宜城网格联合丹徒区公安局城区派出所在丹徒新城二期广场开展防诈骗宣传活动
（丹徒移动）

城市建设

城镇建设

【概况】 2021年，镇江市丹徒区住房和城乡建设局(简称丹徒区住建局)推动实施省级“特色田园乡村”建设1个、市级“特色田园乡村”建设2个，完成区级“美丽宜居村庄”建设60个；实施长香路及米芾西路排水管网缺陷整改工程和四明河上游雨水口整治工程；持续推进海绵城市建设，完成海绵改造面积4.8平方千米，推进111.5千米污水管网、部分污水处理厂和污水截流泵站运维项目移交工作；围绕群众住房安全问题，开展房屋安全隐患排查，解决直供自来水安装历史遗留问题；完成丹桂社区、姚庄社区及高新园等占建成区30%以上面积地区的“污水处理提质增效达标区”建设任务，实施高资南河边、朝阳河、团结河、谷阳湖支河劣Ⅴ类水体整治；开展“清薪360”服务品牌创建，落实农民工工资有关制度，推进解决拖欠农民工工资相关矛盾问题；全年受理市委书记信箱、市长信箱、区委书记信箱、区长信箱、阳光信访平台转办件、交办件投诉17件，镇江市信访工作联席会议交办件1件，“12345”政府热线投诉700件；受理镇江论坛、投诉举报在线咨询8件；接待群众来访55人次，办结率、回复率100%，市民满意率在98%以上。年内，丹徒区住建局获“江苏省防震减灾工作县级优秀单位”“丹徒区产业项目服务先进单位”“丹徒区信访稳定工作先进单位”“丹徒区城乡建设先进集体”等称号。（凌雅婷）

【“美丽宜居村庄”建设】 2021年，丹徒区住建局牵头组织实施区级“美丽宜居村庄”60个。截至年底，荣炳盐资源区曲阳村曹巷、宝堰镇宝堰村上桥、上党镇合偶村合偶等60个村庄参照江苏省三星级“康居乡村”建设要求，从村庄风貌、环境卫生和配套设施3个方面入手，完成建设任务并通过区级验收。（凌雅婷）

【“特色田园乡村”建设】 2021年，丹徒区住建局开展“特色田园乡村”建设。上党镇古洞村坞庄从节点激活、岸线打造、整体完善、产业提升四个方面，分两期实施银杏广场周边房屋改造提升、道路黑色化改造、新建村庄入口广场、村内节点打造4个重点项目及环境再提升等子项目；江心洲生态农业园区五套村十五组(橘江里)重点从生态修复、村庄提升、产业提升三个方面，实施河道修复、路面改造、打造6个景观节点、提升旅游公厕、改造原敬老院等子项目13个。截至年底，上党镇古洞村坞庄、江心洲生态农业园区五套村十五组(橘江里)通过市级“特色田园乡村”建设验收。（凌雅婷）

【地下管网安全生产专项整治】 2021年，丹徒区住建局牵头燃气、供水、电力、城市照明、通信、广播电视、交通信号、公共安全视频监控、国防光缆等公用管线及其附属设施(不包括工业管线、油气管线)等相关安全责任单位，实施地下管网安全生产专项整治工作。编制《丹徒区地下管网安全生产专项整治实施方案》，下发丹徒区市政公用地下管网安全隐患整治专项任务责任分解表，全年组织检查道路34条，发现一般隐患157项，完成隐患整改157项，整改率100%。（凌雅婷）

【排水许可监管】 2021年，丹徒区住建局参与排水许可验收项目47个，其中办理竣工验收手续的18个，发放企事业单位排水许可证14个，发放小散经营户排水许可证13个，办理车库安装自来水24个。（凌雅婷）

【海绵城市建设】 2021年，丹徒区住建局按照海绵城市建设要求，完成海绵城市新建、扩建、改建项目的方案审查及验收，全年完成方案审查18个，进入现场监管项目12个，确保减轻项目建设范围内雨水排入市政管网的压力。（凌雅婷）

【污水处理厂建设】 2021年，丹徒区住建局加强污水处理厂建设。全年完成7座污水处理厂(江心污水处理厂、高桥污水处理厂、丹徒污水处理厂、宝堰污水处理厂、高资污水处理厂、世业2座污水处理厂)提标改造工作，完善在线监测设备，并做好与江苏省生态环境厅和江苏省住房和城乡建设厅的联网及信息上传工作。（凌雅婷）

【建筑市场监管】 2021年，丹徒区住建局强化建筑市场监管，完成各项审批服务工作。全年办理项目登记编码65件，办理施工图审查材料27项；办理竣工验收备案84件，竣工建筑面积53.9万平方米；接受网上质量监督报监单体工程179个，安全监督报监项目39个，发放电子施工许可证63个，涉及建筑面积160万平方米；完成消防线上审查12项、消防验收12项，办理特殊建设工程消防设计审查10件，受理历史遗留项目消防验收12件。竣工验收建筑面积88.52万平方米，质量监督城区覆盖率100%，镇(街道、园区)覆盖率96%以上。全年检查建筑工地2000余人次，出具隐患整改单168份，查出各类隐患506个，基本完成整改。完成高资街道丹徒中心卫生院危房拆除施工作业。（凌雅婷）

【燃气安全执法】 2021年，丹徒区住建局组织各类燃气安全执法检查20次，开具隐患整改通知书56份，检查燃气经营企业、场所51处，排查出各类安全隐患282处，全部完成整改；取缔非法经营场所1处，处置不合格钢瓶32只，立案查处燃气企1家，罚款金额1万元；停业整顿燃气企业1家，暂扣燃气经营许可证1次；处置违章建筑占压天然气1起。全区燃气企业完成自查21轮次，上报排查隐患89处，全部完成整改。（凌雅婷）

【建筑工程检测】 2021年，丹徒区住建局检测中心加入江苏省房屋鉴定检测协会，被江苏省土木建筑协会授予“优秀检测单位”称号。年内获得国家专利4项，其中发明专利2项、实用新型专利2项。签订检测合同75份，出具检测报告3.6万份，完成检测产值2672.8万元。（凌雅婷）

【绿色节能建筑】 2021年，丹徒区住建局推进绿色节能建筑各项工作。完成墙体分项检查项目10个，涉及建筑面积35万平方米；完成分部检查项目20个，涉及总建筑面积93万平方米；完成绿色建筑图审71万平方米，其中住宅48万平方米、公共建筑23万平方米；完成太阳能光热发电设施26.3万平方米。（凌雅婷）

【违法建设查处】 2021年，丹徒区住建局履行行业执法监察责任，开展各类违法行为梳理式执法查处，全年立案并查处各类案件19件，罚没金额95万元，开展问题检查调查30次，责令停工整改5起。在全区行政处罚案卷评比中获一等奖。（凌雅婷）

【招标投标管理】 2021年，丹徒区住建局规范招投标市场秩序，完成招投标管理各项工作。全年完成项目标段总数89个，其中公开招标项目标段55个，标底价7.3亿元，中标价6.4亿元，节约率12.3% 。直接发包标段34个，总额7.99亿元。与上年相比，公开招标中标价增加42.8%，直接发包合同价减少20%。（凌雅婷）

【拆迁安置】 2021年，丹徒区住建局启动实施312国道快速化(高资段)改造、346国道快速化改造(城区段)以及城区遗留扫尾项目等拆迁安置项目6个，共计启动325户10.97万平方米搬迁任务。全年办理谷阳湖片区、光明景园、长香水岸、宜禄苑等小区安置房(含提前安置)808套。完成宜东铭苑、光明景园等小区安置房产权证办理550套。(凌雅婷)

【防震减灾】 2021年，丹徒区住建局开展防震减灾知识“进校园、进社区、进企业”活动，指导高桥镇安丰社区通过“全国综合减灾示范社区”考核验收。完成荣炳、江心、石马3处烈度速报仪更新，完成宏观观测点远程监控设备维护工作。完成丹徒区防震减灾联席会议成员单位及相关学校、医院和大型公共场所的地震应急预案修订工作并汇编成册。成立地震易发区房屋设施加固工程协调工作组，牵头制定相关行业加固实施方案，完成房屋设施加固信息采集和评估工作方案，组建工作队伍并开展采集工作。(凌雅婷)

2021年丹徒区省级建筑施工标准化文明示范工地情况表

表9

序号	项目名称	建设单位	建筑面积(平方米)	施工单位
1	电动汽车配件项目新建厂房	镇江合力汽车配件有限公司	17069	江苏天目建设集团有限公司
2	景泉印象二期20号楼，21号楼，22号楼，23号变电所、生活水泵房、24号地下室	镇江市丹徒区兴城建设开发有限公司	20878	旺虎建设工程江苏有限公司
3	江苏科技大学(新校区)建设项目	镇江市高校投资建设发展有限公司	600000	中国江苏国际经济技术合作集团有限公司
4	固体制剂扩能及配套设施项目固体制剂车间	江苏中兴药业有限公司	12280	福世特建设工程有限公司

（凌雅婷）

2021年丹徒区市级建筑施工标准化文明工地情况表

表10

序号	项目名称	建设单位	建筑面积(平方米)	施工单位
1	2018-2-5(D1804)号地块1—3号、5—8号住宅楼、22号地下车库、13号物业用房及消防控制室、14号水泵房、19号开闭所、20号配电室、4号配电室及公厕和垃圾房	镇江天地源置业有限公司	89021	上海中锦建设集团股份有限公司
2	长山安置房一期1号楼	镇江华建置业有限公司	8353	江苏协兴建筑安装工程有限公司
3	江苏省交通技师学院综合教学楼和学生公寓楼建设工程26号学生公寓楼	江苏省交通技师学院	12592	南京同力建设集团股份有限公司

续表10

序号	项目名称	建设单位	建筑面积（平方米）	施工单位
4	固体制剂扩能及配套设施项目固体制剂车间	江苏中兴药业有限公司	12280	福世特建设工程有限公司
5	塑料光纤光缆研发、生产项目1号车间、2号门卫、3号辅助用房	江苏田信塑料光纤有限公司	14889	江苏威亚达建设有限公司
6	丹徒区民警执法执勤训练基地工程-1号执法办案管理中心及警体训练中心，2号食堂、监视居住、警体训练中心备勤楼	镇江市公安局丹徒分局	6425	江苏镇江四建建设集团有限公司
7	DT1005地块九渚园(长山郡)二期1号楼，2号—13号住宅楼，15号-20号住宅楼，地下车库一、二、三	镇江丰源置业有限公司	69353	标龙建设集团有限公司
8	长山安置房一期9号、12号楼	镇江华建置业有限公司	22710	江苏瑞森置业有限公司
9	长山安置房一期4号、7号楼	镇江华建置业有限公司	22711	江苏瑞森置业有限公司
10	长山安置房一期15号住宅楼、35号商业楼	镇江华建置业有限公司	20015	江苏省建筑工程集团有限公司
11	新建复合中型散装容器项目厂房三	江苏捷远容器有限公司	9985	江苏协兴建筑安装工程有限公司
12	光明景园28号楼	丹徒新区建设发展公司	11158	江苏协兴建筑安装工程有限公司
13	D1902号地块房地产开发项目	镇江市丹徒区绿建房产开发有限公司	71584	南通光华建筑工程有限公司
14	塑料光纤光缆研发、生产项目5号车间、6号车间、仓库	江苏田信塑料光纤有限公司	25675	江苏威亚达建设有限公司
15	2018-2-4(D1803)号地块23号幼托	镇江联启房地产开发有限公司	7258	江苏拓科集团有限公司
16	水凝胶敷贴及快速止血敷料项目2号、4号厂房	江苏海川生物科技有限公司	8830	镇江市江泰建筑安装有限公司
17	景泉印象安置房13—16号楼及地下车库	镇江市丹徒区兴城建设开发有限公司	38080	贵州建工集团第八建筑工程有限责任公司

（凌雅婷）

2021年丹徒区优质结构工程情况表

表11

序号	工程名称	建设单位	施工单位	建筑面积（平方米）
1	新增30000瓶/小时无菌灌注饮料生产线项目1号仓库	健力宝(镇江)饮料有限公司	江苏丹凤建设集团	12836
2	D1901号地块1—5号住宅	镇江市丹徒区绿建房地产开发有限公司	南通光华建筑工程有限公司	11226.79
3	D1901号地块1—7号住宅	镇江市丹徒绿建房地产开发有限公司	南通光华建筑工程有限公司	5140.87
4	景泉印象二期21号楼	镇江市丹徒区兴城建设开发公司	王虎建设工程江苏有限公司	4348.06
5	景泉印象二期22号楼	镇江市丹徒区兴城建设开发公司	王虎建设工程江苏有限公司	5986.44
6	江苏省交通技师学院综合教学楼和学生公寓楼建设工程−26号学生公寓楼	江苏省交通技师学院	南京同力建设集团股份有限公司	12591.72
7	D1901号地块1—8号住宅	镇江市丹徒区绿建房地产开发有限公司	南通光华建筑工程有限公司	7274.97
8	景泉印象二期20号楼	镇江市丹徒区兴城建设开发公司	旺虎建设工程江苏有限公司	4444.43
9	2018−2−5(D1804) 地3号楼	镇江天地源置业有限公司	上海中锦建设集团股份有限公司	8988
10	2018−2−5(D1804)地块7号楼	镇江天地源置业有限公司	上海中锦建设集团股份有限公司	5163
11	固体制剂扩能及配套设施项目固体制剂车间	江苏中兴药业有限公司	福世特建设工程有限公司	12279.21
12	塑料光纤光缆研发、生产项目1号车间、2号门卫、3号辅助用房	江苏田信塑料光纤有限公司	江苏威亚达建设有限公司	14302.75
13	长山安置房一期4号楼	镇江华建置业有限公司	江苏瑞森置业有限公司	12841
14	长山安置房一期7号楼	镇江华建置业有限公司	江苏瑞森置业有限公司	9868.43
15	蚕桑科研基地一期项目1号行政办公楼、2号养蚕实训楼A、3号养蚕实训楼B	江苏科技大学	句容市银鹏建筑安装工程公司	10009.58
16	长山安置房一期9号楼	镇江华建置业有限公司	江苏瑞森置业有限公司	9868.43
17	塑料制品加工项目新建厂房1号	江苏万德工具有限公司	江苏秦润建设有限公司	7067.4
18	蚕桑科研基地二期项目蚕药实验北楼	江苏科技大学	江苏拓科集团有限公司	3865.26
19	丹徒区民警执法执勤训练基地工程1号楼	镇江市公安局丹徒分局	江苏镇江四建建设集团有限公司	4800

续表 11

序号	工程名称	建设单位	施工单位	建筑面积(平方米)
20	睡凝胶敷贴及快速止血敷料项目2号厂房	江苏海川生物科技有限公司	镇江市江泰建筑安装有限公司	6753
21	景泉印象安置房15号楼	镇江市丹徒区兴城建设开发有限公司	贵州建工集团第八建筑工程有限公司	8297
22	景泉印象安置房16号楼	镇江市丹徒区兴城建设开发有限公司	贵州建工集团第八建筑工程有限公司	8743
23	塑料光纤光缆研发、生产项目5号车间、6号车间、仓库	江苏田信塑料光纤有限公司	江苏威亚达建设有限公司	22334.79
24	福临广场35号楼	镇江铭基置业有限公司	江苏润祥建设集团有限公司	13775.8
25	福临广场36号楼	镇江铭基置业有限公司	江苏润祥建设集团有限公司	12884.17
26	福临广场19号楼	镇江铭基置业有限公司	江苏润祥建设集团有限公司	8592.27
27	福临广场25号楼	镇江铭基置业有限公司	江苏润祥建设集团有限公司	13469.11
28	福临广场29号楼	镇江铭基置业有限公司	江苏润祥建设集团有限公司	14459.36
29	福临广场32号楼	镇江铭基置业有限公司	江苏润祥建设集团有限公司	14922.4
30	福临广场22号楼	镇江铭基置业有限公司	江苏润祥建设集团有限公司	9998.47
31	福临广场28号楼	镇江铭基置业有限公司	江苏润祥建设集团有限公司	10312.16
32	福临广场42号楼	镇江铭基置业有限公司	江苏润祥建设集团有限公司	9052.39

（凌雅婷）

2021年丹徒区国家AAA级全国观摩工地情况表

表 12

序号	项目名称	建设单位	建筑面积(平方米)	施工单位
1	福临广场19—22号、25—33号、35—40号、42号楼；46号、47号电房；6号车库、7号车库	镇江铭基置业有限公司	23265	江苏润祥建设集团有限公司

（凌雅婷）

丹徒城投

【概况】 2021年，镇江市丹徒区城建投资有限公司(简称丹徒区城投公司)是丹徒区政府直属管理的专业从事城市基础设施投融资、建设、运营管理的国有大型企业，主要业务范围包括投融资(含金融投资和产业投资)、城市运营管理、基础设施建设及其配套项目的投资和建设、绿化工程项目的投资和建设、房屋拆除、土地开发、新市镇建设、城中村改造项目建设、水利工程施工等。年内，丹徒区城投公司强化工程项目建设、园区管理、党建建设、企业管理、疫情防控、网格管理

等工作，完善人才队伍结构，充实管理人员力量，各项中心工作有序开展，完成全年目标任务。（陈爱波）

【宜东铭苑安置房建设】 2021年，丹徒区城投公司推进丹徒区民生工程宜东铭苑安置项目建设，排定时序，抓好责任落实，加大安全生产和管理力度，工程建设有序推进。截至年底，宜东铭苑安置小区完成交付，可安置住户2075户。（陈爱波）

丹徒建投

【概况】 2021年，镇江市丹徒区建设投资有限公司（简称丹徒区建投公司）围绕市场化运作、实体化转型发展，强化产业发展、资产整合和精准高质量投资，完成由融资平台向城市产业经营实体的转型，发挥投融资主体、项目建设主体、城市运营主体作用，助推丹徒高质量发展。优化结构布局，细化资产管理，推进乡村振兴项目、生态治理项目、红色旅游项目建设。截至年底，有控股公司13家、参股公司4家、平行管理公司4家，形成建投和恒瑞2个AA级主体。（任　瑾）

【民生工程建设】 2021年，丹徒区建投公司落实丹徒区委、区政府决策部署，推进各项民生实事工程。有序推进长香水岸安置房二期、长山翠庭安置房项目建设；优化公共服务设施建设，建成丹徒区公安分局执法执勤训练基地项目、智能交通系统建设更新项目；解决群众关注的民生工程问题，古堰新居外墙维修改造项目、谷阳大道东延路灯改造工程完成竣工验收并交付使用。（任　瑾）

【投资项目建设】 2021年，丹徒区建投公司围绕乡村振兴、红色旅游、生态治理等领域，展开多板块产业合作。以培育农业项目为重点，构建乡村振兴发展新格局，打造高标准农业基地项目，推进农业产业化转型；投资上海金浦临港智能科技股权投资基金，拓展企业发展空间；增资江苏镇江信用融资担保有限公司，改善丹徒区内小微企业融资环境，助推区域经济平稳发展；与镇江市交通产业集团有限公司合作实施丹徒区城市建成区环卫绿化市政一体化运营项目、智慧停车项目，改善城区市容市貌，提升城市建设水平和生态环境治理现代化水平。（任　瑾）

城市管理

【概况】 2021年，丹徒区城市管理局（简称丹徒区城管局）围绕文明城市、卫生城市、优秀管理城市创建等工作，以“美丽丹徒”建设为重点，构建科学、规范、长效的城市管理体系。开展“净化、美化、绿化、亮化”行动，增添城市亮色。围绕流动摊点、违规户外广告、毁绿种菜、小区违建等热点、难点问题，实行“集中整治+长效管理”，取得切实成效。加强管理权限下放，下沉管理力量，提升城市管理精细化水平。

城管窗口严格规范操作，受理行政许可事项，对申请材料不全或不符合法定形式的，当场一次性告知申请人并开具材料补正通知书，对符合条件的在有效工作日内按承诺时限办结，群众满意率100%。严格实行AB岗工作制度，公开审批事项、审批依据、审批程序、承诺期限、收费依据、收费标准。全年窗口受理行政许可37件，其中广告26件、渣土11件。（蒋泽茜）

【人民广场管理】 2021年，丹徒区城管局强化人民广场分片责任人制度，派专人每日不定时检查广

2021年，丹徒区城管局在人民广场检修照明灯具
（丹徒区城管局）

场、公厕及水域环境卫生，发现问题及时解决。抓好摊点管理，严格控制超范围摆摊、乱摆摊、占道经营行为。全面检修广场市政铺装、公厕、音乐喷泉、照明灯具、用电设施、木质设施，解决设施损坏及安全隐患。投入49.5万元，将民政局公厕改建为装配式生态环保公厕。（蒋泽茜）

【市容环境管理】 2021年，丹徒区城管局全年收运全区生活垃圾90466.52吨，全部送往垃圾焚烧发电厂完成无害化处置，镇村生活垃圾集中收运率在90%以上，城市生活垃圾无害化处理率100%。全年清除乱贴乱涂小广告4821处，发送限期整改短信52条，报送停机号码35个。规范店牌店招设置，拆除违规户外广告81处，面积3469平方米；拆除违规店招标牌47处，面积1192平方米；拆除违规道旗138杆、横幅439条、戗牌45块、楼顶广告1处，修复店招标牌5处。（蒋泽茜）

【公共基础设施】 2021年，丹徒新城范围内市政、环卫工作纳入常态化管理，提升城市形象。维修经十二路、长香路、谷阳大道等坑洼道路3.14万平方米，修复各类道板1.01万平方米、路牙211米，安装交通隔离栏591米、标线600平方米。处理因交通事故护栏受损事件44起，并维修多处交通护栏、绿化护栏。完成谷阳东大道慢车道维修1.34万平方米、人行道改造3226平方米。完成长香中大道行人、非机动车混行道维修改造2750平方米，新建健康步道1600米；完成广场东西路预防性养护，养护面积2.7万平方米。完成路灯检修1805盏，紧急处理路灯相关事件29起，处理因交通撞灯杆事件8起，扶正灯杆、灯头19处，维修更换检修口盖122个、路灯井盖137个，更换电缆2452米，维护路灯专用变压器55台次，路灯完好率在98%以上，主要干道路灯完好率在99%以上。通过划设闲置地块、单位内部停车场对外开放及新建配套停车场等方式，新增停车泊位500个，其中龙山路北侧136个、谷阳大道北侧54个、瑞山路104个、勤政路183个、天王山路23个。（蒋泽茜）

【建筑渣土管理】 2021年，丹徒区城管局与镇江市公安局丹徒分局交警大队成立联合执法办公室，强化日常车辆检查及工地巡查执法力量保障。严格执行渣土车辆“一车一证”制度，加强事前、事中、事后监管。联合城管、住建、交警等部门查勘出土工地，不符合要求的工地一律不予审批，所有设施到位后，方可办理土石方外运；加大运输过程中巡查力度，发现问题后，联合公安、住建、环保等部门联合执法，确保渣土运输安全有序。（蒋泽茜）

【绿化管护】 2021年，丹徒区城管局围绕做优做美城市绿化、提升景观效果的总体目标，降低金谷路、驸马街等10个路口绿化侧分带绿化高度，消除遮挡出行视线的安全隐患。投入资金20余万元，补植长香东大道、广场东西路、华山街、金谷东路缺失的行道树，完成瑞山北路苗木移植等零星补植工程。完成5家小区、厂区的绿化验收工作，新增绿化面积3.5万平方米。（蒋泽茜）

【城管执法】 2021年，丹徒区城管局执法大队按照“主干道严管、次干道严控、小街巷逐步规范”的工作方针，采取“堵疏结合、温馨提示、严格文明执法”的管理办法，针对市容环境中存在的突出问题，加大整治力度，实现城市容貌的有效改观。组织队伍参与相关部门牵头组织的拆违行动，全年累计拆除违法建设160余处，面积约5500平方米。配合相关部门开展校园周边、菜市场周边环境整治，沿街店招广告整治，车辆乱停乱放现象整治等工作，落实市容环卫责任区制度，做好执法保障。（蒋泽茜）

房地产管理

【概况】 2021年，丹徒区住建局促进房地产市场健康平稳发展，全年办理新建商品房预售许可证44个，涉及建筑面积37.26万平方米，比上年降低9.59%。全年销售各类房屋2797套，降低4.93%；完成销售面积32.96万平方米，降低9.1%；完成销售额28.01亿元，降低3.68%；均价每平方米8498元(含别墅)，增长5.96%。截至年底，全区商品房库存量为118.5万平方米，其中商品住房可售面积71.17万平方米，去化周期为31个月；商业办公用房可售面积47.33万平方米，去化周期为115个月。(凌雅婷)

【产权产籍管理】 2021年，丹徒区住建局履行房产交易管理职能，全年办理商品房交易预售合同备案2354件、商品房交易合同备案5235件；办理存量房合同网签1906套，比上年增长3.76%；办理面积21.68万平方米，增长6.02%；完成合同金额16.05亿元，增长9.23%；均价为每平方米7404元，增长3.03%。办理存量房交易合同备案2710件；完成商品房初测27.91万平方米，降低62%；实测19.53万平方米，降低64.85%；企业自建测绘34.68万平方米，降低40%；办理商品房初始权属审验总计149幢。(凌雅婷)

【房改政策办理】 2021年，丹徒区住建局开展住房货币化政策实施工作，全年办理职工一次性购(住)房补贴425人，补贴面积3.29万平方米，补贴金额1593.89万元。接受查询档案资料800余人次，办理异地房改房查询函10户、房改房上市交易准入审批4户。办理房改房查纠4户，完成查纠收入7.5万元。(凌雅婷)

【住房保障】 2021年，丹徒区住建局深化住房保障工作，全年受理新申请保障2户，发放廉租房租赁补贴17131元。(凌雅婷)

【直管公房管理】 2021年，丹徒区住建局完成直管公房全面安全隐患排查4次，加强谏壁王家花园、谏壁乌龟山等重点区域的不定期专项安全检查。完成千秋桥北13号外墙、上党供销社直管公房部分受潮腐蚀木结构下悬梁等翻修工作，做好桃花坞三区院墙、瓦屋面，谏壁王家花园谏壁老街瓦屋面等零星维修工作。全年收缴租金直管公房承租户82户，收取租金89276.6元，收缴率97%。(凌雅婷)

【住宅小区管理】 2021年，丹徒区住建局加强住宅小区管理，办理新建物业项目承接查验备案3个、物业服务合同备案8个、前期物业管理项目招投标2个，完成物业服务项目16个、文明城市测评问题整改61条；受理“12345”政府热线投诉10件、来访来电及网络舆情316件；完成4个小区物业服务用房备案，面积1224平方米；指导相关街道做好恒大绿洲等3个小区业主大会筹备的相关工作，办理永安之星小区首次业主大会及业主委员会备案，办理欢喜家等8个小区物业管理委员会备案。全年归集住宅专项维修资金2000余万元，开具维修资金票据4050份，核对面积52.1万平方米。(凌雅婷)

【白蚁防治】 2021年，丹徒区住建局受理新建房屋白蚁预防合同34份，受理白蚁防治面积73.42万平方米，完成白蚁防治施工面积67.76万平方米；接报原有住房白蚁灭治107户，完成灭治收入3480元。(凌雅婷)

2021年丹徒新城商品房销售情况表

表13

月份	套数	面积(万平方米)	金额(亿元)
1	364	3.08	2.38
2	132	1.69	1.37
3	376	4.82	4.2
4	329	4.11	3.59
5	466	5.23	4.44
6	345	4.01	3.53
7	257	3.06	2.54
8	139	2.00	1.64
9	104	1.47	1.32
10	72	1.01	0.83
11	103	1.23	1.13
12	110	1.25	1.04
合计	2797	32.96	28.01

(凌雅婷)

生态环境

综 述

【概况】 2021年，镇江市丹徒生态环境局(简称丹徒生态环境局)持续改善区域生态环境质量，聚焦省、市治污攻坚年度目标和重点项目、重点问题，实施“首季争优”“春夏攻坚”“保Ⅲ争Ⅲ”“奋战60天”等专项执法行动。推进生态文明示范创建和中央、省环保督察问题整改落实，持续强化环境监测和环保宣传。全年空气质量优良天数比率73.2%，$PM_{2.5}$平均浓度40微克/立方米，与上年持平；全区9个国省考断面优Ⅲ类水体比例100%，无劣五类断面；全区乡镇饮用水水源地达标率100%。年内，丹徒生态环境局获“镇江市文明行业”“丹徒区2021年度产业项目建设先进单位”称号。 （李笑林）

【污染防治】 2021年，丹徒生态环境局完成省、市下达的污染减排任务，各项污染防治行动按序时推进。

大气污染防治行动。完成大气污染防治工程项目73个，分别是产业结构优化调整项目8个、能源结构调整项目3个，VOCs污染治理工程项目62个；完成大气污染防治工作任务418个，锅炉提标改造或“回头看”项目23个，VOCs治理任务145个，餐饮油烟任务250个。开展2个大气治理“绿岛”项目建设，分别是爱民路油烟综合治理项目及制刷行业固废、危废收集处理中心和油漆集中配套加工中心项目。

水污染防治行动。完成太湖污染治理项目4个，分别是垃圾渗滤液处理与提标改造工程项目1个、排水口排查整治项目1个、重点区域综合整治工程项目2个；完成水污染防治项目7个，分别是饮用水水源保护项目1个、污染减排项目1个、水生态保护修复项目5个。完成505个长江入河排污口和286个太湖流域入河(湖)排污口排查工作。推进农村生活污水治理工作，全区农村生活污水治理自然村覆盖率35%，已建农村生活污水设施正常运行率100%。

土壤污染防治行动。针对重点行业企业用地调查发现的土壤、地下水污染物超标遗留地块，开展土壤和地下水环境监测和溯源监测，完成6家土壤污染重点监管单位、3个污染地块、3个污水处理厂周边土壤和地下水的监督性监测；推进原茂源化工、原天龙化工、原华泰化工污染地块土壤及地下水风险管控、治理修复工作；印发《丹徒区污染地块环境联动监管工作机制》，建立生态环境、自然资源和规划部门的信息沟通机制，实施建设用地准入联合监管，完善土地用途变更环节等土壤环境联动监管，做好“一住两公”(住宅、公共服务和公共管理)建设用地基本信息排查和土壤污染状况调查工作，2021年重点建设用地安全利用率100%。排污许可工作方面，全年核发新申领、重新申领、变更、延续排污许可证42家，完成排污登记105家，实现发证登记“全覆盖”。（许明莉 韦 毅 吴魁华）

【生态文明示范创建】 2021年，丹徒生态环境局推进生态文明示范创建工作，践行“绿水青山就是金山银山”理念。年内，省生态环境厅组织复核第一批省级生态文明建设示范区期间，对丹徒区给予“经过三年建设，生态示范效应明显”的肯定，并决定延续丹徒区“江苏省生态文明建设示范区称号”三年；同时，辛丰镇被命名为第四批省级生态文明建设示范镇，上党镇五塘村、上会村和世业镇卫星村、江心园区五套村被命名为第四批省级生态文明建设示范村。截至年底，丹徒区省级生态文明建设示范镇(街道)全覆盖，18个行政村被命名为省级生态文明建设示范村。（曹文娟　李笑林）

【**环保督察问题整改**】2021年，丹徒生态环境局继续推进中央、省环保督察问题整改工作和镇江市突出环境问题整改工作。上一轮中央、省环保督察交办问题见底清零，茂源化工、天龙化工土壤及地下水修复、铭宏道路器材环境、方雪宝小码头等问题均按要求完成整改销号；长江岸线和京杭大运河保护初见成效，永和仓储、鑫达码头、江南永运物流等码头扬尘、废水外排问题均完成整改销号；长江经济带生态环境警示片曝光的高桥镇生活污水直排问题完成整改销号，其他各类环境问题整改有序推进。2021年省生态环境厅专员办交办的13个问题基本整改结束；省生态环境保护专项督察交办的75件环境信访问题、5份督办单均按时办结，督察反馈的81个具体问题均明确牵头领导、责任部门、整改时限及整改措施。（丰晓静　李笑林）

【**生态环境保护宣传**】2021年，丹徒生态环境局围绕“人与自然和谐共生”主题，在“六五”环境日期间策划组织宣传活动，引导动员全社会参与生态环保实践，共同维护区域良好的生态环境，助推全区生态环境保护工作高质量完成。结对驸马庄社区开展环境宣传进社区活动，通过有奖答题、小游戏等方式宣传环保知识，引导居民用实际行动保护生态环境；发放服务生态环境政策口袋书，现场开展环保政策宣讲，提升居民环保守法意识。同时，针对小区垃圾分类等环保难点问题，组织环保志愿者到小区开展垃圾分类知识宣传，引导小区居民践行绿色生活方式。（姜　捷　李笑林）

【**企业环境评级**】2021年，丹徒生态环境局根据企业环保信用评价和企业环境行为信用记分等文件要求，对辖区内347家企业的环保信用情况开展评价，比上年增加105家；同时进行滚动实时12分制，对各部门报送的扣分事项，按照要求及时准确录入江苏省企业环保信用评价系统，生成相应的环保信用等级动态评价结果，并通过外网向社会和公众公开，接受公众监督。（姜　捷　李笑林）

环境监管

【**概况**】2021年，丹徒生态环境局做好环境执法、信访调处等工作，打击环境违法行为，净化环境安全。全年出动执法人员3124人次，检查点位数1320个，处理各类环境信访2130个。查处环境行政处罚案件126件，下达决定书处罚金额1200万元；实施查封扣押案件7件，涉嫌环境污染犯罪移送案件1件。（李　敏　唐佳列）

2021年11月29日，环境执法人员到多立克（江苏）科技新材料集团有限公司开展夜间巡查

（丹徒生态环境局）

【**固体危险废物监管**】2021年，丹徒生态环境局系统化推进全国一般工业固废规范化管理工作，提升一般工业固废集中处置能力，按期完成江苏鹤林水泥有限公司水泥窑协同处置一般固废技改项目；结合生态环境领域安全生产工作，对全区涉危废单位开展危险废物环境安全隐患专项整治工作，落实危险废物问题“闭环”管理(“闭环”管理指发现危险废物环境安全隐患问题，建立问题档案，按照定整改责任人、定整改措施、定整改完成时间、定整改完成人、定整改验收人的“五定”原则，消除环境安全隐患的

过程)；完善危险废物全生命周期监管系统，推进涉丹徒8个倾倒点垃圾清运处置等特色工作。以改善环境质量和防范环境风险为目标，提升环境监管能力和规范化管理水平，落实企业主体责任和部门环境监管责任，强化危险废物全过程管理的同时，联合公安部门加大打击环境违法事件的力度，遏制环境违法犯罪势头，完善“源头严防、过程严管、违法严惩”固体废物环境监管体系。（刘红日　丁　伟）

【辐射环境监管】 2021年，丹徒生态环境局从完善手续入手，强化对全区放射源和射线装置的环保管理。监督管理辖区内使用放射源和射线装置单位办理环境影响评价手续和辐射安全许可证。督促辐射安全许可证到期办理延续手续，指导区内有关单位申报材料，做好射线装置使用单位的日常管理工作，对全区涉及放射源和射线使用装置单位每年现场督查18次，全年办理辐射安全许可证业务4件，其中首次申领2件、延续2件。重视辐射类信访工作，及时处理辐射信访，年内完成电磁类信访纠纷调处1件。（汪　涛　李笑林）

环境监测

【概况】 2021年，丹徒环境监测站以环境质量改善、支撑环境管理、引领污染防治和服务社会公众为要点，做好地表水例行监测、农村环境质量监测、重点污染源监督监测(含比对监测)、固定污染源挥发性有机物监测、已核发排污许可证企业和重点排污单位自行监测，同时做好长江入河排污口断面监督监测、噪声环境质量监测。（杨　晓　李笑林）

【污染源监督监测】 2021年，丹徒区重点排污单位名录的重点监控企业共54家，其中水环境重点排污单位8家、大气环境重点排污单位31家、土壤环境污染重点监管企业14家、其他重点排污单位1家。重点污染源监督监测(执法监测)共获得监测数据1886个，监测结果均按时上报到全国污染源监测信息管理与分享平台。（杨　晓　李笑林）

【农村环境质量监测】 2021年，丹徒区农村环境空气质量监测点位2个(谷阳镇槐荫村、辛丰镇辛丰村)，县域最大河流监测点位2个(宝埝桥、辛丰镇)；土壤环境质量监测点位5个，布设在槐荫村和辛丰村。监测180个农村生活污水处理设施进出水水质，共获得有效监测数据4968个，监测结果按时上报到省环境监测中心。（杨　晓　李笑林）

【声环境质量监测】 2021年，丹徒区声环境监测点位37个，包括区域声环境监测点位22个、道路交通噪声监测点位13个、功能区声环境监测点位2个。区域噪声每年监测1次，每次10分钟；道路交通噪声每年监测1次，每次20分钟；功能区声环境每季度监测1次，连续24小时监测。全年获得有效监测数据1253个，完成全部监测和上报工作。（杨　晓　李笑林）

【水环境质量监测】 2021年，丹徒区持续推进各镇(街道、园区)流域水环境污染防治工作，确保主要河流水质考核断面达标。全区国家考核断面有辛丰镇、紫阳桥；省控断面有宝埝桥、紫阳桥、台庄桥、凌塘水库库心、辛丰镇、王家桥、长江路高资港桥、京阳路桥、龙门口；省级以下水质断面有后亭桥、沙渚港。乡镇主要河流水质监测断面36个，乡镇排涝站监测点位29个。根据地表水监测工作的要求制定监测项目，全年获得水环境质量监测数据10029个。（杨　晓　李笑林）

2021年12月17日，丹徒区环境监测站在镇江李裕碳素有限公司进行废气采样监测　（丹徒生态环境局）

商　贸

综　述

【概况】 2021年，丹徒区实现社会消费品零售总额72.97亿元，比上年增长16.3%。按行业分，批发业零售额17.95亿元，零售业零售额47.32亿元，住宿业零售额0.5亿元，餐饮业零售额7.21亿元；按规模分，限额以上单位零售额20.26亿元，限额以下单位零售额52.71亿元。年末拥有年成交额亿元以上的商品交易市场2个，完成成交额7.99亿元，比上年下降0.5%。全年实现外贸进出口总额67.9亿元，比上年增长38.5%，增幅位列全市第二。全年实际利用外资1825万美元，比上年下降82.1%。全年新签约外资项目5个。项目招引多措并举，提升招商质效；加大政策引领、考核引领和活动引领力度，提升招商活动的组织化程度。全年签约亿元以上项目56个，总投资287亿元，超额完成市下达任务，签约项目的落地率、列统率均高于市考核标准。应对新冠肺炎疫情防控影响，与相关部门联动加强商品价格监督管理，印制《丹徒区商贸服务业疫情防控技术指南》宣传手册500份，向全区重点商店和超市发放。　（陈　雨）

2021年2月，丹徒区商务局工作人员到永辉超市丹徒店发放《丹徒区商贸服务业疫情防控技术指南》宣传手册
（丹徒区商务局）

【外资利用】 2021年，镇江市丹徒区商务局（简称丹徒区商务局）质效引领，提升利用外资水平。注重调整和聚焦外资招引方向，优化利用外资结构，提高利用外资质效；完善外资大项目跟踪服务机制，通过“一对一”服务、实施“直通车”等方式，持续推动中德比泽尔（江苏）公司旋转式压缩机项目、晋得工程材料有限公司新材料项目等外资大项目建设提速、资金到位；加大外商投资项目的备案和全过程帮办服务力度，对重点外资项目实行专班挂钩服务，提高外资项目报批便利化程度，创造更加开放、优化的投资环境。　（陈　雨）

【外贸企业服务】 2021年，丹徒区商务局维稳促增，推进外贸优进优出。积极应对新冠肺炎疫情影响，加大政策宣传指导力度，制定并印发《外向型经济惠企帮办服务指南》500余册；贯彻落实外贸稳增长扶持政策，为企业争取各类扶持资金210余万元。持续开展外贸企业大走访活动，确保全区20强重点外贸企业联系走访全覆盖；通过走访，及时掌握外贸企业生产、订单和经营情况，优化帮办服务，帮助企业解决生产经营过程中的实际困难和问题。坚持多元化开拓国际市场，组织企业参加各类展会，组织参加中国国际进口博览会企业15家、中国进出口商品交易会（广交会）企业19家，帮助

企业扩大订单来源、发展业务。注重培育外贸新增长点，完成苏美达全资子公司江苏永诚国际贸易有限公司的注册工作。 （陈 雨）

【服务外包产业扶持】 2021年，丹徒区稳质提速，推动服务外包产业发展壮大。引导镇江科技产业园、材智汇、众创空间等园区载体高质量发展，依托中业慧谷·镇江科技产业园载体优势，拓展服务外包产业链，建设市级服务外包产业集聚区。持续发挥各级服务外包扶持资金的杠杆作用，制定实施区级扶持服务外包产业发展激励政策。新增服务外包列统企业37家，其中注册资本1000万元以上的企业9家。全年新增服务外包企业数占到全市新增企业数50%以上。 （陈 雨）

【丹徒区商业资产管理总公司】 2021年，镇江市丹徒区商业资产管理总公司以“深化改革、加快发展、维护稳定”为目标，完成全年各项目标任务，全系统实现资产经营收益146.07万元。年内，加强资产经营管理，基层2个全民所有制企业和1个集体所有制企业改制为有限公司；规范资产经营行为，资产租赁全部报批备案；完善商业高质量发展考核体系，对26个工作项目实行分值考核，落实细化管理责任；对承租户实行分类和动态管理，推进门面房和厂房续租工作，实现资产不闲置目标；投入15.1万元，维修翻建老旧房屋及厂区道路面积930平方米，提升资产质量，推动招商引资工作；开展安全生产知识培训40人次，配备更新一批消防器材，完善总公司、基层单位、承租户三级安全责任管理体系，保障安全生产。开展暖心走访活动，走访下岗失业困难党员职工65人次，发放慰问金3万余元；走访承租户实现全覆盖，化解企业发展难题3个，解决群众诉求8件。 （蔡国平）

粮食收储

【概况】 2021年，丹徒区完成粮食购销总量20.75万吨，其中粮食购进14.42万吨、销售6.33万吨，落实订单任务2.51万吨，完成年度各项目标计划。年内，丹徒区继续实行优质优价收购，通过与种粮大户签订收购订单合同，与大米加工企业签订代储合同，为农户提供代烘干服务等实现增收、增效。丹徒区全年国有粮食企业收购入库夏粮2.59万吨，粮质普遍在三等以上，均价为每千克2.6元；全年国有粮食企业收购入库秋粮2.06万吨，粮质普遍在三等以上，均价为每千克2.8元。（丹徒区经济发展局）

烟草专卖

【概况】 2021年，丹徒区实现卷烟销量13536.51箱，比上年增长0.63%；销售额62978.63万元，比上年增长8.02%；单箱销售结构4.65万元，比上年增长7.34%。各项重点经济指标稳中向好，辖区内客户盈利水平稳定在15%以上。截至年底，全区卷烟零售户2279户。年内，镇江市丹徒区烟草专卖局(简称丹徒区烟草专卖局)强化卷烟规范经营监管，开展打击涉烟违法违规活动及电子烟市场专项检查，加大普法宣传力度，维护市场秩序和消费者合法利益。以党史学习教育为契机，推进“我为群众办实事”实践活动，开展各类公益活动15次，解决群众实际问题12个。坚持活动育人，1人获丹徒区红色故事大赛一等奖，5人在镇江市烟草专卖局“学术活动月”征文活动中获奖；推荐论文《浅谈电气化厨房的安全性、经济性、环保性》获江苏省烟草专卖局安全管理专业学术论文评

2021年，丹徒区烟草专卖局工作人员在商业街区设立宣传点开展普法宣传活动 （丹徒区烟草专卖局）

比二等奖，调研文章《筑牢思想根基　凝聚奋斗力量　推动专卖管理高质量发展再上新台阶》作为江苏省“专卖管理大讨论”优秀成果在全省范围交流。拓展工会功能，打造全区首家市级康乃馨服务站，促进女职工健康发展。持续加大精神文明创建力度，坚持以文化人、以美育人，丹徒区烟草专卖局获“江苏省文明单位”称号。（郦好婧）

【烟草专卖管理】 2021年，丹徒区烟草专卖局保持打假打私高压态势，以“百日会战”“利剑”系列专项行动为契机，严厉打击涉烟违法违规行为，巩固市场监管成果。全年查获各类涉烟案件121起，查获各类违规卷烟296.21万支，总案值511.07万元；其中，查获5万元—20万元案件9起、50万元—100万元案件2起、100万元以上案件2起。（郦好婧）

【烟草规范经营】 2021年，丹徒区烟草专卖局推进零售终端建设工程，加快“金丝利·通·家·号”服务平台在零售终端和消费者群体中的推广应用，全年完成加盟终端2户，新现代终端55户，并通过指标评估给予货源拓展投放，显著提升新现代终端运行质量。（郦好婧）

2021年10月26日，卷烟营销客户经理指导卷烟零售户规范经营（丹徒区烟草专卖局）

茧丝绸业

【概况】 2021年，镇江市丹徒区茧丝绸总公司（简称丹徒区茧丝绸总公司）坚持以习近平新时代中国特色社会主义思想为指导，推进蚕桑三产联动、科普宣传、技能培训和校地合作共建等方面工作，开展党史学习教育和服务“三农”等活动，完成各项任务指标。全区现有桑田面积132.13公顷（1982亩），新栽桑5.53公顷（83亩），改造老桑树3.47公顷（52亩）；养蚕320张，生产蚕茧272担，产值61.7万元；生产桑果16.3万千克，产值193.5万元；生产桑芽菜、桑叶茶等产值30.2万元，生产桑树种子、桑树苗木等产值134万元。全年实现蚕桑总产值419.4万元。（杨　君）

【蚕桑三产联动】 2021年，丹徒区茧丝绸总公司稳定现有蚕桑经济人队伍，提高果桑苗木品质。全年新增蚕桑经济人3人，研发果桑新品2个；增加蚕桑经济人与域内外蚕桑深加工企业的共享，重点培育域内蚕桑生产深加工基地2家。全年举办产销对接会2次。推广蚕桑深加工制品，利用国家蚕研所平台将丰驰桑等桑种远销新疆、内蒙古、乌兹别克斯坦、吉尔吉斯斯坦等国家和地区。引进域外优质蚕桑企业进驻域内，促进丹徒区蚕桑产业一、二、三产业融合发展。（杨　君）

【蚕桑科普宣传】 2021年，丹徒区茧丝绸总公司依托国家科普宣传周和丹徒区蚕桑科普宣传月开展蚕桑科普宣传活动，并结合实际制定科普活动方

2021年5月10日，首届丹徒区蚕桑节暨第六届蚕桑科普宣传活动在高资街道巫岗村蚕桑基地举行（丹徒区茧丝绸总公司）

案。完善科普队伍建设，以蚕桑技术骨干、“学、助”先锋队员和蚕桑经济人为主体，开展蚕桑科普宣传“进基地、进社区、进学校”活动；利用流动宣传展板、海报、折页、视频和实物展示等宣传形式，广泛开展蚕桑科普宣传；突出科普重点，在高资街道果桑(桑苗)试验示范基地、上党镇薛村社区和上会中心小学开展蚕桑科普知识及实用技能的现场培训活动；联合中国农业科学院蚕业研究所、江苏科技大学生物技术学院和镇江市丹徒区科学技术协会，共同举办首届丹徒区蚕桑节和首届丹徒区蚕桑农民丰收节，并签订“校地共建合作协议书”，助力乡村振兴。 (杨 君)

【蚕桑技能培训】 2021年，丹徒区茧丝绸总公司开展高品质桑苗的培育和技术推广活动，组织区域内蚕桑经济人和相关技术人员赴高资街道巫岗村果桑(桑苗)试验示范基地开展技术培训活动3次，培训人数80余人。在全区开展果桑菌核病综合防治工作，分片区因地制宜合理防治，实施病虫害“老病新治”和桑树“腾老换新”工程，全年举办蚕桑经济人病虫害防治培训班3次，提高蚕桑经济人对桑病虫害防治及桑园管理的专业技能，参与人数60余人。 (杨 君)

2021年4月7日，蚕桑技术人员在世业镇东大坝村指导蚕农做好果桑菌核病综合防治工作

(丹徒区茧丝绸总公司)

【校地合作共建】 2021年，丹徒区茧丝绸总公司深化与高校院所的合作共建，联合丹徒区科协对接国家蚕研所基地，重点推进“科研+科普+自然科学+农旅”的“四模融合”特色蚕桑基地建设，并打造具有丹徒特色的蚕桑文化科普馆；联系中科院上海植物生理生态研究所相关人员，对接蚕蛹虫草产品效果的研发工作，为全区研发高端蚕桑深加工制品做出实质性工作。 (杨 君)

供销合作

【概况】 2021年末，镇江市丹徒区供销合作总社(简称丹徒区供销社)全系统干部职工117人，其中行政管理人员54人，设有办公室、组织人事科、财务审计科、经济发展科4个科室；下辖基层供销社9个，其中镇级供销社6个(宝堰供销社、上党供销社、谷阳供销社、高资供销社、高桥供销社、辛丰供销社)、村级供销社3个(高桥镇四方桥村供销社、高桥镇京江村供销社、上党镇五塘村供销社)，直属企业3个(丹徒区轧花剥绒厂、镇江市瑞昇烟花爆竹公司、镇江市康跃再生资源公司)；全系统有“农资惠”经营网点26家、农民专业合作社30家、现代农业服务中心3家、生产性为农服务中心6家、日用品超市19家、电子商务线上平台1家(京东丹徒地方特产馆)，有“三体两强”(自主经营实体、农民社员主体、合作经济组织联合体和综合实力强、为农服务能力强)基层社4家(谷阳、上党、高桥、高资)、全国总社基层社标杆社3家(谷阳、上党、高桥)。

(仇明阳)

【基层供销社建设】 2021年，丹徒区供销社改造提升薄弱基层社，对原辛丰生产资料仓库改造升级，翻建成1210平方米钢结构农资仓库；宝堰社通过社企共建，携手农资经销企业，启动“改建宝堰大山农资仓库+成立农资经销公司”工程；上党社建设为农服务综合体和农民综合性合作社，成立上党农村综合服务专业合作社；高桥社建成京江村村级供销社，并参与地方“特色美丽乡村”建设工作；高资社通过开放办社，与巫岗草莓专业合作社深化合作。通过一批基层社的改造提升，消除危房安全隐患的同时，增加经营收入和完善服务。

（仇明阳）

【现代流通服务】 2021年，丹徒区供销社践行为农服务初心，助力农产品产销对接，承办2021年镇江市供销系统“学党史、助农销、促振兴”农产品广场集市活动，组织系统内农产品企业参加扬中市“‘两在两同’助农销”农产品广场集市活动。与镇江逸宁电子商务公司合作，成立线上“京东丹徒地方特产馆”和线下“镇江云上供销有限公司”，为丹徒地方特色农产品建立线上销售新渠道，促使传统农产品助销与新型业态互融共进，实现现代流通服务体系的创新发展。（仇明阳）

2021年6月4日，“学党史、助农销、促振兴”农产品广场集市活动在丹徒新城人民广场举行

（丹徒区供销社）

【农业社会化服务】 2021年，丹徒区供销社对9家标准化“农资惠”网点提档升级，增加废旧农膜回收、农药集中采购统一配供、农药包装废弃物回收处置等项目，实现“‘农资惠’2.0软件平台+农资经营信息管理系统”全覆盖。全年供应化肥9980吨、农药610吨，保障农业生产需求；开展农药零差率统一配送，以“五个统一”(统一采购、统一配送、统一价格、统一补贴、统一考核)为标准完善配送体系，对全区水稻实施4个批次集中防治用药，共配送9760公顷次(14.64万亩次)，完成率121%。依托农民专业合作社、现代农业综合服务中心等载体，开展以土地全托管为核心的农业社会化服务，强化配方施肥、统防统治、农机作业三项服务；全年农业社会化服务面积5121.33公顷(7.682万亩)，其中土地全托管面积1248公顷(1.872万亩)，开展三项服务环节面积5300公顷次(7.95万亩次)。全年9个回收站点、1个回收总站投入使用，并对废膜回收场地实施防渗漏改造，实现“站点回收归集、总站分储转运、体系绿色循环”新模式；全年废旧农膜回收109吨，回收率90%。

（仇明阳）

丹徒区商业联合会

【概况】 2021年，镇江市丹徒区商业联合会(简称丹徒区商业联合会)发挥桥梁纽带作用，加快商贸行业诚信体系建设，扩内需、促销费，推动丹徒区商贸企业转型升级和商贸行业新发展。截至年底，共有会员单位48家。年内，以庆祝中国共产党成立100周年和党史学习教育为契机，组织会员单位开展“不忘初心跟党走，献礼建党百周年”主题活动；新冠肺炎疫情防控期间，部署会员单位疫情防控工作，各会员单位以实际行动为疫情防控贡献力量。3月，丹徒区商业联合会被镇江市商业联合会评为“先进集体(2016—2021)”。（李俊勤）

【走访调研活动】 2021年，丹徒区商业联合会结合新冠肺炎疫情防控工作，走访调研会员单位，交流探讨如何开展商会工作和解决相关问题，并共同探讨促进当地民营企业发展的办法，增加企业发展的信心。同时，助力企业复工复产，12月走访世业瑞丰种植园，帮助企业融资20万元。（李俊勤）

财政·税务·金融

财 政

【概况】 2021年，丹徒区一般公共预算收入累计完成24.38亿元，比上年增长2%，其中：税收收入17.77亿元，非税收入6.61亿元。一般公共预算支出39.15亿元，比上年增长22.81%。具体项目：一般公共服务支出35645万元，比上年增长7.28%；国防支出411万元，比上年增长55.68%；公共安全支出25905万元，比上年增长36.26%；教育支出88238万元，比上年增长20.44%；科学技术支出7264万元，比上年降低14.73%；文化旅游体育与传媒支出3510万元，比上年降低14.24%；社会保障和就业支出60862万元，比上年增长18.38%；卫生健康支出24807万元，比上年增长22.61%；节能环保支出9252万元，比上年增长28.48%；城乡社区支出32655万元，比上年增长3.06%；农林水支出39511万元，比上年增长13.15%；交通运输支出29379万元，比上年增长486.64%；资源勘探信息等支出1524万元，比上年降低49.22%；商业服务业等支出1124万元，比上年降低12.46%；金融支出112万元，比上年降低72.48%；援助其他地区支出1720万元，比上年降低8.32%；自然资源海洋气象等支出3707万元，比上年增长200.65%；住房保障支出18339万元，比上年增长20.37%；粮油物资储备支出234万元，比上年增长14.71%；灾害防治及应急管理支出2276万元，比上年增长4.93%；债务付息支出4885万元，比上年增长7.91%；债务发行费用支出158万元，比上年增长378.79%。政府性基金支出237274万元，比上年增长2.64%。

镇江市丹徒区财政局(简称丹徒区财政局)发挥财政职能作用，持续深化改革创新和夯实管理基础，有序推进各项财政工作，服务保障丹徒区高质量发展。年内，丹徒区财政局获“2019—2021年度江苏省文明单位”“2018—2020年度镇江市级文明行业”“项目服务先进单位”“科技与人才工作先进集体”等荣誉称号，公积金窗口被评为“十佳群众满意窗口”。

(关　腾)

【财政管理】 2021年，丹徒区财政局规范非税处理，严格按照《行政事业性收费目录》《政府性基金目录》《增加收费项目申请单》梳理非税项目；除将教育行政事业性收费纳入财政专户管理外，其余非税收入全部纳入财政预算管理，做好财政非税票据管理工作，严格实行“限量发放、验旧领新”制度。针对已开票未收款的非税款项，督促代管单位及时办理；对已绑定的代查业务数据，通知代管单位与银行交接进账，核收销票，清理旧账，优化财政服务效能。细化财政监督，变定性考核为定量考核，运用财政预算管理信息系统，重点检查预算单位的基础信息、大额项目资金编制依据、资产变动情况、政府采购预算编制情况，严肃财政监督机制的约束力。跟踪监督镇(街道、园区)财政固定资产管理使用登记情况、财务印鉴管理情况、科室预算编制及公开情况、政府采购等工作流程，完善财政系统内控制度建设工作。强化国有资产日常监管工作，按年度填报全区行政事业单位资产年报及国有企业统计年报，对接各类监管系统；梳理企业国有产权分布及变动情况，完成全区23家国有企业产权信息录入审核工作，涉及注册资本总额42.88亿元。严抓预决算管理，制定并印发《2021年丹徒区区级预决算信息公开工作方案》，及时公开地方政府预算信息；持续扩大部门预算公开范围，在前期已公开部门预算的基础上，将全区二级预算单位纳入预算公开范围，实现政府及部门预算公开全方位、全覆盖。探索预算绩效管理与日常预算管理相结合新模式，提升评价工作质量，强化评价结果运用，推动财政管理趋向科学化、精细化；注重预算绩效目标编制，明确专项资金支出方向；强化资金动态监控，注重完善评价机制。（关　腾）

【财政改革】 2021年，丹徒区财政局应对"数字财政"改革需求，围绕建立现代财政制度和国家关于推进信息化、电子政务及大数据的总体规划，完成省垂直的预算一体化系统在丹徒区的部署实施工作；完成区财政非税收缴系统与省公共支付平台的电票开发部署；做好国产化终端适配测试工作，实现首个财政业务系统在国产化终端上的使用。推进区属国有企业改革，针对全区44家涉改企业，制定实施《丹徒区国企改革三年行动实施方案》，明确国企改革三年行动的18项重点任务、36项具体要求，制定75条具体举措；探索建立有效的国企激励约束机制与科学评价体系，参与制定、完善区建投公司、工业总公司、商业总公司等国有企业工作目标考核评分标准，落实国有资产保值增值责任，提高国有资产运营效益。打造服务型政府采购管理模式，通过持续清查各类备选库、名录库、资格库和取消投标保证金，减轻企业负担，打造公平竞争环境；推进电子化采购，完善电子化政府采购平台的网上交易功能，在线发布采购公告、提供采购文件、提交投标(响应)文件，实行不见面开标、电子开标、电子评审。（关　腾）

税　务

【概况】 2021年，国家税务总局镇江市丹徒区税务局(简称丹徒区税务局)组织各项税费收入47.6亿元，其中税收收入31.51亿元、社保费和其他非税收入16.09亿元，完成一般公共预算收入17.8亿元。丹徒区税务局被评为"江苏省文明单位"，入选国家税务总局精准监管专项改革直联点，税收营商环境"百日竞赛"成绩名列全市前茅；丹徒区税务系统被评为"镇江市文明行业"，丹徒区税务局第一税务分局、第二税务分局、辛丰税务分局、宜城税务分局、高资税务分局、宝堰税务分局和上党税务所被评为"镇江市文明单位"，2人获省级表彰。（殷　健）

【减税降费】 2021年，丹徒区税务局服务市场主体，落实支持疫情防控税收优惠政策，优化改进服务水平，税收工作更加融入丹徒发展大局。全年累计减免税费18.69亿元，比上年增长15.7%，办理增量留抵退税1.62亿元、出口退税4.08亿元，为1706家制造业中小微企业办理延期缴纳税款9022万元。（殷　健）

2021年12月，丹徒区税务工作人员到高桥镇雪地靴制造企业上门服务　（丹徒区税务局）

【纳税服务】 2021年，丹徒区税务局推行高效智能税费服务，组建税收营商环境提升工作专班，推动部门协调配合，落实"镇合意"服务品牌建设。强化实体办税厅硬软件建设，政务服务"好差评"好评率99.9%，全年新办企业套餐平均办理时长15.39分钟，特服号热线接通率98.01%，出口退税无纸化办结时间平均提速至0.5天，纳税人办税体验优化升级。融入丹徒区政务服务体系，连续推进2个属地分局个体办税服务点进驻镇(街道、园区)便民服务中心。在全面落实便民办税缴费措施基础上，率先推进个体税费服务多部门协作、多网络融合、多资源整合、多业务通办，创新上线“个体工商户新办套餐”项目。继续发挥纳税信用在银税互动、税邮合作、联合惩戒等方面作用，全年A级信用纳税人比上年增长3.32%，累计助力800余家诚信企业获得信用贷款6.57亿元。依托“纳税人之家”、行业协会商会、涉税专业服务机构等平台载体深化社会协作，聘请首批20名税费服务“体验师”，保障人民群众合法涉税费权益。（殷　健）

2021年11月，税务工作人员为纳税人释疑解惑
（丹徒区税务局）

【征管改革】 2021年，丹徒区税务局统筹落实中共中央办公厅、国务院办公厅《关于进一步深化税收征管改革的意见》，第一时间成立贯彻落实《意见》领导小组及6个专项组，同时谋划推进丹徒区税务局新征管体系建设优化方案制定实施。推进丹徒区税务局新征管体系建设优化方案制定实施。以发票电子化、财行税合并申报以及增值税、消费税与附加税费申报表整合等系列改革为契机，强化税收征管数字化升级和智能化产品推广应用。优化风险应对方式，推行提示提醒策略，组建成品油税收专项整治、现金票证监管、风险深度分析等专业化团队和5个风险应对团队，实施“集中应对+属地管理”两级风险管理模式，综合运用3套规范化风险应对场所，健全完善后续管理，全年风险应对入库成效4686.62万元，风险应对入库成效贡献率1.49%。（殷　健）

【依法治税】 2021年，丹徒区税务局贯彻落实行政执法“三项制度”（行政执法公示制度、执法全过程记录制度、重大事项执法决定法制审核制度），梳理税务执法和行政管理风险点，加强税务执法辅助人员管理，规范权力运行。落实“首违不罚”清单，1919户次纳税人适用“首违不罚”。实施清算审核分类分级管理，健全存量房管理评估机制，推进房地产交易税收完税凭证信息电子交换，防范存量房税收管理风险。规范委托代征协议管理，累计清理委托代征点10个。建立健全企业破产涉税问题联动协作机制，全年办结破产企业涉税案件6家，累计申报税收债权779.62万元。开展发票管理内部快反，加强执法风险疑点核查，完善全面覆盖、全程防控、全员有责的“制度+科技”内控监督体系。（殷　健）

金　融

【概况】 2021年，镇江市丹徒区地方金融监督管理局（简称丹徒区地方金融监管局）围绕服务实体经济、防范金融风险、金融行业监管等重点工作，推动金融业助力丹徒区高质量发展。截至年底，驻丹徒银行共有13家，小贷公司7家（农贷6家、科贷1家），融资担保公司3家，融资租赁公司1家，典当行1家。（陈思瑶）

【农村信用体系建设】 2021年10月，丹徒区地方金融监管局组织辖区内各镇（街道、园区）参加中国人民银行镇江市中心支行开展的“信用乡镇”评选工作，世业、辛丰、宝堰3个镇被评为镇江市“信用乡镇”；组织辖区内各村开展“信用村”申报工作，辛丰、先锋等53个村被评为“信用村”。开展整村授信工作，共评议行政村81个，建档21.8万人，评议72446户；授信47966户，授信金额57.85亿元，用信户数325户，用信金额2359.87万元。（陈思瑶）

【“政银保企”金融服务】 2021年3月10日，丹徒区地方金融监管局和中国银行丹徒支行组织召开

"政银保企"工作专题座谈会，辖区内的银行、保险等金融机构在会上交流金融惠企"白名单"工作前期推进和落实情况，及时发现和解决问题。截至年底，丹徒区共四批次推出金融惠企"白名单"503家，分配至参贷行进行营销对接，动态管理428家，完成"白名单"企业对接92.7%，并为98家企业新增贷款5.6亿元。6月17日，丹徒区地方金融监管局牵头，与丹徒区知识产权局、辛丰镇政府联合举办丹徒区"政银保企"对接会暨知识产权融资工作推进会，推进"政银保企"等相关工作进程。（陈思瑶）

【金融支持乡村振兴试点示范工作】 2021年，丹徒区地方金融监管局联合镇江银保监分局，开展银行业保险业精准服务乡村振兴试点示范提质扩面工作。制定印发《丹徒区银行业保险业支持乡村振兴试点示范工作实施方案》，成立丹徒区银行业保险业支持乡村振兴试点示范工作领导小组，并落实工作职责；梳理试点镇重点项目清单，并指导金融机构进行项目服务对接，联系结对金融机构负责人和"一村两顾问"到试点村开展调研和帮扶工作。11月24日，丹徒区地方金融监管局会同宝堰镇、荣炳盐资源区组织召开银保业支持乡村振兴提质扩面项目对接会，驻丹徒银行业和保险业共13家金融机构参加会议。（时小燕）

【引导企业对接资本市场】 2021年3月，丹徒区地方金融监管局与丹徒区科技局、丹徒区税务局联合召开"科技+税务+金融 助力企业创新奔跑"学习会，讲解资本市场相关知识，传达省、市、区奖励补助文件精神，鼓励引导优质潜力企业对接资本市场，拓展企业发展渠道。全年对接18家企业在江苏股权交易中心挂牌。年内，通过座谈会、走访等形式调研江苏苏润高碳材、宏联电工、合力紧固件、崇佑建材等企业，分类、分阶段重点关注具备挂牌上市条件和上市意愿的企业，重点帮助企业找准资本市场路径，扩大企业融资发展渠道。（陈思瑶）

【防范金融风险宣传】 2021年，丹徒区地方金融监管局推进非法集资源头治理，提升社会公众非法集资风险防范意识。6月，在全区范围内牵头开展防范非法集资集中宣传活动，共张贴海报400余张、悬挂横幅100余条、发放宣传单34000余份、发送宣传短信6000余条，出动宣传车2台，开办讲座4场，通过各部门和镇(街道、园区)微信公众号发布宣传内容10余篇，各金融机构滚动播放宣传标语及相关宣传短片。10月24日，依托宝龙广场"宜购丹徒"生活消费节，开展防范非法金融宣讲活动，重点宣传介绍5月1日施行的《防范和处置非法集资条例》和7月1日施行的《江苏省地方金融条例》。（陶　晨）

2021年10月24日，丹徒区地方金融监管局在宝龙广场开展防范非法金融宣讲活动
（丹徒区地方金融监管局）

【金融行业监管】 2021年4月，丹徒区地方金融监管局开展一季度小额贷款公司非现场检查工作，通过网上巡查辖区内7家小额贷款公司的系统数据，发现经营合规性问题10余条，并要求及时开展整改工作。引导相关机构开展清退注销工作，清理整顿"僵尸"机构，消除存量地方金融机构风险，于2月、6月分别完成高资农民资金互助合作社、江苏卓诚国际融资租赁有限公司注销工作，同时推进高新园、宜城街道2家农民资金互助合作社注销工作。10月21日，配合江苏省地方金融监管局委派审计机构对辖区内3家融资担保公司开展年度审计工作。（陶　晨）

科学技术

综 述

【概况】 2021年，镇江市丹徒区科学技术局(简称丹徒区科技局)深化科技体制机制改革，优化创新环境，激发创新创业活力，坚持创新发展理念，聚力产业强区，强化科技在全区经济社会发展中的引领作用。培育创新主体，开展“高企大走访”活动，全年认定高新技术企业43家，至年底总量为128家，科技型中小企业获批入库181家；制定《丹徒区“十四五”科技孵化载体建设工作方案》，获批市级科技孵化器1家，备案国家级众创空间1家，认定省级工程技术研究中心2家、市级工程技术研究中心16家。全年组织开展专题产学研活动8场，征集企业各类技术需求58项，签订产学研合作协议30余项，通过校企联合申报获批国家、省、市级科技项目14项，全年获批上级项目资金312万元，发放奖励资金1800余万元。编印发放《科技惠企政策汇编》500余册；举办“科技+税务+金融 助力企业创新奔跑”学习会，指导企业解决财税金融难题；开展规模以上企业研发能力提升服务活动，提升全区规模以上企业研发能力及创新引导能力；全年兑现省、市、区三级科技项目奖励资金2000余万元。年内，丹徒区科技局被授予“丹徒区科技与人才工作先进单位”称号。(谢 鹏)

【科技项目成果】 2021年，丹徒区科技局围绕市级科技计划项目政策导向，鼓励支持区内企业申报上级各类科技项目，强化服务指导力度，跟进获批项目进展，统筹做好项目检查、资金下达、验收核查等后续服务。全年有14家企业获批市级科技项目，下拨市科技项目资金312万元，其中重大科技专项1项，获批项目资金130万元；产业前瞻项目5项，获批项目资金175万元。年内，恒顺集团、二重(镇江)2家企业作为第一完成单位获批江苏省科学技术二等奖，获得江苏省科学技术厅、镇江市科技局奖励各20万元；恒顺集团的李国权获批江苏省青年科技杰出贡献奖，获江苏省科学技术厅奖励30万元。 (蔡冠宇 徐海燕)

【高新技术企业培育】 2021年，丹徒区科技局推动科技型企业“小升高”工作，全年组织46家企业申报高新技术企业培育库入库，北汽蓝谷麦格纳汽车有限公司等38家企业通过入库，为下一步高新技术企业申报工作奠定基础。开展“高企大走访”活动，走访全区高新技术企业，解读有关政策，了解企业需求。全年申报高新技术企业85家，申报完成率130%，认定高新技术企业43家，通过率位列全市第三。截至年底，全区高新技术企业存量128家。开展科技型中小企业入库工作，全年完成科技型中小企业入库181家。 (蔡冠宇 谢 鹏)

【科技创新人才】 2021年，丹徒区科技局通过指导企业申报省级外国专家人才项目、开展“柔性引才”(在人才引进过程中，突破地域、户籍、身份、档案、人事关系等限制，不改变其户籍或国籍，不改变人才与原单位关系，将人才吸引到本地工作或创业的人才引进和使用方式)、申报江苏省科技副总等方式，开展科技创新人才各项工作。全年组织申报2021年江苏省科技副总8家，获批7家；组织申报江苏省产学研合作项目4项，全部获批立项。发布各级各类人才项目申报指南，协助组织部门做好“金山英才”“长山计划”人才工作。（徐海燕　谢　鹏）

【创新载体平台建设】 2021年，丹徒区科技局重点围绕高新技术企业，开展创新载体平台建设。全年组织9家企业申报省级工程技术研究中心，其中江苏艾力升电缆有限公司和镇江龙源铝业有限公司2家获批；组织18家企业申报市级工程技术研究中心，获批16家。组织麦格纳卫蓝新能源汽车技术(镇江)有限公司申报江苏省科技公共服务平台，组织3家企业参加江苏省工程技术研究中心绩效评价并通过，组织辛丰轴承公共服务平台参加江苏省科技公共服务平台绩效评价并通过。提升全区科技孵化载体质量，获批市级孵化器1家，新申报的1家国家级众创空间获江苏省科学技术厅推荐资格。加强培育农业龙头企业、规模企业，获批省农业科技型企业1家、省“星创天地”(众创空间在农村基层的一种表现形式)1家。（蔡冠宇　徐海燕）

【产学研活动】 2021年，丹徒区科技局开展企业技术需求征集、梳理工作，推进全区产学研活动发展。发布2021年度首批“揭榜挂帅”技术需求榜单3项，其中重大技术需求1项。全年走访企业60余家，征集企业各类技术需求58项，并与高校院所发布的科技成果进行匹配。借助科技镇长团，就技术需求加强与相关高校院所的重点学科、优势学科沟通。结合丹徒区优势特色产业，开展“企业高校行”“高校地方行”等专题产学研对接活动，在江苏省海洋大学、中国水产科学研究院淡水渔业研究中心、中南大学等相关高校院所开展专题产学研活动8场。5月，组织丹徒企业参加江苏省科学技术厅主办的2021年南京都市圈创新合作大会暨高校院所走进镇江产学研对接活动，半数以上参与企业拟进一步开展相关洽谈活动，其中江苏力凡胶囊有限公司与陕西微生物研究所现场签订产学研合作协议，镇江天成农业科技有限公司与扬州大学签订产学研合作协议，丹徒高新园与栖霞高新技术开发区签订共建伙伴园区协议。（徐海燕　谢　鹏）

2021年丹徒区新获批省、市工程技术研究中心情况表

表14

类别	承担企业	平台名称
省级工程技术研究中心	江苏艾力升电缆有限公司	江苏省微波射频电缆工程技术研究中心
	镇江龙源铝业有限公司	江苏省热传输用高性能铝合金板带材工程技术研究中心
市级工程技术研究中心	镇江原轼新型材料有限公司	镇江市高效金刚线切割工程技术研究中心
	镇江市鑫泰绝缘材料有限公司	镇江市环保型绝缘材料工程技术研究中心
	镇江市恩帝斯精密机械有限公司	镇江市汽车尾气排气系统工程技术研究中心
	江苏苏建路桥机械有限公司	镇江市钢结构桥梁工程技术研究中心
	江苏沃得高新农业装备有限公司	镇江市农业机械工程技术研究中心
	镇江安之盾高温纤维制品有限公司	镇江市高温纤维制品工程技术研究中心
	镇江康元电器有限公司	镇江市高性能铝塑复合管材工程技术研究中心
	中建科技镇江有限公司	镇江市绿色低碳工程技术研究中心
	镇江农谷农业科技园有限公司	镇江市现代高效农业工程技术研究中心
	崇佑(中国)新材料有限公司	镇江市智能化储能建材工程技术研究中心
	江苏德晴新材股份有限公司	镇江市碳纤维及复合材料制造与应用工程技术研究中心
	江苏友穗传感科技股份有限公司	镇江市汽车防撞雷达工程技术研究中心
	江苏江心源生态农业有限公司	镇江市特种水产养殖工程技术研究中心
	江苏特友诺新材料科技有限公司	镇江市高效节能墙体保温材料工程技术研究中心
	镇江高海生物药业有限公司	镇江市多西环素类医药中间体工程技术研究中心
	镇江中垒新材料 科技有限公司	镇江市硅胶缓冲复合材料工程技术中心

（蔡冠宇）

2021年丹徒区新认定高新技术企业情况表

表15

序号	企业名称	所在地	序号	企业名称	所在地
1	江苏恒顺醋业股份有限公司	丹徒高新园	23	镇江金豪路桥配套工程有限公司	谷阳镇
2	镇江先锋汽车零部件有限公司	丹徒高新园	24	镇江华浩通信器材有限公司	辛丰镇
3	镇江亿地光电照明有限公司	丹徒高新园	25	镇江市润奇电子有限公司	辛丰镇
4	镇江沃尔夫重工部件有限公司	丹徒高新园	26	镇江市黄墟锚链有限公司	辛丰镇
5	江苏友穗传感科技股份有限公司	丹徒高新园	27	江苏甬润工具有限公司	辛丰镇
6	镇江东艺机械有限公司	丹徒高新园	28	江苏橙桔生物降解塑料有限公司	辛丰镇
7	镇江市惠灵顿膜业有限公司	丹徒高新园	29	镇江市胜超电子有限公司	辛丰镇
8	江苏百崮钢结构工程有限公司	丹徒高新园	30	镇江科胜电子科技有限公司	辛丰镇
9	崇佑(中国)新材料有限公司	丹徒高新园	31	镇江市亚凤气动元件有限公司	辛丰镇
10	镇江恒生涓恩医疗器械有限公司	丹徒高新园	32	江苏华夏制漆科技有限公司	丹徒经济开发区
11	江苏联海通信股份有限公司	丹徒高新园	33	江苏苏润高碳材股份有限公司	丹徒经济开发区
12	江苏明润环境科技有限公司	丹徒高新园	34	江苏苏菱铝用阳极有限公司	丹徒经济开发区
13	江苏昆仲机械有限公司	丹徒高新园	35	江苏苏亚迪炭材有限公司	丹徒经济开发区
14	镇江中垒新材料科技有限公司	丹徒高新园	36	镇江瑞来电气有限公司	丹徒经济开发区
15	江苏永达模塑有限公司	丹徒高新园	37	江苏欧文斯彩砂科技有限公司	上党镇
16	镇江森和座垫制造有限公司	丹徒高新园	38	麦格纳卫蓝新能源汽车技术(镇江)有限公司	上党镇
17	镇江长盈电气科技有限公司	丹徒高新园	39	镇江宏联电工有限公司	高桥镇
18	镇江市宝源车业有限公司	丹徒高新园	40	江苏正军装饰材料有限公司	高桥镇
19	镇江迅捷装备科技有限公司	丹徒高新园	41	江苏春迈新型建筑材料科技有限公司	宝堰镇
20	宾采尔环境技术(江苏)有限公司	丹徒高新园	42	镇江市金鼎变速箱有限公司	江心洲生态农业园区
21	江苏江大环境工程有限责任公司	谷阳镇	43	镇江安迪儿童用品有限公司	荣炳盐资源区
22	江苏翰铭通信科技有限公司	谷阳镇		—	—

(蔡冠宇)

2021年丹徒区科技项目立项情况表

表16

序号	项目类别	项目名称	企业名称	经费（万元）
1	2021年度镇江市科技创新资金(重点研发计划——重大科技专项)项目	可控分子量普鲁兰多糖胶囊的研发及产业化	江苏力凡胶囊有限公司	130
2	2021年度镇江市科技创新资金(重点研发计划——产业前瞻与共性关键技术)项目	高端装备用高强减磨耐热铜－镍－锡合金核心技术研发	镇江汇通金属成型有限公司	40
3		轻质高强耐磨卡钳活塞的关键制备技术研发	镇江合力汽车紧固件有限公司	40
4		于汽车轻量化的维织物增强尼龙6基复合材料关键技术研发	江苏苏能新材料科技有限公司	40
5		基于协同制造的汽车关键模组智能检测装备研发	江苏润模汽车检测装备有限公司	35
6		基于利用空气中潜热蒸发作为热源的水汽能热泵的研发	江苏海雷德蒙新能源有限公司	20
7	2021年度镇江市科技创新资金(重点研发计划——现代农业)项目	美洲鲥的遗传改良及其育种新技术研究	镇江金山湖农业发展有限公司	15
8		鲜食玉米优质高效绿色生产关键技术创新与集成示范	镇江农谷农业科技园有限公司	15
9		凤头白鸭肉用新品系选育与应用	镇江市天成农业科技有限公司	15
10		酿造型桑叶保健米醋关键生产技术研究与产品开发	镇江刘恒记食品有限公司	15
11	2021年度镇江市科技创新资金(政策引导计划——国际科技合作/港澳台科技合作)项目	基于振动信号的船用柴油机典型故障智能诊断预警技术联合研发	江苏太航信息科技有限公司	40
12		轻质高强型纤维增强树脂基复合材料的合作开发	镇江利德尔复合材料有限公司	30
13	2021年度镇江市科技创新资金(重点研发计划——社会发展)项目	绿色智慧建筑水泥基材料全寿命动态监测和自主防护关键技术开发	江苏省交通工程集团有限公司	12
14		环保型镁质防火板制备移动箱房的研发及产业化	江苏蓝圈新材料股份有限公司	10

（谢　鹏）

知识产权

【概况】 2021年，丹徒区知识产权局围绕省级知识产权示范区建设工作，以高质量发展考核、优化营商环境考核为重心，推进知识产权创造、运用、保护等工作。截至年底，全区有注册商标5075件，其中新申请商标1062件，新注册商标964件；全区有效专利7498件，其中发明专利871件。年内，全区获得授权的专利2306件，比上年增长15.5%，其中发明专利79件，增长12%。培育地理标志商标3件，培育8家企业申报省、市级知识产权项目，7家企业通过验收。承接省高价值专利培育项目、省级正版正货示范街区建设项目并按序时推进。丹徒经济开发区通过省级知识产权示范园区复核验收。

（孙　薇）

【知识产权宣传及保护】 2021年，丹徒区知识产权局在“3•15”、世界知识产权日活动期间，组织各类宣传培训活动、知识产权学法竞赛活动和专利执法培训，开展知识产权金融服务，走访区内企业并了解其知识产权质押融资状况和需求，组织银企对接会议1场，完成企业知识产权质押融资授信2家。推进品牌安全保险、专利保险投保，组织8家企业完成投保，培育2家企业申报“中国专利奖”。开展镇江宝龙广场及其周边商圈经营户“正版正货”承诺活动，引导街区内优质商户切实履行“正版正货”承诺，1家企业承接省级“正版正货示范街区”建设项目。开展知识产权维权需求调研，与20余家企业就知识产权保护和维权需求深入交流，受理维权智力援助案件2件。 （孙 薇）

2021年丹徒区授权发明专利情况表

表17

序号	发明名称	专利权人名称	专利权人类型
1	一种绝缘件组坯加工用绝缘撑条自动上料装置	镇江市鑫泰绝缘材料有限公司	企业
2	一种固体电解质水电解膜电极及其制备方法	江苏乾景新能源产业技术研究院有限公司	企业
3	一种高亮型太阳能探照灯	镇江倍斯特曼新材料研究有限公司	企业
4	一种基于CATIA参数化模块的麦弗逊悬架四轮参数校核方法	北汽蓝谷麦格纳汽车有限公司	企业
5	一种可动态监测轨道状态的行车防脱轨装置	江苏振光电力设备制造有限公司	企业
6	一种带异形轧槽的低合金高硼高速钢轧辊	江苏环宇冶金科技有限公司	企业
7	一种复合材料针线一体缝针	江苏德晴新材股份有限公司	企业
8	一种在尾部开启的可控气弹簧	镇江市亚凤气动元件有限公司	企业
9	一种空心胶囊用改性羟丙基甲基纤维素封口胶及其制备方法	江苏力凡胶囊有限公司	企业
10	一种基于多酶系的酒醪制备方法及其在食醋酿造中的应用	江苏恒顺醋业股份有限公司	企业
11	一种用于电气绝缘的自修复环氧树脂的制备及修复方法	镇江市鑫泰绝缘材料有限公司	企业
12	采用挤压膨化工艺处理食醋原辅料进行酿造食醋的方法	江苏恒顺醋业股份有限公司	企业
13	一种双孢蘑菇醋的酿造方法	江苏恒顺醋业股份有限公司	企业
14	一种防冻型混凝土泵送剂	江苏百瑞吉新材料有限公司	企业
15	一种负离子PVC地板及其制备方法	帝高力装饰材料(江苏)有限公司	企业
16	一种片状金属研磨抛光设备	镇江成功高科技有限公司	企业
17	用于车辆的门槛梁总成及车辆	麦格纳卫蓝新能源汽车技术(镇江)有限公司	企业

续表 17

序号	发明名称	专利权人名称	专利权人类型
18	一种基桩超声波检测辅助装置	镇江市丹徒区建筑工程质量检测中心	机关团体
19	一种基桩抗弯性能检测试验装置	镇江市丹徒区建筑工程质量检测中心	机关团体
20	一种再生冷补料拌合系统	镇江盛广拓再生装备科技有限公司	企业
21	一种光催化硫氧镁砂光地板	江苏蓝圈新材料股份有限公司	企业
22	一种空心硬胶囊用脱模剂及其制备方法	江苏力凡胶囊有限公司	企业
23	一种改进型塔吊基础的施工方法	江苏省交通工程集团有限公司	企业
24	一种防止混凝土碳化的憎水强浸层保护结构	江苏森森工程质量检测有限公司	企业
25	一种含硒铁皮石斛的栽培方法	镇江陶氏健康源生物科技有限公司	企业
26	一种节能环保型保温轻质墙板的养护方法	江苏春迈新型建筑材料科技有限公司	企业
27	一种含蝴蝶烯结构的苯并噁嗪单体及其制备方法	镇江利德尔复合材料有限公司	企业
28	一种端吹式移动罩锌烟收集装置	江苏振光电力设备制造有限公司	企业
29	一种具有引风门的冷却塔及冷却塔防白烟方法	江苏意塔冷却技术有限公司	企业
30	一种低收缩耐磨层及其制备方法	帝高力装饰材料(江苏)有限公司	企业
31	一种用于建筑施工的高强度快速装配式桥梁支撑装置	江苏省交通工程集团有限公司	企业
32	一种用于空心胶囊的脱模剂及其制备方法	江苏力凡胶囊有限公司	企业
33	一种有机硅强化聚氨酯形状记忆材料机械强度的方法	镇江利德尔复合材料有限公司	企业
34	一种高营养价值增香型保健醋的酿造方法	江苏恒顺醋业股份有限公司	企业
35	纸袋机的纸袋贴敷膜装置	上豪包装机械(镇江)有限公司	企业
36	一种高防护性的船用电源柜	镇江恒昇船舶设备有限公司	企业
37	一种环氧彩砂快速挤出搅拌装置	江苏天沃新能源科技有限公司	企业
38	一种采用污泥制备燃料电池催化剂的方法	江苏乾景新能源产业技术研究院有限公司	企业
39	一种水飞蓟宾葡甲胺含量的检测方法	江苏中兴药业有限公司	企业

续表 17

序号	发明名称	专利权人名称	专利权人类型
40	一种极限运动专用安全型高弹力滑板的制备工艺	镇江成功高科技有限公司	企业
41	一种铆钉转运输送装置	镇江市丹徒区荣炳欣荣机械厂	企业
42	一种减少聚氨酯树脂固化过程中环境水分子影响的装置及方法	镇江利德尔复合材料有限公司	企业
43	一种膨胀铆钉	镇江市丹徒区荣炳欣荣机械厂	企业
44	一种复合型保肝解酒片的制备方法	江苏中兴药业有限公司	企业
45	一种双头磨片机	江苏省交通工程集团百润工程检测有限公司	企业
46	一种茶叶栽培优化施肥法	丹徒区上党婵云生态农业园	企业
47	一种杀青机滚筒	镇江苏峰茶业科技有限公司	企业
48	一种抗车辙抗剥落沥青混凝土路面	镇江越辉市政工程有限公司	企业
49	连续玄武岩纤维增强聚酰胺单向预浸带及其制备方法	江苏苏能新材料科技有限公司	企业
50	一种增强燃料电池运行稳定性的方法	江苏乾景新能源产业技术研究院有限公司	企业
51	一种提升电池续航能力的车辆系统	江苏太航信息科技有限公司	企业
52	锯片除盾型切割设备	镇江韦尔博新材料科技有限公司	企业
53	木聚糖酶突变体及其制备方法与应用	江苏科技大学	大专院校
54	一种用于横向裂纹的自动扫查器	二重(镇江)重型装备有限责任公司	企业
55	一种用于横向裂纹的自动扫查装置	二重(镇江)重型装备有限责任公司	企业
56	连续凯芙拉纤维增强聚丙烯单向预浸带及其制备方法	江苏苏能新材料科技有限公司	企业
57	一种水挤压正三通	江苏万源新材料股份有限公司	企业
58	一种桥梁建设用的新型临时支架	江苏百嵩钢结构工程有限公司	企业
59	一株索诺拉沙漠芽孢杆菌及其应用	江苏恒顺醋业股份有限公司	企业

续表 17

序号	发明名称	专利权人名称	专利权人类型
60	连续玻璃纤维增强聚丙烯单向预浸带及其制备方法	江苏苏能新材料科技有限公司	企业
61	一种红外测温传感器的温度校准装置及方法	镇江明润信息科技有限公司	企业
62	一种回转体型预成型体的缝制方法	江苏德晴新材股份有限公司	企业
63	一种智能化播种机	镇江农谷农业科技园有限公司	企业
64	一种水飞蓟宾与辛伐他汀的药物组合物及其制备方法与应用	江苏中兴药业有限公司	企业
65	一种镀锌加工用固定工装及其使用方法	江苏华赛金属科技有限公司	企业
66	抗裂混凝土预制件脱模设备以及脱模方法	江苏蓝圈新材料股份有限公司	企业
67	集成式消防水泵控制柜	镇江市欧菱电气自动化系统设备有限公司	企业
68	一种梯笼用快速安装装置及梯笼	江苏中海桥梁设备有限公司	企业
69	一种铝水流槽用赛隆结合熔融石英预制件及其制造方法	中铸新材工业(江苏)有限公司	企业
70	一种新能源汽车制动鼓加工处理装置	镇江市宝堰汽配有限公司	企业
71	一种用于铸件冷却的传送带更换方法	泛凯斯特汽车零部件(江苏)有限公司	企业
72	一种磷酸掺杂聚苯并咪唑高温膜燃料电池膜电极快速活化方法	江苏乾景新能源产业技术研究院有限公司	企业
73	一种汽车专用滑动式废机油回收装置	江苏省交通技师学院	大专院校
74	一种用于空心胶囊乙酸残留量的测试方法	江苏力凡胶囊有限公司	企业
75	一种基于物联网技术的智能云柜的温控装置	镇江云聚信息科技有限公司	企业
76	一种温室甲鱼养殖方法	镇江大成渔业发展有限公司	企业
77	一种用于纸张印刷便于更换的印版结构及其快速更换方法	镇江恒华彩印包装有限责任公司	企业
78	一种气动注浆泵用压力控制装置	江苏江林机械有限公司	企业
79	一种旋转式高效除尘装置	镇江市科瑞制样设备有限公司	企业

(孙　薇)

教 育

综 述

【概况】 2021年，丹徒区以“双减”（减轻义务教育阶段学生过重作业负担和校外培训负担）政策和规范民办义务教育发展工作为契机，加强系统治理和源头治理，提升义务教育优质均衡发展水平，实现年度既定目标，推进教育高质量发展。至年底，丹徒区有各类教学单位64家，其中，普通高中3所（民办1所）、职业高中1所、初中8所、小学10所、九年一贯制学校7所（民办1所）、幼儿园24所（民办10所）、开放大学（含社区培训学院）1所、社区教育中心10家；有中小学、幼儿园在校（园）生36228人，其中普通高中4485人、职业高中1838人、初中4009人、小学11711人、九年一贯制学校6159人、幼儿园8026人；有专任教师2686人，公办学校中编外教师26人。（朱 辉）

【校园安全管理】 2021年，丹徒区教育系统完善学校安全风险防控体系，健全安全管理制度，层层签订安全责任状。校园智慧安防建设有序有效，20余所学校安装门禁系统和人脸识别、体温测试系统，幼儿园安装门禁系统。41所公办学校（园）掌上校安系统投入使用，整体建成率83%左右。完善防治校园欺凌工作机制，专项教育常态长效，全区未发生校园欺凌事件。建立联席会议制度，研判校园及周边治安综合治理形势，治理工作高效、有力。（朱 辉）

【家校共育】 2021年，镇江市丹徒区教育局（简称丹徒区教育局）开展家校共育论文评选、家庭教育视频评选和“千师进万家”主题家访活动，并将区家长学校总校讲师团、讲师、讲座菜单供各校选择。全区重视学生体质健康与心理健康，开足上好心理健康教育课并列入进课表；配足配齐专兼职心理健康教育教师，市心理健康教育资格认证合格率达市平均合格率，并按市级要求对心理教育资格证开展续期工作。在做好学生体质监测的基础上，按照镇江市心理健康“两档案”信息化三级管理制度，100%开展心理健康普测，并根据要求对需要干预的案例做好闭环工作。定期对申报市“心理健康教育标准化建设”学校开展督查指导，确保心理健康教育建设的标准化开展。（朱 辉）

【义务教育优质均衡创建】 2021年，丹徒区重视区域义务教育优质均衡创建，制定实施方案，建立优质均衡动态监测机制，推进义务教育优质均衡发展区创建工作和城乡教育一体化建设。丹徒区政府教育督导室、丹徒区教育局开展自查自纠，对热点、难点问题提交政府工作会议研究，聚焦破解大校额、大班额等问题。完成宜城小学东校区改造，缓解城区东部学生的就学压力；分流丹徒实验学校部分学生至茅以升实验学校，缓解丹徒实验学校就学压力；初中部，茅以升实验学校连续两年招生，宜城中学的大校额解除。大校额学校从原来的3所降至仅宜城小学1所（丹徒实验学校基本达标）。丹徒区完成省义务教育优质均衡发展区的申报工作，进入评估院专家审核阶段。（朱 辉）

【卫生健康保障】 2021年，丹徒区加强学校卫生健康保障，各校按照600：1的比例要求配备卫生保健人员，各幼儿园按“两教一保”（每个班配两个专任教育和一个保育员）的要求配备专任教师和保育员，并根据标准配备保健教师。坚持做好学生常见病和健康影响因素监测与干预工作，同时做好每日晨午检等常规防控工作，中小学、幼儿园校园无群体性传染病和食源性疾病发生。各校开展“近视防控宣传月”“肥胖的健康教育”等活动，做好学生体检工作，降低儿童青少年的近视率和肥胖率。（朱 辉）

【学校食堂运营】 2021年，丹徒区优化学校食堂运行模式，制定《丹徒区教育系统学校食堂集中配送、自主管理运营工作设施方案》，实施学校食堂“集中配送、自主管理”运营改革。丹徒区教育装备中心后勤服务部监管和考核全区中小学（幼儿园）食堂工作、食材供应商、运营服务单位，确保食品安全。（朱 辉）

学前教育

【概况】 2021年，丹徒区有幼儿园24所，其中公办园15所、民办园9所。其中在公办园就读幼儿4424人，在普惠性民办园就读幼儿3045人，年普惠率93.1%。全区公办园在园幼儿占比为55.1%。优质幼儿园在园幼儿7692人，其中省、市优质幼儿园在园幼儿占比95.8%。（朱 辉）

【幼儿园规范管理】 2021年，丹徒区教育局通过对各幼儿园的调研和督查，增强幼儿园规范管理意识，提升各类幼儿园常规管理水平。9月，丹徒区教育局会同相关部门对全区幼儿园特别是民办园开展安全、卫生工作专项检查，各类幼儿园检查次数共计20余次。对存在问题而整改不力的幼儿园下达整改通知书，相关幼儿园均递交整改承诺书，提升民办幼儿园办园质量。截至6月，丹徒区2所幼儿园（宝龙花园幼儿园、玺湖森林幼儿园有限公司）分别接受市优质园、省优质园的创建验收，4所幼儿园（石马中心幼儿园、世业中心幼儿园、爱乐思幼儿园、三山艺术幼儿园）参加省级优质园复审，全部通过验收。（朱 辉）

【医教融合活动】 2021年12月，丹徒区教育局与镇江市第四人民医院在恒大绿洲幼儿园联合举办“大手牵小手，健康一起走”医教融合系列活动。全区幼儿园教职工代表60人、恒大绿洲幼儿园幼儿40人、镇江第四人民医院医务工作者5人共同参与活动。镇江市第四人民医院利用专业优势，普及儿童应急救护知识、强化教职工救护培训，关爱有特殊需要的儿童，守护儿童身心健康。（朱 辉）

基础教育

【概况】 2021年，丹徒区有小学10所，其中九年一贯制学校7所（含民办学校1所）；初中8所，普通高中3所（含民办1所）；有小学生11711人，初中生4009人，九年一贯制6159人，普通高中生4485人。丹徒区均衡配置义务教育资源，区域内小学、初中综合差异系数分别为0.277和0.284，达到省定标准，各学校办学规模总体适度。小学有班级数390个，平均班额39.46人；初中有班级169个，平均班额38.4人。小学班额基本在45人以下，初中班额均在50人以下，所有学校均衡分班，不设重点班。（朱 辉）

【集团化办学】 2021年，丹徒区教育局经过调研，建立宜城中学、茅以升实验、高资中学、宜城小学、丹徒实验、支显宗6个教育集团。全区中小学集团化办学全覆盖，完善办学体制机制，发挥优质教育资源的辐射带动作用，着力破解基础教育发展不平衡、不充分问题。坚持德育为先，开足开齐国家规定课程，探索绿色评价机制，开展体质健康、德育素养、艺术素养调研，全面评价学生素质。推进“宜人课堂”建设，创新教研活动形式，探索大数据跟踪评价方式，提高学生学业水平。（朱 辉）

【课后服务】 2021年8月，丹徒区教育局组织召开农村学校和城区学校关于课后服务工作专题研讨会，结合农村学校校车接送、城区学校上下学交通堵塞等问题，实施“一校一案”的“5+2”课后服务(每周5天开展课后服务，每天至少开展2小时)。开学一周内，全区25所义务教育学校课后服务实现“两个全覆盖”(义务教育学校全覆盖、有需要的学生全覆盖)，各校着力培养学生兴趣特长，构建涵盖学业巩固、学科拓展、综合实践、素质提升等内容的课后服务课程体系。从9月开始，丹徒区政府教育督导室指派责任督学对“双减”持续开展督导检查。11月，丹徒区教育局根据督导情况召开作业管理和课后服务专项会议，明确要求。 (朱 辉)

【内涵建设】 2021年，丹徒区教育局“课程游戏化”项目获评省基础教育内涵项目，5所学校(上会中学、宝堰实验小学、西麓中心小学、镇江市宜城小学、世业实验学校)申报市内涵项目。石马小学特色文化建设在“学习强国”学习平台报道。全区创成全国足球特色幼儿园示范园2所(驸马山庄幼儿园、恒大绿洲幼儿园)，省优质园1所(玺湖森林幼儿园)，市优质园1所(宝龙花园幼儿园)，市足球特色幼儿园2所(玺湖森林幼儿园 、爱乐思幼儿园)。 (朱 辉)

【素质教育】 2021年，宜城小学获“省长杯”足球赛小学女子乙组第四、男子乙组第八，超过镇江市以往最好成绩，宜城中学女足获市足球后备人才示范校比赛冠军。宜城小学2名学生获市信息素养大赛机器人项目一等奖。丹徒区教育局推荐作品《永不消逝的声音》(江苏省大港中学参赛)获全省中小学生诵读大赛特等奖，是全省唯一获此奖项的单位。 (朱 辉)

2021年7月11日，江苏省大港中学《永不消逝的声音》获全省中小学生诵读大赛中学组特等奖

(江苏省大港中学)

【高中资源配置】 2021年，丹徒区有江苏省大港中学、丹徒高级中学、江河艺术高中(民办，面向大市招生)3所高中，另有1所丹徒中等专业学校，普高招生计划分别为江苏省大港中学1679人、丹徒高级中学1801人、江河艺术高中1007人。丹徒区鼓励和引导普通高中合理规划办学定位和特色发展方向，提升普通高中办学水平和育人质量，推进普通高中高品质发展。丹徒区普通高中资源供给比例超过100%，达到省高质量考核要求。 (朱 辉)

融合教育

【概况】 2021年末，丹徒区建有特殊教育指导中心1家、融合教育资源中心23家，实现全区镇(街道、园区)中小学、幼儿园融合教育资源中心全覆盖。有特需生161人(含外来务工子女)，其中：幼儿园16人，中小学100人，高中6人，特殊学校35人，提供送教上门服务学生4人。6月，高资中学、西麓中心小学、润城国际幼儿园、辛丰中心幼儿园4家单位创建成为镇江市首批融合教育基地校。

(朱 辉)

【融合教育制度建设】 2021年，丹徒区政府贯彻特殊教育提升计划，建立以分管区长牵头、多部门组成的特殊教育工作联席会议制度，制定《镇江市丹徒区特殊教育专家委员会制度》《镇江市丹徒区特殊教育评估安置制度》《镇江市丹徒区特殊教育服务清单制度》《镇江市丹徒区特殊教育设备配置制度》《镇江市丹徒区特殊教育个别化教育制度》等融合教育相关制度，确保融合教育规范发展。丹徒区教育局将普通学校实施融合教育情况、特殊教育

需求学生发展情况纳入年度综合考评及校长个人的绩效考核。（朱　辉）

【融合教育活动】 2021年，丹徒区教育局开展特殊需求学生教育诊断评估及安置工作，组织区级融合教育教研、康教融合服务启动仪式等活动，每月开展幼儿园业务园长、骨干教师、资源教师等区级融合教育教研培训1次。3月，在润城幼儿园举办“爱耳日”宣传活动暨第三期融合教育专题培训；4月，在丹徒区特殊教育指导中心举行“康教融合服务活动”启动仪式；6月，在辛丰中心幼儿园举行学前融合教育教研活动；7月，开展2021年度特需儿童少年筛查评估工作，对15名特需儿童少年进行智力、学习、运动、言语等9项内容的综合分析和鉴定评估。（朱　辉）

社会教育

【概况】 2021年，丹徒区有老年大学1所，丹徒开放大学(含社区培训学院)1所，社区教育中心10所，居民学校88所。有社会教育专职教师58人(丹徒开放大学10人、丹徒老年大学3人、社区教育中心45人)，社区教育兼职教师265人，志愿者9207人。社区教育经费投入139.3万元，其中社区教育专项经费120万元。截至2021年底，丹徒区创建成为“江苏省社区教育示范区”，创成省标准化社区培训学院1所、省标准化社区教育中心10所、市教育现代化先进社区中心10所、省级标准化居民学校88所。（朱　辉）

【社会教育培训】 2021年，丹徒区开展各类实用技术、创业创新、青少年素质、特殊教育等培训9527人次。注重培育现代职业农民，开展农民工学历与能力双提升行动计划。以丹徒区老年大学为龙头、乡镇老年学校为骨干、村老年学校教学点为基础，开展老年人智能技术教育培训，将加强老年人运用智能技术能力列为老年教育的重点内容，提高老年人的智能技术能力和水平，全年开设老年人运用智能技术普及培训48场，共培训1185人次。（朱　辉）

【校外培训机构整治】 2021年，丹徒区制定《进一步减轻义务教育阶段学生作业负担和校外培训负担的实施方案》，成立工作专班，建立“双减”联席会议制度。摸排全区各级各类校外培训机构，共有校外培训机构184家，面向义务教育阶段学生开展学科类培训的29家，面向中小学生开展照看、托管业务的69家。通过召开有证有照校外培训机构负责人会议解读政策、上门约谈、发放告家长书等形式开展具体工作，至12月29日实现面向义务教育阶段学生的校外培训机构清零。（朱　辉）

【校外培训机构巡查制度健全】 2021年，丹徒区加强校外培训机构巡查员队伍建设，各社区教育中心均配备行政执法人员，公平、公正开展对校外培训机构的行政执法工作。巡查员开展疫情防控日巡查、“双减”工作巡查、安全隐患排查等工作，同时及时上报校外培训机构动态，促进“双减”工作开展，规范办学行为。全年累计巡查3623次，检查机构48747家次。实施“双减”以来，重点对从事托管、看护业务及原面向义务教育阶段学生开展学科类培训的机构开展抽查行动155次，抽查机构3143家次。（朱　辉）

教师队伍

【概况】 2021年末，丹徒区中小学、幼儿园专任教师共有2292人。江苏省“333高层次人才培养工程”培养养对象7人，市“169”工程学术技术带头人1人、学术技术骨干12人、学术技术新秀13人，“苏派名家”培养对象1人，中小学正高级教师8人，省特级教师10人，省特级后备3人，市学科带头人21人，市中青年骨干教师139人，市“教坛新秀”16人。幼儿园教师中，专科以上学历占比99.2%，其中本科学历占比64.3%；小学教师中，专科以上学历占比100%，其中本科学历占比94.2%；初中教师中，本科及以上学历占比100%，研究生学历占比13%；高中教师中，研究生学历占比 31.3%。（朱 辉）

【教师结构】 2021年，丹徒区按统一生师比标准核定城乡义务教育学校教职工编制，丹徒区委编办控制教育系统编制总量，丹徒区教育局根据布局调整、学科结构需求等实际，动态调整各校在编教职工数，报丹徒区委编办备案。现生师比值为高中10.5：1、初中9.9：1、小学14.9：1、幼儿园14.3：1，所有学段均达到规定。（朱 辉）

【人事代理制度】 2021年，丹徒区公办、民办幼儿园均实施人事代理制度，参加人事代理人员218人，其中公办园116人、民办园102人。同时，连续4年以丹徒区政府购买服务的形式为公办幼儿园提供公益用工岗位，现聘用公益用工人员6人。幼儿园“两教一保”配备率100%。加大补充编内幼儿教师招聘力度，全年公开招聘幼儿教师4人，占新增教师的10.8%。公办幼儿园在编教师比例57.6%。（朱 辉）

【优秀教师及团队培养】 2021年，丹徒区教育局重视优秀教师及团队培养，制定优秀教育人才奖励与引进工作实施意见，丹徒区政府设立专项奖励资金。重视乡村学校和薄弱学校教师队伍建设，现有中学生物和初中数学2个乡村骨干教师培育站，年内各有1人入选省“乡村义务教育领军教师培养百人计划”培养对象和省“乡村优秀青年教师培养奖励计划”，在各类培训、表彰奖励等活动中向乡村、薄弱学校教师予以适当倾斜，占比均超过20%。创新当地教师建设体制机制，着力创建12个区级名教师工作室和24个首批教育集团优师工作室，推动教育集团内骨干教师的成长和示范辐射；利用暑期在全区范围内开展学科专任教师的全员分层培训，探索教师培训新模式；将师德师风建设的典型案例汇编成册，在全区范围内进行学习交流。至2021年底，丹徒区创成省级教师发展基地示范校1个、市级教师发展基地示范校5个、区级教师发展基地示范校4个；成功申报市级“四有”好教师团队8个。（朱 辉）

【师德师风】 2021年，丹徒区教育局加强师德师风建设，制定年度工作意见，所有活动贯穿全年。制定《师德师风建设“五项工程”实施方案》，开展中小学教师有偿补课和违规收受礼品专项整治活动，提高教师师德修养。创成市级“四有”好教师团队8个，28名教师受省、市级综合表彰，210余名教师受区级表彰。（朱 辉）

2021年9月10日，丹徒区庆祝第37个教师节大会，图为现场为受到表彰的优秀教师和先进个人颁奖

（丹徒区教育局）

【县管校聘】 2021年，丹徒区义务教育教师“县管校聘”（全体公办义务教育学校教师和校长全部都实行县级政府统一管理）改革覆盖所有学段。编制实行总量控制，根据实际动态调整本年度各校编制；分段核定专业技术岗位总量，建立薪级岗位统一晋升机制，全年有699名一线教师晋升高一级岗位。完善交流形式、交流时限、绩效分配等方面交流制度，制定职称评审、评优评先、岗位聘任等方面优惠政策，引导优秀教师、骨干教师向乡村交流。全年义务教育学校符合交流人数860人，交流人数197人，占比22.9%；其中骨干教师59人，占交流教师比

29.8%。丹徒区全年派出11名教师赴西藏、新疆、陕西支教，并根据文件落实相应待遇保障。（朱　辉）

教育投入

【概况】 2021年，丹徒区一般公共预算教育支出88238万元，比上年增加14976万元。生均一般公共预算教育支出分别为小学27230元、初中36045元、学前教育10310元、高中38051元，分别比上年增加5900元、3997元、1384元、2245元。全区教育装备政府采购项目资金投入1650万元，主要用于7所中、小学和幼儿园创建智慧校园的采购项目。

（朱　辉）

【教育资金保障】 2021年，丹徒区各级各类教育投入保障做到应助尽助、应补尽补。全区各类教育随班就读残疾学生的生均公用经费标准为普通同类学校生均公用经费的8倍，小学、初中、高中分别为6160元、8800元、8800元；学前教育随班就读残疾幼儿生均公用经费执行义务教育小学阶段特教同等标准为6160元。义务教育阶段全年安排生活费补助资金223.025万元、普通高中发放政府助学金80.9万元、学前教育对家庭经济困难幼儿补助生活费共计65.75万元；对符合条件的家庭经济特别困难幼儿减免保教费，共计58.769万元；对建档立卡及符合免学费政策的普通高中学生减免学费，共计12.665万元。义务教育、学前教育、普通高中阶段资助比例超过省定标准6%、8%、10%。（朱　辉）

【教育场所建设】 2021年，丹徒区教育局落实教育布局规划调整，推进教育场所建设。为化解城区东部小学教育资源严重不足现状，将宜城中学宿舍楼南楼改造为教学楼，供宜城小学东校区使用，改造面积4300平方米，总投资400余万元，于9月招生办学。为改善茅山老区学前教育办学条件，对荣炳幼儿园实施装修改造，总面积4928平方米，总投资500万元。（朱　辉）

名校(园)选介

【镇江市宜城中学】 镇江市宜城中学坐落在丹徒新城长香东大道，占地10.67公顷(160亩)，建筑面积3.5万平方米。开门办学以来，该校先后获“全国足球特色学校”“江苏省健康促进学校”“江苏省基础团务工作先进基层单位”“江苏省华文教育基地”“江苏省Steam试点学校”“江苏省五四红旗团委”“江苏省健康促进金牌学校”“镇江市A级食堂”“镇江市数字化校园”“镇江市教育现代化先进学校”“镇江市节水型学校”“镇江市依法治校先进学校”“镇江市艺术特色学校”“镇江市养正学堂示范校”“镇江市智慧校园”“镇江市艺术特色学校”“镇江市文明校园”“镇江市中小学社团建设先进学校”“镇江市书香校园”“镇江市数字化校园”等荣誉称号；有20余名教师获全国和省、市级评优课、基本功竞赛一、二等奖，学校教师有上百篇论文在省、市级发表或获奖，多名教师赴西藏、新疆、陕西、连云港等地交流讲学。2021年，该校有班级38个、学生1600余人；有教职工155人，其中市名校长1人、市骨干教师17人、区骨干教师38人、研究生学历17人、专任教师本科以上学历100%；2021年中考，学校有200余名学生被江苏省大港中学等四星级高中录取，录取率40%。（朱　辉）

2021年，宜城中学足球队员日常训练

（丹徒区委宣传部）

【驸马山庄幼儿园】 驸马山庄幼儿园坐落在宁镇山脉的长山脚下，是丹徒主城区第一所公办幼儿园，2010年9月建成使用，总投资约1200万元。幼儿园占地面积11025平方米，建筑面积6705平方米。该园先后获“全国足球特色幼儿园”“江苏省优质幼儿园”“江苏省体操特色幼儿园”“江苏省第二批课程游戏化项目共建园”“镇江市《指南》实验园”“镇江市园本课程项目园”“丹徒区教科研先进单位”等荣誉称号。2021年，该园有班级21个、幼儿近800人、员工86人。 （朱　辉）

兴教助学

【概况】 2021年，镇江茅山老区兴教助学协会(简称兴教助学协会)聚焦帮困助学目标，拓展募资渠道，落实助学政策，各项工作取得成效。全年通过“腾讯99公益”活动和企业定向认捐等形式募集善款136.76万元，比上年增长21.46%；发放兴教助学款139.28万元，比上年增长70.02%；助学401人次，比上年增长30.62%。年内，按时召开六届一次会员代表大会；赴丹徒谷阳、上党、宝堰、荣炳、高资等分会实地调研，帮助协调解决实际问题；以党史学习教育为契机，组织开展“学党史，感党恩、育新人”“帮困助学，我为群众办实事”等主题活动；新冠肺炎疫情防控期间，各分会组织志愿者和受助学生参与志愿服务。12月，高桥分会被镇江市慈善总会评为“助力脱贫攻坚先进集体”。 （孔荣喜）

【募资渠道拓宽】 2021年，兴教助学协会拓宽募资渠道，在传统模式募资的基础上，创新运用“互联网+”模式。以“腾讯99公益”活动为契机开展线上募资，9月7—9日，举办“兴教助学、筑梦未来”网上项目公募活动，2393人次参与活动，3天时间共计募集善款56万元。线下募资创新高，上党分会获得企业定向认捐30万元，谷阳分会一次性募资50万元；荣炳、辛丰、高资等分会争取当地党委政府支持，辖区内每个行政村分别捐资1万元或5000元。 （孔荣喜）

【助学政策落实】 2021年，兴教助学协会落实精准助学政策。普惠政策，助学金标准在2020年基础上人均提高200—500元，比上年增发帮困助学金近10万元；分类施策，采取分流助学、结对助学等方法，资助贫困学生28人，发放帮困助学金6.5万元；特殊政策，帮助丹徒实验学校解决兴教助学资金50万元。 （孔荣喜）

【助学育人成果】 2021年，兴教助学协会坚持帮困助学、立德树人原则，探索家庭、学校、协会“三位一体”育人品牌。开展“老区学子心向党”主题征文和演讲活动，共收到征文178篇，有20篇获优秀征文奖；中山大学甘晨雯的征文《是党为我遮风挡雨圆了大学梦》获江苏省扶贫“三会”(省老区开发促进会、省扶贫基金会、省扶贫开发协会)“老区人民心向党”优秀征文奖，是镇江市扶贫“三会”唯一获奖者。开展助学育人跟踪摸底调研，2名受助丹徒籍大学生在“七一”建党节前成为中共预备党员；2名受助大学生获本校保研机会，夏良伟等6名受助大学生获得国家励志奖学金，1名硕士生获公派到奥地利留学读博的机会；1名受助大学生毕业后考取常州市乡村教师，1名受助大学生毕业后回到家乡荣炳实验小学任教；1名硕士研究生毕业后到镇江新区小学任教，并向协会捐赠第一个月工资中1000元用于兴教助学。 （孔荣喜）

文化·体育·旅游·融媒体

综 述

【概况】 2021年,丹徒区加快基层公共文化设施建设步伐,推进国家公共文化服务体系示范区和全域旅游示范区创建;实施“乡村文艺播种”扩面计划,开展群众性文化活动;发展乡村文化产业,举办丹徒旅游文化节系列活动,实施优秀传统文化传承发展工程;统筹推进疫情防控,推动文旅企业复工复产,全区文体广旅事业发展取得明显成效。年内,镇江市丹徒区文体广电和旅游局(简称丹徒区文体广旅局)被国家体育总局评为“2017—2020年度全国群众体育先进单位”,被江苏省广播电视局评为“全省境外卫星电视传播秩序专项整治工作成绩突出单位”,被镇江市政府评为“文明单位”,丹徒区图书馆被江苏省文化和旅游厅评为“江苏省文化和旅游系统先进集体”。 (谭昌盛)

【产业发展】 2021年,丹徒区开展文化旅游产业招商,世业镇蝴蝶兰组培室及智能温室基地、丹徒区长山文化产业发展有限公司长山国际航空飞行营地2个项目完成签约,江苏乾景文化创意产业发展有限公司的镇江婚礼文化主题酒店项目落地;镇江欣瑞农业发展有限公司花谷田园民宿项目、镇江市丹徒区长山文化产业发展有限公司米芾书法公园相关配套项目、江苏恒顺醋业股份有限公司中国醋文化博物馆工业旅游景区提升项目、江苏金色年华健康养生发展有限公司金色年华(三期)项目建设完成,镇江市水木年华现代农业科技有限公司“水月雨”茶文化园项目被列为镇江市重点文旅产业项目。帮助辖区内文化旅游企业申报省级专项扶持资金,其中长山文化产业发展有限公司米芾书法公园一期项目获得贷款贴息190万元,江苏恒顺醋业股份有限公司醋文化旅游区恒顺味道旅游提升项目获得补贴80万元,镇江市水木年华现代农业科技有限公司“水月雨”茶文化展示及旅游观光项目获得补贴80万元。推进文化旅游融合发展,帮助世业镇创建江苏省文化和旅游产业融合发展示范区。推进工业旅游区建设,恒顺醋文化博物馆通过年度复核并入选省工业旅游创新发展案例。 (朱和林)

【市场管理】 2021年,丹徒区文体广旅局在重点节假日期间,开展文旅市场疫情防控专项检查和安全生产隐患排查整治工作,确保节假日期间文旅单位运营平稳;加强旅游包车安全管理,宣传讲解责任保险的重要性,下发(新版)旅行社租用车辆服务合同范本,规范租用车辆合同的签订;重点检查旅行社与租用交通运营单位签订的相关合同及运营单位资质,提高旅游安全意识,预防和减少旅游包车安全事故;配合市执法支队开展未经许可经营旅行社业务及“不合理低价游”专项整治行动,公布举报途径和方式,调动群众举报积极性,拓宽案件线索来源。全面清查辖区内KTV等娱乐场所曲库,现场删除违规曲目共190余首。逐一走访排查辖区内游戏游艺场所经营情况和游戏设备台数,督促指导游戏游艺场所做好设备电子标识张贴工作,辖区内188台游戏设备电子标识全部张贴完成。联合丹徒区市场监管局完成2次文化和旅游市场跨部门联合“双随机、一公开”(在监管过程中随机抽取检查对象,随机选派执法检查人员,抽查情况及查处结果及时向社会公开)抽查工作,落实江苏省文化和旅游厅关于深化“证照分离”改革有关举措的通知,推动优化审批服务,实现申请、审批全程网上办理。开展全区文化旅游市场经营异常企业清理专项整治行动,成立文化旅游市场经营异常企业清理专项行动领导小组,并印发相关文件,依法清理全区范围内歌舞娱乐场所、互联网上网服务营业场所等长期处于停业、待业的经营异常企业,通过文化市场平台查询、国家企业信用信息公示系统(江苏)平台查询、场所登记的住所实地查看、电话沟通等途径掌握企业基本信息,共统计核实和依法清理异常经营的文化市场企业44家。 (陈建军)

【省级全域旅游示范区创建工作】 2021年,丹徒区委、区政府部署省级全域旅游示范区创建工作,成立党政主要领导为负责人的全域旅游创建领导小组,完善党政统筹、部门联动、全社会参与的全域旅游工作推进机制。定期召开区政府会议,对全域旅游重要事项落实“一事一议”,形成全域旅游创建的思想共识与推进合力;编制《镇江市丹徒区全域旅游规划(2021—2035)》和《丹徒区省级全域旅游示范区创建工作方案》,推进城市健康核心与洲岛度假、乡野休闲、山水田园、生态康养四大特色板块建设。4月5日,丹徒区政府提交省级全域旅游示范区创建申请及台账资料;4月中旬,江苏省文化和旅游厅暗访丹徒区全域旅游示范区创建情况;4月20日,丹徒区通过“省级全域旅游示范区”创建现场答辩评审会。 (潘玉洁)

【安全生产工作】 2021年,丹徒区文体广旅局开展全国第20个“安全生产月”活动,通过悬挂横幅、滚动播放宣传标语、发放宣传材料、面对面讲解等形式,普及安全生产法律法规及应急小知识,发放安全生产知识手册、防火及安全生产宣传卡、燃气危险预防宣传单100余份,引导群众树立安全生产意识;对中国米芾书法公园、江心洲橘江里等景区开展安全生产宣讲活动,现场观摩安全应急演练,加强旅游行业从业人员安全生产红线意识。全年开展节假日专项安全检查5次、疫情安全专项检查6次、民宿专项整治1次、建筑安全生产检查1次,共出动检查人员152人次,发现安全隐患30个,全部闭环管理,并录入安全生产问题处置监管平台。

(陈红玉)

文 化

【概况】 2021年末,丹徒区有公共图书馆1个(国家一级馆)、文化馆1个(国家一级馆)、文化站10个、村(社区)综合性文化服务中心90个、博物(纪念)馆2个。有省级文保单位3处,市级文保单位5处;有市级及以上“非遗”名录项目12项,其中国家级1项、省级4项、市级7项;市级及以上“非遗”名录项目代表性传承人10人,其中国家级1人、省级3人、市级6人。有互联网上网服务营业场所13家、游戏游艺娱乐场所4家、歌舞娱乐场所11家、文艺表演团体1个,建有文化礼堂82个、自然村小微型文化广场200个。年内,丹徒区文体广旅局深化“乡村文艺播种计划”和全民艺术普及活动,实施扩面增效工程,创新发展群众文化活动,提升全区公共文化服务能力;完成丹徒区文化馆数字化建设工程、新四军四县抗敌总会纪念馆旧址南院提升工程和冷遹生平事迹陈列室布展工程。丹徒区全年组织开展线上、线下文艺演出和展映百余场。 (谭昌盛)

【图书馆建设】 2021年,丹徒区图书馆设有借阅室、自修室、电子阅览室、国学讲堂、多功能报告厅、盲人阅览室、地方文献阅览室、古籍收藏室、24小时自助图书馆等功能部室,并全部实行免费开放,年内完成一楼少儿区域提升改造工程;全区各镇(街道、园区)建有图书分馆95家,机关单位、社区流通服务点3家；共享工程支中心上连国家、省中心，下连各乡镇基层服务点，成为文化惠民重要载体。截至年底，丹徒区图书馆及各图书分馆纸质图书总藏量40余万册，年到馆15万人次以上，图书借还40万册次/年；每年围绕宜文读书节开展一系列阅读推广活动近百场，分别有送文化下乡、国学讲堂、宜文讲堂、小橘灯志愿者服务、宜文·清风读书会、各类主题展览、红领巾读书征文评奖活动等。

（笪凤微）

丹徒区图书馆电子阅览室　　（丹徒区委宣传部）

【群众文化活动】 2021年上半年，丹徒区各级文化场馆受新冠肺炎疫情影响均推迟开放，线下文化活动以"村(社区)文艺播种计划"为主，通过"文化镇江云"平台发布文艺播种等各种活动预告信息。至年底，"村(社区)文艺播种计划"基本结束，市、区志愿者开展音乐、戏曲、曲艺、舞蹈等类别的上门辅导203场次，参加镇江市"全民艺术普及、城乡播种行动"优秀成果展演，其中扬剧《梁祝》选段《十八相送》、舞蹈《伟大领袖毛泽东》获表演奖。下半年，各级文化场馆在做好疫情防控措施的基础上，开展形式多样的全民艺术普及和文化活动。至年底，开展戏曲进乡村70场、文化活动进乡村130场。此外，丹徒区举办诗词问答挑战赛、科普绘本免费阅读活动和"水韵江苏"——大运河沿岸艺术摄影展丹徒巡展、"大家风采"2021镇江老艺术家学术提名展丹徒巡展、"书写十九届四中全会精神　决胜全面建成小康社会"书法展、"运河风情　美丽家园"——丹徒水道美术摄影作品展等线上、线下展览30余场。

（李　铮）

【文化进万家系列活动】 2021年，丹徒区贯彻落实习近平总书记"文艺家要深入基层、扎根人民"的指示精神，开展文化进万家系列活动。2月23日，丹徒区文联联合丹徒区文化馆组织"文艺轻骑兵"走进二重(镇江)公司开展送文艺进企业活动，市、区摄影协会摄影家为生产车间一线工人拍摄肖像照片和工作照，并现场打印、装框赠送给工人；区音乐家协会、区戏剧曲艺家协会为职工举行文艺演出，表演节目有歌曲《打开春天》《阳光路上》、京剧《共产党员时刻听从党召唤》和锡剧《沙家浜》选段《朝霞》，并与职工合唱《没有共产党就没有新中国》。5月26日晚，江苏省庆祝中国共产党成立100周年"百年百场"优秀群众文艺作品巡演丹徒专场在丹徒区文化艺术活动中心举行，该活动由江苏省文化和旅游厅主办、镇江市文化广电和旅游局和丹徒区文体广旅局协办、江苏省文化馆承办，巡演节目有歌舞《没有共产党就没有新中国》《少年》、苏州评弹《一串河豚子》、女声表演唱《一条叫做"小康"的鱼》、音乐快板《初心如磐向未来》、朗诵《扛起担当》等，通过多种艺术形式讴歌中国共产党带领人民进行革命、建设、改革的光辉历程和丰功伟绩，表达人民群众传承红色基因、奋进崭新征程的坚定信心。（李　铮）

【"米芾杯"国际青少年书法大赛】 2021年10月2日，"2021守望汉字嘉年华暨第四届'米芾杯'国际青少年书法大赛"主赛场决赛在中国米芾书法公园举行。该活动由(全国)教育书画协会、中国国际书画艺术研究会、中国文字博物馆、镇江市人民政府主办，江苏省教育书法协会、中共镇江市委宣传部、镇江市丹徒区人民政府、镇江市文化广电和旅游局等单位承办。因新冠肺炎疫情影响，该届"米芾杯"国际青少年书法大赛探索信息化条件下"互联网+"活动新模式，借助"云直播"，采取"主赛场+分赛场+分赛点"方式举办。2日上午，来自当地12家书法培训机构的50名选手参加中国米芾书法公园主赛场现场书写比赛，其他地区参赛选手由所在书法机构在组委会统一指导下，于9月19日至10月7日自行组织比赛，由组委会组织人员前往现场督赛或远程视频督赛。12日，“米芾杯”国际青少年书法大赛专家评委组对832件有效决赛作品进行点评和评审，评选出8名米芾奖、84名一等奖、261名二等奖和479名三等奖。（潘玉洁）

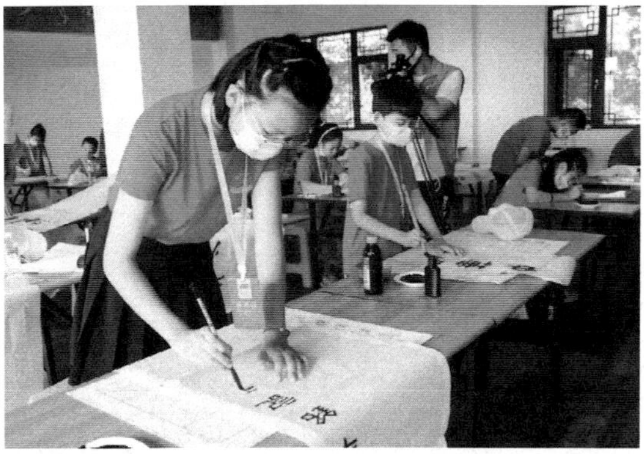

2021年10月2日，“第四届‘米芾杯’国际青少年书法大赛”主赛场决赛现场（丹徒区文体广旅局）

【“清风雅韵”广场戏曲周活动】 2021年6月14日晚，“丹心献给党 同唱祖国好”2021年丹徒区庆祝中国共产党成立100周年暨第十届“清风雅韵”广场戏曲周活动在丹徒新城人民广场举行。该活动由中共丹徒区委宣传部、丹徒区文体广旅局主办，丹徒区文化馆、丹徒区锡剧团承办，丹徒区文

2021年6月14日，“清风雅韵”广场戏曲周活动在丹徒新城人民广场举行（丹徒区委宣传部）

化馆策划演出方案，至6月19日连续演出6场，有京剧、越剧、扬剧等经典传统剧目，还有锡剧《雨花谣》《双珠凤》《江姐》等红色剧目，另有1场少儿专场演出。该活动全程进行网络直播，以戏曲汇演的方式向党献礼。（李 铮）

【文艺创作】 2021年，丹徒区以党史学习教育为契机，围绕庆祝中国共产党成立100周年这一主线，“红色创作”与“红色传播”齐头并进，引导和激励广大干部群众弘扬革命精神、传承红色文化。3月，丹徒区启动创作歌曲《长山的承诺》，于5月在全区巡演和展示。新冠肺炎疫情期间，用视频形式加强新时代新思想宣传，组织创作歌曲《青山绿水就是金山银山》、新时代诗歌《丹徒，奔跑在现代化建设的新征程上》、三句半《新思想引领新生活》和道情说唱《焦裕禄》，并完成现场演出录制。（李 铮）

【文物保护利用】 2021年，丹徒区文体广旅局落实文物安全责任，明确丹徒区内各级文保单位和纪念馆的文物安全直接责任人和安全管理人，并在现场和网上进行公示公告。实现各文保点监控系统移动端实时监控。完成新四军纪念馆、冷遹纪念馆（简称“两馆”）馆藏文物数字化保护项目和预防性保护方案制定，完成冷遹旧居消防及防雷工程方案制定；完成殷氏宗祠“三防”工程方案制定，并加速推进笃行堂修缮项目。落实基本建设项目“考古前置”和文物资源区评估工作，做好相关咨询服务。提升“两馆”管理运行水平，加强馆藏文物管理与备案工作，新增三级文物5件/套；扩大“两馆”社教活动影响力，先后开展“从小爱场馆——五个一”系列活动和“我是小小讲解员”“红领巾讲革命故事”“红色文化进乡镇、进校园”等红色活动。持续走访调研丹徒区内未核定为文保单位的重点文物。开展丹徒区红色文物资源调研普查工作、长江文物和文化遗产资源专项调查工作，形成普查成果。参加《镇江市长江文化研究论文集》征文活动并获优秀奖。加强人才队伍建设和专业技术学习，

调整丹徒区业余文保员队伍，明确文保员工作职责。与区公安刑事部门建立联络，合力打击文物违法犯罪行为。（朱虹宇）

【公益电影放映】 2021年，丹徒区文体广旅局继续贯彻落实"2131"（在21世纪初实现一村一月放映一场电影）工程，强化放映员队伍管理，组织电影节目片源190部，完成数字电影节目远程授权1050场，并组织电影队在全区镇村放映公益电影1032场，观众12.5万人次。（丁建中）

2021年丹徒区文艺作品获奖情况表

表18

序号	时间	比赛名称	参赛节目	级别	奖项
1	2021年6月	百年风华·镇出发献礼建党百年群众歌咏大赛	独唱《让我们荡起双桨》	个人组	二等奖
2	2021年6月	镇江市文广旅系统"红心献给党"——庆祝建党百年歌咏比赛	合唱《在阳光灿烂下》	合唱	三等奖
3	2021年6月	"桃李杯"全国青少年舞蹈艺术展演(无锡)站	舞蹈《彩云之南》	舞蹈类	一等奖
4	2021年12月	第二届镇江市"群星奖"舞台艺术类作品评选	器乐合奏《白蛇·问情》	音乐类	音乐类群星奖
5	2021年12月	全民艺术普及乡村文艺播种计划动态展演	扬剧《梁祝》选段《十八相送》	戏曲类	优秀表演奖
6	2021年12月	全民艺术普及乡村文艺播种计划动态展演	舞蹈《伟大领袖毛泽东》	广场舞	优秀表演奖 优秀志愿辅导奖

（丹徒区文体广旅局）

体　育

【概况】 2021年，丹徒区竞技体育、群众体育、体育产业发展较好。组队参加镇江市第十六届运动会等各类体育比赛，推进区内职工及青少年各项比赛活动，组织全民健身志愿服务活动和庆祝全民健身日相关活动；继续推广健身气功八段锦，组队参加"迎新春　抗疫情"江苏健身气功八段锦网络公开赛；推广工间操、广播操，促进在职人群体育健身常态化；举办广场舞、乒乓球、象棋、篮球和第七届丹徒区徒步大会等群众体育比赛活动。全年新建和改建农民健身公园14个，健身步道5千米，安装健身路径、篮球架、室内外乒乓球桌、儿童游乐设施共85套。开展全区社会足球场地、体育场馆等开展系统性普查和统计，开展镇江市资助建设的体育小公园、多功能运动场情况调查和镇江市体育产业单位调研。丹徒区人均体育场地面积3.45平方米，丹徒区经常参加体育锻炼人口超过43%。（高　翔）

【竞技体育】 2021年4月20—25日，丹徒区选拔19名优秀运动员组建丹徒区田径代表队，赴张家港市参加2021年江苏省青少年田径锦标赛暨县组田径比赛(第一赛区)，参赛运动员取得近15年来最好成绩，共获2个冠军、3个亚军、3个季军和2个第四名、1个第六名、2个第七名，获团体总分92分，排名第24名，奖牌数排名第18位，其中1名运动员的成绩达到国家一级运动员标准，3名运动员的成绩达到国家二级运动员标准。6月10—15日，组队参加在徐州市沛县举行的江苏省青少年县组跆拳道比赛，来自全省50个县(区)代表队538名运动员参赛，丹徒区代表队运动员获1个一等奖、2个三等奖。11月26日，组队参加在泰州市靖江市举办的江苏省武术(散打)锦标赛，获铜牌4枚。（高　翔）

【群众体育】 2021年3月26日，丹徒区文体广旅局在丹徒区体育活动中心举办2021年健身气功·八段锦一线社会体育指导员技能再培训，全区100余名一线社会体育指导员参加；4月18日，在丹徒区体育活动中心举办2021年丹徒区二、三级社会体育指导员(广场舞项目)培训班，全区130余名一线社会体育指导员参加。4月25日，江苏省老年人体育节丹徒辛丰分会场开幕式在辛丰中学举行，该活动以“踏上新征程、健身再出发”为主题，旨在加强特色健身团队建设，提升老年体协工作水平；5月19日，2021年全国老年人太极拳健身推广展示大联动丹徒分会场活动在丹徒区青少年业余体校举行，全区200余名太极拳爱好者参加。9月29日，丹徒区文体广旅局在丹徒区体育活动中心举办2021年丹徒区“庆国庆”广场舞展示活动，来自全区10支广场舞队伍、160余名运动员参加。10月29日，2021年江苏省老年人体育节丹徒宜城分会场闭幕式在丹徒区体育中心举行，各村(社区)代表队参加活动，展现宜城街道老年人健康、快乐的精神风貌。 (高　翔)

【体育赛事】 2021年5月27—28日，丹徒区全民健身系列活动暨丹徒区乒乓球比赛在丹徒区体育活动中心举行，该次比赛设立男子团体赛和男、女个人赛，全区100名选手参赛；6月28—29日，2021年丹徒区全民健身系列活动象棋比赛在丹徒区文体广旅局举行，该次比赛由丹徒区文体广旅局、丹徒区总工会、丹徒区体育总会主办，全区30名棋手参赛；7月10日，2021年江苏省无线电测向锦标赛在丹徒区世业镇举行，该次比赛为期3天，由江苏省体育局、江苏省教育厅、江苏省科协、共青团省委和江苏省妇联主办，丹徒区文体广旅局、江苏省无线电和定向运动协会承办，比赛项目包括短距离2米波段测向个人计时赛、80米波段测向个人计时赛、短距离2米波段测向接力赛，全省各地的51支代表队、755名运动员参赛；7月19—20日，丹徒区全民健身系列活动羽毛球比赛在丹徒区体育活动中心举行，比赛项目为男子双打、女子单打和混合团体赛，全区20家单位的130名运动员参赛；12月18日，2021年江苏省城市假日联赛“中国体育彩票杯”青少年羽毛球总决赛在丹徒区举行，该次比赛由江苏省体育总会、江苏省羽毛球运动协会、江苏省体育场馆协会主办，丹徒区文体广旅局承办，赛事为期2天，设男子单打9—10组、11—12组和女子单打9—10组、11—12组共4个项目，全省各地的32名青少年羽毛球运动员参赛。 (高　翔)

【社会体育服务组织建设】 2021年，丹徒区文体广旅局完成体育类社会组织等级评估和年审工作，截至年底，区级体育社团总数22个，其中AAAA级体育社团1个、AAA级体育社团6个。举办2021年丹徒区健身气功八段锦项目一线社会体育指导员技能再培训和2021年丹徒区二、三级社会体育指导员(广场舞项目)培训班，全年新增国家级社会体育指导员1人、一级社会体育指导员9人、二级社会体育指导员106人、三级社会体育指导员52人。 (高　翔)

【体育彩票销售】 2021年，丹徒区体育彩票工作受新冠肺炎疫情影响，将营销技能培训和站点基础建设作为工作重点，全年开展即开票自主营销活动2场、业务培训会议10场，举办中国体育彩票全国象棋民间棋王电视争霸赛丹徒区选拔赛5场，同时拓展体彩与天猫便利连锁店的线上合作。丹徒区体育彩票全年销量7331万元。 (高　翔)

旅　游

【概况】 2021年，丹徒区有A级景区5家、星级乡村旅游区18家，有旅游协会1家、旅行社20家、文化旅游发展有限公司2家(镇江市恒顺文化旅游发展有限公司、镇江宣游文化旅游发展有限公司)。丹徒区文体广旅局以提高游客满意度为宗旨，继续加强旅游基础设施和配套设施建设，加强优质乡村旅游品牌培育；年内，恒顺醋文化博物馆和冷遹纪念馆通过国家A级景区五年评定性复核。坚持以省级全域旅游示范区创建为目标，制定《丹徒区全域旅游发展规划(2020—2035)》；提升景区旅游形象，指导相关景区提档升级，2家AAAA级景区标识标牌全部更新，为游客提供便捷指引服务。举办“宜风韵　生态美”丹徒旅游文化节系列活动，促进丹徒旅游业全区域、全要素、全产业链发展，打造丹徒旅游业全域共建、全域共融、全域共享的发展模式。（潘玉洁）

【旅游景区质量提升专项检查】 2021年，丹徒区文体广旅局明确旅游景区质量提升方向，依据国家《旅游景区质量等级评定管理办法》和《旅游景区质量等级的划分与评定标准细则》的相关要求，对恒顺醋文化博物馆、中国米芾书法公园等5家A级景区开展对标找差质量提升检查工作，重点检查标牌标识、游客中心、导游服务、卫生环境、安全管理等方面。检查组对3个景区的未达标问题提出整改意见和整改时限，相关景区按检查要求在整改时限内完成整改。（潘玉洁）

【“宜风韵　生态美”丹徒旅游文化节】 2021年，“宜风韵　生态美”丹徒旅游文化节以乡村旅游、乡村振兴为主题，由丹徒区人民政府主办、丹徒区文体广旅局和各镇(街道、园区)承办，活动从4月持续至12月，是连续举办的第六届。其间，举办2021丹徒全域旅游推介会暨丹徒旅游文化节开幕式，开展第五届上党镇黄桃节、第七届江心洲无花果节、第十四届江心洲柑橘节和荣炳湖鲜美食垂钓邀请赛等系列活动。因新冠肺炎疫情影响，该次丹徒旅游文化节采用线上+线下融合的模式，线下按照疫情防控要求以会议、展览的形式展现，线上主要销售农产品，为农民拓宽销路，助力乡村旅游。同时，通过“平面、电视、网络”等平台加大活动宣传力度，印制“丹徒旅游文化节”指南折页，介绍各项节庆活动；设计制作“丹徒区旅游攻略手绘地图”，解读旅游线路和景点位置；在镇江电视台《看见大市口》和丹徒电视台《今日丹徒》等栏目，持续播放“丹徒旅游文化节”系列活动宣传广告和活动报道；构建新媒体矩阵，在“学习强国”、一起镇江App、微丹徒、宜游丹徒、镇江文旅等微信公众号平台，推送包括各分项活动相关资讯和旅游攻略。（潘玉洁）

【恒顺醋文化博物馆入选江苏省50个“网红打卡地”】 2021年10月29日，由江苏省文化和旅游厅、江苏省发展和改革委员会、镇江市人民政府主办的“水韵江苏·有你会更美”文旅消费推广第一季成果发布暨第二季启动仪式在镇江市举行。活动现场为“水韵江苏·网红打卡地”获奖代表颁奖，该次评选吸引全省552家单位和个人报名，网站投票量超过3000万，最终产生“网红景点”“网红地标”“网红场馆”“网红住宿”“网红美食”五类榜单。恒顺醋文化博物馆获评江苏省“网红场馆”，入选江苏省50个“网红打卡地”，是镇江市唯一入榜的“网红场馆”。恒顺醋文化博物馆位于丹徒区，是国内第一个集国家级非物质文化遗产传承、国家工业遗产保护、工业旅游开发、青少年科普教育等为一体的主题性展馆。（潘玉洁）

【丹徒区17道菜品入选镇江市“百道乡土地标菜”】 2021年8—9月，镇江市开展“百道乡土地标菜”推介活动，通过发掘乡土地标美食，激发乡村旅游消费热情，推进旅游与“三农”深度融合。经自主申报、各地推荐和专家评审，最终确定延陵鸭胶等100道菜品为镇江市“百道乡土地标菜”。丹徒区的醉仙楼红烧甲鱼、宝堰红烧牛肉、世业锅巴土鸡汤、江心红烧肉、上党百叶包、高资养生凤头鸭煲等17道菜品入选镇江市“百道乡土地标菜”。（潘玉洁）

2021年丹徒区A级景区情况表

表19　　　　截至2021年12月

序号	名称	A级	所在地	评定时间
1	恒顺醋文化博物馆	AAAA	丹徒新城	2011年
2	中国米芾书法公园	AAAA	丹徒长山	2014年
3	江心洲橘江里景区	AAA	江心园区	2015年
4	冷遹纪念馆	AA	辛丰镇	2006年
5	新四军四县抗敌总会纪念馆	AA	宝堰镇	2009年

（丹徒区文体广旅局）

2021年丹徒区星级乡村旅游区情况表

表20　　　　截至2021年12月

序号	名称	星级	所在地	评星时间
1	凤凰山庄	四星	高资街道	2013年
2	联创农业生态园	四星	宝堰镇	2013年
3	十里长山生态园	四星	丹徒新城	2014年
4	开心农场	四星	世业镇	2017年
5	百之味农庄	三星	江心园区	2013年
6	荷塘橘色水景园	三星	江心园区	2013年
7	江心神珠生态农业园	三星	江心园区	2014年
8	恒顺生态园	三星	荣炳园区	2014年
9	民族风情园	三星	世业镇	2015年
10	硕德农业发展有限公司	三星	荣炳园区	2015年
11	沁华生态农业园	三星	荣炳园区	2015年
12	槐荫村	三星	谷阳镇	2016年
13	翰雅有机农场	三星	上党镇	2016年
14	绿丰生态园	三星	上党镇	2017年
15	赵敬生态园	三星	上党镇	2018年
16	尚水荟生态园	三星	上党镇	2018年
17	丰盛园	三星	世业洲	2018年
18	绿郊源农庄	二星	上党镇	2013年

（丹徒区文体广旅局）

2021年丹徒区旅游品牌创建情况表

表21 截至2021年12月

序号	品牌创建	单位名称	所在地	评定时间
1	省级旅游度假区(1家)	世业洲旅游度假区	世业洲	2012年
2	省级工业旅游示范区(2家)	中国醋文化博物馆	丹徒新城	2012年
		北汽镇江汽车新能源工业旅游区	上党镇	2018年
3	首批省级研学旅游示范基地(2家)	中国米芾书法公园	丹徒长山	2016年
		镇江青少年综合实践基地	世业洲	2016年
4	省级生态旅游示范区(1家)	长山文化生态旅游区	丹徒长山	2016年
5	省级自驾车基地(2家)	镇江世业洲	世业洲	2012年
		百之味农场	江心园区	2017年
6	江苏省历史文化名镇(1家)	宝堰镇	宝堰镇	2013年
7	首批江苏省农家乐集聚村示范村	江心洲橘江里	江心园区	2015年
8	首批2016年江苏省休闲观光农业示范村	江心洲五套村	江心园区	2016年
9	江苏省特色景观旅游名镇(3家)	世业镇	世业洲	2014年
		宝堰镇	宝堰镇	2016年
		丹徒区高桥镇(江心洲生态农业园区)	高桥镇	2017年
10	江苏省特色景观旅游名村(1家)	世业洲卫星村	世业洲	2015年
11	2015年江苏省十大新景区	中国米芾书法公园	丹徒长山	2015年
12	2015年江苏十条新线路	丹徒区	丹徒区	2015年
13	2015年全国休闲农业与乡村旅游星级示范创建企业	开心农场有限公司	世业镇	2015年
14	中国乡村旅游模范村	世业洲卫星村	世业镇	2015年
15	国家乡村旅游重点村	江心洲五套村	江心园区	2020年
16	省级乡村旅游重点村	世业洲卫星村、世业村	世业洲	2020年、2021年
17	国家乙级民宿、镇江市钻石宿	又见浮玉酒店	世业洲	2021年

（丹徒区文体广旅局）

2021年丹徒区旅行社门市部情况表

表22

序号	单位名称	地址
1	哥伦布极限旅行江苏有限公司镇江分公司	丹徒区瑞泰新城店
2	镇江中国旅行社丹徒营业部	丹徒区祥盛华庭24幢第1层第1室
3	镇江环球国际旅行社	丹徒新城家园本区28幢1−2层
4	镇江江天国际旅行社	丹徒新城龙山路194号
5	中国国际旅行社	丹徒新城瑞泰城市2幢第1层102室
6	神州国际旅行社丹徒营业部	丹徒区春江苑3幢第1层第5室
7	镇江文旅康辉国际旅行社圣地雅格门市部	丹徒区圣地雅格1幢第1层
8	镇江文旅康辉国际旅行社风景城邦门市部	丹徒区风景城邦英格兰印象超市第1层
9	镇江中国旅行社宝堰营业部	丹徒区宝堰镇镇阳路
10	镇江中国旅行社上党营业部	丹徒区上党仁知北路西侧
11	镇江中国旅行社上党营业部	丹徒区瑞山路祥盛华庭24幢第1层
12	镇江中国旅行社辛丰营业部	丹徒区辛丰镇辛丰村6组
13	天马国际旅行社辛丰营业部	丹徒区辛丰镇辛桥村亨威路
14	镇江神龙国旅辛丰营业部	丹徒区辛丰镇辛丰村6组
15	镇江江天交通旅行社高资门市部	丹徒区高资街道西街121号
16	镇江康辉国际旅行社有限公司高资营业部	丹徒区高资街道闸捷路南侧
17	镇江江天交通旅行社宝堰门市部	丹徒区宝堰镇世纪大道19号
18	镇江环球国际旅行社丹徒世业营业部	丹徒区世业集镇1006号第2层楼
19	镇江天马旅行社丹徒辛丰营业部	丹徒区辛丰镇辛桥村11号
20	镇江中山国际旅行社丹徒三山营业部	丹徒区谷阳镇黄序村10组106室

(丹徒区文体广旅局)

融媒体

【概况】 2021年，镇江市丹徒区融媒体中心(简称丹徒区融媒体中心)突出庆祝中国共产党成立100周年主线，聚焦奋斗“十四五”、奋进新征程主题，创新宣传手段方式，打造中心工作品牌，为推进丹徒区现代化建设提供思想保证和精神动力。贯彻落实意识形态工作责任制，及时调整工作专班，定期分析研究意识形态领域情况，开展风险隐患集中排查整治工作，日益健全统筹、研判、联动、处置机制；严格把关每日自办栏目质量，常态化做好监听监看工作；完善“一会三中心”运作模式，每周召开编委会、每天召开编前会，实现各类题材策划、采访、编辑、制作等全流程的监管和协调，确保内容的政治性、导向性。年内，丹徒区融媒体中心被镇江市委、市政府评为“2018—2020年度文明单位”，被镇江市体育局评为“2017—2020年度镇江市群众体育先进单位”，丹徒区融媒体中心新媒科被镇江市总工会评为镇江市“五一巾帼标兵岗”。（刘敏怡）

【广播电视宣传】 2021年，丹徒区融媒体中心制作播发《今日丹徒》新闻2100余条，电台播发新闻2400余条，自办节目400余档，《看丹徒》专题深度报道50余档，开展主题宣传活动17次；完成市台用稿120余篇、省台用稿40篇、中央级媒体用稿7篇，完成“学习强国”平台发稿任务50条，刊稿100余篇，其中全国平台稿件3条；制作推出“这一年　丹徒书写精彩答卷”“产业强区再发力　只争朝夕跑起来——一把手访谈”“乡村振兴丹徒在行动”“聚焦一号战略　项目建设正当时”等专题报道。（刘敏怡）

【新媒体宣传】 2021年，丹徒区融媒体中心深化移动传播矩阵建设，调整优化“丹徒时刻”App，增加“公共服务”板块到42项，为用户提供“苏康码”“婚姻登记”“高考成绩查询”等应用，并上线“徒优优”商城，至年底在售商品9款，均为丹徒对口协作的澄城县农产品。增强平台聚合能力，“丹徒时刻”App月均发稿量501条，“丹徒发布”政务微博和“今日头条丹徒发布”月均发稿量200条。巩固传统优势点，“微丹徒”微信公众号粉丝量3.6万余人，比上年增长10.04%；头条平均阅读量2400人次，比上年增长10%；总阅读量142.6万人次，比上年增长29.6%；自采稿件总量突破1000条，比上年增长10%。（刘敏怡）

【安全播出工作】 2021年，丹徒区融媒体中心新闻、影视两个频道共审核播出连续剧1822集、中外电影370部、少儿动画片369集、公益广告181条；转播中央台信号182.5小时，完成标清频道播出共计12795小时；开展技术维护80次，排除重要安全隐患10次，组织应急演练10次，完成非编网中的NAS网络存储升级，完成雷电3高清电视制作非编网的建设，实现视频节目的生产高清化。开展广播电视行业安全播出大检查的自查工作，修复安装机房预警屏，制定完善技术系统和基础设施运行维护相关制度、技术系统监测监管制度、突发事件应急处置方案等，完成信息网络安全服务、电气安全类、消防类、防雷等第三方安全论证。（刘敏怡）

【产业经营发展】 2021年，丹徒区融媒体中心树立营销理念，抢占当地市场，增强市场竞争力。制作“古韵丹徒 宜业新城”丹徒区招商片、“乡村振兴　聆听丹徒的田园牧歌”丹徒区乡村振兴专题宣传片、“项目发力　为丹徒高质量发展注入新动能”丹徒区重大项目汇报片、纪委“雕刻可以重来、人生不要误差”公益广告、“灭‘贪蝇腐蚁’扬公廉正气”——丹徒区“微权巨腐”典型案件警示录等各类长视频、短视频98部。承办丹徒高新园和谷阳镇“回首百年路　奋进新征程”文艺汇演、“丹徒政法队伍教育整顿英模事迹报告会”、“丹心向党　启航新征程‘四史’知识竞赛决赛”、“传承红色基因　讲好丹徒故事　党史学习教育红色故事讲解大赛”等活动7场。完成“巾帼金话筒”三八妇女节活动、丹徒区庆祝第37个教师节、“中秋葡萄分外甜、谷阳公益进果园”谷阳农产品公益网络直播推介会、“橘子红了　江心美了”江心洲第十四届柑橘节线上推介会等网络直播10场。承接微信公众号托管项目17个，其中全托项目10个。(刘敏怡)

2021年9月15日，“中秋葡萄分外甜，谷阳公益进果园”谷阳农产品公益网络直播推介会

(丹徒区融媒体中心)

【党史学习教育主题宣传】 2021年，丹徒区融媒体中心在电视栏目《今日丹徒》开设“学党史　争先锋”“奋斗百年路　启航新征程”“我为群众办实事”等系列报道，全面报道在党史学习教育开展中涌现出的典型人物和组织，宣传推介党员干部为老百姓解决“急难愁盼”问题的生动故事，累计发稿近200条，在江苏卫视播出有关新闻报道4条、镇江电视台各频道播出40余条。“微丹徒”公众号推出《红娃诵党史》《银发映丹心》《丹徒党史大事记》《流动的丹心讲堂》《党史百年天天读》等系列栏目，推送相关稿件365篇，总阅读量8万人次；“微丹徒”视频号策划发布相关视频10条，总播放量7.2万人次；“丹徒时刻”App发布相关稿件950篇，总阅读量50万人次；“丹徒发布”微博和今日头条号共发布相关稿件382篇，总阅读量7.6万人次。

(刘敏怡)

【“微丹徒”视频号开通】 2021年，丹徒区融媒体中心依托“微丹徒”微信公众号开通视频号，围绕丹徒热点，并优化内容供给，传递区委、区政府的工作部署，呈现丹徒人民的美好生活，弘扬主流价值、凝聚社会共识，策划发布“一把手访谈”“丹徒青年说党史”“丹徒最美人物”“巾帼金话筒”等系列视频，全年推送视频125条，总阅读量超60万人次，成为丹徒区融媒体中心宣传效率最高的新媒体平台。 (刘敏怡)

2021年丹徒区广播电视作品获奖情况表

表23

序号	作品名称	创作单位(个人)	所获奖项	获奖级别	获奖(出版)时间	活动名称	主办单位(出版社)
1	看丹徒	蒋蕴生	三等奖	省级	2021年7月	2020年度江苏广播电视播音与主持作品奖(电视播音社教类)	江苏省广播电影电视协会
2	回家	吴国庆	提名奖	市级	2021年11月	第二十届“镇江新闻奖”(电视长消息)	镇江市委宣传部
3	看丹徒　老岳酒坊——传承宝堰米酒　守护千年酒香	蒋蕴生	二等奖	市级	2022年3月	2021年度镇江市广播电视播音与主持作品奖(电视播音社教类)	镇江市文化广电和旅游局 镇江市广播电影电视协会
4	柑橘贵族“红美人”在江心洲培育成功	许长凯 杭天奇 蒋蕴生	三等奖	市级	2022年3月	2021年度镇江市广播新闻奖(短消息)	镇江市文化广电和旅游局 镇江市广播电影电视协会

续表23

序号	作品名称	创作单位(个人)	所获奖项	获奖级别	获奖(出版)时间	活动名称	主办单位(出版社)
5	誓词中的防疫者	华雯康 李慧敏 王秋琴 许启楠	三等奖	市级	2022年3月	2021年度镇江市电视新闻奖(短消息)	镇江市文化广电和旅游局 镇江市广播电影电视协会
6	站在高桥看大桥	朱则野 薛　敏 姜　莉 蒋蕴生	三等奖	市级	2022年3月	2021年度镇江市电视新闻奖(长消息)	镇江市文化广电和旅游局 镇江市广播电影电视协会
7	杨金龙：退而不休 情系“三农”	高静怡 姜　莉	三等奖	市级	2022年3月	2021年度镇江市广播社教奖(对象性节目)	镇江市文化广电和旅游局 镇江市广播电影电视协会
8	上党镇丰城村：老问题新方法　秸秆还田一举多得	高静怡 姜　莉	三等奖	市级	2022年3月	2021年度镇江市广播社教奖(知识性节目)	镇江市文化广电和旅游局 镇江市广播电影电视协会
9	雕刻可以重来人生不要误差	杭天奇 张　静 许长凯 孙镇凯	三等奖	市级	2022年3月	2021年度镇江市电视社教奖(公益广告)	镇江市文化广电和旅游局 镇江市广播电影电视协会
10	不漏一人！高桥全员核酸检测演练全部阴性	杭天奇 龚启帆 孙镇凯 谢泽国	三等奖	市级	2022年3月	2021年度镇江广播电视媒体融合奖(短视频新闻)	镇江市文化广电和旅游局 镇江市广播电影电视协会
11	运河文化系列	杭天奇 许长凯 龚启帆 孙镇凯 张　静	三等奖	市级	2022年3月	2021年度镇江广播电视媒体融合奖(短视频专题)	镇江市文化广电和旅游局 镇江市广播电影电视协会
12	今日丹徒	许启楠	三等奖	市级	2022年3月	2021年度镇江市广播电视播音与主持作品奖(广播播音新闻类)	镇江市文化广电和旅游局 镇江市广播电影电视协会
13	最是上党秋好处，鸡头米赛蚌珠圆	姜　莉	三等奖	市级	2022年3月	2021年度镇江市广播电视播音与主持作品奖(广播播音社教类)	镇江市文化广电和旅游局 镇江市广播电影电视协会

（丹徒区融媒体中心）

卫 生

综 述

【概况】 2021年末，丹徒区有各级各类医疗卫生机构129所，其中二级综合医院、二级中医院、疾病预防控制中心、卫生监督所、卫生进修学校、妇幼保健计划生育服务中心、民营精神病医院各1所，乡镇卫生院9所，社区卫生服务中心1所，村卫生室(社区卫生服务站)54所，门诊部(诊所)35所，企(事)业单位医务室(卫生所)13所，护理站10所。全区实有床位907张，其中公立医疗机构有757张、社会办(个人办)医疗机构有150张。实有各类卫生专业技术人员1346人，其中执业(助理)医师545人、全科医生188人、注册护士527人。

年内，镇江市丹徒区卫生健康委员会(简称丹徒区卫健委)加强卫生人才建设，拟定《丹徒区卫生人才强基工程实施方案》《镇江市丹徒区优秀卫生人才奖励与引进工作实施意见(2021—2025)》《丹徒区医学领域高层次人才引进管理实施办法》《借用人员管理办法》《院长管理办法(初稿)》。参加江苏省卫健委组织的医学人才公开招聘，录用卫生专业技术人员4人；组织区级公开招聘卫技人员，录用51人；招录公务员2人，录取定向委培村卫生室医学生17人(本科9人、大专8人)。全年取得初中级资格82人，申报高级专业技术资格39人(其中基层医疗机构23人)。全年办理辞职2人、定级1人、调动1人、退休10人、岗位晋升38人，核查人事档案803份。 (田辉平 赵 飞)

【全民健康和医共体信息平台建设】 2021年，丹徒区卫健委推进丹徒区政府为民办实事项目——全民健康和医共体信息平台建设，提升基层医疗卫生服务能力。各单位加快信息平台建设，硬件部署基本到位，本地环境逐步迁移至电信云机房，基层业务系统在世业卫生院进行试点工作。推行医疗收费电子票据改革，开通支付宝、微信付费，真正实现便民利民。完成医疗废弃物监管系统建设。加强核酸检测采样信息平台培训和录入，信息化支撑疫情防控。落实网络信息安全责任，做好互联网资产清查，确保网络信息安全。

(田辉平 赵 飞)

【中医药事业】 2021年，丹徒区推广中医经典病房建设，推动丹徒区中医院建设中医经典病房。深化“治未病”健康工程，发挥中医在“治未病”中的核心作用，在丹徒区中医院“治未病”服务全覆盖的基础上，将“治未病”工作继续向基层深化。加强中医医疗机构基本条件建设，继续推进村卫生室、社区卫生服务站基层“中医阁”建设项目，共建成中医阁32家，中医馆有2个评三级。加强中医医疗机构疫情防控能力，组织丹徒区中医院开展新冠肺炎疫情中医药防控专题培训课程学习；落实中医医院疫情常态化防控工作要求，全面加强院感管理，严防院感事件发生。组织开展全区基层卫生技术人员中医药知识与能力培训，加强中医人员中医经典理论的再学习、再培训，强化中医人员“经典思维”。加强中医确有专长人员、师承出师考核人员考核管理，做好政策解读、考核

申请和后续管理工作，确保各项考核工作规范顺利进行。（田辉平　赵　飞）

2021年6月24日，丹徒区中医院与高桥卫生院联合开展中医药科普宣传活动　（丹徒区卫健委）

疾病预防控制

【概况】 2021年，丹徒区卫健系统坚持“外防输入、内防反弹、人物同防”基本策略，落实常态化防控各项措施，做好重点人员、重点场所、重要时节、重大活动疫情防控工作。加强人员队伍能力建设，提升现场流行病学调查、核酸检测、环境消毒、心理疏导等方面能力。先后对密接、次密接、中高风险地区及境外返镇、集中隔离点隔离人员、冷链食品及环境样品以及其他应检尽检对象核酸检测241361人次。全区完成552672剂次的新冠疫苗接种工作，全人群接种率73.38%。加强免疫接种9763人。配送疫苗802车次，覆盖全区10个镇(街道、园区)接种点、4个临时接种点和1个流动车接种点，同时做好接种点疾控保障工作。（田辉平　赵　飞）

【免疫规划工作】 2021年，丹徒区组织520名医务人员就疫苗管理法、预防接种操作技术、疫苗冷链管理、新冠疫苗大规模接种方案等内容进行培训。全区接种免疫规划疫苗11类43257剂次、非免疫规划疫苗16类8295剂次，免疫规划疫苗接种率均要求能达到95%以上。（田辉平　赵　飞）

【结核病防治】 2021年，丹徒区各医疗机构共转诊疑似肺结核患者47人，推荐疑似肺结核患者336例；报告肺结核患者102人，病原学阳性诊断率70.59%，大、中、小学校发现散发学生肺结核确诊病例15例。3月24日上午，丹徒区疾控中心和宜城社区卫生服务中心在丹徒区健康公园开展宣传活动，现场通过悬挂横幅、放置展板、发放宣传折页和宣传品等方式，向群众介绍结核病防治知识。（田辉平　赵　飞）

【麻风病防治】 2021年，丹徒区被列入江苏省“提升村医麻风病防治能力项目”实施县区之一。全区现有麻风病治愈存活者49人，49份随访表均录入麻风信息系统。10月31日，完成麻风病村医知识竞赛项目；年内，各基层医疗机构共完成麻风疑似病例转诊16例。（田辉平　赵　飞）

【性病、艾滋病防治】 2021年，丹徒区各级医疗机构和疾控、妇幼机构共检测各类人群49760人次，完成全人群13.39%任务。全区存活在管的感染者和病人132例。对所有的HIV/AIDS(艾滋病)落实“四免一关怀”政策。3个自愿咨询检测点开展艾滋病性病丙肝防治规范化咨询和免费检测工作。丹徒区组织参加市级艾滋病技能竞赛，获团体三等奖和个人(丹徒区疾病预防控制中心吴芬香)二等奖荣誉。（田辉平　赵　飞）

【慢性非传染病防治】 2021年，高资卫生院、上党卫生院作为慢病自我管理小组试点单位，共成立8个慢病自我管理小组，小组活动全部完成。年内，丹徒区疾病预防控制中心选择调查2018—2020年世业、荣炳、江心3个地区所有死亡个案，共统计死亡个案1108例，发现漏报死亡个案9例，并开展现场调查。全区在册精神障碍患者1242人，精神分裂症患者818人，管理率95.25%；规范管理患者1182人，规范管理率95.17%。

（田辉平 赵 飞）

【血防工作】 2021年，丹徒区对10个镇(街道、园区)39个血吸虫病历史流行村的现有钉螺环境、历史有螺环境、钉螺可疑孳生环境等开展查螺工作，全区投入查螺工日2155个，完成查螺面积2150万平方米，未查出阳性钉螺。钉螺死亡率平均为92.04%，达到市、区质量考核要求。5月24日，江苏省血防所组织专家组到丹徒区督察春季查灭螺工作。

（田辉平 赵 飞）

公共卫生

【概况】 2021年，丹徒区卫健委落实中央、省委、市委和区委、区政府关于新冠肺炎疫情防控救治和推动经济社会发展的各项决策部署，做好疫情防控工作，保障人民群众身体健康和生命安全，全区新冠肺炎感染人数为零。建立健全重大疫情防控救治体系，加强疾控体系建设，健全公共卫生服务体系，强化疾控机构、基层医疗卫生机构重大疫情防控能力建设。加强重大传染病防控，实施地方病血吸虫病防治攻坚行动，达到血吸虫病消除标准。加强肺结核患者管理，减少并有效控制聚集性疫情。加强艾滋病防控，开展宣传教育、综合干预、扩大检测和治疗等工作。

（田辉平 赵 飞）

【基层卫生】 2021年，丹徒区卫健委推进农村区域性医疗卫生中心建设，确定辛丰中心卫生院为江苏省农村区域性医疗卫生中心重点建设单位，于11月12日获江苏省卫健委命名；推进家庭医生工作室建设并制定年度建设计划，遵循“按需建设、扶弱补齐”原则，完善“15分钟医保服务圈”，新建宜城姚庄、江心益平2个家庭医生工作室，其中姚庄家庭医生工作室参加江苏省星级家庭医生工作室评选。组织10家基层医疗机构开展优质服务基层行活动，按照国家服务能力标准自评自查、对标找差，针对薄弱环节进行专项整改提升；全年新增基本标准达标医疗机构2个(江心、荣炳)，推荐标准达标医疗机构2个，占比20%；基本标准达标医疗机构7家，占比90%。开展基层特色科室建设，提高基层医疗卫生专科服务能力，夯实分级诊疗工作基础；全区新增省级基层特色科室建设单位1个(针灸理疗科)，新增市级基层特色科室3个(辛丰疼痛科、世业内分泌科、谷阳内分泌科)。开展基层卫生人员实训基地建设，丹徒区人民医院于10月18日挂牌成为基层卫生人员实训基地建设单位，并组织4名医务人员参加基层师资省级培训；加强基层卫生人才队伍建设，开展乡镇卫生院医务人员适宜技术培训3人、基层卫生人才能力提升项目6人，完成15名江苏省优秀基层卫生骨干人才考核。完善家医签约服务内涵，在现有签约服务工作的基础上优化“3+X”家庭健康责任团队(即团队由全科医生、社区护士、公共卫生医师组成，健康管理师、康复治疗师、心理咨询师、药师、社工和志愿者等作为“X”提供服务)，稳定普通人群和重点人群签约率，对农村建档立卡低收入人口、计生特扶对象、离休干部、困难职工等做到应签尽签；世业镇探索体医融合促进签约服务机制，被镇江市推荐为江苏省家庭医生服务模式创新建设；高资围绕医防融合模式，开展家庭医生服务模式创新建设。

（田辉平 赵 飞）

【医政管理】 2021年，丹徒区卫健委持续推进医共体建设。协助区政府制定丹徒区医共体建设的总体框架，推进落实组织架构和运行模式；规划医共体管理模式，拟出医共体章程。完成医共体建设监测指标填报，并通过指标分析指导全区医共体建设，同时推进会诊、心电、病理、检验和影像远程医疗建设。继续改善医疗服务能力，推进二级医院能力建设，丹徒区人民医院消化内科通过市级临床重点专科评审，胸痛中心建成并投入运行，创伤中心和卒中中心正在创建中；二级医院继续落实预约诊疗、临床路径管理、处方点评、医务志愿者服务、出院回访等工作制度，持续改善医疗服务。加强医疗监管，全年多次开展医疗质量和医疗安全检查，并组织质控中心代表对二级医院和基层医疗机构进行医疗、护理质量和医疗安全检查，通过查看台账资料、现场检查、现场提问等方式查找工作漏洞，对检查出的问题要求整改到位，全区医疗机构未发生重大医疗安全事件。推进平安医院建设，做好医疗纠纷预防处理、扫黑除恶排查和依法执业监督检查，按时统计报送平安医院各类数据，协助处理医疗投诉、医疗纠纷等6起，及时掌握和化解风险。开展卫生支援工作，年初选派5名二级医院医生开展城乡对口支援，推进医共体牵头医院对基层医疗机构进行支援；开展苏陕对口协作，选派6名医务人员支援陕西澄城；新冠肺炎疫情防控期间，选派20余名医务人员支援南京、扬州。

（田辉平　赵　飞）

卫生监督

【概况】 2021年，丹徒区卫健委弘扬“创新、创业、创优”精神，持续加强执法体系建设，加大监督执法力度，维护人民群众健康权益。全年规范完成放射诊疗许可审批25件，其中新证1件、校验15件、变更6件、注销3件，1份许可案卷在丹徒区年度行政执法案卷评查工作中获一等奖。落实“三项制度”(行政执法公示制度、行政执法全过程记录制度、重大执法决定法制审核制度)，推进卫生行政执法全过程记录工作，严格按立案、调查取证、审查决定、送达执行的步骤实施行政处罚，处罚案卷做到事实清楚、证据确凿、程序合法、适用法律正确、处罚适当，全年立案案件40件，其中作出行政处罚决定37件(普通程序29件、简易程序8件)，罚款共计64.24万元。

（田辉平　赵　飞）

【疫情防控监督】 2021年，丹徒区卫健委对各级各类医疗机构、医学隔离观察点实施疫情防控监督检查，督促指导各医疗机构规范预检分诊、疫情报告、消毒隔离、医疗废物处置等传染病防控措施，累计检查公立医疗机构72户次、未定级医疗机构292户次，尤其对复诊期间民营医疗机构加强重点排查，共下达整改意见书65份，当场行政处罚2起，确保各单位规范、安全开展诊疗活动，筑牢交叉感染封锁线。其间，拉网式检查全区新冠疫苗接种工作情况，重点检查疫苗的分发、接收和购进、信息登记、健康筛查、疫苗接种、留观等环节，共检查接种单位等46户次，出具整改意见书13份，督促问题单位落实整改。规范行业内医废处置管理工作，全覆盖监督各级各类医疗机构医废分类收集、转运、登记和暂存处置情况，检查医疗机构112户次，现场下达整改意见书19份。

（田辉平　赵　飞）

2021年1月29日，丹徒区卫健委开展医疗废物暂存处监督检查　（丹徒区卫健委）

【公共场所监督】 2021年，丹徒区卫健委日常巡查公共场所经营单位数636家，责令改正108家。开展公共场所通风卫生、游泳场所“放心游”专项监督工作，检查音乐厅、沐浴业等场所32家，未发现存在通风安全问题隐患场所；检查游泳场馆5家，组织游泳场馆负责人参加游泳场所突发卫生事件应急演练，对各场馆泳池水开展监督抽检，并利用快检设备开展水质定期检测。

（田辉平　赵　飞）

【学校卫生监督】 2021年，丹徒区卫健委落实“镇江市2021学校卫监行动”，对58家学校(含学校、托幼机构)的传染病防控、饮水卫生开展现场监督抽检，分别检测14家学校的学生饮用水，监督抽检6家学校的教学环境，对检查不合格单位及时排查原因督促整改。 （田辉平 赵 飞）

【**饮用水卫生监督**】 2021年，丹徒区卫健委对全区11家二级管理的二次供水单位和4家管道分质供水单位开展专项督查，及时完成省级现制现售饮用水专项卫生监督检查任务；对辖区1台现制现售饮用水制水设备开展监督检查，现场采样并进行实验室检测，检测结果符合卫生标准。

（田辉平 赵 飞）

【**餐饮具监督**】 2021年，丹徒区卫健委对2家餐饮具集中消毒服务企业开展专项检查，重点检查布局流程、设备、卫生质量管理、出厂检验、包装(标签)等环节，并抽检消毒后餐饮具样品20份，抽检结果向社会公示，对现场发现的问题均下达整改意见书责令整改。 （田辉平 赵 飞）

2021年5月，丹徒区卫生监督所对餐饮具集中消毒服务单位开展专项检查 （丹徒区卫健委）

爱国卫生

【**概况**】 2021年，丹徒区卫健委利用第33个爱国卫生月、世界卫生日等主题活动日，与丹徒区文明办、丹徒区城管局、丹徒区市场监管局等部门在区宝龙广场联合开展宣传活动，向广大居民宣传有关环境卫生整治、疾病防控、健康素养常识等知识，动员参与环境卫生整治活动，引导摒弃不文明、不卫生陋习，共同营造整洁优美、健康和谐的环境。根据镇江市新冠肺炎指挥部要求，开展隔离酒店的消杀应急演练，对酒店污染区、半污染区、清洁区、隔离人员通道、送餐车辆、隔离人员转运车辆、垃圾存储暂存点、隔离酒店化粪池、工作人员通道、工作人员办公区、工作人员住宿区等区域进行消杀处理，总共消杀面积约1.5万平方米，处理污水约10吨，共使用含氯消毒84约50瓶，含氯消毒片约800片，处理医疗废弃物约100千克。 （田辉平 赵 飞）

【**控烟行动**】 2021年，丹徒区召开无烟党政机关建设工作培训会，制定具体工作方案；利用传统媒体和新媒体，倡导无烟生活理念，强化公众对烟草危害的认识；通过讲座、巡展、知识竞赛等形式，广泛宣传无烟党政机关建设政策要求、烟草烟雾危害科普知识以及戒烟服务信息等，促进形成不吸烟、不敬烟、不劝烟的社会风气。全年发放宣传海报250份、禁烟标识3000余张、宣传手册2000余份。

（田辉平 赵 飞）

【**病媒生物防治**】 2021年，丹徒区卫健委加强和规范病媒生物防制工作，降低“四害”(苍蝇、蚊子、老鼠、蟑螂)密度，提高农贸市场、居民小区的病媒生物防治水平，对所有农贸市场和居民小区开展现场查看和评估，筛查出2个农贸市场和2个居民小区为试点单位开展基线调查并通过市级审核。制订发放丹徒区病媒生物监测方案，每月监测全区老鼠，双月监测全区蟑螂，同时3—11月密度监测蚊子和苍蝇；在瑞泰城市花园、瑞泰圣地雅格2个示范小区共计预埋太阳能灭蝇灯灯座20个，安装捕蝇笼89只、毒饵站182个；定期对全区示范小区及菜场正常维护，主要是清洁太阳能灭杀灯、垃圾桶喷药、诱蝇笼换诱蝇药、下水道投放灭蚊虫孑孓剂、清洁毒饵站和投放鼠药。 （田辉平 赵 飞）

妇幼卫生

【**概况**】 2021年，丹徒区卫健委加强妇幼卫生项目的管理和技术指导，开展相关优惠政策宣传，落实出生缺陷综合防治、孕产妇规范管理、儿童保健管理、托幼机构健康覆盖等工作，确保全区妇幼工作有序推进。全年新增叶酸补服1202人，完成任务数的100.16%。全区“两癌”(乳腺癌、宫颈癌)检查20430人，完成任务数的100%；筛查出宫颈癌2人、乳腺癌6人，对患者追踪随访，均完成治疗。孕前优生健康检查完成868对，完成全年任务的100.93%。免费基本避孕服务率53.2%。 (田辉平　赵　飞)

【**出生缺陷综合防治**】 2021年，丹徒区免费婚前医学检查485对，婚检率91.12%；孕妇产前筛查1294人，产前筛查率95.15%；新生儿血筛人数1372人，筛查率100%；听筛人数1372人，筛查率100%，先心筛查1370人，筛查率99.85%。全区筛查出的阳性个案均及时转诊和进行确诊，辖区接产医院无严重多发致残出生缺陷发生。 (田辉平　赵　飞)

【**孕产妇管理**】 2021年，丹徒区孕产妇早孕建卡1170人，早孕建册率85.27%，产后访视1360人，访视率99.16%，系管率95.27%，孕产妇死亡1例。加强高危孕产妇分级分类管理，对评估出橙色及以上风险的200余名孕产妇均进行规范管理。

(田辉平　赵　飞)

【**儿童保健管理**】 2021年，丹徒区0—6岁儿童保健管理人数15589人，保健管理率98.80%；新生儿访视人数1370人，访视率99.85%；对高危儿及体弱儿均按要求规范管理，辖区6个月以内纯母乳喂养率80.50%。5岁以下儿童死亡2人，婴儿死亡1人，死亡率分别为1.46‰、0.73‰，新生儿0人。0—6岁眼保健管理人数15068人，管理率95.50%；在园儿童眼保健建档人数7708人，建档率98.44%，均达标。 (田辉平　赵　飞)

【**托幼机构健康覆盖**】 2021年，丹徒区托幼机构卫生保健合格率100%。幼儿园新生入园数2532人，体检率100%。3—6岁儿童健康体检8337人，体检率97%，体检结果均输入江苏省妇幼系统。

(田辉平　赵　飞)

医疗机构选介

【**丹徒区人民医院**】 镇江市丹徒区人民医院创建于1945年，是一所集医疗、预防、保健、康复、科研、教学于一体的二级甲等综合性医院，是镇江市城镇职工医疗保险、城镇居民医疗保险定点医院和镇江市慈善救助医院，该院占地4.96公顷(74.38亩)，建筑面积5万余平方米。至2021年，该院获“爱婴医院”“国家级胸痛中心”“全国巾帼文明岗”“江苏省文明单位”“江苏省节能示范先进单位”“江苏省模范职工之家”“江苏省工人先锋号”“镇江市群众满意医院示范窗口”“镇江市跨越发展有功单位”等荣誉称号。

该院科室设置齐全，配备西门子1.5T磁共振系统、西门子64排128层螺旋CT、飞利浦数字摄片机(DR)、C臂X光机、美国HOLOGIC乳腺机、钬激光、德国卡尔史托斯腹腔镜、宫腔镜和鼻窦镜系统、奥林巴斯电子胃镜和肠镜、电子喉镜、阴道镜、膀胱镜、西门子S1000彩色超声诊断仪、贝克曼Au680全自动生化分析仪、发光免疫分析系统、西门子呼吸机、多功能麻醉工作站等大型仪器设备。近年来，各学科培养和引进多名专家、硕士研究生，为医院持续发展提供人才保障，消化内科、内分泌科、普外科、甲乳外科、泌尿外科、骨科、手外科、妇产科、康复科、健康管理中心等特色专科建设见成效。

2021年，该院以建设镇江南部地区集医疗、预防、保健、康复、科研、教学于一体的区域性医疗中心为目标，坚持“以人为本，创新发展”办院理念，整合资源，强化管理，规范服务，推进医院工作再上新台阶。10月11日，消化内科率先创建成为市级临床重点专科，弥补市级重点专科的空白。该院现有职工470余人，其中卫生专业技术人员384人，有高级职称60余人、中级职称160余人，有编制床位400张。1—12月实现门诊425371人次(含核酸检测人次)，比上年增加150835人次，增幅为54.9%；出院9055人次，比上年增加37人次，增幅为0.4%。

(田辉平　赵　飞)

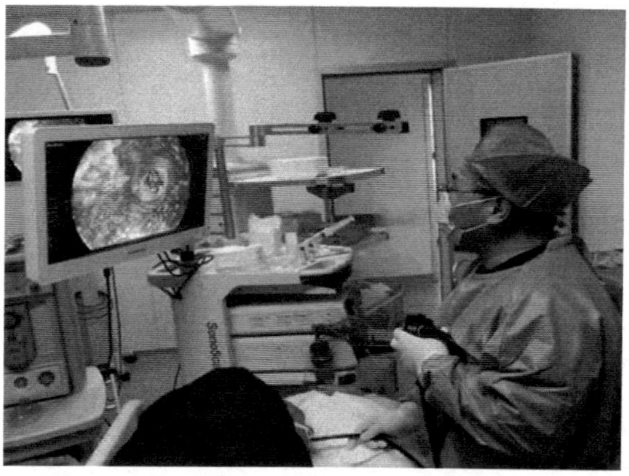

2021年，丹徒区人民医院消化内科胃肠镜手术

(丹徒区人民医院)

【丹徒区中医院】 镇江市丹徒区中医院及丹徒区中西医结合肾病医院(镇江市中西医结合肾脏病研究所)为“两块牌子、一套班子”的公立医院，占地面积3300平方米，建筑面积6200平方米。该院是创建于20世纪80年代初的一所县级肾脏病专科医院，位于镇江市蒋乔镇，后迁至金山寺旁，2002年迁至丹徒新城。

该院拥有美国进口西门子彩超、进口全自动酶标仪、全自动生化分析仪、自动尿液定量分析仪、r计数器、超低温冰箱、低温离心机、进口人工肾、体外碎石机、结肠透析器及肾病激光治疗仪等先进仪器设备，设有中西医结合肾病科、血液净化中心、中医内科、外科、中医妇科、中医皮肤科、口腔科、针灸科、推拿科、康复理疗科、省级专家会诊中心、周逊专家工作室(肾病科)及中医治未病科等科室，另设有体外碎石中心、中医肾病激光治疗室、肾病结肠透析室、肾病实验室及中药制剂研究室等特色科室。

该院坚持中西医结合的办院方向，注重发挥中医药特色优势，在中医治疗常见病、多发病、肾脏病等方面形成特色，建有2000平方米的中医治疗区，为群众提供价廉、优质、便捷的中医药特色服务，每年定期开展“冬病夏治”“中医膏方”诊疗服务项目，开展中医药文化宣传活动。2021年，投入100余万元升级医院HIS系统，新增开发医院感染管理系统、血液透析管理系统、PACS系统、病案统计和首页上报系统等信息化系统，同时优化医院管理流程，改善医疗服务质量，辅助临床诊疗，并为二级中医院国家绩效考核提供科学的数据支持；年内，经丹徒区卫健委、丹徒区人社局招聘录用研究生2人、本科生1人、专科生3人，完成专技人员岗位晋升15人，外派省级医院进修2人、市级医院进修3人，培养丹徒区五一巾帼标兵1人、丹徒区十佳医师1人、优秀医师1人、丹徒区优秀护士2人；至年底，该院现有卫生专业技术人员88人，其中医师21人、护士39人、药师8人、技师6人、检验师5人，管理2人，工勤4人，其他3人。(田辉平　赵　飞)

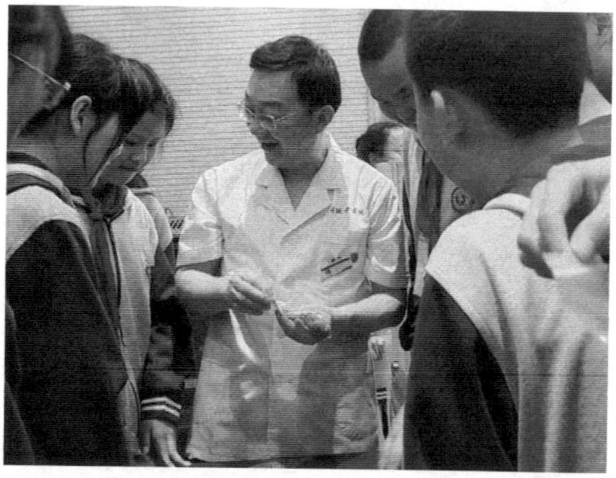

2021年5月14日，丹徒区中医院与丹徒区宜城中学联合开展“中医药文化进校园”活动　(丹徒区委宣传部)

社会生活

民 政

【概况】 2021年，镇江市丹徒区民政局(简称丹徒区民政局)立足“民政为民、民政爱民”工作理念，结合党史学习教育与“我为群众办实事”活动，聚焦“一老一小一群体”(农村困难散居、独居老人，困境儿童，困难群众)开展民生服务活动，全年开展各类特色学习实践活动10余次。清明节期间，开展“缅怀革命先烈、传承红色基因”清明祭英烈活动；五四青年节期间，组织青年党员赴闻捷诗歌馆参观学习；5月20日，开展“新婚夫妇学党史四个一”活动(为新人播放一部红色电影，开展一次党史知识小竞赛，组织参观一次红色阵地，唱一首红色歌曲)。结合业务实际，开展民政政策宣传、低保入户走访、困境儿童“微心愿”等多项民生实事工作。组织成立“学亚夫”党员先锋队，新冠肺炎疫情防控期间组织党员志愿者进社区排查扫楼、慰问困难群众。 （景丽颖）

2021年5月20日，婚姻登记处开展新婚夫妇党史知识竞答活动 （丹徒区民政局）

【社会救助】 2021年，丹徒区按照保基本、兜底线、救急难、可持续的总体思路，细化并落实各项社会救助政策，巩固提升低保专项治理成果，推动困难群众救助工作高质量发展。从7月1日起，丹徒区城乡低保标准由每人每月790元提高到每人每月820元。截至年底，全区有城乡低保1713户2681人，全年累计发放城乡低保金1857.52万元、临时救助54.53万元、自来水补助42.94万元、普惠性春节慰问资金121.68万元、市级专项慰问资金121.68万元。 （张 峰）

【低收入家庭动态管理机制】 2021年，丹徒区以建立完善分层分类的社会救助体系为导向，通过“大数据+网格化+铁脚板”与“主动发现+自主申报”相结合的方式，开展低收入人口认定工作。截至年底，集中认定低保边缘家庭83户203人、支出型困难家庭3户13人。 （王亦欣）

【困难残疾人保障机制】 2021年，丹徒区民政局完善困难残疾人福利保障机制，自1月1日起，向低保家庭外无固定收入的三级、四级智力和精神残疾人发放困难残疾人生活补贴，标准为每人每月158元。截至年底，有223人被纳入保障范围。4月，残疾人“两项补贴”(困难残疾人生活补贴和重度残疾人护理补贴)资格认定实现跨省通办。 （王亦欣）

【残疾人权益保障】 2021年，丹徒区民政局开展残疾人权益保障工作，落实困难残疾人生活补贴和重度残疾人护理补贴政策。1月起，将重度残疾人护理补贴标准由每人每月120元提高至每人每月130元；7月1日起，低保内重度残疾人生活补贴标准由每人每月276.5元提高至每人每月287元，低保内非重度残疾人生活补贴标准由每人每月197.5元提高至每人每月205元，低保外无固定收入重度残疾人生活补贴标准由每人每月790元提高至每人每月820元，低保外无固定收入的三级、四级智力和精神残疾人生活补贴标准由每人每月158元提高至每人每月164元，家庭人均收入低于低保标准2倍以内的一户多残、依老养残特殊困难残疾人生活补贴标准由每人每月474元提高至每人每月492元。截至年底，全区4372人享受残疾人生活补贴，3744人享受重度残疾人护理补贴，全年发放区级残疾人生活补贴1829.50万元、残疾人护理补贴595.66万元。（王亦欣）

【特困人员供养】 2021年末，丹徒区有特困人员703人，其中农村特困人员688人、城市特困人员15人。完成2021年度特困人员供养经费提标工作，自7月1日起，全区城市户籍特困人员供养标准由每人每月1740元提高到每人每月1745元，农村户籍特困人员供养标准由每人每月1030元提高到每人每月1070元。严格执行入户核查机制，完善特困人员信息档案管理，全年发放特困人员供养经费893.06万元。（沈文君）

【殡葬管理】 2021年，丹徒区民政局制定下发《关于做好2021年清明祭扫工作的通知》《丹徒区关于清明节期间有序开放现场祭扫活动的通告》，落实疫情防控工作，推行文明低碳祭扫，实现安全、文明、和谐、有序的祭扫工作目标；根据《关于进一步规范镇江市区惠民殡葬有关政策的通知》要求，对辖区内户籍人口、常住人口减免殡葬基本服务项目费用，全年有2448位逝者符合减免条件，每人最高减免额度为2000元，减免金额总计344.78万元。下发《丹徒区违建墓地专项整治成果巩固提升行动方案》，推进违规殡葬设施整治工作，开展散坟整治行动。（王泽城）

【界线管理】 2021年，丹徒区民政局完善区、镇、村三级界线界桩维护管理责任网络，签订界线界桩维护协议。牵头完成扬镇线广陵丹徒段、仪征丹徒段、邗江丹徒段界线联检，配合完成徒句线句容丹徒段联检工作，推进"平安边界"工作。（罗逸萍）

【地名文化建设】 2021年，丹徒区地名命名实行备案制。全年完成道路初审地名12个、住宅区初审地名1个，正式命名地名1个。结合党史学习教育，挖掘、推荐、宣传红色地名，专题拍摄制作《四县抗敌总会》红色地名宣传片。经省、市民政部门评估论证，位于宝堰镇的新四军四县抗敌总会纪念馆入选江苏省首批100个"红色地名"。（罗逸萍）

【地名成果转化】 2021年，丹徒区民政局推进地名普查成果转化工作，完成《江苏省行政区划简册》《江苏省行政区划地图集》丹徒区域部分、《江苏省标准地名词典》二至八部分词目修订，同时完成《丹徒区行政区划图》《丹徒区标准地名录》出版工作。（罗逸萍）

【困境儿童分类保障工作】 2021年，丹徒区有困境儿童113人，其中社会散居孤儿4人、其他类困境儿童109人。全年发放困境儿童生活补助113.78万元，其中社会散居孤儿生活补助由每人每月1915元调整到每人每月1982元，父母监护缺失儿童生活保障标准按照社会散居孤儿生活保障标准80%发放，父母无力履行监护职责的儿童生活保障标准按照社会散居孤儿生活保障标准60%发放，重残、重病儿童生活保障标准按照散居孤儿生活保障标准50%发放。（汤　文）

【谷阳镇儿童"关爱之家"建成】 2021年，丹徒区谷阳镇儿童"关爱之家"建成并投入运营。通过引入第三方专业社会组织的方式，谷阳镇儿童“关爱之家”定期面向全镇36名农村留守儿童、困境儿童及4名拓展服务对象开展关爱服务，全年开展活动50余次，实行“一人一档一方案”，确保儿童健康快乐成长。（华云燕）

【“两委”换届选举工作】 2021年，丹徒区推进基层政权规范建设，按照“两委”（村委会、居委会）换届“同步部署、一体推进”的要求，完成全区83个村委会、10个居委会换届工作，选民登记率、参选率和一次选举成功率分别为95%、98%和100%。截至年底，全区有建制村（社区）93个，其中建制村83个、城市社区10个，选出村（社区）委会主任93人，其中书记、主任由同一人担任的比例为95%，选出“两委”其他成员407人，其中大专以上学历占比65%，女性成员占比31%。全区所有建制村均成立村务监督委员会，其中由村纪检书记或纪检委员兼任村务监督委员会主任55人。世业镇作为市级换届选举工作试点镇，完成各项换届和选举观摩试点工作。（王本刚）

【新型农村社区治理能力建设】 2021年，丹徒区制定下发《镇江市丹徒区关于加强新型农村社区治理与服务的实施意见》，加强新型农村社区治理与服务工作，提高基层治理能力现代化。按照“参与式治理、精细化服务、自治式管理”的社区治理模式，打造“自治、法治、德治、智治”相结合的城乡社区治理体系。提升改造宜城街道姚庄社区、崇文社区党群服务中心，活跃社区空间，提升群众的幸福感、获得感、安全感。（王本刚）

【参与式社会治理】 2021年，丹徒区推进社会组织“参与式”社区治理，提升社区自治能力。构建以新型农村社区党组织为领导核心，建立健全以政府负责、民主协商、社会协同、公众参与为特色的新型农村社区治理体系，引进“枢纽型”社会组织参与社区治理。在持续打造宜城街道姚庄社区的基础上，重点在崇文社区、丹盛社区开展“参与式”社区治理工作，以建设“熟人社区”为目标，以居民互助互利为导向，组织社区居民参与社区活动，并在参与过程中为居民赋权（民主权）和赋能（自治能力），培养居民参与能力，激活社区治理内生动力和居民参与自治的热情，建设“人人有责、人人尽责、人人享有”的社区治理共同体。（王本刚）

【“双全”社工培训考核】 2021年，丹徒区委组织部、区民政局、宜城街道推广“全科+全能”社区治理模式，共同组织开展第三期“双全”社工培训考核，集中培训宜城街道69名城市社区工作者，68人通过考试，通过率98.6%，并确保90%以上专职社区工作者进入职业体系，提升城市社区为民服务能力。（闫玉梅）

【社会组织管理】 2021年末，丹徒区有登记的社会组织390家，其中社会团体203家、民办非企业单位187家；全区有社区备案社会组织198家，枢纽型社会组织4家，区、镇级社会组织孵化基4家。年内，2家社会组织参与市级公益创投项目，获扶持资金12万元；2家社会组织参与乡村振兴并投入资金5.7万元，受益人数292人。（凌　琴）

【婚姻登记服务】 2021年，丹徒区婚姻登记处推进婚俗改革工作，倡导文明简朴的结婚仪式，获“丹徒区十佳群众满意窗口”荣誉称号。完成登记大厅软装改造，营造温馨、浪漫、整洁的登记环境。7月，实行跨省、跨市、跨区通办结婚登记服务，落实江苏省“结婚一件事”改革，居民可以“一站式”完成结婚登记及户口簿婚姻状况变更的办理。全年办理各类婚姻登记3540对，合格率100%，其中结婚类登记2277对、离婚类登记1263对。（凌　云）

【福利彩票销售】 2021年，丹徒区福利彩票工作坚持稳中求进的工作总基调，严格依规运营，提升销售市场潜力。截至年底，全区有福利彩票投注站点50个，其中专营店12个、兼营店26个、双彩店12个。全年福利彩票总销量1351.85万元，其中电脑票销量1205.93万元、即开型彩票销量145.92万元，筹集福彩公益金137.84万元，为丹徒慈善与社会福利事业发展提供资金保障。 （赵 敏）

养老服务

【概况】 2021年末，丹徒区有80岁以上老年户籍人口11959人。丹徒区民政局规范80岁以上高龄老人尊老金审批发放程序，实行1次登记、2次打卡发放政策，全年有12594名老年人享受尊老金待遇，累计发放尊老金838.66万元。年内，丹徒区民政局推进养老机构"1+N"模式公建民营工作(其中"1"为区福利中心，"N"为各乡镇敬老院)，完成丹徒区福利中心、辛丰镇敬老院基础设施改造工作，在满足特困集中供养人员入住前提下，面向社会老人开放剩余床位，满足周边农村老人养老需求。截至年底，全区养老机构床位总数1666张，其中护理型床位1428张。 （郑 箫 张一凡）

【安康关爱行动】 2021年，丹徒区民政局集中宣传老年人意外伤害保险政策，为全区60周岁以上老年人办理政府统保，丹徒区财政支付统保经费65.88万元。全区有22897名老年人自费购买老年人意外伤害保险，比上年增加1037人。安康关爱老年险总体参保覆盖率在全市各辖市(区)排名第一。 （倪玉敏）

【居家养老服务】 2021年，丹徒区普通型社区居家养老服务中心覆盖率为100%，完成11个标准化居家养老服务中心提档升级工作。发挥虚拟养老服务平台网络化服务优势，丹徒区智能养老院全年接收信息呼叫7.98万人次，完成日间照料服务2082人次。面向80周岁以上普惠性对象和60周岁以上困难对象，统筹推进政府购买居家养老上门服务工作，全年开展居家养老上门服务10.83万人次。按照每户投入不高于3000元的标准，完成全区150户特殊困难老年人居家适老化改造工程。 （郑 箫）

关心下一代工作

【概况】 2021年，丹徒区关心一代工作委员会(简称丹徒区关工委)加强"五老"(老干部、老战士、老教师、老专家、老模范)人员队伍建设，提高"五老"人员关心下一代的工作技能和业务水平，围绕"颂建党百年，做时代新人"教育主题，利用本地的教育资源，开展各项教育活动。组建民营企业关工委组织66个。举办区、镇、村三级关工委老同志培训班145期。帮助困难学生358人，帮扶金额75.38万元，其中"五老"人员捐款22.38万元。推进"零犯罪"社区创建，开展法律宣讲21场次，发放法律图书1200余册，协助村(社区)司法工作者结对帮扶矫正对象，帮助矫正对象回归社会。截至年底，全区创建零犯罪社区84个。推进网吧义务监督工作，全区39个营业性网吧全部配齐网吧义务监督员，有"五老"义务监督员136人，杜绝未成年人进入网吧的现象。全年在《关心下一代周报》《扬子晚报》《镇江日报》《京江晚报》以及江苏少年网、江苏教育网、金山网、镇江教育网、镇江关工网、书香镇江网等媒体用稿608篇，其中省级媒体用稿139篇。年内，高资街道关工委、世业镇关工委获"全省关心下一代工作优秀集体"称号。 （卞美岗）

【主题教育活动】 2021年，丹徒区围绕"颂建党百年，做时代新人"主题，利用本地各类教育资源，开展教育活动。举办镇级(含教育局)演讲比赛12场次，村级校外辅导站73场次，各中、小学校小型演讲比赛200余场次，参与学生5000余人次。举办庆祝中国共产党成立100周年"童心永向党，筑梦新辉煌"全区主题演讲比赛，20名选手参加角逐。开展红色寻访活动200余次，参与学生1万余人次。丹徒区教育局关工委组织开展"童声齐颂建党百年"主题征文活动，向江苏少年网上传作品2000余份。开展优秀读书征文评比活动，收到征文稿件1300余篇，其中市级一等奖、二等奖、三等奖163篇，区级一等奖、二等奖、三等奖275篇。组织各类老少文艺演出146场次，观看人数1.6万人次。举办各类夏令营86期，参加学生、“五老”志愿者分别为6961人次、1225人次。全区举办各类实践体验活动195次，参与学生、“五老”志愿者11643人次。举办演唱会、诗歌朗诵会136场次，参与活动2万余人次。举办故事会217场次，参与活动1.23万人次。举办各类板报、橱窗宣传和图片、书画展214期，参与活动3万余人次。举办“颂建党百年 做时代新人”全区少儿绘画大赛活动，收到稿件841件。

（卞美岗）

【校外辅导站工作】 2021年，丹徒区各级校外辅导站活动坚持“长流水，不断线”，确保常态化运作，面向学生开展思想道德教育、传统文化、学业功课、科普知识、民俗工艺、法律法规、兴趣爱好等方面的辅导。推进校外辅导站与社会部门、单位联手共建，全区90%的镇级辅导总站和50%的村级辅导站实现多方联手共建。全区89个村中心辅导站与本地中小学实行“校站结合”，其中30余个村中心辅导站与驻镇高校和社会组织实行结对共建。全年校外辅导站开设法治安全教育课370余场次，聘请编外法治教员210余人次，全区学生和家长参与活动2.5万人次。（卞美岗）

【“颂建党百年　做时代新人”全区少儿绘画大赛】 2021年6月4日，丹徒区关工委与丹徒区文联、丹徒区教育局共同举办的“颂建党百年　做时代新人”全区少儿绘画大赛作品展在丹徒区文化艺术中心一楼展厅开展，展期一周。该活动历时5个月，收到应征稿件841件，经专家评审，按小学高年级组、小学中年级组、小学低年级组和幼儿园组4个级别，评选出一等奖、二等奖、优秀奖352件。（卞美岗）

【青年农民帮扶工作】 2021年，丹徒区关工委采取多项措施，强化青年农民帮扶工作。截至年底，丹徒区“五老”科技人才库入库科技人才301人。依托“五老”科技人才库，各镇(街道、园区)分别建立3—5人的“五老科技指导组”，各村分别建立5—7人的“五老科技服务队”，并吸收一批当地在种植业、养殖业、饲养业、果木业等方面有成功经验的行家里手参与，建成“五老”科技工作者与青年农民联系点198个。建立镇级科技实验基地56个、村级科技实验基地86个，为帮扶青年农民创业提供基地保障和技术支持。全年举办各类农业科技讲座95场次，举办各类培训班53期，全区参训青年农民4776人次。（卞美岗）

应急管理

【概况】 2021年，丹徒区委、区政府将抓好安全生产工作作为统筹“发展和安全”，实现全区经济社会高质量发展的底线依托，全年先后召开区委常委会8次、区政府常务会9次，围绕安全生产“重点时段、重要任务、重大风险”，推进中央、省、市安全生产重大决策部署任务全面落实。开展“百团进百万企业千万员工”“书记镇长说安全”系列安全宣讲活动，丹徒区主要党政领导、各镇(街道、园区)主要负责人及丹徒区安全生产委员会重点成员单位领导班子成员开展宣贯培训62场，覆盖企业(单位)2000余家，参培员工数近1万人。全区各镇(街道、园区)和丹徒区安全生产委员会成员单位向丹徒区政府递交安全生产目标管理责任书，丹徒区政府与各属地政府签订消防工作责任书，强化监管责任。丹徒区将安全生产专题学习纳入各级政府、机关党委(党组)理论学习中心组学习内容和全区科级干部轮训必修课程，将履行安全生产工作责任情况列入述职内容，深化安全责任意识。制定《2021年各镇(街道、园区)党委政府和区安委会成员单位履行安全生产工作责任考核评价指标》，指导各地、各部门通过联合检查、联手执法、联席会议等形式，推进安全生产各项重点工作任务。开展“安全生产月”“村企联动送平安”等主题活动，增强企业落实主体责任的思想自觉。面向企业主要负责人、安全管理人员开展相关业务培训，提升企业安全管理水平。建立“保险+科技+服务”安全生产责任保险推进机制，提升参保企业事故预防能力，在实现应保尽保企业全覆盖的基础上，将危险化学品使用、机械制造、船舶修造等重点行业领域纳入推广范围。全年完成总保单125单，参保企业119家，保费331.9万元，其中新增参保企业33家，新增保费148.9万元。（刘　玲）

【安全生产监管】 2021年，丹徒区印发《丹徒区安全生产专项整治三年行动工作方案》《关于进一步深化安全生产三年专项整治工作的实施意见的通知》《关于全面落实国务院安委会开展深化江苏安全生产专项整治指导工作丹徒实施方案的通知》等重要专项整治文件，制定印发“1+2+7”专项整治三年行动总体方案、“19+71+6”深化专项整治任务清单和“3+19+12”落实国务院安委会指导工作任务清单，做到“列清单明责”“照清单履责”，完成年内各项工作任务。

危险化学品：开展危险化学品生产企业重大危险源市际互查，抽查烟花爆竹零售店，全面摸排医药企业使用危险化学品的种类、环节、存储情况。

冶金工贸：开展全区规模以下冶金等工业企业有限空间排查整治、外包项目摸底排查，推进粉尘涉爆企业、高温熔融金属企业中频炉专项检查，推进氨气使用企业专项检查。

非煤矿山：推进荣炳盐矿开展安全生产风险监测预警系统建设，强化安全风险等级管理和隐患排查整改预防机制。

道路运输：加大超限超载违法行为整治力度，开展重点货运源头企业巡查，联合打击非法加油点，开展成品油违法犯罪专项清查集中行动。

城镇燃气：推动全区瓶装燃气市场整合，加快推行瓶装液化气服务配送制和销售实名制，推进燃气泄漏保护装置安装工作。

固体废弃物：全面摸排处置辖区范围内企业以及长江沿岸、饮用水水源地周边、废弃宕口、渣土场、主要交通干线两侧等敏感区，以及群众投诉量大的涉废区域的固体废弃物相关情况。

特种设备：开展全区锅炉、压力容器、电梯、大型游乐设施等九大类特种设备安全风险排查，制定《丹徒区特种设备安全排查风险点汇总表》，提升企业特种设备安全管理水平。

其余重点行业领域，均结合行业安全生产特点，提升整治成效。三年专项整治以来，各行业领域排查出隐患20554条，其中一般隐患20472条，整改20268条，整改率99%；重大隐患82条，整改82条，整改率100%。（刘　玲）

【安全生产治理能力建设】 2021年，丹徒区采取多项举措，强化安全生产治理能力建设。制定《关于进一步规范乡镇安全生产工作的指导意见》，从完善监管机制、规范监管流程、明确监管重点、履行监管职责四个方面落实属地监管责任。全区各镇（街道、园区）建立安全生产监管责任体系，将安全生产监督管理办公室调整至综合行政执法局挂牌，理顺安全监管执法体制。将安全生产监管职能、消防安全监管职能纳入全区综治网格，全区95个行政村（社区）全部配备专（兼）职安全员，协助开展安全监管工作，各镇（街道、园区）明确并落实消防安全网格化架构、人员和工作职责，推动镇一级消防组织实体运行。将安全生产督导和安全生产巡查相结合，组织6个督导（巡查）组对全区10个镇（街道、园区）和21个部门（单位）开展督导（巡查），推动安全生产专项整治落到实处。推进化工企业安全生产信息化平台建设，对接3家重大危险源企业、8个重大危险源单元，建设监测预警系统，实施视频和温度、压力、液位、气体监测参数在线监控。强化《丹徒区安全生产问题处置监管平台运行使用管理制度（试行）》执行力度，推动各行业主管部门安全生产问题、隐患、事故及时进入监管平台，实现问题线索全程跟踪、整改闭环精准推进。全区接入问题数据43条，办结率100%；接入隐患数据14267条，办结13931条，办结率97.6%；接入事故数据5起，办结3起，办结率60%；累计录入隐患数据量居全市第二位。（刘　玲）

【安全生产宣传】 2021年，丹徒区采取多项举措，开展安全生产宣传。重点开展企业主要负责人、安全管理人员的事故警示教育活动，营造“安全生产人人有责、安全生产从我做起”氛围。丹徒区拍摄的《强化红线意识坚守底线思维》宣教片获第二届全国应急管理普法作品展三等奖。开展企业职工层面安全生产知识技能宣传培训和社会群众层面安全发展观念宣贯工作，推动《中华人民共和国安全生产法》(2021年6月修订版)宣教活动落到实处。年内，丹徒区安全生产宣传信息被中央级媒体用稿4篇，其中《中国安全生产》杂志1篇、中国安全生产微信公众号3篇；省级媒体用稿7篇，其中中共江苏省委《信息快报》1篇、江苏省应急管理厅官网4篇、《江苏安全生产》杂志2篇。 (刘　玲)

【应急救援减灾救灾体系建设】 2021年，丹徒区委、区政府牢固树立“人民至上、生命至上”理念，完善应急救援减灾救灾工作体系，维护人民群众生命财产安全。强化应急预案建设，完成《丹徒区突发事件总体应急预案》修编工作，以总体预案为牵引，一体推进全区自然灾害和事故灾难类共29项应急预案修编工作。制定《丹徒区救灾物资管理办法》，规范灾害救助行为，确保救灾物资存储安全、管理规范、调运迅速。建立丹徒区防灾减灾联合会商工作机制，强化灾害监测和预警。规范灾情报送，明确灾情报送主体责任。丹徒区应急管理局联合丹徒区消防救援大队和相关危险化学品生产经营单位组建防化救援连、应急救援小分队、甲醇应急救援分队3支应急救援队伍。举办灾害信息员培训班，开展灾情报送警示教育，定期开展灾情报送演练。投入31万元，为全区10.36万户城乡居民投保惠润万家城乡住房保险，实现城乡居民全覆盖。完成应急管理领域风险普查调查任务，完成140家公共服务设施承灾体、57家危险化学品自然灾害承灾体、1家非煤矿山承灾体、121家减灾能力调查对象调查任务，完成306家单位外业核查，完成重大历史灾害(1949—2020年)、年度自然灾害(1978—2020年)灾情调查任务。开展家庭减灾能力入户调查，完成全区8个镇(街道、园区)内27个村(社区)1110户群众的家庭减灾能力入户调查。丹徒区应急管理局以丹徒区江心洲472名撤离群众的救灾安置工作为蓝本，完成《一线忠诚》情景剧拍摄，获得社会各界好评。 (刘　玲)

【消防救援】 2021年，丹徒区消防救援大队以“中国共产党建党100周年”消防安全保卫为重点，开展社会面火灾防控。围绕消防安全重点单位、消防重点环节监管，压实消防安全责任体系，联合相关行业部门和属地板块，检查高层建筑、大跨度厂房、化工单位、文物古建筑、学校幼儿园、养老机构、标志性建筑等场所，持续开展高层建筑、大型商业综合体、电动自行车、“九小场所”(小学校或幼儿园、小医院、小商店、小餐饮场所、小旅馆、小歌舞娱乐场所、小网吧、小美容洗浴场所、小生产加工企业)等重点领域消防安全专项整治，督促整改火灾隐患，推动解决消防安全突出问题。全年丹徒区消防救援大队出动监督检查人员3856人次，检查社会单位1928家，下发责令限期改正通知书698份，督促整改火灾隐患1256个，整改重大火灾隐患单位2家，办理消防行政处罚28家。细化《2021年乡镇消防工作目标责任清单》，要求各镇(街道、园区)明确并落实消防安全网格化架构、人员和工作职责，推动镇一级消防组织实体运行。强化抢险救援力量，推进“村级微型消防站”民生工程建设，解决农村火灾体量大，道路交通条件差，灭火救援时专业救援队无法快速到场的问题，发挥“灭小、灭早、灭初期”的救援作用。围绕“全灾种、大应急”形势任务需要，强化专业救援力量建设，多名消防员取得国际专业技能实操证书，系统性提升专业处置能力。年内开展重点单位“863”(即消防8必看、6必测、3必练)熟悉116家、演练78家，修订数字化预案90份。全年丹徒区发生火灾429起，火灾损失221.81万元，未发生有影响和亡人火灾事故。接警出动868起，出动车辆1270辆，出动警力5131人，抢救被困人员51人，疏散被困人员68人，抢救财产价值787.1万元，保护财产价值3329.7万元。

在集中开展“百名消防指挥长宣讲消防安全”活动的基础上，开展消防安全宣传进企业、进农村、进社区、进学校、进家庭“五进”工作。利用200余处室内外电子显示屏、橱窗、横幅以及微博、微信等固定宣传阵地，开展各类消防宣传58次，发放宣传资料4.5万份。利用消防宣传车在重要节日开展社区、小区亮灯式流动宣传26次，开展各类企事业单位灭火演练102次。面向全区社会群众、各类企事业单位、学校及幼儿园开放消防站39次，受教育人员1万余人次。以“119”消防宣传日为契机，在丹徒新城人民广场开展消防宣传活动。

2021年11月9日，“119”消防宣传日活动

（丹徒区委宣传部）

年内，丹徒区消防救援大队1名干部被江苏省消防救援总队评为“优秀女干部”，宜城站党支部被江苏省消防救援总队评为“示范基层党组织”，站长李伟被评为“全省模范共产党员”“江苏省优秀团干部”“镇江市最美应急人”，1名消防员被评为“镇江市优秀共青团员”，1人被镇江市消防救援支队评为“敬业之星”。（丹徒消防）

民族·宗教

【概况】 2021年，丹徒区民族宗教事务部门以“铸牢中华民族共同体意识”为主线，学习宣传中央民族工作会议精神及党和国家的民族政策，服务和保障少数民族群众合法权益。学习贯彻全国宗教工作会议精神和党的宗教政策法规，依法管理宗教事务。推进宗教团体与宗教活动场所规范化建设，指导宗教活动场所弘扬社会主义正能量。开展宗教活动场所安全专项整治行动，落实宗教活动场所安全主体责任，深入排查、整治宗教场所各类安全隐患，提升宗教活动场所安全管理水平。截至年底，丹徒区有少数民族32个，有民族村、民族社区各1个，有少数民族群众1080余人；全区有依法登记的宗教活动场所30个，其中佛教场所15个、道教场所6个、基督教9个，有丹徒区佛教协会、丹徒区道教协会、丹徒区基督教三自爱国运动委员会等宗教团体3个。（唐亚军）

【卫星村少数民族特色村寨建设】 2021年，丹徒区民族宗教事务部门争取中央乡村振兴资金400万元，指导世业镇卫星村实施旅游综合体项目建设，打造集观光、休闲、度假、民族文化宣传、农业实践学习和农家生活体验为一体的民族特色乡村游项目，推动卫星民族村特色乡村旅游业发展，带动周边村民就业，增加村民经济收入。（唐亚军）

【宗教团体建设】 2021年，丹徒区民族宗教事务部门指导帮扶宗教团体加强自身建设，完善办公条件，健全管理制度，规范财务管理。从严开展教风建设，倡导尊法守法、崇俭戒奢，规范宗教教职人员登记管理工作。加强宗教管理信息化建设，完善宗教工作服务平台信息录入和档案管理。开展安全知识培训和消防应急疏散演练，组织开展定期安全巡查检查。（唐亚军）

见义勇为

【概况】 2021年，丹徒人民政府授予吕汉成“见义勇为先进个人”荣誉称号，奖励人民币5000元；授予朱小贯和王达前、刘涛和刘文勇、王国荣和巫云

龙“见义勇为先进群体”荣誉称号，分别奖励人民币1万元。见义勇为人员郭文韬获第六届“江苏十大见义勇为好司机”提名奖。丹徒区见义勇为基金会联合丹徒公安分局落实见义勇为表彰奖励机制，全年表彰奖励见义勇为人员34人，专项奖励“一案一奖”68人次。见义勇为人员和警务辅助人员协助公安机关破获各类案件130余起，案值85.2万元；救助跌倒老人2人，施救落水人员6次，挽救他人生命9人；扑救火灾8起，抢救被困人员1人，挽回经济损失15万余元。（丹徒见义勇为基金会）

【见义勇为宣传】 2021年，丹徒区见义勇为基金会利用传统节日，联合派出所、民政、工会、妇联、共青团等部门，在辖区人群相对集中的地点，开展“见义勇为+网格+志愿者服务”等宣传活动，各基层协会组织集中宣传6次，发放宣传手册1万余册，悬挂横幅标语250余条，摆放宣传展牌200余块，参与群众超2万人次。全年上报镇江市见义勇为基金会和《镇江壹周》各类见义勇为信息报道30余篇，微丹徒公众号发布10篇，《京江晚报》刊登8篇，各基层协会上报丹徒区见义勇为基金会相关见义勇为工作动态近100条。

（丹徒见义勇为基金会）

【见义勇为宣传阵地建设年活动】 2021年，丹徒区开展见义勇为宣传阵地建设年活动。年内，丹徒区建成丹徒区见义勇为主题公园、丹徒区见义勇为展示馆，各镇(街道、园区)建成1—2个宣传阵地，实现见义勇为宣传阵地区、镇两级全覆盖。

丹徒区见义勇为基金会依托城西公园打造，丹徒区见义勇为主题公园。该公园占地近1.2万平方米，总投入20余万元，向社会免费开放。结合城西公园原有的基础设施，设立固定展牌，增加见义勇为相关元素，重点宣传《江苏省奖励和保护见义勇为人员条例》；设立英雄廊，重点宣传受到省以上表彰的先进个人(模范、英雄)的先进事迹；设立宣传栏，重点宣传丹徒区见义勇为工作。

在丹徒公安分局建成丹徒区见义勇为展示馆。该馆占地面积60平方米，通过图片、视频、实物展示，从各级领导关心重视、基层网络组织建设、档案制度管理、多种形式宣传、权益保障机制、表彰奖励6个方面反映丹徒区见义勇为工作历程和具体成果。

镇(街道、园区)宣传阵地实现全覆盖。其中，世业镇见义勇为主题广场是丹徒区首家镇一级见义勇为主题广场，占地近4000平方米，通过展牌、橱窗、横幅等形式宣传《江苏省奖励和保护见义勇为人员条例》，展示见义勇为人员事迹，传播见义勇为主题文化；宝堰镇见义勇为主题广场占地0.7公顷(10亩)，与党建、乡村大舞台有机结合，宣传见义勇为事迹和见义勇为工作；辛丰镇见义勇为主题广场占地1.33公顷(20亩)，依托农民公园打造见义勇为主题广场，宣传见义勇为行为；谷阳镇见义勇为主题公园占地1.67公顷(25亩)，依托丹徒高新园法治广场建设而成，通过橱窗、展板、标牌等形式宣传见义勇为；上党镇见义勇为主题广场占地7200平方米，设有道旗、宣传牌、善行义举榜、扇形牌、固定橱窗等设施，宣传见义勇为人员事迹。年内，江心、荣炳、高桥、高资协会见义勇为主题广场(公园)全部建成。（丹徒见义勇为基金会）

2021年，世业镇见义勇为广场一角（世业镇）

【见义勇为人员权益保障】 2021年，丹徒区见义勇为基金会采取多项措施，保障见义勇为人员权益。

4月，全国见义勇为模范朱荣江在癌症手术治疗期间，镇江市见义勇为基金会理事长李茂川、丹徒区委书记谢继步，丹徒区见义勇为基金会以及新城协会、上党协会先后上门慰问，并会同丹徒区人社局为其家属落实公益性工作岗位。5月，镇江市见义勇为基金会副理事长张卫东看望慰问在丹徒区牺牲的贵州籍见义勇为人员谌洪亮的亲属，并发放子女助学补助金2000元。年内，结合夏季送清凉、冬季送温暖等活动，丹徒区见义勇为基金会慰问见义勇为人员22名，发放困难补助金4.9万元，并建立健全帮扶特困家庭长效机制，保障见义勇为人员合法权益。（丹徒见义勇为基金会）

【见义勇为特色工作】 2021年，丹徒区见义勇为基金会采取多项措施，开展见义勇为特色工作。在辖区内中央企业、规模企业中开展见义勇为宣传活动，海螺水泥等4家企业设立“见义勇为宣传角”，落实该企业见义勇为信息员和志愿者；辛丰协会会同见义勇为人员吕汉成，在辛丰镇文广中心挂牌设立“吕汉成见义勇为工作室”，发挥吕汉成榜样作用；江心协会在五墩村开办“积分兑换超市”，村民凭借宣传见义勇为精神、践行见义勇为行为、帮助其他村民解决困难等情况获得相应积分，并可凭借该积分在超市兑换日用商品。

（丹徒见义勇为基金会）

慈　善

【概况】 2021年，丹徒区慈善总会围绕丹徒区委、区政府中心工作，以“募集慈善资金为重点，突出慈善文化进校园、进社区两项特色，做好救助资金发放、慈善文化广泛宣传、规范慈善行为三件重点”为主要内容，凝聚各方慈善力量，弘扬慈善文化，创新慈善模式和载体，拓展新的救助项目，推动慈善工作再上新台阶。全年收入慈善资金1339.2万元，救助困难人员6848人次，支出资金705.79万元。（胡　瑞）

【“爱在丹徒·救助急难防返贫”慈善主题活动】

2021年12月10日，丹徒区慈善总会召开“爱在丹徒·救助急难防返贫”慈善主题活动，授予江苏鹤林水泥有限公司等8家单位(企业)“慈善捐款特别贡献单位”，授予江苏蓝圈新材料股份有限公司等16家企业“慈善爱心企业”称号，并与镇江浙江商会、江苏蓝圈新材料股份有限公司、江苏捷诚车载电子信息工程有限公司、江苏镇江燃气热电有限公司4家企业签订10年50万元捐赠协议，与江苏鹤林水泥有限公司续签10年200万元捐赠协议。

（胡　瑞）

【校园慈善文化】 2021年，丹徒区慈善总会、区教育局推进校园慈善文化建设工作，在丹徒区茅以升实验学校、镇江市宜城小学打造市级校园慈善文化示范基地。丹徒区慈善总会捐赠40万元，在两所校园设立慈善文化基金，用于校园慈善文化建设。8月27日，丹徒区慈善总会在丹徒区茅以升实验学校召开丹徒区慈善总会教育分会成立暨全区中小学校园慈善建设推进会，并赠送慈善读本。11月15日，镇江市慈善总会、市教育局联合调研丹徒区中小学校园慈善文化建设，肯定丹徒区校园慈善文化建设成绩。（胡　瑞）

【慈善进社区】 2021年，丹徒区慈善总会、宜城街道、区民政局、区残联等部门在西麓村开展慈善进社区试点活动。10月14日，西麓村“居家养老爱心食堂”挂牌开业，为辖区内重度残疾人员、“五保户”、85岁以上高龄人员提供免费就餐，其他残疾人、困难户、独居老人等群体实行补贴就餐，每日就餐人员127人。丹徒区慈善总会在世业镇世业村开展“幸福家园”村社互助项目试点活动，募集资金2.2万元，用于在当地健康小屋增设相关设备，为老年人提供健康服务。（胡　瑞）

【慈善宣传】 2021年9月1—25日，丹徒区慈善总会开展“9•5”慈善日慈善宣传活动，在全区主要路段挂宣传标语近100条；通过《镇江日报》《京江晚报》《丹徒新闻》等媒体，加强慈善典型人物、典型事例宣传。10月28日，在镇江市第三届慈善奖表彰会上，丹徒区镇江兴乐市政工程有限公司陈正乐被镇江市政府授予“慈善行为楷模”，宜城街道西麓村党委书记蔡扣成被镇江市政府评为“优秀慈善工作者”，另有4个单位被镇江市慈善总会评为“助力脱贫攻坚先进单位”，4人被镇江市慈善总会评为“助力脱贫攻坚先进个人”。（胡　瑞）

【慈善救助】 2021年，丹徒区慈善总会开展各项救助项目，建立“救助急难防返贫”机制，提高救助水平。救助项目主要有：实施“温暖行动”救助，经镇江市慈善总会批准，春节前为全区弱势群体和困难群众发放慈善款574人次、146.05万元；实施“情暖江苏”春节慰问，向救助家庭成员患有癌症、白血病、尿毒症等重特大疾病，或遭遇意外突发事件、家庭经济特别困难的低保户和低保边缘户发放救助资金70人次、7万元；实施“慈善助孤”救助，向1名孤儿发放养育费8250元，保障孤儿生活；开展“慈善圆梦助学”活动，向考入大学的困难家庭新生一次性救助3000—8000元，按每人1000元标准向困难高中学生、特教学生发放救助金，共计96人次13.9万元；实施“慈善助医”救助，向重病低保户、低收入户和患白血病儿童发放救助金730人次、94.37万元；实施临时（急难型）救助，向遭遇重大疾病或意外突发事件的困难群众发放救助金577人次、176.85万元；各镇（街道、园区）慈善分会、村（社区）工作站实施慈善救助，惠及困难群众4249人次，发放救助金135.13万元；实施机关人员救助，先后向区级机关长期参加“慈善一日捐”活动，向患有重病的12名机关工作人员发放救助金，总额11.4万元；开展爱心行动，筹集资金7万余元，为341名城区环卫工人及政府大楼保安人员发放爱心年夜饭；丹徒区慈善总会与澄城县慈善协会对接，向澄城县遭遇水灾的受灾群众发放救灾款16万元。

（胡　瑞）

【善款募集工作】 2021年，丹徒区慈善总会开展各项善款募集活动。4—6月，在全区党政机关、事业单位、金融机构开展为期两个月的“慈善一日捐”活动，筹集善款251.71万元；丹徒区委、区政府推动企业劝捐工作，实现到账善款220.5万元；江苏钱潮轴承有限公司向丹徒区慈善总会捐赠13.08万元，救助辛丰镇58名孤寡老人、孤儿和特困职工；7月30日，江苏金煜满堂置业有限公司向丹徒区慈善总会捐赠1万余元，救助河南灾区群众；镇江浙江商会连续四年向困难在校大学生和2021年入学的贫困大学生捐赠助学款，年内捐赠助学款8万元；丹徒区慈善总会各分会、村（社区）工作站募集慈善资金418.38万元，慈善资金存量突破3000万元，全区所有村（社区）都存有慈善资金，85%的村（社区）慈善资金存量在20万元以上。年内，全区慈善资金完成增值收入395.1万元。（胡　瑞）

【“99公益日”活动】 2021年9月，丹徒区慈善总会开展“99公益日”活动，助学圆梦、爱心食堂、慈善温暖进万家3个线上捐款项目募集慈善资金74万元，全区有2万余人参与活动。丹徒区教育系统推动助学圆梦项目，动员师生参与“一元捐”活动，募集慈善款34万余元，为教育系统实施助学活动及校园慈善文化建设奠定基础。西麓村爱心食堂项目募集资金10万余元，为爱心食堂良性循环提供保障。

（胡　瑞）

镇·街道·园区

高桥镇

【概况】 高桥镇位于镇江市丹徒区东北部，南临长江与镇江新区大港港口隔江相望，东临长江与扬中市新坝镇遥望，西连长江与丹徒区江心洲生态农业园区相望，北与扬州新区江广新城相连。总面积42.79平方千米，耕地面积1098公顷，集镇面积0.9平方千米，辖6个行政村、1个居委会。年末总户数7048户、总人口19175人(其中男性9202人、女性9973人)。人口出生率5‰，死亡率8‰，人口净增率-2‰。

综合经济指标 2021年，完成地区生产总值16.49亿元，其中第一产业增加值17106万元、第二产业增加8.12亿元、第三产业增加值6.66亿元。公共财政预算收入4603万元，公共财政预算支出8877.57万元。

农业 农业总产值3.19亿元。完成粮食总产11712吨、油料总产302吨、蔬菜总产5960吨、水产品总产1819吨、果品总产350吨，出栏家禽0.8万羽。水利、农田基础建设投入430万元，维修、加固堤岸1000米，疏浚河道5条2.3千米，完成土石方2.1万立方米。

工业 全镇有工业企业265家，职工总数8522人。完成规模以上工业总产值9.29亿元，实现销售收入8.66亿元、利税6088万元。完成固定资产投资10.2亿元，比上年增长15%，其中规模以上工业固定资产投资0.88亿元，增长58%。年销售额2000万元以上企业13家，拥有固定资产1.6亿元，职工1995人，实现利税3719万元。私营企业252家，完成产值18.4亿元、利税9210万元。个体工商户725户，从业人员1530人。外贸出口企业10家，实现外贸进出口总额8500万美元。年内工商注册外资及港澳台资10万美元。

集镇建设 修缮、新建路灯40盏。新建公园1个，占地2500平方米。投入450余万元，修缮沥青路面1.2千米，完成镇村污水管网建设1.5千米。

科技与社会事业 全镇有科技人员114人，其中初级职称15人、中高级职称4人，获得发明专利22项。有中学1所、小学1所、幼儿园1所，教职工94人，在校中学生203人、小学生435人、幼儿园34人。有卫生院1所，病床35张，职工42人。有文体活动中心1个。自来水普及率100%。全镇村村通公路。参加农村社会养老保险9025人，参加新型农村合作医疗12696人，参保率100%。

人民生活 农民年人均可支配收入28912元，农民人均住房面积25平方米，集镇居民人均住房面积18平方米。各项储蓄存款余额20.3亿元，人均储蓄12688元。 (田爱芬 芦玉杰)

【镇江港润祥液化天然气加注站码头运行启动仪式】 2021年12月20日，镇江港润祥液化天然气加注站码头运行启动仪式在镇江港高桥港区三益桥作业区润祥液化天然气加注站码头举行。镇江液化天然气项目是交通运输部长江干流江苏段水运行业应用液化天然气示范试点项目，也是江苏省首个核准的长江液化天然气加注站及接收站项目。该项目主要建设加注站1座，包括2个1万吨级液化天然气动力船加注泊位、2个250立方米液化天然气储罐及相关配套设施，码头设计加注能力为每年27万吨液化天然气；建设接收站1座，包括2个3

万总吨液化天然气泊位、2座10万立方米液化天然气储罐及相关配套设施。码头设计通过能力为每年150万吨液化天然气。（田爱芬　芦玉杰）

2021年12月20日，镇江港润祥液化天然气加注站码头运行启动仪式（高桥镇）

【第五届高桥雪地靴文化节】 2021年12月19日，“冰‘靴’奇缘·温暖高桥”第五届雪地靴文化节在丹徒区高桥镇(线上)和镇江市南山花鸟市场(线下)同步举行。线上，高桥镇有关领导与“镇江圈”网红主播互动，通过抖音直播平台在企业生产现场向网民讲解雪地靴的制作过程，介绍该镇雪地靴产业的发展状况；线下，设在南山花鸟市场的展销会向游客展示2021年最新款雪地靴。线上、线下总计吸引观众超10万人次。2021年，高桥镇连续两届蝉联“中国雪地靴之乡”称号，是中国雪地靴产品的主要生产基地。截至年底，高桥镇有雪地靴企业400余家、电商800余家，国内市场占有率在40%以上。（田爱芬　芦玉杰）

2021年高桥镇骨干企业情况表

表24　　单位：万元

企业名称	产值	销售收入	利税
镇江爱可信皮业有限公司	4050	4050	223
镇江宏联电工有限公司	29476	29538	1019
镇江正军电器有限公司	9203	8452	553
江苏新威电子有限公司	9100	9086	239
镇江德倪皮业有限公司	2510	2427	92
镇江永乐裘皮有限公司	6000	6000	350
振兴海洋船舶重工有限公司	8727	5049	364
镇江高海生物药业有限公司	6399	5891	1727
镇江恒源木业有限公司	3095	3095	113
江苏八达电子有限公司	2556	2556	157
镇江旺达鞋业有限公司	3406	2519	92
丹徒区科达医疗有限公司	4604	4103	193

（田爱芬　芦玉杰）

辛丰镇

【概况】 辛丰镇位于镇江市丹徒区东南部，东邻镇江新区丁岗镇，南邻丹阳市经济开发区，西邻谷阳镇，北邻京口区谏壁街道。总面积79.4平方千米，耕地面积2708公顷，集镇面积5.5平方千米，辖15个行政村、1个居委会。年末总户数18360户、总人口47156人(其中男性23209人、女性23947人)。人口出生率1.66‰，死亡率2.25‰，自然增长率−0.58‰。

综合经济指标　实现地区生产总值65.42亿

元，比上年增长11%，其中第一产业增加值41013万元、第二产业增加值42.65亿元、第三产业增加值18.67亿元。公共财政预算收入1.13亿元，公共财政预算支出3979.97万元。完成固定资产投资4.62亿元，比上年增长23.53%，其中制造业投资2.69亿元，增长3.7%。

农业 实现农业总产值7.64亿元。粮食总产2.22万吨，油料总产806.7吨，蔬菜总产7655吨，水产品总产716吨，出栏生猪5347头、羊1420只、家禽1105.9万羽。水利、农田基础建设投入1600万元，实施农田改造266.67公顷(4000亩)，新修农田排灌渠道7.78千米，新建排灌泵站14座，完成龙山水库除险加固工程。

工业 全镇有工业企业700家，职工总数27689人。实现工业应税销售收入35.15亿元，实现规模以上工业总产值34.91亿元。年销售额2000万元以上企业36家，实现利税1.94亿元。个体工商户620户，从业人员1186人。

集镇建设 满足群众停车需求，投入资金约10万元，新增补划集镇范围公共停车位800余个；解决集镇路段车辆秩序问题，投入资金约20万元，新装违停抓拍监控系统8套；投入资金20余万元，改造出新集镇公厕3座；投入约15万元，改造出新垃圾箱20个；投入12万元，补种绿化3000平方米；改善集镇商铺、住宅污水排放设施，投入资金约400万元，新建污水管网6千米；投入50万元，完成集镇路段路灯提档升级；投入20余万元，修复集镇路面3000平方米。

科技与社会事业 全镇有科技人员735人，其中初级技术职称75人，中高级技术职称268人，年内获科技成果2项。有中学2所、小学2所、幼儿园2所，在编教职工232人，在校中学生824人、小学生2091人。有卫生院1所，病床100张，医卫人员108人。有文体活动中心1个，影剧院2座。参加新型农村合作医疗27232人，其中当年新增218人。

人民生活 农民年人均可支配收入32524元，职工人均可支配收入49825元。农民人均住房面积56平方米，集镇居民人均住房面积45平方米。

(姜国平 吴峰峰)

【科技创新】 2021年，辛丰镇修订完善《辛丰镇扶持产业发展和促进转型升级奖励办法》，推进企业走科技创新道路。发挥科技镇长团作用，加大产学研合作，推进科技成果转化，全年完成高新技术企业申报13家，认定8家，高新技术企业申报成功率62%，位居全区第一。申报科技型中小企业25家。江苏希西维轴承申报省科技成果转化专项资金项目1个，获国家级“专精特新”企业称号；仙妻味业申报区科技成果转化项目1个，江苏博霖环保科技有限公司申报镇江市“金山英才”计划(“金山英才”计划是镇江市实施的高技能领军人才计划)项目1个，美典电子新材料科技镇江有限公司、仙妻味业申报区“长山计划”(“长山计划”是丹徒区实施的高层次创新创业人才引进计划)项目2个。 (姜国平 吴峰峰)

【生态环境】 2021年，辛丰镇坚持生态优先、绿色发展的理念，落实中央环保督察后续整改工作，2016年中央环保交办件及2018年省级环保交办件交办事项全部完成整改；2021年省级环保交办件有23件，其中19件整改工作于年内完成，剩余4件整改工作有序推进。完成长江经济带废弃露天矿山生态修复工程。推进制刷行业VOCs(挥发性有机物)集中整治，开展“散乱污”、“小”字头企业整治，取缔13家“散乱污”、“小”字头企业。推进集镇商铺、企业污水纳管工程建设，修建支管网5.1千米，完成商铺纳管350户，完成老旧小区接管7个。落实“河长”负责制，人民沟、三叉河等3条河道创成生态河道，完成华村沟“黑臭水体”整治，国考断面水质稳定达标。开展文明镇村创建，辛丰镇创成“市级文明镇”，辛丰村、星棋村创成“市级文明村”，在新一轮文明城市创建省级考核中，获得满分成绩。 (姜国平 吴峰峰)

【养老机构改革】 2021年，辛丰镇推进养老机构公建民营改革，做好新形势下养老机构服务质量提升工作。辛丰镇敬老院作为丹徒区第一家乡镇试点单位，与宜兴九如城签订公建民营合作项目，提升老人的安全感、幸福感和获得感，让入住的老年人“老有所养、老有所医、老有所乐”。截至年底，该项目改造工作结束，并做好13名“五保”老人回迁入居准备工作。（姜国平　吴峰峰）

【黄墟集镇环境提升工程】2021年，辛丰镇结合黄墟古村落保护，围绕殷氏六房区域和黄墟集镇步行街，投入160余万元，实施黄墟集镇环境提升工程。该工程实施路面黑色化近5000平方米，新建旅游公厕1座，新建公共停车场2个，新增补划车位200余个，拆除绿化带300米，安装路灯40余盏，交通堵塞、车辆秩序混乱等问题得到解决。

（姜国平　吴峰峰）

【辛丰镇国考断面水质持续达标】2021年，辛丰镇改善水生态条件，投资近1亿元完成河东、河西片区主管网建设，人民沟小流域治理，塔岗河、半月沟、华村沟治理，45个自然村分散式生活污水处理设施、京杭运河一期农村污水收集处理设施等工程建设。关闭没有污水处理设施的164户畜禽养殖场所，拆除违法建筑14万余平方米，关闭取缔“散乱污”企业56家。完成150个自然村村庄环境综合整治、115个黑臭水体治理和2478户无害化户厕改造，启动沿街商铺及企业污水纳管工程。清除大运河两侧50米红线范围内的违规种植，新种植绿化树木7万余棵，新增运河绿地19.2公顷(288亩)，防止水土流失和土地沙化。年内，辛丰镇运河断面年平均水质稳定在III类。

（姜国平　吴峰峰）

2021年辛丰镇骨干企业情况表

表25　　单位：万元

企业名称	产值	销售收入	利税
西卡（江苏）建筑材料有限公司	43643.5	44332.5	2503.08
江苏希西维轴承有限公司	58122.7	53306.1	1299.78
上豪包装机械（镇江）有限公司	15890.3	16092.39	598.17
江苏钱潮轴承有限公司	9851.1	11574.38	418.49
镇江亨威混凝土有限公司	13421.6	12671.84	356.28
江苏苏建路桥机械有限公司	20050.6	19285.68	326.56
镇江中磊钢管制造有限公司	11784.4	12196.02	307.37
镇江旭日能源有限公司	17105.5	27297.84	240.23
镇江润茂钢球有限公司	5941.6	5824.1	218.41
镇江安邦电子有限公司	4352.6	3820.41	210.26
镇江睿鑫科技材料有限公司	4170.8	4217.8	178.68
江苏铭宏道路材料有限公司	7917.2	6842.54	155.81
镇江市雅盛节能环保材料有限公司	3682.2	3378.39	141.1
镇江通达精密制造有限公司	4100	3949.87	134.72
镇江通达电子有限公司	2391	2554.78	134.47
镇江大洋玻璃制品有限公司	8239.52	5931.62	101.86
江苏甬润工具有限公司	3540.6	3583.04	90.05
镇江凯大鞋业有限公司	3642	3571.28	86.09
镇江市华展电子科技有限公司	6937.2	6497.56	82.72
镇江拓天节能科技有限公司	3400.8	5058.41	50

（姜国平　吴峰峰）

谷阳镇

【概况】谷阳镇位于镇江市丹徒区中部，南与上党镇、丹阳市毗邻，东与辛丰镇交界，西邻宜城街道，北与丹徒新城相连。总面积57.45平方千米，耕地面积1578公顷，辖12个行政村、1个居委会。2021年末，总户数9893户、总人口27121人(其中男性13254人、女性13867人)。人口出生率6.03‰，死亡率8.3‰。

综合经济指标 完成地区生产总值30.67亿元，其中第一产业增加值1.91亿元、第二产业增加值19.70亿元、第三产业增加值9.06亿元。公共财政预算收入6908.77万元，公共财政预算支出3347万元。

农业 农业总产值3.55亿元。粮食总产1.43万吨，蔬菜总产8616吨，水产品总产1210吨，果品总产760吨，出栏生猪2655头、羊2684只、家禽24.7万羽。水利、农田基础建设投入1720万元，实施农田改造7000公顷，新修农田排灌渠道2000米。

工业 全镇有工业企业413家，职工总数4694人。完成规模以上工业总产值17.8亿元、销售收入25.34亿元，实现利税9714万元。完成固定资产投资2.31亿元，比上年减少23%，其中规模以上工业固定资产投资1.05亿元，减少33%。年销售额2000万元以上工业企业22家，拥有固定资产7.9亿元，职工2244人。

科技与社会事业 全镇有科技人员481人，其中初级技术职称517人、中高级技术职称219人，年内获科技成果7项。有中学1所、小学1所、幼儿园2所，教职工152人，在校中学生270人、小学生842人。有卫生院1所，病床50张，医卫人员67人。有文体活动中心14个。自来水普及率100%。全镇村村通公路。参加农村社会养老保险2886人，其中当年新增80人。参加新型农村合作医疗17168人，参保率100%。

人民生活 农民年人均可支配收入29036元，职工年人均可支配收入55245元。农民人均住房面积46平方米，集镇居民人均住房面积35平方米。

集镇管理与建设 调整行政区划，镇南、张巷、陆村3个行政村纳入全镇管理，相关行政事务完成交接；推进基层整合审批服务执法力量改革，组织构架、人员设置、办公场所落实到位。围绕园区项目建设，张巷、镇南拆迁扫尾工作加快推进；三山集镇道路、管网等基础设施实现一体化规划建设；建立园区和镇村共建制度，加强村企合作，优化区域营商环境。 (耿小婷)

2021年，三山集镇湖山路改造省级工程完成 (谷阳镇)

【项目建设】2021年，谷阳镇项目建设有序推进。形成资源共享、联动招商机制，3个镇江市、丹徒区重点产业项目和3个“双百计划”(丹徒区实施“双百计划”，每年招引实施100个产业项目，完成100亿元产业投资)项目投入生产，全年实际完成投资2.39亿元。全年新签约限额以上项目5个，其中亿元以上项目2个。 (耿小婷)

【镇村建设】2021年，谷阳镇深化污染防治，推进污染防治攻坚战，将7家大气污染企业纳入动态监管；在全区率先开展“散乱污”企业综合整治，关闭塑料粒子、轧石等“散乱污”企业28家。加快基础建设，金阳花苑、怡景苑2个小区雨污分流改造进入扫尾阶段；连同丹徒高新技术产业园摸排检修铁塔路沿线工业企业污水管网；建设生态河道3条，新建“美丽宜居村庄”5个；推进殡葬改革，完成镇级安息堂规划选址，华村公墓建成使用；推进莱村生态葬试点工作，完成散坟平迁441座。办结2021年省级环保专项督察组交办的11件信访件，并形成长效管理机制。（耿小婷）

【社会治理】 2021年，谷阳镇采取多项措施，推进社会治理效能建设。遏制违法用地，围绕遏制增量、化解存量目标要求，全年整治土地卫片违法用地31宗，拆除违章建筑28宗5000平方米，复耕土地5.67公顷(85亩)。筑牢疫情防线，实现“零病例、零感染”；全镇新冠疫苗接种32059人次。强化安全生产，围绕17个专项领域，排查隐患1331条，完成整改1326条。化解信访矛盾，围绕征地拆迁、土地流转等重点领域和关键环节，有效处置各类社会矛盾27件，社会形势平稳有序。（耿小婷）

【民生建设】 2021年，谷阳镇采取多项措施，推进民生建设。完成三山集镇湖山路改造升级工程，完成东湖、湖马、华村居家养老服务中心建设，加快推进金东路、湖滨路提档升级工程，笔刷集中区绿岛项目主体部分完工。开展低收入家庭认定，建立低收入人口常态帮扶机制，提高困难人群救助水平，全年帮扶各类困难人员980人，发放各类帮扶资金527.8万元；城乡低保标准从每人每月790元提高到每人每月820元。开展文明城市创建工作，入选市级文明镇，创成市级文明村3家，建成新时代文明实践示范站3个。依托微信公众号、公益广播、横幅标语等载体，开展反诈骗、全民阅读、殡葬改革等宣传活动，提升乡风文明水平。（耿小婷）

2021年谷阳镇骨干企业情况表

表26　　　　单位：万元

企业名称	产值	销售收入	利税
镇江大力液压马达股份有限公司	36412	37523	585
江苏镇德电力设备有限公司	29651	30122	505
江苏领先电子有限公司	24059	24596	798.42
镇江合力汽车紧固件有限公司	21600	22300	1593.87
鑫华晟包装材料有限公司	13087	14529	44.14
镇江银海科技材料有限分公司	10557	12000	51
镇江市盛达冷轧焊管有限责任公司	9644	10122	70
江苏联盟信息工程有限公司	9480	9500	85
江苏晋工机械有限公司	8308	9120	176.57
镇江天爱钼业有限公司	5974	6500	62

（耿小婷）

上党镇

【概况】 上党镇位于镇江市丹徒区南部，南邻宝堰镇，东邻丹阳市，西邻句容市，北邻谷阳镇。总面积112.6平方千米，耕地面积3459公顷，集镇面积7.75平方千米，辖15个行政村、2个居委会。年末总户数16174户，总人口48388人(其中男性23689人、女性24699人)。

综合经济指标　地区生产总值55.92亿元，其中，第一产业增加值3.46亿元、第二产业增加值27.85亿元、第三产业增加值24.61亿元。固定资产投资5.63亿元，其中制造业投资2.53亿元、高技术产业投资7653万元；完成规模以上工业总产值45.46亿元、工业应税销售收入53.1亿元，支出研发经费1.58亿元；完成社会消费品零售总额7.5亿元。

农业　农业总产值6.44亿元。粮食总产2.74万吨，油料总产2183吨，蔬菜总产1.02万吨，水产品总产2396吨，果品总产2592吨，出栏生猪1.74万头、羊1610只、家禽273万羽。水利、农田基础建设投入1511万元，实施农田改造133.3公顷，新修农田排灌渠道7.4千米，翻建泵站4座、涵闸10座，加固堤岸1.6千米，改造塘坝16座、水泥道路4.2千米、路灯100套，疏浚河道1条2.1千米，完成土石方6.36万立方米。

工业 全镇有工业企业231家，职工总数5305人。完成规模以上工业总产值46.61亿元、销售收入45.21亿元，实现利税2.48亿元。完成固定资产投资5.63亿元，比上年降低39.5%，其中规模以上工业固定资产投资2.53亿元，降低69.9%。年销售额2000万元以上企业34家，拥有固定资产21.6亿元，职工4148人。私营企业31家，年产值22.4亿元，实现利税1.58亿元。个体工商户3496户，从业人员8097人。外贸出口企业3家，外贸进出口总额3.7亿美元。

镇村建设 投入30万元，完成集镇7处1.2千米道路管护工作。投入65万元，安装道路护栏2248米，划设标识线3.2千米，安装减速带126米、广角镜6个。投入100万元，开展集镇综合整治，完成集镇垃圾转运设施升级。投入200万元，建成通河路并通车，同步完成沿线污水管网铺设。投入300万元，完成上会东宝庄、毛家榨省级“特色田园乡村”项目建设(2021年建设任务)并通过省级验收。投入1651万元，完成上会、墅山、薛村533.33公顷(8000亩)高标准农田建设。

科技与社会事业 全镇有科技人员280人，其中初级技术职称168人、中高级技术职称108人，年内获科技成果8项。有中学2所、小学1所、幼儿园2所，教职工268人，在校中学生881人、小学生1424人。有卫生院1所，病床154张，医卫人员91人。有文体活动中心2个，影剧院1座。自来水普及率100%。全镇村村通公路。参加农村社会养老保险25781人，其中当年新增213人。参加新型农村合作医疗33927人，参保率70.1%。

人民生活 农民年人均可支配收入27829元，职工年人均可支配收入46129元。农民人均住房面积48.7平方米，集镇居民人均住房面积56平方米。

(胡　焘)

【项目建设】 2021年，上党镇围绕汽车零部件和高端装备制造方向，招引优质项目，全年新签约亿元以上项目10个，其中10亿元以上项目1个。推动10个市、区重点产业项目建设，海拉电子特斯拉生产产能提升改造项目、荣顺园新材料项目、新孚达汽车特种材料项目、金豪路桥钢便桥配件项目建成投产。全年新增高新技术企业2家，获批“金山英才”(“金山英才”计划是镇江市实施的高技能领军人才计划)项目1个、“长山计划”(“长山计划”是丹徒区实施的高层次领军人才计划)项目1个。盘活闲置低效土地11公顷(165亩)、闲置厂房近3万平方米，盘活占地4.33公顷(65亩)的成益诚地块，并完成复工建设准备工作。

(胡　焘)

【乡村振兴】 2021年，上党镇采取多项措施，推进乡村振兴。试点启动实用性村庄规划编制工作，明确农村生产、生活、生态空间布局。依托区级万亩茶园建设，推动蓝城农文旅综合开发项目落地实施，加快建设翰雅三产融合发展、丰久禾生态农业绿色循环等项目，深化“南园北茶”农业产业布局。启动村级集体经营性收入提升行动，培育多元增收渠道，引导各村因地制宜发展物业经济、合作社经济、融合经济等。推进为民办实事工程，做好“房地一体”不动产权登记工作，完成公示公告8831户，完成率81%。启动散坟平迁工作，有序推进各村老坟地改造，上党村、东沛村老坟地改造示范点建设基本完成。提档升级冯盘线1千米，减少道路交通安全隐患。镇荣公路三期建设竣工通车，开展新镇荣公路上党段沿线环境整治。推进集镇商业项目建设，上党镇首个商业综合体——宝润康广场建成营业，万豪酒店主体封顶，提升集镇商贸服务功能。结合文明城市国家级、省级测评，常态化开展经营秩序、环境卫生、机动车停放等专项整治，改善集镇环境面貌。上会东宝庄、毛家榨创成省级“特色田园乡村”，古洞坞庄创成市级“特色田园乡村”，上党村谭家边等11个自然村创成区级“美丽宜居村庄”；完成坞庄“美丽库区·幸福家园”二期建设并通过验收，三期建设方案报江苏省水利厅等待批复。高标准完成墅山、上会、薛村、上党等地666.67公顷(1万亩)高标准农田建设。实施农村人居环境整治提升"五年行动"，分步骤推进农村生活垃圾分类收集和处置工作，优化农村人居环境。（胡　焘）

【生态环境】 2021年，上党镇按照"散乱污"企业专项整治工作部署，重点围绕碎石洗沙和塑料粒子生产企业(作坊)，关闭取缔"散乱污"企业23家，责令停产2家。配合公安机关打击处置固体废物倾倒案件4起以及危险化学品存储加工案件2起。整改省环保督察交办的21个问题，整改完成率100%。建成上党大气自动监测站点，落实50家重点管控企业限产减排计划，完成夏、秋两季秸秆禁烧任务，持续改善空气质量。落实河湖长制工作责任，全年整治生态河道10条39千米，完成河塘清淤整治30个，实施五塘大寨河水环境综合治理工程，凌塘水库等中小水库和枫庄桥省考断面水质全年稳定达标。（胡　焘）

【社会治理】 2021年，上党镇围绕网格化社会治理，修订完善《上党镇网格员绩效管理考核办法》，优化拓展网格员工作职责，网格知晓率在全区靠前。面对周边地区新冠肺炎疫情散发形势，落实疫情常态化防控要求，快速、规范处置多次密接和次密接返镇隔离突发情况，全年开展全镇集中核酸检测应急演练1次、单个村核酸检测应急演练1次，提升应急反应能力；通过第三方专业力量开展安全生产检查，消除安全生产隐患，确保人民群众生命财产安全。加大违法用地处置力度，全年完成存量及新增违法用地整改30宗8.7公顷(130.5亩)，其中拆除违法建筑3200余平方米。（胡　焘）

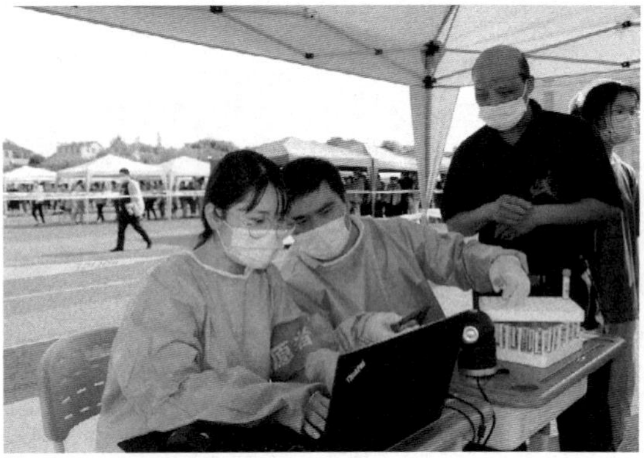

2021年8月7日，上党镇开展集中核酸检测应急演练
（上党镇）

2021年上党镇骨干企业情况表

表27　　单位：万元

企业名称	产值	销售收入	利税
江苏欧文斯彩砂科技有限公司	8563	8894	903
镇江市古洞热镀有限公司	2896	2962	185
镇江新光新材料科技有限公司	5711	5654	251
镇江市丹徒区天润碳素有限公司	6298	6046	276
海纳川海拉电子（江苏）有限公司	20229	20229	—
镇江标网电力设施配套有限公司	4980	4980	116
镇江鑫运新型建材有限公司	5012	4739	1096
江苏宝山重型机械制造有限公司	2081	2011	204
镇江鸿泽杆塔有限公司	13334	11800	234
镇江市迈琪汽车零部件有限公司	4923	4923	200
镇江市丹徒区环宇轧辊厂	5019	4830	184

续表 27

单位：万元

企业名称	产值	销售收入	利税
北汽蓝谷麦格纳汽车有限公司	191012	191256	14931
镇江市鑫源热镀锌有限公司	3182	3014	242
德必隆（镇江）新材料科技有限公司	4550	4550	10
镇江市丹徒区华龙彩砂厂	2080	2014	232
江苏路鑫达交通设施有限公司	4390	4083	177
镇江新浪潮精密机械有限公司	2301	2121	—
江苏万源新材料有限公司	13744	13744	—
镇江市丹徒区金港墙材有限责任公司	2412	2372	220
镇江兴盛铸钢有限公司	3488	3216	185
镇江市华铖旅游用品有限公司	19857	19857	582
江苏振光电力设备制造有限公司	94622	83736	3993
江苏语诣光电科技有限公司	5314	5314	847
镇江市丹徒区广发建材厂	4136	3835	601
镇江盛德钢结构有限公司	5890	5978	209
镇江云帆包装有限公司	6003	6003	189
镇江巨茂分子筛有限公司	2185	2185	75
江苏佳创纳米科技有限公司	5115	4882	−29
镇江元沣机械设备有限公司	5227	5025	119
镇江宝宜复合新材料有限公司	3682	3609	304
镇江华端电气设备有限公司	2895	2838	151
江苏天沃新能源科技有限公司	2076	2020	128
江苏泊乐重工科技有限公司	2130	2075	129
镇江金豪路桥配套工程有限公司	3487	3412	—

（胡　焘）

宝堰镇

【概况】 宝堰镇位于镇江市丹徒区南郊，南邻荣炳盐资源区，东邻丹阳市延陵镇，西邻句容市春城镇，北邻句容市白兔镇。总面积40.19平方千米，耕地面积1786公顷，集镇面积2.5平方千米，辖6个行政村、1个居委会。年末总户数8565户、总人口22990人(其中男性11383人、女性11607人)。人口出生率4.6‰，死亡率13.3‰，人口净增率−8.7‰。

综合经济指标 地区生产总值17.65亿元，比上年增长11.5%，其中第一产业增加值2.37亿元、第二产业增加值6.50亿元、第三产业增加值8.78亿元。公共财政预算收入3692万元，公共财政预算支出2674万元。

项目建设 全年完成新签约项目11个，其中亿元以上项目5个，合计总投资16.63亿元。

农业 粮食总产1.88万吨，蔬菜总产8080吨，水产品总产2130吨，其中内陆捕捞85吨、内陆养殖2045吨。存栏生猪1.75万头、家禽7.38万羽、鹌鹑

15万羽、羊480只。水利、农田基础建设完成投入2538.7万元，实施农田改造330公顷，新修农田排灌渠道1404米，完成土石方40万立方米。

工业 全镇有工业企业67家，职工总数1276人。完成规模以上工业总产值5.14亿元、销售收入4.53亿元。完成固定资产投资3.8亿元，比上年增长52%。年销售额2000万元以上企业8家，实现利税1256万元。私营企业95家，从业人员1424人。个体工商户390户，从业人员778人。

镇村建设 新建徐巷村体育文化广场，升级改造宝堰村、前隍村体育文化广场，健身器材全部安装到位。在联创生态园内新建笼式足球场并投入使用。全镇体育场地面积7.7万平方米。

科技与社会事业 全镇有中学1所、小学1所、幼儿园1所，教职工84人，在校中学生272人、小学生510人。有卫生院1所，病床40张，医卫人员40人。有文体活动中心6个，其中年内新增4个。有影剧院1座。自来水普及率100%。全镇村村通公路。参加农村社会养老保险总人数9935人，年内新增189人。 （沈洁爽）

【高效农业】 2021年，宝堰镇采取多项措施，加快全镇现代高效农业发展。收购盘活润丰现代农业园，成立宝堰现代农业产业科创园、江苏省渔业技术推广中心丹徒区试验示范基地、万科农科院华东基地。年内，宝堰镇先后创成“全国农业产业强镇”“江苏省级耕地保护激励单位”。 （沈洁爽）

【环境治理】 2021年，宝堰镇采取多项措施，推进环境治理。完成南宫村小流域综合治理，治理面积229.87公顷(3448亩)。疏浚丁角支河1.11千米，完成土石方0.35万立方米，新建阶梯式生态挡墙1.35千米。完成洛阳河大桥建设，解决百姓出行和农业生产困难。落实“红橙黄榜”农村环境卫生长效管理机制，发挥73个党员巡查岗作用，巩固整治成果。 （沈洁爽）

【民生建设】 2021年，宝堰镇坚持在发展中保障和改善民生。实施民生工程6个，新建成区级“美丽宜居村庄”9个。全年民政支出415万元，其中救助困难群众235人，补助资金7.16万元；救助特困人员89人，救助资金99.6万元；保障低保户166人，补助资金56万元；保障残疾人620人，补助资金252万元。举办“崇文重教”活动，募集宝堰乡贤善款8.5万元，奖励和帮扶在中考、高考中表现出色的优秀困难学生39人。 （沈洁爽）

【社会事业】 2021年，宝堰镇开展“我们的节日”“快乐享童年”等各项文体活动40余场。700余名选手打卡参加“宝堰古镇杯”江苏省定向锦标赛暨江苏省定向邀请赛。省级非物质文化遗产“宝堰双推车”被镇江市选调参加镇江市第五届民俗文化周演出。举办第五届宝堰美食节。年内，宝堰镇文化站被评为江苏省“‘十百千’示范工程省级示范文化站”。（沈洁爽）

2021年12月，第五届宝堰美食节 （宝堰镇）

【交通保障】 2021年，宝堰镇启动乡村道路建设，推进坞村南路、刘庄二路、前隍北路、东大街道路建设2.85千米。“四好农路”（建好、管好、护好、运营好）碳古线通过省级验收。开展镇村道路交通安全隐患排查，排查出四类、五类危桥13座，其中四类危桥5座、五类危桥8座，年内全部完成改造。安装道路护栏24处2800米，为百姓出行提供安全保障。4月1日，丹徒区宝堰镇洛阳河大桥开工建设，该桥长50米、宽9米，总投资500万元。 （沈洁爽）

2021年宝堰镇骨干企业情况表

表28 单位：万元

企业名称	产值	销售收入	利税
镇江市宝堰汽配有限公司	2057	2057	60
镇江伟豪机械有限公司	2629	2629	263
镇江市长城碳素制品有限责任公司	6204	6204	30
镇江市华星刀具制造有限公司	3850	3706	318
江苏春迈新型建筑材料科技有限公司	2769	2665	30
江苏河冶工具有限公司	2763	2763	61
江苏朗悦新材料科技有限公司	7110	7519	18
镇江镇宇金属制品有限公司	2057	2057	124

（沈洁爽）

世业镇

【概况】 世业镇位于镇江西部，四面环江，南对高资街道、润州区七里甸街道，北对扬州市刊江区，润扬大桥穿境而过，总面积53平方千米，其中圩内面积30平方千米，耕地面积1303公顷，集镇面积1.2平方千米，辖5个行政村。年末总户数4633户、总人口13950人(其中男性6797人，女性7153人)。人口出生率2.15‰，死亡率5.15‰。

综合经济指标 地区生产总值10.29亿元，其中第一产业增加值1.65亿元、第二产业增加值0.18亿元、第三产业增加值8.46亿元。公共财政预算收入3742万元，公共财政预算支出2229.3万元。

农业 农业总产值3.07亿元，粮食总产1.01万吨，油料总产186.27吨，蔬菜总产1.13万吨，水产品总产1163吨，果品总产6921吨，出栏生猪500头、羊200只、家禽2.55万羽。水利、农田基础建设投入3801.33万元，实施农田改造400公顷(6000亩)，新修农田排灌渠道159.2千米，新建灌溉泵站3座、涵闸2座、过路涵25座、机耕涵74座、堤顶沥青路580米、生态挡墙8.89千米。翻建排涝站1座，疏浚整治河道4.95千米，完成土石方1.76立方米。

旅游业 旅游企业营业收入1.17亿元，比上年增长7.8%。旅游接待总人数73万人，旅游业就业人数1043人。全镇有餐饮类经营实体11家、乡村旅游类经营实体13家、住宿类经营实体5家，其中丰盛园、卫星村民族风情园是江苏省三星级乡村旅游区，开心农场是江苏省四星级乡村旅游区。

2021年，卫星村民族风情园一角 (世业镇)

集镇建设 有中型超市2个。年邮政业务400万元。有线电视用户1079户，当年新增42户。改造新装路灯50盏。新修农村道路8.5千米，完成镇村污水管网建设3.6千米。

科技与社会事业 全镇有科技人员288人，其中初级技术职称192人、中高级技术职称96人。有实验学校1所，教职工60人，有中学在校生209人、小学在校生348人。有幼儿园1所，入园儿童153人，教职工24人。有卫生院1所，病床30张，医卫人员43人。有文体活动中心6个。自来水普及率100%。全镇村村通公路。参加城乡居民基本养老保险3836人，参加城乡居民基本医疗保险8783人，享受城乡居民最低生活保障保险261人。

人民生活 农村居民人均可支配收入28257元，农民人均住房面积44.6平方米。（杨 燕）

【**产业发展**】 2021年，世业镇应对新冠肺炎疫情影响，坚持稳增长主基调，全年完成地区生产总值10.26亿元，完成一般公共预算收入3742万元，实现固定资产投资3.22亿元，实现社会消费品零售总额5.5亿元。新增城镇就业人数83人。新增规模以上服务业企业1家，限上批零住餐(限额以上批发、零售、住宿和餐饮企业)企业2家。全年引进1亿元以上项目4个，计划总投资33.6亿元；限额以上项目6个，总投资0.9亿元。金色年华三期、开心休博园二期等重点项目按照序时进度全部完成。（杨 燕）

【**高效农业**】 2021年，世业镇采取多项措施，发展高效农业。新建高标准农田面积400公顷(6000亩)，促进农业增效。提高农产品质量安全，超额完成全年农产品检测任务，农残检测合格率100%。11月，农业农村部公布第十一批全国“一村一品”示范村镇名单，世业镇(鲜食玉米)入围。举办“万企联万村 共走振兴路”世业镇农产品网络直播推介会，线上线下同步进行，助力乡村振兴。（杨 燕）

【**民生建设**】 2021年，世业镇开展村庄环境整治，全镇45个自然村全部通过区级验收销号。落实“红橙黄榜”长效管护机制，全年拨付村庄环境卫生长效管护补助资金68万元，巩固整治成果，改善镇村环境，建成区级“美丽宜居村庄”7个。落实“共抓大保护、不搞大开发”战略，做好长江禁捕工作，实行网格化管理模式，全镇23名网格员定岗定责，确保禁捕工作落到实处。以生活污水“全覆盖、全收集、全治理”为目标，投资400余万元，提标改造污水处理厂2座。完成饮用水水源地保护区污水收集工程。全镇生活污水纳管处理覆盖农户约1800户，自然村治理覆盖率58.3%、农户覆盖率42.6%，治理整体进度高于全省平均水平。（杨 燕）

【**法治建设**】 2021年，世业镇加强法治建设，提升依法行政能力。坚持法治思维、重大问题集体研究、民主决策、依法实施。建立司法所、服务对象与法律顾问重大问题实时沟通、定期会商的工作协调机制，加强监督指导，确保服务质效。推进“法润民生”微信群建设，协助法律顾问为微信网友提供便捷高效的线上法律服务。通过“定点+走访”“线上+线下”的服务模式，扩大法律援助服务范围，加快实现全镇低收入人群全覆盖进程。完善普法宣传载体建设，组织驻村律师有针对性开展以案释法、《中华人民共和国民法典》宣讲活动。依托全要素网格化社会治理平台，开展法治宣传活动，扩大普法受益对象范围。（杨 燕）

高资街道

【**概况**】 高资街道位于镇江市丹徒区西郊，南邻上党镇，东邻润州区蒋乔街道，西邻句容市下蜀镇，北倚长江。2021年末，高资街道总面积93.66平方千米，耕地面积1718公顷，集镇面积6.4平方千米，辖12个行政村、1个居委会。总户数14579户、总人口39982人(其中男性19578人、女性20404人)。人口出生率3.2‰，死亡率7.7‰，自然增长率-4.5‰。

综合经济指标 地区生产总值103.69亿元，比上年增长11.89%，其中第一产业增加值3.24亿元、第二产业增加值66.22亿元、第三产业增加值34.23亿元。公共财政预算收入4.11亿元，公共财政预算支出0.91亿元。

农业 农业总产值6.03亿元。粮食总产7798吨，油料总产1960吨，蔬菜总产1.62万吨，水产品总产1412吨，果品总产1381吨，出栏生猪8220头、羊152只、家禽17.7万羽。水利、农田基础建设投入396万元，维修农田排灌渠道6.5千米，整治乡级河道15千米、农村河道2.4千米、农村河塘16个，完成土石方5.96万立方米。

工业 有工业企业320家，职工总数9680人。完成规模以上工业总产值175.67亿元、销售收入172.35亿元，实现利税15.78亿元。完成社会固定资产投资21亿元，比上年增长19%，其中规模以上工业固定资产投资19.1亿元，增长20.8%。年销售额2000万元以上企业48家，拥有固定资产192.7亿元，职工6812人，实现利税66亿元。私营企业191家，年产值172亿元，实现利税31.4亿元。个体工商户1398户，从业人员2997人。外商投资企业6家。

集镇建设 集中关闭非法轧石企业31家，摸排出关闭取缔类“散乱污”企业43家、整治提升类“散乱污”企业46家。编制自然村污水处理设置方案45个，排查整治建成区内“小散乱”排水户116户，解决污水处理问题。年邮政业务143.54万元，电话普及率100%。有线电视用户7312户，新增40户，有线电视覆盖率92%。

科技与社会事业 全街道有科技人员445人。有中学2所、小学2所、幼儿园2所，教职工286人，在校中学生672人、小学生1260人。有卫生院1所，病床52张，医卫人员53人。有文体活动中心13个。自来水普及率100%。全街道村村通公路。参加农村社会养老保险2860人，其中新增145人。参加新型农村合作医疗22484人，参保率100%。

人民生活 农村居民年人均可支配收入28258元，城镇居民年人均可支配收入57971元。农民人均住房面积47平方米，集镇居民人均住房面积45平方米。各项储蓄存款余额4.63亿元，人均储蓄10833元。

(侯飞 车路)

【民生工程】 2021年，高资街道推进民生工程各项工作。制定《高资街道我发用地违规建设问责处理实施办法》，严格管控违规土地流转、擅自固化场地、违法架设轧石洗沙设备等9类行为；开展“散乱污”企业专项整治行动，关闭非法轧石企业31家；启动“四边”（河道边、马路边、厂矿企业边以及公共水渠水坝边）绿化工程，将47处道路及河道边列入整治计划，推进8个区级“美丽宜居村庄”建设；落实农村宅基地改革工作，规范宅基地审批管理流程，排查出危房92幢，逐户整改C级、D级危房；推进殡葬改革工作，重点整治唐驾庄金家边散坟；开展特困老人家庭居家适老化改造，服务特困人群40人，发放临时性救助金14.32万元，办理“4050”（男性年满50周岁、女性年满40周岁的失业人群）社保补贴300余人；完成敬老院消防审验，建成老年人日间照料中心1家、老年人助餐点9个。

(侯飞 车路)

【脱贫攻坚】 2021年，高资街道采取多项措施，巩固脱贫工作成果。采用项目扶贫方式壮大村集体收入，落实总投资996.11万元的扶贫项目10个，累计增加村集体收入224.24万元。通过建立帮扶责任人体系、设立专门帮扶基金等方式，高资街道建档立卡贫困户全部实现脱贫，总计107户、197人。设置“预警机制”，推动企业家与建档立卡贫困户结对“认领”，实时检测低收入家庭收入情况，防止发生返贫现象。

(侯飞 车路)

【公安基层治理】 2021年，高资街道采取多项措施，提升公安基层治理水平。10月，高资派出所创成“枫桥式公安派出所”。累计投资近300万元，新建刑(治)调、司调、民调“三位一体”的“高资大调解中心”，联合综治、政法、信访、司法等部门建成“综合调解室”，实现“公安吹哨、部门报到”，辖区内调解率在95%以上；“网格+警格”深度融合，按照“1+2+4”模式，选派7名经验丰富的社区民警担任专职网格长，每1名社区民警选配2名专职辅警，每个行政村配备4名专职网格员，社区民警兼任行政村党委(党总支)专职副书记，依托中心警务室设立社区联调工作站，实行社区民警牵头，网格员、村组干部、退休老党员、治安志愿者等社会力量共同参与的调处模式；新建成的省级示范点综合服务窗口，实现64大项106小项公安业务、23项跨省业务的线上“一网通办”、线下“一窗统办”。

（侯　飞　车　路）

2021年高资街道骨干企业情况表

表29　　　　单位：万元

企业名称	产值	销售收入	利税
江苏鹤林水泥有限公司	322645	313704	112655
江苏镇江发电有限公司	274835	274835	−22249
金海宏业（镇江）沥青有限公司	201365	138417	3110
镇江李长荣高性能材料有限公司	137428	143645	437472
江苏苏亚迪炭材有限公司	134255	134485	14587
二重（镇江）重型装备有限责任公司	114403	99876	1696
江苏苏菱铝用阳极有限公司	109789	108452	5781
江苏苏润高碳材股份有限公司	72914	107523	5849
中盐镇江盐化有限公司	41736	41689	6989
镇江北固海螺水泥有限责任公司	34511	34701	5419
镇江李裕碳素有限公司	29493	29494	1024
镇江利德尔复合材料有限公司	28717	28546	1575
镇江市蓝火环保能源有限公司	24652	24652	1680
镇江先锋植保科技有限公司	23079	23085	32
中铸新材工业（江苏）有限公司	20656	19312	2830
镇江宏顺热电有限公司	15778	15778	867
江苏健神生物农化有限公司	14208	14208	591
江苏福世特混凝土有限公司	13441	13441	698
江苏城科建设发展有限公司	12233	12209	−1012

（侯　飞　车　路）

宜城街道

【概况】 宜城街道为丹徒主城区，位于镇江市南部，东邻丹徒高新园、谷阳镇，南与上党镇毗邻，西邻高资街道，北与润州区官塘街道接壤。总面积58.3平方千米，耕地面积1863.5公顷，下辖村和社区14个，其中有行政村4个(西麓村、谷阳村、槐荫村、长山村)、“村改居”涉农社区5个(姚庄社区、驸马庄社区、缪家甸社区、光明社区、诈输社区)、城市社区5个(宜和社区、丹桂社区、崇文社区、丹盛社区、湖畔社区)，另有2个社区筹备组(长安社区筹备组、高校园区社区筹备组)。年末总户数15744户、总人口42658人(不含高校园区)。人口出生率3.3‰，死亡率3.2‰，人口净增率0.1‰。

经济指标　完成地区生产总值53.87亿元，其中第一产业增加值1.40亿元、第二产业增加值4622万元、第三产业增加值52.01亿元。全年实现一般公共预算收入2.33亿元，一般公共预算支出3482万元。

农业生产 完成农业总产值2.6亿元。完成粮食总产1102吨、油料总产162吨、蔬菜总产1939吨、水产品总产465吨。疏浚河道6条4.23千米，完成土石方3.55万立方米。

社会事业 全街道有中学3所、小学5所、幼儿园11所，教职工1207人，在校中学生6580人、小学生8562人。有卫生院1所，医卫人员100人。有文体活动中心13个，影剧院2座。全街道村村通公路。参加新型农村合作医疗保险22601人，参保率99.2%。

人民生活 农民年人均可支配收入28260元，职工年人均可支配收入57980元。农民人均住房面积102平方米，集镇居民人均住房面积62平方米。

新冠肺炎疫情防控 2021年，宜城街道加强重点人员全过程管控，坚持人性化关怀，全年关爱隔离人员1771名。在全市率先开展“敲门行动”，排查走访4.9万户9万余人，筛查重点人员351人，全部落实相应防控措施。制订街道全员核酸检测实施方案，设置采样点38个。开展流动接种车进小区、包车接送活动，为居民接种疫苗提供便利。完成新冠疫苗二针接种99214人，第三剂加强针接种21453人。年内，实现辖区疫情“零感染零输入”，被镇江市委、市政府评为“抗击新冠肺炎疫情先进集体”。（董 飞）

【执法审批服务一体化】 2021年，宜城街道建设执法审批服务一体化平台，将“12345”政府热线、防违办、精美办等各类交办事项纳入集成管理指挥中心综合调度，实行“每天交办、每周调度、每月通报”制度，全年受理各类诉求1.08万件，办结率100%，综合满意率92%。加强综合行政执法局队伍建设，推动城市管理、防违拆违、安全环保等执法力量下沉基层一线，全年处置各类行政执法案件5016件。打造为民服务中心“样板”，设立“一站式”综合服务窗口3个，便民服务中心办理便民服务事项33件，承接行政审批下放事项21项。该做法在镇江市行政审批系统获得推广。（董 飞）

【经济建设】 2021年，宜城街道围绕城市经济发展，强化项目招引，全年新签约项目11个，新增规模以上服务业企业3家、规模以上贸易类企业8家。制定街道经济网格化管理服务工作意见，探索企业纳网管理，关注重点税源企业动态，梳理新增市场主体，并全部纳入网格核查管理。全年新增企业1264家、个体工商户3620户，新增就业人口1200人，摸排拓展税源1000余万元。全年完成固定资产投资25.1亿元，比上年增长47%。推进宝龙商圈建设，完善服务业态，规范经营秩序，城市生活服务业在全区经济贡献份额逐年提升。扶持宜城科创园等创新创业载体发展，打造丹徒首家互联网新媒体孵化基地，吸引直播电商、云计算、网游开发等30余家企业入驻。挖掘城郊旅游资源，做好传统文化与休闲娱乐融合工作，长山薰衣草庄园成为网红景点。（董 飞）

【民生事业】 2021年，宜城街道围绕民生需求，落实各项社会救助政策，关爱老年人、残疾人和困难群体生活，全街道城乡低保户106户174人应保尽保，15名特困人员全部纳入供养，1076位老人的尊老金足额发放到位，退役军人享受政策优抚。西麓村“爱心食堂”开办，“崇文中央厨房”推行养老助餐服务。落实“两癌”（宫颈癌、乳腺癌）免费筛查，开展“筑梦”“护苗”行动保障妇女儿童权益。新建丹桂社区、长安社区党群服务中心，建成丹盛社

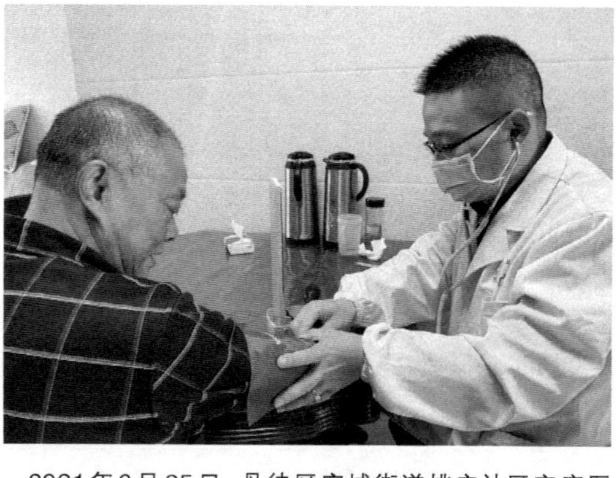

2021年6月25日，丹徒区宜城街道姚庄社区家庭医生工作室成立。图为工作室日常工作场景

（丹徒区委宣传部）

区、崇文社区2个市级党群服务中心效能提升示范点。新建崇文社区、丹桂社区卫生服务站，启用姚庄家庭医生工作室，镇江市口腔医院丹徒分院建成并对外营业，崇文居家养老服务中心投入使用。举行2021江苏省老年人体育节宜城分会场闭幕式，举办“邻里文化节”“社区周周乐”等各类文体活动100余场，丰富群众精神文化生活。（董　飞）

【社会治理】 2021年，宜城街道采取多项措施，开展文明城市创建活动。实施8条重点路段“扫街”行动，清理店面外溢、占道经营等不文明现象，规范停车秩序。落实街巷长制，加强背街小巷管理，做好宝龙商圈、瑞泰菜场周边长效管护工作。加大违建巡查处置力度，落实城市周边零散地块管护，改善城市面貌和市容秩序。加快业委会与物管会建设，支持6个小区成立物业管理委员会、6个小区筹备业主委员会，指导16家业主委员会(物业管理委员会)有序换届。推动玉兰小区、南盛家园、怡家苑等失管、弱管小区治理，构建服务居民的“宜居网”和服务企业的“宜业网”。优化整合网格105个，编印《网格巡查服务手册》，设立首批网格工作室(站)14个，纳网办理事项1.26万件。开展反诈宣传40余场，入户宣传2万余户，辖区发案率持续下降，群众安全感持续上升。（董　飞）

【镇村建设】 2021年，宜城街道落实土地管理政策，完成蔡巷、聚旺北上市地块整理交地，推动炎黄北、346国道以南土地整理。加快村庄实用性规划编制，加强农村宅基地管理，推进“房地一体”不动产登记，完成审核3754户。规范集体土地流转，实行土地租赁指导价，推进西石线、长山片区土地治理，开展违法用地整改38宗9.52公顷(142.83亩)，平迁“两沿”(沿铁路、沿公路)散坟122座，整治豪华墓85座。推进拆迁安置，完成大高庄、小高庄120户和346国道西里项目拆迁工作。推进槐荫村、谷阳村、西麓村供电工程拆迁交地。（董　飞）

【法治建设】 2021年，宜城司法所以“宜法讲台”为依托，通过“线上”+“线下”方式开展法治宣传。新冠肺炎疫情防控期间，利用微信群向群众普及防疫知识和政策，线上解答居民的法律疑问。通过开设讲座、现场咨询、巡回宣讲等方式，开展“法典进村进社区”“关注女性”“护苗成长”“法护夕阳”“法律明白人”等专项普法活动16场，在辖区内营造法治氛围。年内，宜城街道获“镇江市‘法制镇江’先进集体”称号，并被评为“市级社会治理现代化先进街道”，宜城司法所获“全国模范司法所”称号。（董　飞）

2021年宜城街道骨干企业情况表

表30　　　　单位：万元

企业名称	营业收入	利税
镇江明旺房地产开发有限公司	—	3107
镇江忠正房地产开发有限公司	—	1617
镇江市高校投资建设发展（集团）有限公司	—	1593
镇江市丹徒区绿建房产开发有限公司	—	1267
镇江中辉地产有限公司	—	1158
镇江宝龙置业发展有限公司	—	1121
镇江铭基置业有限公司	—	1110
镇江天工颐景园房地产有限公司	—	934

续表30

企业名称	营业收入	利税
镇江市丹徒区华润房地产开发有限公司	—	927
镇江国尚置业有限公司	—	811
镇江丰源置业有限公司	—	619
镇江泰银房地产开发有限公司	—	589
江苏森森工程质量检测有限公司	5792	560
镇江市顺潮金属材料有限公司	166364	360
镇江市丹徒区广电信息网络有限公司	3767	100
镇江市茂林特种沥青有限公司	4008	92
镇江市诺达通信设备有限公司	856	90

（董　飞）

江心洲生态农业园区

【概况】 江心洲生态农业园区位于镇江市区东北部，为长江沉积沙洲，四面环江。东靠长江豚类省级自然保护区，与丹徒区高桥镇相望，南与京口区谏壁街道相望，东南对大港外贸码头，西望焦山，北有伊人岛、AB岛与京口区新民洲共青团农场、扬州市广陵区相连。总面积38.79平方千米，有水域及水利设施用地2380.43公顷(其中长江水域及水利设施用地2052公顷)、耕地652.46公顷、湿地187.93公顷。集镇面积0.78平方千米，辖3个行政村、1个居委会。截至年底，户籍总户数2931户，总人口7450人。人口出生率3.64‰，死亡率12.29‰，人口净增率−8.65‰，计划生育率100%。年内，获“江苏省2020年防汛抗洪工作先进集体”“市级乡村振兴(农民富裕富足)先进集体”“区级实施乡村振兴战略行动先进集体”等荣誉称号。御隆河水利风景区被认定为“2021年度省级水利风景区”；五套村创成“生态文明示范村”，入围“江苏运河百景”，红美人柑橘获江苏省优质“红美人”金奖；五墩村获“镇江市先进基层党组织”“丹徒区乡村产业振兴金牛奖”。

综合经济指标 全年完成地区生产总值4.84亿元，比上年增长10.91%，其中第一产业增加值1.39亿元、第二产业增加值1.68亿元、第三产业增加值1.77亿元。全口径财政收入2719万元，财政支出2133.57万元。完成社会固定资产投资8488万元。

农业 完成农业总产值2.59亿元。全年粮食总产3574吨，肉类总产53吨，禽蛋总产346吨，蔬菜总产3.76万吨，水产品总产2450吨。深化与亚夫团队、日本农协合作，长期以“合作社+农户”模式，为园区柑橘种植户提供实用技术指导。

工业 全区有工业企业11家，职工总数473人，实现利税723万元。有销售2000万元以上企业1家，实现利税479万元。

集镇建设 新建农村道路沥青公路2.37千米。完成水源地安置房小区18栋主体工程建设，五套村十五组完成“市级特色田园乡村”申报。年邮政业务0.2万元。有线电视用户1250户，入户率46.07%。自来水普及率100%。实现村村通公路。

科技与社会事业 全园区有科技人员189人，其中初级技术职称138人、中高级技术职称51人。有实验学校1所(九年一贯制学校)，教职工29人，在校学生131人。有幼儿园1所。有卫生院1所，病床20张，医卫人员22人。有文体活动中心4个。当年新增城镇就业83人。

人民生活 农村居民人均可支配收入25225元。农民人均住房45平方米。各项储蓄存款余额29678万元，人均储蓄40083.74元。（贾　敏）

【旅游节庆】 2021年，江心洲生态农业园区采取多项措施，推进旅游节庆各项工作。5月8日，江心洲农产品公益爱心认购活动在五墩村举行，通过主题宣讲、爱心认购农产品、江心洲“红色旅游”路线发布等活动，助推乡村振兴及产业发展；8月31日，“践行新思想 助农办实事”暨江心洲第七届无花果节开幕，通过网络直播会的形式，推介因疫情滞销的无花果等时令水果，售出无花果4288箱、阳光玫瑰葡萄1635箱，售出水果近30吨，缓解果农燃眉之急；11月，举办江心洲第十四届柑橘节系列活动，公开征集橘宝logo、“醉美江心”抖音短视频，举办“橘”颂小康柑橘产业研讨会，“江苏省农业科学院亚夫科技服务丹徒区江心洲工作站”完成授牌。（贾　敏）

2021年11月，江心洲第十四届柑橘节系列活动之“橘子树下学党史，最美家庭传家风”活动　（丹徒区委宣传部）

【禁渔护渔】 2021年，江心洲生态农业园区采取多项措施，推进禁渔护渔工作。丹徒区农业农村局、江心派出所、丹徒区渔政监督大队、江心水利农机站、渡管所、3个行政村8家单位成立党建联盟工作室，形成“信息共享、协同联动、合成作战”工作格局、“民警+志愿者+群众”三层防控体系，筑牢长江禁渔监管防线。通过加强警民联动，划分网格化巡逻队区，开展昼夜安保巡逻工作，全年开展安保巡逻160次，出动巡逻人员36人次。（贾　敏）

【社会治理】 2021年，江心洲生态农业园区发挥“大数据+网格化+铁脚板”治理机制优势，制定镇级排查方案，强化落实主体责任，组织落实网格化逐企逐户排查行动；推进安全生产三年专项整治，落实推进工业企业安全生产风险报告、危险化学品使用安全专项治理、安全生产大检查等重点工作。全年开展各项专项排查整治行动14次，出动排查人员188人次，排查各类经营主体102家次，排查出各类隐患73处，全部整改到位。完成3个村级微型消防站建设，组织专业力量成立园区抗洪抢险救援队。（贾　敏）

【花谷田园民宿项目】 2021年，丹徒区重点项目——花谷田园民宿项目完成投资2800万元，新建马蹄莲组培基地2.67公顷(40亩)，完成区域内公用基础设施工程配套建设。年内，该项目完成销售额600万元，实现利润200万元，并通过向周边农民提供技术帮扶和种苗等方式，提升农民收入水平。（贾　敏）

2021年江心洲生态农业园区骨干企业情况表

表31　　　　单位：万元

企业名称	产值	销售收入	利税
镇江三阳装饰材料有限公司	10500	9230	351

（贾　敏）

荣炳盐资源区

【概况】 荣炳盐资源区位于镇江市丹徒区南部，南邻金坛市，东邻丹阳市，西邻句容市，北邻宝堰镇。地貌呈西山东水格局，境内有“两河群山五湖五水库”，形成山水荣炳的特色景观。荣炳境内矿产以盐矿为主，盐体层规模为2.96平方千米，探明储量2.77亿吨。

总面积45平方千米，其中耕地面积1617公顷、集镇面积4.3平方千米，辖5个行政村。年末总户数6217户、总人口18829人(其中男性9456人、女性9373人)。人口出生率3.93‰，死亡率11.53‰，人口净增率−7.6‰。年内，荣炳盐资源区入选“全国农业产业强镇创建名单”(与宝堰镇共创)，创成“江苏省省级耕地保护激励单位”(与宝堰镇共创)。

综合经济指标 实现地区生产总值16.16亿元，比上年增长11.37%；一般公共预算收入4843万元，比上年减少11.2%；固定资产投资3.07亿元，比上年增长30%；制造业投资2.1亿元，研发经费支出634.3万元，新增规模以上工业企业数3家。

农业 实现农业总产值3.39亿元。粮食总产1.64万吨，油料总产578吨，蔬菜总产3450吨，水产品总产2259吨，果品总产900吨，出栏生猪1358头、羊280只、家禽67.4万羽。其中，优质食味水稻播种面积1000公顷(1.5万亩)，占水稻种植面积的75%。水稻品种以南粳46、柔小町、扬农稻1号、南粳9108、南粳5055等优质食味稻米为主，其中柔小町在省内享有盛名。水利、农田基础建设投入375万元，新修农田排灌渠道200米，加固堤岸100米，疏浚乡级河道1条1.2千米，完成乡级河道节点水草清理4段3.65千米，完成土石方8.47万立方米。

工业 全镇有工业企业54家，职工总数1456人。完成规模以上工业总产值4.98亿元，销售收入4.69亿元，实现利税2748万元。完成固定资产投资3.06亿元，比上年增长28.57%，其中规模以上工业固定资产投资2.01亿元。年销售额2000万元以上工业企业5家，有固定资产2.67亿元，职工450人，实现利税3.85亿元。个体工商户463户，从业人员1018人。

集镇建设 投入200余万元，实施盐府路提档工程。该项目以改造主干道两侧辅路为主，在道路两侧绿化带穿插式建造停车位296个，安装电子警察；改造人行道2.4千米，用面包砖代替旧式道板砖完成铺设；在路口两侧处预留一定倾斜角度的路牙，方便电动车上下；采用石材墙面，完成花坛美化；完成道路下水管道疏通工作。

科技与社会事业 全镇有科技人员377人，其中初级技术职称285人、中高级技术职称76人，年内获科技成果157项。有实验学校1所、幼儿园1所，教职工53人，在校学生417人。有卫生院1所，病床20张，医卫人员46人。有文体活动中心1个。自来水普及率100%。全园区村村通公路。参加农村社会养老保险6587人，当年新增965人。参加新型农村合作医疗12290人，参保率65.27%。

人民生活 农民年人均可支配收入25224元，职工年人均可支配收入51622元。农民人均住房面积50平方米，集镇居民人均住房面积30平方米。

(姜　瑜)

【项目建设】 2021年，荣炳盐资源区采取多项措施，推进重点项目建设。工业项目取得突破，签约首个10亿级以上项目，总投资13亿元的奥克斯产业园进入土地报批环节；签约1亿元以上项目3个，签约限额以上项目6个，在谈1亿元以上项目5个。年内实施“双百计划”(丹徒区实施的“双百计划”，每年招引实施100个产业项目，完成100亿元产业投资)项目7个，其中竣工投产6个，进入用地审批环节1个。村企联建项目方面，胜利村秋桃种植基地完成种植摘收，蒲圩村生产的优质荣炳大米产销两旺，曲阳村蔬菜保供基地项目和蒲圩村韭菜种植基地项目有序推进。

(姜　瑜)

【民生建设】 2021年，荣炳盐资源区推进民生各项工程建设。开展殡葬改革，推进散坟平迁和大墓豪华墓整改，完成安息堂建设并投入运行；强化116户低收入户动态监测帮扶，健全监测预警机制，确保脱贫不返贫；推进违法用地整治，实施公开挂牌督办制度，5宗违法用地全部销号；完善农村路网体系，新建农村公路4.8千米，5个行政村全部实现农村道路通组入户。（姜　瑜）

【镇村环境】 2021年，荣炳盐资源区采取多项措施，提升镇村环境。完成集镇提档升级工程建设，实现主干道黑色化、人行道和停车位改造、绿化带升级改造等工程，集镇面貌焕然一新；常态化推进农村人居环境整治及乡村公共空间治理，村庄环境获得改善；完成洋湖退圩还湖三期工程，水网环境持续优化；创建"美丽宜居村庄"9个，创建率43.5%，为丹徒区最高创建率；卧龙"特色田园乡村"二期工程开工。（姜　瑜）

2021年，卧龙"特色田园乡村"二期工程

（荣炳盐资源区）

【红色文化展览】 2021年，荣炳诗书画社挖掘荣炳红色文化底蕴，先后举办"红色新闻工作者——吴景崧同志事迹展""革命烈士——凌荣炳、凌益康连环画展"等系列书画、图片、诗歌展览，向中国共产党百年华诞献礼，从不同角度追忆红色历史，展示红色热土上新时代荣炳人的精神风貌以及荣炳优秀乡土文化。全年参观展览1万余人次。（姜　瑜）

2021年荣炳盐资源区骨干企业情况表

表32　　单位：万元

企业名称	产值	销售收入	税收额
镇江市欧泊服饰有限公司	5489.2	5489.2	40.66
镇江刘恒记食品有限公司	1892.2	1892.2	56.77
江苏坤美新材料科技有限公司	5190.72	5190.72	20.73
镇江恒顺酒业有限责任公司	24900.89	24900.89	1064.37
江苏坚雅节能建材有限公司	4514.64	4514.64	304.13
江苏省群飞机械制造有限公司	1958.51	1958.51	42.19
镇江市丹徒区浀阳新型墙体材料有限公司	2021.11	2021.11	56.81
镇江日达鞋业有限公司	3039.37	3039.37	71.73

（姜　瑜）

附　　录

重要文件摘要

践行新思想　勇担新使命
向着丹徒现代化建设新征程阔步前进

——在中国共产党镇江市丹徒区第十四次代表大会上的报告

（2021年7月26日）

谢继步

中国共产党镇江市丹徒区第十四次代表大会，是在中国共产党成立100周年的重要时刻，在“两个一百年”奋斗目标历史交汇的关键节点，召开的一次十分重要的大会。

大会的主要任务是：高举习近平新时代中国特色社会主义思想伟大旗帜，深入学习贯彻习近平总书记“七一”重要讲话精神，认真落实省委、市委决策部署，回顾总结区第十三次党代会以来的工作，研究确定今后五年的奋斗目标和主要任务，选举产生新一届区委和区纪委领导班子，动员全区各级党组织、广大党员干部团结带领全区人民，践行新思想，勇担新使命，向着丹徒现代化建设新征程阔步前进。

一、高水平全面建成小康社会

区第十三次党代会以来，丹徒深入学习贯彻习近平新时代中国特色社会主义思想，牢记总书记谆谆嘱托，持续放大总书记视察激励效应，一鼓作气、尽锐出战完成“十三五”目标任务，交出了高水平全面建成小康社会优异答卷。先后入选全国绿色发展百强区、全国新型城镇化质量百强区、全国百强新城区，位列中国生活品质百优县市第38位。

五年来，我们始终坚持稳中求进总基调，建成了综合实力更强的小康社会。经济发展量质并举。坚决顶住各种压力，有效应对风险挑战，负重前行，攻坚克难，“十三五”末，全区地区生产总值达到414亿元，年均增长5.6%；工业应税销售、社会消费品零售总额分别增长27.7%、36.6%；新增“四上”企业214家，总数达到430家；新增外资企业40家，总数达到119家；建筑业年产值实现由34.3亿元到144.1亿元的跃升。高标准通过国家统计局“四经普”事后质量抽查，圆满完成“七人普”各项工作，常住人口年均增长率位居全市前列。项目建设亮点纷呈。坚持项目为王理念，五年共实施区级以上重点产业项目152个，完成投资近400亿元，其中10亿元以上项目10个。北汽蓝谷麦格纳新能源汽车、燃机热电联产、中建科技等体量大、带动性强的项目相继投产；孟家港国际物流园、润祥油气物流园等重大项目加速推进；建华科创园、比泽尔空调压缩机、德晴碳纤维、晋得新材料等一批优质潜力项目顺利落户；大力液压马达、艾力升电缆、希西维轴承等一批高成长性企业发展势头强劲，五年新增规上工业企业105家。坚持向存量要效益，累计盘活闲置低效用地8085亩。载体支撑强劲有力。坚定走集约化、内涵式发展道路，明确“两区四园”(1)经济发展主战场，形成园区主导、多点支撑的良好格局。开发区（高资街道）省级重大产业项目取得新突破，入选省知识产权示范园区；高新园落户亿元以上产业项目47个，“材智汇”“楼友会”获评省级众创空间；上党生态汽车产业园园区功能进一步完善；高桥临港产业重点项目取得突破性进展；宜城街道城市社区治理体系不断完善，治理水平明显提升；辛丰深层次化解历史遗留问题，发展空间得到拓展；谷阳“腾笼换凤”试点工作深入推进，盘活闲置厂房2.54万平方米；世业“农业+旅游”发展势头良好，拓宽了乡村振兴新路子；宝堰进入全国农业产业强镇创建名单；荣炳乡村公共空间治理走在全市前列；江心节庆文化活动品牌持续打响。

五年来，我们始终坚持改革创新增活力，建成了发展质态更优的小康社会。创新要素加快集聚。高新技术企业达到126家，是2016年的2.7倍；创成国家技术创新示范企业1家、“专精特新”“科技小巨人”“单打冠军”企业26家、国家级产业技术创新战略联盟1家、省级研发机构20家。累计签订产学研合作协议300余项，校企联合申报各类科技项目获批170余项。市“金山英才”计划和区“长山计划”人才项目分别获立项87个和55个。改革红利深度释放。开展相对集中行政许可权改革，放大“一枚印章管审批”效应，市场主体活力进一步增强，五年净增企业7557家、个体工商户18386户。圆满完成党政机构改革和基层整合审批服务执法力量改革，农村集体产权制度改革、招商体制机制改革取得阶段性成效。实体化运营镇江智能汽投和长山文化产业发展有限公司，全面理顺高新园、谷阳镇、宜城街道管理体制机制。大力倡导“向前多走一步”的服务理念，制定出台《强化作风效能建设若干规定》等系列文件，推动各类惠企利民政策精准落地，累计减免各类税费48.48亿元，区域营商环境全省排名前进13位。产业结构得到优化。把发展现代高效农业作为农业主攻方向，推进农业农村重大项目73个，吸引44.9亿元社会资本投农，农业龙头企业增至35家。累计关停茂源化工、天龙化工、华元焦化、长三角精细化工等低端落后或安全环保不达标企业41家，提升改造企业231家，北汽、恒顺创成国家级绿色工厂，4家企业6个车间被评为省级示范智能车间，战略性新兴产业产值占规上工业产值比重达到45.3%、较“十二五”末提升14个百分点。创成1个国家乡村旅游重点村、6个省级电子商务示范村（企业），打造了一批网络有热度、影响有广度的旅游产品。三次产业结构占比演进为5.2∶49.7∶45.1。

五年来，我们始终坚持城市农村双提升，建成了城乡面貌更美的小康社会。城市聚合效应显现。镇江东站（丹徒站）建成投用，五峰山长江大桥建成通车，宜城大道三期主体贯通，延茅公路三期等工程顺利完工，内联外通的交通优势更加凸显。突出城市龙头引领、带动周边的功能，以高新园和高校园区为依托，形成城市与产业、科教资源良性互动格局。完成棚改（城中村）面积52.77万平方米。海绵城市建设通过国家考核验收，城西公园建成使用，谷阳湖、长山片区建设加快推进。宜城小学、茅以升实验学校建成启用，区人民医院二期投入运营，宝龙广场、华山路商业街商圈活力日益增强，镇江高校园区6所高校全面入驻，城区人口净增近10万人。美丽乡村彰显特色。新建高标准农田13.71万亩，占耕地比重提高至61.9%。完成绿化造林304.7公顷，疏浚整治农村河道92条、河塘1800余座，分散式污水处理设施实现行政村全覆盖。全面推进农路提档升级，创成省级“四好农村路”达标县，行政村双车道四级路实现全覆盖。农村人居环境整治三年行动圆满收官，12个行政村被评为省级综合示范村。深入开展美丽乡村建设，建成省级特色田园乡村5个，市、区级特色田园乡村4个，美丽宜居村庄132个。生态优势不断巩固。坚决打好污染防治攻坚战，同"十二五"末相比，空气质量优良天数比例提升16.5个百分点，$PM_{2.5}$年均浓度下降32.2%。深入推进长江大保护，长江"十年禁渔"任务有效落实，先后拆除整治14家船舶修造企业、4个砂石码头，完成生态修复21万平方米。持续深化河湖长制、断面长制，河湖"两违三乱"⑵整治任务全面完成，荣炳洋湖退圩还湖工作取得良好成效。截至"十三五"末，国省考断面优Ⅲ类比例达到100%，饮用水源地水质从Ⅲ类提高至Ⅱ类。顺利创成省级生态文明建设示范区，人民群众畅享"绿色福利"。

五年来，我们始终坚持用心用情惠民生，建成了幸福指数更高的小康社会。群众生活明显改善。新增城镇就业42513人，登记失业率稳定控制在2.6%以内。城镇居民人均可支配收入和农村居民人均可支配收入五年分别增长41.6%、46.9%。失地农民保障、城乡低保做到应保尽保，低保标准较"十二五"末提高29.5%，特困人员、特殊群体社会救助兜底保障能力持续提升。坚定不移打赢脱贫攻坚战，43个经济薄弱村、1585户3196人建档立卡低收入人口全部达标脱贫。持续将财政支出的75%以上投向民生领域，推行年度民生实事项目群众点单、人大代表票决制，民生工作更接地气、更贴民意。公共服务日益健全。基本养老保险参保率由92%提高至98%，居家养老服务中心村(社区)覆盖率达97.8%。创成二级甲等医院1家、全国群众满意的乡镇卫生院4家，世业镇荣获国家卫生镇。全区中小学教育装备升级至省I类标准，普惠性幼儿园覆盖率全市第一，创成全国责任督学挂牌督导创新区。先后举办"米芾杯"国际青少年书法大赛、国际徒步旅游大会、全国青少年无线电通信锦标赛等活动，顺利通过国家公共文化服务体系示范区验收，区文化馆和图书馆建成国家一级馆。社会治理纵深推进。用好"大数据+网格化+铁脚板"工作方法，在新冠肺炎疫情防控上见事早、行动快、措施实，截至目前保持了"零输入、零确诊、零感染"。"七五"普法圆满收官，被评为"全省法治政府建设示范县(市、区)"。安全生产专项整治"一年小灶""三年大灶"有效衔接，全区生产安全事故起数、死亡人数逐年下降。与镇江大市同步连续三次荣膺"全国文明城市"荣誉称号，实现省"双拥模范区"八连冠。先后破获省公安厅挂牌的扫黑除恶"二七"专案、"五四"专案等一批重大案件，创新"大巡防"机制，群众安全感满意度保持在97%以上。

五年来，我们始终坚持党建引领不动摇，建成了奋进力量更足的小康社会。政治建设全面加强。充分发挥党总揽全局、协调各方的领导作用，把党的领导贯穿各领域各方面，形成推动全局工作的强大合力。扎实开展"两学一做"学习教育、"不忘初心、牢记使命"主题教育和党史学习教育，"重走总书记视察路"初心课堂在全省产生广泛影响。积极培育和践行社会主义核心价值观，入选新时代文明实践中心省级试点，涌现出6个全国先进集体、12个省级以上先进个人。牢牢把握意识形态工作领导权，建成区融媒体中心，主流舆论阵地不断巩固壮大。组织保障坚强有力。认真贯彻落实新时代党的组织路线，创建"党员中心户"1265户，83个行政村基层党建标准化建设扎实推进，村书记专职化管理和社区工作者职业体系建设全面推开，非公党建实现全覆盖。"党建+网格化"社会治理模式获中央政法委书记郭声琨同志充分肯定。制定《严格规范干部选拔任用工作实施办法》，严把干部选用关。强化高素质专业化干部培养使用，先后选派250名年轻干部到急难险重岗位锻炼，分层分类培训干部9500余人次。顺利完成镇党委、村(社区)"两委"换届工作，镇级党政班子35岁以下占比41.7%，本科以上学历占比94.7%；村(社区)"两委"平均年龄下降4.6岁，大专以上学历占比67.7%。党风政风持续向好。坚决落实"两个责任"，驰而不息正风肃纪反腐，查处违反中央八项规定精神问题96起148人，党纪政务处分71人，通报曝光典型问题30批50起。处置问题线索1417件，立案651件，党纪政务处分545人，其中乡科级干部57人，采取“两规”“留置”措施54人。精准运用“四种形态”处理1853人次，前两种形态占比91.1%。动真碰硬抓好省委巡视、市委提级巡察反馈意见整改落实，开展13轮区级巡察，实现对59家区级机关部门、10个镇(街道、园区)、90个村(社区)党组织的巡察全覆盖。区委认真执行民主集中制，人大积极履职、有效监督，政府依法行政、狠抓落实，政协建言献策、凝聚共识，群团组织、统一战线、党管武装等工作得到加强，形成和衷共济、团结奋进的良好局面。

今年是中国共产党成立100周年，是向第二个百年奋斗目标进军的开启之年，也是“十四五”规划的开局之年。今年以来，我们以党史学习教育为主线，奔跑动能持续激发。利用理论中心组、“丹心讲堂”等形式，领导干部带头学、带头讲、带头干，带动全区一千多个党组织精心组织学、丰富形式学，539名科级以上干部下沉一线、领办难题，做到用心学党史、真心办实事。隆重举行中国共产党成立100周年系列庆祝活动，组织开展“丹心向党”等系列宣传教育，营造了爱党敬党颂党的浓厚氛围。我们以办好自己的事为重点，经济运行稳中向好。用好考核“指挥棒”，健全完善“月度讲评、季度监测、半年评估、年终考核”和“红黄黑”榜等工作机制，压紧压实责任，主要经济指标呈现逐月逐季向好态势。1—6月份地区生产总值同比增长14.1%，工业应税销售同比增长30.2%、较2019年增长29.9%，房地产销售面积、进出口总额、规上服务业营业收入等指标增幅位居全市前列，圆满完成“双过半”目标任务。我们以实施“双百计划”[(3)]为抓手，项目建设提质增效。签约亿元以上项目29个，总投资170亿元，其中10亿元以上项目5个。总投资10亿元的顺丰创智产业园、10.2亿元的原轼高性能材料等一批优质项目顺利落户。完成固定资产投资59亿元，同比增长17.7%，其中制造业完成投资22.2亿元，同比增长36.8%，增幅全市排名第二，重点产业项目超序时完成投资进度。我们以优化营商环境为突破，干事创业更加舒心。纵深推进“放管服”改革，出台优化营商环境十条举措，“帮办”服务覆盖项目招引落户全过程，审批服务质效不断提升。为企业量身定做政策礼包，打造“1+4”人才政策体系[(4)]，创新推出“轻微违法首次免罚”清单，规范涉企执法检查，“有求必应”“无事不扰”成为普遍意识。我们以共建共治共享为目标，社会大局和谐稳定。紧扣“两个不放松”[(5)]和“务必整出成效”总要求，扎实开展安全生产专项整治三年行动，全区安全生产形势总体平稳；高标准、高质量开展政法队伍教育整顿，基层调解相关做法获中央第六督导组肯定；常态化抓好疫情防控，守牢安全稳定底线。

回首五年历程，奋斗蕴含艰辛，经验弥足珍贵，启示尤为深刻：

——**思想是行动的先导，必须维护核心、看齐追随，锤炼绝对忠诚的政治品格。**事业之所以取得进步，得益于我们作决策、抓工作时，都从习近平新时代中国特色社会主义思想和习近平总书记重要指示精神中找方向、寻方法，这是我们前进道路上战胜风险挑战、续写更多辉煌业绩的信心所在、底气所在。只要我们持续深入学习新思想、领悟新思想、践行新思想，把“两个维护”植根于心，将“国之大者”落实于行，就一定能在新征程上不断取得新胜利。

——**目标是前进的灯塔，必须科学谋划、自我加压，保持奋勇争先的昂扬锐气。**我们始终坚持生态立区产业强区不动摇不懈怠不折腾，久久为功，持续发力。根据丹徒现状和对经济发展规律性认识，明确了“两区四园”的发展布局，确立了“四区同建”的发展定位，提出了“在贯彻新发展理念上创特色、在全市辖市区发展速度上走在前、在全省高质量考核排名上进位次”的工作目标。只要我们保持定力、站稳脚跟、积极作为，以确定性措施有效应对不确定性变化，就一定能够朝着既定目标阔步前行！

——**实干是最美的语言，必须勇于担当、履职**

尽责，锻造攻坚克难的坚强意志。五年来，丹徒面临的大事多、急事多、难事多，有决胜小康的冲刺、经济下行的压力、新冠疫情的冲击、特大洪水的考验、安全环保的硬仗等等。在各种大战大考中，广大党员干部闻令而动、冲锋在前，以科学应对之智、担当作为之能、壮士断腕之勇，从容处置各种复杂局面和风险挑战。只要我们始终牢记“为有牺牲多壮志，敢教日月换新天”，发扬斗争精神，增强斗争本领，就一定能把丹徒的事业干成功、干出彩！

——民心是最大的政治，必须以人为本、关注民生，提升人民群众的幸福指数。面对财政收支平衡的巨大压力，政府带头过“紧日子”、大力压减一般性支出，持续加大民生投入，切实让广大群众获得实惠、感受幸福。五年来，实实在在的民生变化，不仅提升了群众的幸福指数，更密切了党群干群关系，打牢了共建美好家园的群众基础。只要我们始终把人民对美好生活的向往作为奋斗目标，以群众的“表情包”，作为检验工作的“晴雨表”，就一定能赢得民心、集中民智、汇聚民力！

——团结是制胜的法宝，必须同心同德、同频共振，凝聚干事创业的强大合力。坚持用共同的事业激发奋斗动力、点燃创业激情，广泛调动各种积极因素、集中各方智慧力量，全区上下谋事“一盘棋”、干事“一股劲”、成事“一条心”。各级党员干部自觉从大局看问题，把工作放到大局中去谋划、思考、推动，加强团结协作，使各项工作既为一域争光，又为全局添彩。只要我们以团结为旗帜、以事业为信念，就一定能形成心齐气顺、风正劲足的良好局面！

二、在新的历史起点上砥砺前行

带着实现全面小康的胜利喜悦，带着伟大建党精神的深刻激励，带着丹徒现代化建设的历史使命，我们信心满怀地站在了新的历史起点上。要把握“时”与“势”。胸怀“两个大局”，直面世界之变、时代之变、历史之变，在大局下定位方向目标，在大势中思考战略基点，系统性谋划工作的总体布局、重点任务和保障措施，找准切入点，掌握主动权。要善化“危”为“机”。当前，虽然经济发展面临的外部风险挑战增多，长期积累的结构性矛盾和短期经济运行问题交织，但经济持续稳定复苏的态势没有变。对丹徒而言，随着长江经济带发展纵深推进，长三角一体化、宁镇扬一体化进程加快，南京都市圈发展规划正式发布，战略机遇的叠加效应正加速释放。我们要保持清醒头脑，主动融入发展大格局，抢占“制高点”，赢得“先手棋”。要统筹“稳”与“进”。经过多年的努力，丹徒的区位优势加速显现、功能板块加速升级、产业人口加速导入、重大项目加速建成，正处在蓄势勃发、蓄力蝶变的重要关口。更为可贵的是，广大党员干部在疫情防控、产业强区、三大攻坚战、安全稳定等战场考场上冲一线、战前线、上火线，应对风险挑战、解决复杂问题、推动高质量发展的信心更强、底气更足。我们要将这种良好的势头与推进事业发展有机结合，把“稳”的基础打得更牢、“进”的步伐迈得更实。

今后五年，全区工作的指导思想和总体思路是：以习近平新时代中国特色社会主义思想为指导，深入贯彻中央和省委、市委各项决策部署，坚持以人民为中心，坚持稳中求进工作总基调，坚持生态立区产业强区，坚定不移贯彻新发展理念，推动高质量发展，服务构建新发展格局，深化改革创新，强化系统思维，统筹发展和安全，全力打造先进制造业集聚区、产教融合示范区、城乡融合先行区、社会治理特色区，全面实现“十四五”规划目标，向着丹徒现代化建设新征程阔步前进。

围绕上述指导思想和总体思路，今后五年的奋斗目标是：聚力建设殷实丹徒、活力丹徒、美丽丹徒、幸福丹徒。

——殷实丹徒。把产业强区作为第一战略，以“双百计划”为抓手，在做大体量中加快转型，着力打造以先进制造业为主体，现代服务业和现代农业融合发展的现代产业体系。借力人工智能、大数据、互联网等现代科技手段，提升发展新能源、新装备、新材料等先进制造业，加快由“丹徒制造”向“丹徒智造”升级。着力拉长产业链、强化创新链、完善供应链，培植特色鲜明、具有较强竞争力的产业集群。到2025年，全区GDP年均增长6.5%左右；一般公共预算收入年均增长7%以上；工业应税销售年均增长8.5%以上。

——活力丹徒。突出创新在现代化建设全局中的核心地位，充分发挥镇江高校园区科创资源优势，深层次融入镇江“创新创业福地”建设，共建G312产业创新走廊，着力形成以创新为主要特征的经济体系和发展方式。从激发企业创新活力入手，持续优化创新生态，积极培育高新技术企业群，加快建立以企业为主体、市场为导向、产学研相结合的技术创新体系，引领丹徒闯过转型升级的“腊子口”、赢得创新发展的“新长征”。到2025年，全区高新技术产业产值占规上工业产值比重高于全市平均，全社会研发投入增幅走在全市前列。

——美丽丹徒。以山水美、自然美、生态美为目标，厚植生态优势，让丹徒青山林立、水脉纵横、丘陵延绵、洲屿错落的生态家底更加厚实。秉承精心规划、精致建设、精细治理理念，打造形神兼备、秀外慧中的现代化生态新城。充分尊重村庄肌理、地形地貌、文化传承等特点，优化完善镇村布局，形成独具风格的村庄形态，着力打造农耕渔事、田园村舍相映成趣的乡土景观。到2025年，全区单位GDP能耗降幅完成市定目标，主要污染物排放总量削减完成上级下达任务，创成国家级生态文明建设示范区。

——幸福丹徒。把满足人民群众对美好生活的向往作为根本导向，把人民群众广泛参与作为根本途径，进一步巩固脱贫攻坚成果，不断优化公共服务供给，创造更多就业机会、提供更多创业平台。聚焦民生领域的难点堵点、短板弱项，精准实施民生实事工程，着力解决发展不平衡不充分问题。大力提高社会治理水平，提升社会文明程度，维护社会大局和谐稳定，让工作生活在这座城市的人们更有获得感、幸福感、安全感。到2025年，居民人均可支配收入与经济增长保持同步；城镇登记失业率控制在3%以内。

三、奋力开创高质量发展新局面

美好蓝图已经绘就，宏伟目标催人奋进。我们要持续激发“奋斗趁年华、昂然正青春”的澎湃热情，锚定高标准、落实严要求，重点抓好以下五个方面：

（一）坚定发展信心，增创跨越赶超新优势。坚持量的扩张和质的提升同步推进，充分释放潜力和动能。一是增创板块发展的支撑优势。板块是丹徒经济社会发展的中坚力量，板块间争先进位、竞相发展，才能撑起全区高质量发展的无边风景。要依托“两区四园”主战场，发挥工业园区主阵地作用，加强园区整合，探索园区共建共赢新模式，提高园区支撑力、贡献度。开发区、高资街道要建成沿江传统产业转型发展示范园区，实现经济总量翻番目标；高新园、谷阳镇要深度融合，创成省级高新区，打造三山新市镇；上党新能源汽车及零部件产业要在现有基础上形成集群集聚效应；宜城街道要大力发展城市经济，展现主城担当；世业洲要以优质旅游资源导入为重点，着力提升“生态岛、健康岛、旅游岛、田园岛”发展内涵与活力；高桥要“依港兴镇、港镇联动”，做强临港经济；辛丰要做好资源整合、产业提升文章，重振经济重镇雄风；宝堰、江心、荣炳要激活农业优质资源，以三产融合发展赋能乡村振兴。二是增创科技创新的驱动优势。积极融入沿沪宁产业创新带和G312产业创新走廊，用好现有各类创新创业载体，建立健全“众创空间—孵化器—加速器—产业园”孵化体系。发挥高校园区“创新源”作用，深化资本对接和成果转化，促进政产学研深度合作。突出企业创新主体地位，鼓励企业与科研院所建立产业技术创新战略联盟，支持国内外重点企业、知名机构在我区设立研发中心。围绕柔性引才、按需引才，针对我区主导产业、重点企业需求，大力引进创新型、实用型、技能型人才，提高人才资源与项目建设、科技创新、实体经济的匹配度。三是增创区域协同的融合优势。坚持交通先行，加快推进G312、G346丹徒段改扩建等国省干线建设，实施一批地方干线和连接线工程，加快构建现代综合交通体系。做好产业导入，主动承接长三角一体化发展的产业转移和创新溢出，促进与周边地区产业链、供应链的有序分工、功能互补、高效协同。推动丹徒新城向北融入镇江主城、向东加快产城互动、向西联结高校园区、向南加速城乡融合。以开放姿态开展城市间的交流与合作，加强教育、医疗、文化、交通等协同发展，促进各类要素资源向丹徒顺畅流动，让丹徒高质量发展的画卷行笔自如。

（二）紧扣第一战略，跑出产业强区新气象。始终将第一战略作为跑起来的最强动能，以只争朝夕、一往无前的姿态抓产业强区。一是构建产业“强链条”。建立区领导挂钩联系重点产业制度，培育新兴产业，升级传统产业。新材料产业以新型金属材料、高性能复合材料为依托，拓展碳纤维、高分子特种膜等新材料发展空间；新能源汽车及零部件产业强化配套与整车协同发展，构建“制造＋平台＋服务”的产业体系；高端装备制造产业围绕工业化与信息化深度融合，促进生产型制造向智能型服务型制造转变；绿色建材产业以技术创新、业态创新、模式创新推动产业向价值链中高端迈进，聚力发展建筑业总部经济；食品医药产业发挥“头部企业”和“隐形冠军”企业带动作用，做好延链强链补链文章。坚持生产性服务业、生活性服务业“两手抓两促进”，大力发展城市经济、楼宇经济、港口物流经济，高度重视培育发展互联网和数字经济。二是抓牢项目“牛鼻子”。健全完善与丹徒产业发展高度匹配的目标客户库、项目数据库、合作载体库，锁定长三角、珠三角等重点区域，按照“质量比总量更重要、落地比签约更重要、链条比单体更重要”的思路，综合运用产业链招商、基金招商、资本招商等形式，每年引进100个以上产业项目，其中亿元以上项目30个、10亿元以上项目5个。注重引进外资项目，加快走出去步伐，努力提升丹徒对外开放水平。健全领导挂钩、月度调度、专班负责、会商会办等工作制度，破除制约因素，打通关键环节，缩短项目建设周期，确保每年完成100亿元以上产业投资，形成一批新经济增长点。坚持以“亩产论英雄”，推行差别化要素供给政策，鼓励发展“飞地经济”，加快闲置低效用地盘活，提高项目承载力。三是壮大企业“主力军”。支持企业通过兼并重组、进军资本市场等方式做大做强，到2025年，工业应税销售超30亿元企业达到10家以上，超100亿元企业实现新突破。支持中小企业加强科技创新和技改扩能，培育省、市“专精特新”“小巨人”企业15家，高新技术企业总数达到200家，新增规模以上工业企业150家以上。建立完善分行业分梯队的上市后备企业资源库，着力培育主板上市企业。持续深化“放管服”改革，全面推行“一窗通办”审批服务新模式，常态化制度化开展“暖心助企”大走访，提升惠企政策成效，全力打造沪宁线上一流营商环境。真正尊重企业，真心服务企业，注重新生代企业家队伍建设，构建“亲清”新型政商关系。

（三）坚持因地制宜，书写乡村振兴新答卷。紧握乡村振兴这个新时代“三农”工作总抓手，促进农业高质高效、乡村宜居宜业、农民富裕富足。一是让农业提质增效。坚决遏制耕地“非农化”、防止“非粮化”，守牢粮食安全底线。将现代高效农业作为主攻方向，大力发展都市型农业，推动农业适度规模经营，做强大米、果蔬、花卉、养殖等农业特色集群。加快农村一二三产融合发展，积极招引重大农业项目，着力培育农业龙头企业，健全生产加工、仓储保鲜、冷链物流等产业链条，提升农业质量效益和竞争力。加快打造万亩茶园生态旅游基地，做精南部乡镇和江中洲岛休闲农业带，提升乡村休闲旅游体验感、时尚感，让“美丽风景”托起一方“美丽经济”。二是让农民持续增收。巩固拓展脱贫攻坚成果，严格落实“四个不摘”[6]要求，加强帮扶项目资产管理和监督，兜住群众稳稳的幸福。积极发展富民产业，加强经营主体和农民技能培训，鼓励农民自主创业、转移就业。引导涉农企业建立健全利益联结机制，使农民更多分享产业增值收益。健全农村物流体系，大力发展农村电子商务，加强优质农产品推介营销，帮助农民开拓市场、提高收入。

稳妥推进“三块地”[7]改革，巩固提升农村集体产权制度改革成效，推动“资源变资产、资金变股金、农民变股东”。三是让城乡融合共进。健全“生产、生活、生态”空间规划体系，统筹区、镇、村三级网络，高质量编制国土空间规划以及各专项规划。顺应城乡发展规律，推动基础设施、公共服务向农村延伸，加速人才、土地、资本等要素在城乡间双向流动。将集镇作为城乡融合的支点，紧贴产业布局，完善城镇功能，发挥好小城镇在城乡关系中的纽带和平衡作用。以乡村建设行动为抓手，开展农村人居环境整治提升五年行动，抓好农村生活污水处理设施建设、沟渠塘坝清淤改造、公共空间治理等工作，打造更多美丽宜居村庄、特色田园乡村。注重传统村落保护，创新完善治理机制，用心传承优秀乡村文化，讲好乡村故事，留住乡愁记忆。

（四）围绕生态宜居，绘就美丽丹徒新画卷。按照“气质独特、彰显温度”的思路，让每一个生活在这里和来到这里的人，都能够在心里留下最美的“丹徒印记”。一是彰显生态自然之美。深入打好污染防治攻坚战，以“只能进不能退”的定力，解决好群众反映强烈的突出环境问题。扎实推进“山水林田湖草”生态保护和修复工程，全面建设幸福河湖，筑牢美丽丹徒的生态基底。坚定不移推进长江大保护，落实“十年禁渔”，强化自然岸线和重点湿地生态系统的保护与恢复，打造水清岸绿景美的“滨江绿廊”。强化“碳达峰碳中和”目标引领，推动减污降碳协同增效，积极推行工业园区生态化循环化改造，为建材、电力等传统产业注入更多绿色元素。完善生态文明绩效考核和责任追究制度，让丹徒青山常在、绿水长流、空气常新。二是打造城市宜居之美。按照“先规划后建设、先做环境后开发”的思路，加快推动镇江东站(丹徒站)、谷阳湖、长山片区建设，将环境做美、配套做优，促进资源升值、发展升温。注重对重点地段和地块的城市设计，加强对城市的空间立体性、平面协调性、风貌整体性、文脉延续性等方面的规划管控，留住城市特有基因。有序实施城市更新行动，加速补齐公共卫生、居家养老、小区物管、步行绿道等方面存在的薄弱环节，构建城市“15分钟社区服务圈”“10分钟体育健身圈”“5分钟便民生活圈”。加快智慧城市建设进程，打造城市“数据大脑”，增强城市发展韧性。用绣花功夫、工匠精神抓城市管理，推动执法重心下移、力量下沉，提高城市运营管理和应急处置能力。三是塑造气韵和畅之美。推动新时代文明实践中心提质升级，实现中心、所、站、点全域覆盖。深入践行社会主义核心价值观，建好用活“道德讲堂”“好人工作室”“乡风明德文化墙”等平台载体，营造崇德向善的社会新风尚。健全文明城市建设长效机制，深入实施乡风文明提升工程，擦亮“全国文明城市”金字招牌。精心办好“米芾杯”国际青少年书法大赛等文化盛宴、户外休闲徒步大会等特色赛事，推动米芾书法公园创建5A级旅游景区。聚焦红色遗址、书法文化、闻捷诗歌、长江运河等特色资源，培育系列丹徒文化标识，让丹徒的“脸谱”更加鲜明、形象更加饱满。

（五）聚力共建共享，推动民生福祉新提升。坚持以人民为中心的发展思想，始终牢记发展为了人民、发展依靠人民、发展成果由人民共享。一是在公共服务上精益求精。紧盯高校毕业生、困难人员等群体，通过推荐企业吸纳、帮助灵活就业、扶持自主创业等形式精准化稳就业。坚持教育优先发展，加大学前教育资源有效供给，推进“全国义务教育优质均衡发展区”创建，加快高中和职业教育发展，切实提高丹徒教育质量。积极推进健康丹徒建设，完善疾病预防控制体系，加快优质医疗资源导入，构建不同级别、类别医疗机构分工协作机制，加强医联体内涵建设。超前应对人口老龄化趋势，发展普惠性、互助性养老，积极探索适老化改造工作，鼓励医养结合，引入更多社会优质养老服务资源。坚持尽力而为、量力而行，紧盯“一老一小”统筹抓好社会救助、公益慈善、优抚安置等工作，织密织牢民生保障网。二是在社会治理上精耕细作。以获批全国第二批市域社会治理现代化试点城市为契机，加快推动社会治理体系和治理能力现代化。筑牢“平安前哨”，深化“雪亮工程”等建设应用，完善社会治安防控体系，织密立体化智慧技防网络。坚持和完善“大数据+网格化+铁脚板”治理机制，建立网格工作事项清单，“三官一律”[8]进网格实现常态长效。创新服务模式，完善社区治理体系，推进物业管理与社区治理融合发展，加快构建基层社会治理新格局。坚持和发展新时代“枫桥经验”，严格落实领导干部接访下访和包案制度，加强矛盾排查和风险研判，多元化化解矛盾纠纷。深化法治丹徒建设，高标准谋划推进“八五”普法，推动全社会形成办事依法、遇事找法、解决问题用法、化解矛盾靠法的浓厚法治氛围。三是在安全稳定上精细入微。全面落实常态化疫情防控措施，以“防得住”确保“放得开”。以创建安全发展示范城市为抓手，建设安全城市。时刻绷紧安全生产这根弦，按照“三管三必须”[9]要求，深入推进安全生产专项整治“三年大灶”，守牢发展的底线。完善自然灾害、事故灾难、公共卫生等突发事件的预防预警和应急处置机制，健全突发事件处置评估、应急管理绩效考核和督查体系。严厉打击群众反映强烈的突出违法犯罪，持续巩固“扫黑除恶”专项斗争成果。开展城乡风险点、危险源普查，防洪涝、防火灾、防事故，维护城乡公共安全。强化食品药品、交通安全等重点领域的监管治理，保障群众生命财产安全。健全网络综合治理体系，依法管网、依法办网、依法上网，严厉打击网络盗窃、网络诈骗等新型网络犯罪，营造清朗网络空间。实施金融、生态、数据、政府债务等领域的风险闭环管控，提高风险防范能力。

四、全面加强和改进党的建设

在庆祝中国共产党成立100周年大会上，习近平总书记向全党郑重发出了“牢记初心使命，坚定理想信念，践行党的宗旨，永远保持同人民群众的血肉联系，始终同人民想在一起、干在一起，风雨同舟、同甘共苦，继续为实现人民对美好生活的向往不懈努力，努力为党和人民争取更大光荣”的时代号召。丹徒作为总书记亲临视察过的地方，更应该积极响应、争当示范，始终牢记“沧海横流显砥柱，万山磅礴看主峰”，持续推进党的建设新的伟大工程，为现代化建设起好步提供坚强保证。

（一）**永葆对党忠诚的政治本色**。坚持以习近平新时代中国特色社会主义思想定向领航，进一步增强“四个意识”、坚定“四个自信”、坚决做到“两个维护”。深入学习贯彻习近平总书记“七一”重要讲话精神，传承弘扬伟大建党精神，矢志不渝践行初心使命，确保党中央决策部署在丹徒落地生根。认真开展思想政治教育，综合运用中心组学习、组织生活会、“三会一课”等平台载体，持续完善述学考评办法，提升学习效果，不断提高领导干部政治判断力、政治领悟力、政治执行力。全面落实意识形态工作责任制，加强意识形态阵地建设与网络舆情治理，聚合发展正能量。充分发挥“四史”宣传教育的凝魂聚力作用，引导全区党员干部以敢为人先、勇于担当的精神状态，为丹徒经济社会发展冲锋在前、建功立业。

（二）**打造坚强有力的基层堡垒**。树立党的“一切工作到支部、一切工作靠支部”的鲜明导向，认真遵照执行《中国共产党组织工作条例》，落实基层党组织责任清单制度，加强村（社区）等基层党组织建设，推动基层党组织全面进步、全面过硬。探索开展农村基层党建标准化国家级试点工作，加强农村带头人队伍建设，全面提升农村党建水平。实施“两新”党建“红色引领”行动，高质量推进“两个覆盖”，激活“两新”党建“一池春水”。深化党建助推产业强区、党建引领乡村振兴等做法，引导基层打造更多党建品牌，形成更多特色亮点。积极构建街道党工委、社区党委、网格支部、楼道党小组的四级组织架构，着力增强街道（社区）党组织服务功能。

（三）**锻造堪当重任的发展中坚**。深入贯彻落实党政领导班子建设《规划纲要》，系统化抓教育培养、前瞻性抓班子选配、精准化抓干部队伍、全方位抓监督管理，不断提升各级领导班子和领导干部担当干事之能。对照“20字”好干部标准[10]，树立“凭实绩用干部”的导向，落实“七个坚决不用”

要求，大力选拔任用“既讲忠诚、又讲担当，既重敬业、又懂专业，既有想法、又有办法”的优秀干部。完善年轻干部递进式培养和全周期历练机制，用足用好各年龄段干部，全面锻造一支高素质专业化干部队伍。坚持严管和厚爱相结合，增强“三项机制”的穿透力引领力，以有强度的激励、有底线的包容，旗帜鲜明地为担当者担当、为实干者撑腰。多用真情感染干部，多在事前指导干部，多以欣赏的眼光看待干部，用人性化的管理、实打实的政策关心人、温暖人、爱护人，让优秀者优先、有为者有位。

（四）营造风清气正的政治生态。认真贯彻执行中央《党委（党组）落实全面从严治党主体责任规定》和省委、市委相关要求，推动党委（党组）主体责任、书记第一责任人责任、纪委监委监督责任同向发力、落到实处。深化纪检监察体制改革，健全完善监督体系，强化对公权力运行的制约和监督，着力破解对“一把手”监督和同级监督难题，推动“四项监督”[11]贯通融合、协同联动。做实做细日常监督、长期监督，锲而不舍落实中央八项规定及其实施细则精神，持之以恒纠正“四风”，持续整治群众身边的腐败和作风问题，以正风肃纪的实际成效凝聚党心民心。加强和改进巡察工作，充分发挥党内监督利剑和密切联系群众纽带作用。以零容忍的态度坚定不移深化反腐败斗争，一体推进不敢腐、不能腐、不想腐，在新的历史起点上不断巩固和发展反腐败斗争压倒性胜利。

（五）浓厚和谐共进的发展氛围。坚持民主集中制，支持人大、政府、政协及其工作机构和各人民团体开展工作；巩固壮大统一战线，统筹人民武装、群团组织、民主党派等各方力量，在把方向、谋大局、定政策、促改革中增和谐、聚合力。全区广大党员要坚决响应党中央号召，与人民群众想在一起、干在一起，尊重群众首创精神，到基层一线、项目现场、田间地头去丈量民意、把握实情、排忧解难。要大兴调查研究之风，在真抓实干中做到“底数清、方向明、问题准、措施实”。要狠抓工作落实，接受任务不讲条件，执行任务不找借口，完成任务不打折扣，对认准的目标一以贯之、一抓到底，对看准的事情紧抓不放、常抓不懈，对存在的难题动真碰硬、善于攻坚，做到对事业尽心、对工作尽力、对岗位尽责。要树立“争第一、创唯一、树品牌”的争先志气，板块之间比发展、部门之间比服务、企业之间比贡献、干部之间比业绩，让主动作为、率先垂范成为普遍共识，让奋勇争先、敢于担当成为自觉行动，形成“百舸争流、千帆竞发”的奋进态势。（按原文摘要收入）

【注释】

（1）两区四园：省级丹徒经济开发区、省级世业洲旅游度假区，丹徒高新园、上党生态汽车产业园、高桥临港经济产业园、镇江高校园区。

（2）河湖“两违三乱”：违法圈圩、违法建设，乱占、乱排、乱建。

（3）双百计划：每年招引实施100个产业项目，完成100亿元产业投资。

（4）“1+4”人才政策体系：“1”是“长山计划”3.0版主文件，“4”是相关配套文件，包括人才（团队）申报、人才培育、引才主体奖励实施细则和人才项目绩效评价细则。

（5）两个不放松：继续整改不放松、不达目的不放松。

（6）四个不摘：摘帽不摘责任、摘帽不摘政策、摘帽不摘帮扶、摘帽不摘监管。

（7）三块地：农村土地、集体经营性建设用地、宅基地。

（8）三官一律：法官、检察官、警官、律师。

（9）三管三必须：管业务必须管安全、管行业必须管安全、管生产经营必须管安全。

（10）“20字”好干部标准：信念坚定、为民服务、勤政务实、敢于担当、清正廉洁。

（11）四项监督：纪律监督、监察监督、派驻监督、巡视监督。

政府工作报告

——2022年1月21日在丹徒区第十七届人民代表大会第一次会议上

丹徒区人民政府区长 马振兵

一、2021年及本届政府工作回顾

2021年，我们高举习近平新时代中国特色社会主义思想伟大旗帜，深入贯彻落实党的十九大和十九届历次全会精神，在市委、市政府和区委的坚强领导下，在区人大、区政协的监督支持下，牢记习近平总书记谆谆嘱托，紧密团结和依靠全区人民，践行新思想、勇担新使命、展现新作为，持续巩固疫情防控和经济社会发展成果，抓紧抓实“十四五”和新征程开局各项工作，加压奋进、加速奔跑，较好地完成了区第十六届人大五次会议确定的主要目标任务。

一年来，我们坚持稳中求进，经济运行持续向好。积极应对新冠疫情和复杂多变的外部环境，聚精会神抓发展，毫不放松保安全，经济运行保持在合理区间。全年新增市场主体17270户，累计为各类市场主体减税降费2.35亿元，安排各级涉企扶持资金1.13亿元，新增规上工业企业43家、总数达到258家。全年地区生产总值461.07亿元，增长9.5%；一般公共预算收入24.38亿元，增长2%；规上工业增加值123亿元，增长12.8%；固定资产投资103亿元，增长12.2%；规上工业总产值452亿元，增长23.4%；工业应税销售547亿元，增长27.3%；社会消费品零售总额73亿元，增长16.3%；城镇和农村居民人均可支配收入分别达到57971元、28258元，增长8.2%、10.2%。

一年来，我们聚焦产业强区，项目建设富有成效。扎实推进“双百计划”[1]，全年120个产业项目实际完成投资116亿元，建华科创园、德晴碳纤维等省市级重点项目实现当年建设、当年投产，润祥油品码头项目获省发改委核准、LNG加注站码头投入运行。着力破除要素制约，加快工业园区优化整合，积极推行“一区多园”模式；开展闲置低效资源盘活利用三年行动，盘活处置低效闲置土地2458亩、闲置厂房8.35万平方米。激活招商体制机制，完善项目快速预审评估和信息共享系列政策，积极开展产业链招商、平台招商、以商引商，签约亿元以上项目56个、总投资287亿元，项目落地率、列统率均高于全市平均。总投资45亿元的中圣节能制造基地项目推进顺利，总投资30亿元的柒壹康养农旅综合体、10亿元的原轼高性能材料等优质项目签约落户。

一年来，我们致力改革创新，营商环境持续优化。纵深推进“放管服”改革，出台优化营商环境十条举措，在全市率先推出“轻微违法首次免罚”清单，规范各类涉企行政执法检查。常态化开展“暖心助企”大走访，建立“一件事一次办”清单110项，首创税务“个体新办套餐”并在全市推广，企业开办时间缩短至0.5个工作日以内，全年新登记法人企业3247家。坚持创新驱动引领，完成44家全民所有制企业改革任务，新认定高新技术企业43家、科技型中小企业181家，“材智汇”获批国家级众创空间，恒顺醋业成功认定为AAA级两化融合贯标试点企业，大力液压马达荣获国家级制造业“单项冠军”，希西维轴承获评国家级“专精特新”小巨人企业。精心打造“1+4”人才政策体系[2]，打响“长山计划”3.0和“才荟丹徒”人才品牌，新增省双创人才2人、市“金山英才”计划7人、区“长山计划”8人，签订产学研合作协议30项，累计兑现各级科技项目、奖励资金1800余万元。

一年来，我们注重融合发展，城乡功能日益完善。坚持优势互补、协同联动，城乡融合发展步伐明显加快。不断提升公共服务功能，新增城区公共停车位500个，新建健身步道5公里、健身公园14个，区体育馆完成升级改造，城西公园正式对外开放。完成G312、G346丹徒段改扩建工程搬迁任务，改造提升长香中大道、谷阳大道慢车道，S265丹徒段(镇荣公路)全线贯通。全面推进乡村振兴，大力发展乡村产业，全年签约产业项目38个、完成投资11.16亿元，均位居全市前列。新建1.2万亩高标准农田，完成省级农产品质量安全县创建验收，粮食种植面积、总产量实现双增长。线下成立"镇江云上供销有限公司"、线上运行"京东丹徒地方特产馆"，有力助销各类农产品。着力提升人居环境，抓好城镇污水处理提质增效，完成上级下达的农村生活污水治理目标，世业洲水源地达标建设通过技术验收。落实村庄环境长效管护机制，率先启动基础设施管护改革，大力整治"两沿"[3]散坟、豪华墓，创成1个省级特色田园乡村、2个市级特色田园乡村、61个区级美丽宜居村庄。新四军四县抗敌总会纪念馆入选首批江苏红色地名，江心园区御隆河创成省级水利风景区，宝堰镇创成全国农业产业强镇，世业镇入选全国"一村一品"示范村镇。

一年来，我们聚力民生保障，幸福丹徒更有温度。扎实抓好30项政府投资项目，认真办好10件民生实事，民生支出占一般公共预算支出比重达78.3%。全面压降"三公"经费，超过60%区级机关首批创成"全国节约型机关"。突出就业优先导向，健全"3+2"对接帮扶机制[4]，新增城镇就业5192人次，城镇登记失业率控制在3%以内。城区居民消费价格指数(CPI)为101.5%，总体保持平稳。提升安置保障水平，全年竣工交付安置房315套、回迁安置1229套，用市场化的办法妥善化解谷阳湖片区安置历史遗留问题。优化健康服务功能，建成老年友善医疗机构6家、PCR核酸检测实验室2家，创成省级农村区域性医疗卫生中心、尘肺病人康复站、健康促进医院各1家，镇江市口腔医院丹徒分院对外营业。稳步推进教育现代化，有力贯彻"双减"政策，全面开展课后延时服务，加快学前教育提档升级，宜城小学东校区建成招生，省智慧校园覆盖率超过96%。巩固拓展脱贫攻坚成果，加强易返贫群体精准识别，建立低收入人口常态化帮扶机制，发放各类帮扶资金1930万元，城乡低保标准从每人每月790元提高到每人每月820元。

一年来，我们强化综合治理，社会大局和谐稳定。慎终如始做好"外防输入、内防反弹"常态化防控，有效应对周边地区突发疫情，圆满完成紧急驰援和分流隔离任务，全区疫情防控形势总体保持平稳。全力抓好"三年大灶"，深入推进安全生产专项整治，着力完善突发事件预防预警和应急处置机制，生产安全事故起数、亡人数实现"双下降"。坚决抓好长江大保护，打好"十年禁渔"持久战，落实河湖长制、点位长制、断面长制，推行林长制、路长制。持续推进重点领域污染防治，打好蓝天、碧水、净土保卫战，完成生态河道建设任务，9个国省考断面水质优Ⅲ比例达到100%，$PM_{2.5}$年均浓度完成上级下达的约束性目标，茂源化工、天龙化工等突出生态环境问题整改具备销号条件。筑牢"平安前哨"、深化"雪亮工程"，常态化开展扫黑除恶斗争。全面启动"八五"普法，切实加强文明创建、信访稳定。外事侨台、民族宗教、地方志、气象、科普、老龄、妇女儿童、扶贫"三会"[5]、关心下一代、见义勇为、兴教助学等事业取得新进展，国家安全、国防教育、人民武装、对口协作等工作全面进步。

回顾五年历程，全体政府工作人员履职尽责、奋发进取，与全区人民一起，在丹徒高水平全面建成小康社会、开启现代化建设新征程中，留下了坚定足迹、付出了辛劳汗水、谱写了崭新篇章。

——经济发展量质并举，综合实力大幅提升。在经济发展新常态下积极作为、攻坚克难，有效应对各类风险挑战，交出了高水平全面建成小康社会优异答卷。地区生产总值年均增长5.7%；固定资产投资年均增长7.9%；工业应税销售年均增长7.9%；社会消费品零售总额年均增长6%；新增规上工业企业129家、其他“四上”企业109家、外资外贸企业85家。累计实施区级以上重点产业项目152个、完成投资近400亿元，北汽蓝谷麦格纳新能源汽车、热电联产、中建科技等一批体量大、带动性强的项目相继投产。先后入选全国绿色发展百强区、全国新型城镇化质量百强区、全国百强新城区，位列中国生活品质百优县市第38位。

——*转型升级步伐加快，改革红利持续释放。*坚持用改革的办法、创新的思路破解发展难题。累计关停低端落后或安全环保不达标企业41家、拆除整治船舶修造企业14家，战略性新兴产业产值占规上工业产值比重达到42%，高新技术企业达到130家，是2016年的2.8倍，三次产业结构优化为5.4∶49.3∶45.3。稳步开展行政复议体制、相对集中行政许可权、基层整合审批服务执法力量、农村集体产权制度、招商体制机制等系列改革，统筹推进高新园、谷阳镇、宜城街道体制机制改革。在全市率先实施“一网通办、两级联办”，放大“一枚印章管审批”效应，五年净增企业9790家、个体工商户2.14万户，区域营商环境全省排名前进13位。

——*城乡面貌深刻变化，生态丹徒彰显特色。*坚持城市农村双提升，加快构建互联互通的综合交通网络，五峰山长江大桥建成通车，丹徒站建成投用，创成省级“四好农村路”达标县。新建高标准农田8.75万亩，实施绿化造林545.6公顷，圆满完成农村人居环境整治三年行动，累计创成省级特色田园乡村5个，市、区级特色田园乡村4个，美丽宜居村庄169个。五年来，空气质量优良天数比例提升9.5个百分点，$PM_{2.5}$年均浓度下降28.6%，国省考断面水质优Ⅲ类比例达到100%，创成国家节水型社会达标区、省级生态文明建设示范区，与镇江大市同步通过海绵城市国家考核验收。

——*文明程度显著提高，社会事业加速发展。*创成全省法治政府建设示范区，实现省“双拥模范区”八连冠，与镇江大市同步连续三次荣获“全国文明城市”荣誉称号。持续健全公共服务，宜城小学、茅以升实验学校建成启用，区人民医院二期投入运营，宝龙广场、华山街商圈活力日益增强，镇江高校园区6所学校全面入驻，城区人口净增近10万人，城镇失业率控制在2.6%以内。经济薄弱村、建档立卡低收入人口全部达标脱贫，推动“三农”工作重心历史性转向全面乡村振兴。城镇居民人均可支配收入和农村居民人均可支配收入五年分别增长43.4%、48.8%。群众安全感满意度保持在97%以上。

二、今后五年发展目标任务

纵观国内外形势，全球疫情引起的中长期变化仍在加剧，百年未有之大变局加速演进，国内经济发展面临需求收缩、供给冲击、预期转弱三重压力，外部环境更趋严峻复杂。然而，世界新一轮科技革命和产业变革正加速推进，我国经济韧性强，长期向好的基本面不会改变。长江经济带、长三角一体化、南京都市圈、大运河文化带建设等国家战略以及宁镇扬一体化、镇江重点片区建设等区域战略部署，为丹徒带来了多重利好叠加的发展机遇。区第十四次党代会描绘了丹徒未来发展的美好蓝图，极大地激发了全区人民的干劲和热情。未来五年，我们将立足崭新起点，胸怀“两个大局”、牢记“国之大者”，既正视困难、又坚定信心，始终保持强烈的责任意识、进取意识，与全区人民一道，踔厉奋发、笃行不怠，坚定不移做好自己的事情，牢牢把握发展主动权，一步一个脚印把宏伟蓝图变为美好现实，在丹徒现代化建设新征程上展现更大作为。

——*在推进产业强区，谱写跨越赶超新篇章上展现更大作为。*紧扣产业强区“第一战略”，以“双百计划”为抓手，培育新兴产业、升级传统产业，拉长产业链，强化创新链，完善供应链，培植特色鲜明、具有较强竞争力的产业集群。借力人工智能、大数据、互联网等现代科技手段，发展提升新能源、新装备、新材料等先进制造业，加快由“丹徒制造”向“丹徒智造”升级。到2026年，全区GDP年均增长6.5%左右；一般公共预算收入年均增长7%以上；工业应税销售年均增长8.5%以上；工业应税销售超30亿元企业10家以上，超100亿元企业实现新突破。

——*在提升城乡品质，筑牢融合发展新支撑上展现更大作为*。深度融入长三角“大三角”，紧抓宁镇扬“小三角”，充分发挥G312产业创新走廊辐射作用。按照“先规划后建设、先做环境后开发”思路，加快推动长山产教融合发展区、世业洲生态健康岛、谷阳湖片区开发建设。坚持融合发展和一体化发展理念，大力推进美丽宜居城市和美丽乡村建设，深入实施乡村振兴战略，更高水平统筹城市、集镇、乡村协调发展。到2026年，区域城镇体系更趋健全、辐射带动力日益增强，城乡公共服务均等化、城乡要素配置合理化水平显著提高。

——*在厚植生态底色，彰显美丽宜居新优势上展现更大作为*。加快推进美丽丹徒建设，促进低碳发展，提高生态品质。扎实做好“山水林田湖草”生态保护和修复，强化“散乱污”企业整治，改造提升水利基础设施，全面建设幸福河湖。充分尊重村庄肌理、地形地貌、文化传承等特点，优化完善镇村布局，形成独具风格的村庄形态，坚持走符合丹徒特点的文明发展道路。到2026年，全区单位GDP能耗降幅完成市定目标，空气质量明显提升，区域水质持续改善，农用地、建设用地土壤环境得到有效保护，创成国家级生态文明建设示范区。

——*在增进民生福祉，开创共享发展新局面上展现更大作为*。坚持共同富裕的根本奋斗目标，把满足人民群众对美好生活的向往作为根本导向，深入推进富民、惠民、安民工程，让群众享有更满意收入、更优质教育、更高水平医疗卫生服务、更可靠社会保障。持续巩固脱贫攻坚成果，聚焦民生领域短板弱项，精准实施民生实事工程。到2026年，社会保障体系更加健全，公共服务能力显著提升，居民人均可支配收入与经济增长保持同步，城镇登记失业率控制在3%以内。

——*在守牢发展底线，构建综合治理新格局上展现更大作为*。深入推进平安丹徒、法治丹徒、诚信丹徒建设，提升文明创建成效，健全社会信用体系，浓厚文明有礼、崇德向善的社会风尚，完善“大数据+网格化+铁脚板”治理机制，打造共建共治共享的社会治理格局。持续健全公共安全体系，防范和化解影响现代化进程的各类风险，提升重大突发事件应对处置能力。到2026年，社会治理体系更加完善，基层治理水平持续提高，抗风险能力大幅提升，法治社会进程明显加快，努力让人民群众获得感成色更足、幸福感更可持续、安全感更有保障。

三、2022年工作思路

2022年是党的二十大召开之年，是新一届政府履职担当的起步之年，更是乘势而上、向着丹徒现代化建设新征程阔步前进的关键之年。做好今年的政府工作，必须坚持以习近平新时代中国特色社会主义思想为指导，全面贯彻党的十九大和十九届历次全会精神，认真落实中央和省、市、区委各项决策部署，坚持稳中求进工作总基调，坚持改革创新，完整、准确、全面贯彻新发展理念，服务构建新发展格局，坚持生态立区产业强区，全力打造先进制造业集聚区、产教融合发展区、城乡融合先行区、社会治理特色区，统筹发展和安全，扎实抓好“六稳”“六保”工作，聚力建设殷实丹徒、活力丹徒、美丽丹徒、幸福丹徒，在丹徒现代化建设新征程上奋力奔跑，以优异成绩迎接党的二十大胜利召开。

全年经济社会发展的主要目标为：地区生产总值增长5.5%以上，一般公共预算收入增长5%以上，固定资产投资增长8%以上，制造业投资增长12%以上，工业应税销售增长10%以上，社会消费品零售总额增长6%以上，城乡居民收入增长与经济增长同步，全面完成上级下达的约束性指标。

（一）坚定不移做强产业、做优项目，促进经济发展提质增效

壮大产业链群。围绕七大重点产业，实施企业“梯队培扶”工程，用好“链长制”，强化延链补链强链，加速形成龙头企业领航、中小企业支撑的产业格局。大力扶持高成长型初创企业，确保新增“四上”企业95家以上，力争规上工业企业总数突破300家，引导有条件的企业加快挂牌上市步伐。大力培育先进制造业集群，加大对中小微企业支持力度，鼓励企业持续提升技术和工艺水平、做精做优关键环节零部件产品，打造一批细分行业和细分市场的“单项冠军”“专精特新”小巨人企业。

强化项目攻坚。持续实施“双百计划”，抓实新一轮总投资372亿元124个产业项目，加强土地、用能等要素保障，力争上半年省市重点项目全部开工、前三季度区重点项目全部开工，全年超序时完成建设任务。做好项目建设全过程服务，力争崇佑新材料、晋得工程新材料、比泽尔压缩机等项目竣工投产，建华科创园二期、海优威光伏胶膜等项目加速推进，孟家港、润祥油品一期项目开港运营。优化招商引资系列政策，提升招商队伍专业化素养，做到精准发力、靶向攻坚，再引进一批优质制造业项目，确保新签约亿元以上项目超过30个，其中10亿元以上项目超过5个。

培育新兴业态。推进“两化”[(6)]深度融合，开展“5G+工业互联网”创新行动，实施“企业上云”计划，培育一批“星级上云企业”，鼓励企业创新应用工业大数据，加快建设工业互联网平台和标杆工厂。支持外贸新模式，利用好综合保税区、跨境电商等新平台新渠道，帮助企业抢订单、拓市场，引导本土企业“走出去”，形成一批外向型经济新增长点。坚持生产性服务业、生活性服务业“两手抓两促进”，大力发展城市经济、数字经济、网络经济、港口物流经济、生态旅游经济，加快传统商业转型升级，推动线上线下消费融合。

（二）坚定不移深化改革、聚力创新，推动发展活力加速释放

重点领域改革再深化。纵深推进国资国企改革，整合关联业务、培育核心优势，全面完成国企改革三年行动任务。清理规范招商引资优惠政策，杜绝政策攀比。加快工业园区优化整合提升，深化管理体制、职能配置、人事薪酬改革，进一步优化园区规划、完善基础设施和公共服务配套功能，持续增强园区承载力。加大闲置低效用地盘活处置力度，深挖土地潜力，促进资源集约高效利用。稳步实施集团化办学、教师人事改革，围绕“县管校聘”，动态核编、适度流动、综合考核，激发教师队伍干事创业精气神。

创新驱动能力再提升。稳步推进长山产教融合发展区建设，深化产学研融合，促进更多科研成果就地转化，加快新型研发机构培育，力争新建1家市级以上科技孵化载体。突出创新主体地位，引导企业加强自主研发、狠抓技术攻关，增加发明专利申请量。抓实“小升高”行动，确保科技型中小企业入库30家以上、申报高新技术企业65家以上。全面落实省、市、区各类人才政策，注重引进技术型人才，持续推进产业工人队伍建设，新增高技能产业工人200名以上。

营商服务环境再优化。完善“轻微违法首次免罚”清单，提供“一企一方案”定制式服务，提升帮办代办水平，让“拿地即开工”“建成即投产”成为共识。深化“一件事”改革，放大“一窗通办”效应，开通“一体化”快速服务通道，最大限度减少企业群众办事跑动次数，确保事项审批不见面率达到100%。加强信用体系建设，落实公平竞争审查制度，让企业家放心投资、安心经营。常态化制度化开展“暖心助企”大走访，严格落实扶持实体经济、减税降费等系列政策，率先推行“12345”热线“一企来”服务，及时帮助企业化解发展中的难点堵点问题。

（三）坚定不移强村固基、兴业富民，推进乡村振兴走深走实

发展现代农业。落实最严格的耕地保护制度，开展土地违法违规问题“清零”行动，严防耕地“非农化”“非粮化”，全年新建1.9万亩高标准农田，确保粮食播种面积、总产量实现“两个不低于”。积极开展种业振兴行动，做大做强有机大米、时令果蔬、特种养殖等农业特色集群，促进粮食和重要农副产品高产稳产。加快集聚现代农业生产要素，坚持质量兴农、品牌兴农，争创1家省级现代农业产业高质量发展示范园。大力发展高效精品农业和都市农业，突出新型农业主体、农业龙头企业带动作用，推进智农食品、翰雅农业、欣叶蝴蝶兰、万科种养循环等农业项目发展壮大。

推进富民强村。奋力拓展脱贫攻坚成果同乡村振兴有效衔接，积极实施新一轮富民强村帮促行动，深入推进“书记领航”项目，整合盘活乡村资源，鼓励村集体发展物业经济、融合经济、合作社经济，增强村集体经济“造血”能力。加强农业农村信息化建设，提高气象预警信息覆盖率，完善农业保险制度，保障种粮农民合理收益。大力扶持农村电商，组织开展特色农产品推介活动，因地制宜发展农事体验、民宿餐饮、研学康养等新业态，促进村集体收入和农民收入持续增长。

深化乡村建设。加快编制实用性村庄规划，高质量完成乡镇级界线勘定。持续整治殡葬领域突出问题，倡导文明殡葬新风。着力补齐基础设施短板，扎实开展农村公共基础设施管护体制改革，实现设施管护常态化、长效化。探索“四化同步”[7]集成改革，稳步推进农村承包地、集体产权、宅基地改革，提升土地配置效率，推动城乡要素平等交换、双向流动。围绕红色文化展示、高效农业示范、田园乡村观光等重点功能，制定长远规划和年度具体任务，大力推进世业洲生态健康岛建设。

（四）坚定不移提升能级、绿色发展，彰显生态丹徒宜居魅力

高品质推进城市更新。科学统筹产业布局、人口分布、环境容量，合理确定城市开发边界，高质量完成国土空间总体规划。以美丽宜居城市建设试点为契机，提前谋划重点片区发展，加快城市有机更新。全力保障G312、G346丹徒段改扩建工程实施，稳妥推进谷阳湖科技文化创意园一期工程，依法盘活城市闲置楼盘，积极做好土地整理开发。加强宝龙广场、华山街等商圈建设，着力释放批零住餐行业活力。大力发展智慧城管，加快城市治理数字化转型。

大力气提升人居环境。开展“为城市添绿”行动，加大道路两侧、住宅小区、公共空间绿化管护力度。稳步推进城镇污水处理提质增效精准攻坚“333”行动[8]，逐步解决城市管网破旧老化、雨污混流等问题。加快城市基础设施改造，推广爱民路餐饮油烟集中整治经验，做好“精致环卫”作业服务，实施重点区域深度保洁。落实人居环境整治提升行动，深化“红橙黄榜”村庄环境卫生长效管护机制，抓好农村生活污水治理，系统推进农村改厕、河塘清淤、垃圾处理，力争创成2个省级特色田园乡村，实现区级美丽宜居村庄全覆盖。

精细化治理生态环境。以落实“双碳”任务为引领，加快推行工业园区生态化、循环化改造，严控“两高”项目盲目发展，建立能耗“双控”监测预警长效机制，加快企业转型升级，为建材、电力等传统产业注入更多绿色元素。深入开展污染防治攻坚，认真抓好省生态环境保护专项督察反馈问题整改，坚持“水、土、气、固废”协同治理，压实河湖长、点位长、断面长责任，实施$PM_{2.5}$和臭氧“双控双减”行动，防范土壤污染风险，提升固体废物和新污染物治理能力。常态化抓好长江“十年禁渔”，

强化自然岸线和重点湿地生态系统保护恢复，持续改善长江生态功能。

（五）坚定不移以人为本、民生优先，提升人民群众幸福指数

加大公共服务供给。强化市政设施养护，做好城区重点路段道路维修，实施路灯智能化改造，排查更换21条照明路段6000余盏路灯。规范停车秩序，城区范围内新增停车泊位500个以上。扩大餐厨废弃物收运范围，建成20个垃圾分类达标小区。稳步推进优质文体资源共享，更新健身路径40条，新建健身步道5.4公里，完善体育场地设施面积2万平方米。精心办好丹徒旅游文化节、“米芾杯”国际青少年书法大赛等品牌活动，持续提升国家A级景区管理水平。

加强民生民计保障。坚持政府过紧日子，严控“三公”经费和一般性支出，把更多资源和财力用在改善民生上。做好重点群体就业帮扶，支持灵活就业和自主创业，全年提供就业岗位1.3万个次，新增城镇就业4400人，城镇登记失业率控制在4%以内，保持城镇零就业家庭、农村零转移家庭动态清零。落实好社会救助、抚恤优待、大病保险等托底政策，支持慈善等公益事业发挥更大作用，确保困难群众生活基本稳定。扎实推进长香翠庭、景泉印象二期等安置项目建设，确保全年竣工交付1500套以上。加强煤电油气运等保障供应，强化涉企及民生价费监管，维护生活物资价格稳定，营造安心放心的消费环境。

加快社会事业发展。落实好全面三孩政策，促进人口均衡发展，建立健全基本养老服务体系，新建城区综合为老服务中心、农村区域性养老服务中心各1家，切实提高“一老一小”服务水平。全面提升教育服务质量，规范民办义务教育发展，争创省义务教育优质均衡发展区。完善特殊教育体系，严格落实“双减”政策，加强校外培训机构整治，开展好课后延时服务，完成茅以升实验学校二期工程规划设计。深化医药卫生体制改革，加强医联体内涵建设，推进医共体实体化运行，新建区人民医院发热门诊和核酸检测基地。

（六）坚定不移综合施策、系统治理，确保风险防范更加有效

科学精准做好疫情防控。坚决克服松懈心理和麻痹思想，以高度政治责任感和使命感，持续做好“外防输入、内防反弹”，完善“平急转换”和“平战结合”长效机制，建立更完备的应急网格管理体系，强化“人、物、环境”同防，守牢口岸、冷链物流等重要关口，持续推进疫苗接种，进一步织密扎牢疫情防控网。

坚持不懈抓好安全生产。深入推进专项整治，高标准抓好“三年大灶”，加强危化品、道路交通、城镇燃气、粉尘涉爆、建筑施工、山体滑坡等重点领域安全治理，加强重大安全风险排查研判和监测预警，创新推广全行业、全领域企业安全风险报告，完成全国自然灾害综合风险普查。更大力度压实安全生产责任，全面强化应急处置能力建设，全力创建省级安全发展示范城市，有效提升本质安全水平。

多措并举管控金融风险。抓好房地产金融、非法集资等重点领域风险排查管控，严厉打击恶意拖欠账款和逃废债行为。持续加强政府预算管理，调节资金流向，规范融资行为。深化国有平台市场化转型，扎实推进“削峰”“破冰”“脱红”三大计划，防范化解政府隐性债务风险，完善金融风险处置和长效防控机制，营造良好的金融生态环境。

持之以恒加强社会治理。建设升级版“雪亮工程”，用好“大数据＋网格化＋铁脚板”工作机制，常态化推进扫黑除恶斗争，严厉打击电信网络诈骗等违法犯罪活动，切实加强社会面治安防控。建立普法责任制“三单一书”[(9)]制度，推动“八五”普法纵深开展。用好“1+6+X”[(10)]联合研判调度指挥机制，加强多元融合式矛盾调处，扎实开展信访突出问题攻坚，维护群众合法权益，确保社会大局和谐稳定。

四、加强政府自身建设

提高科学决策能力。全面实施重大行政决策合法性审查制度，进一步完善公众参与、专家论证、风险评估、集体讨论决定等行政决策程序。常态化邀请人大代表和政协委员列席政府常务会议、参与政府决策，加强重大决策跟踪反馈和成效评估，确保程序规范、过程公开、责任明确。探索民生工作民意立项机制，对事关改革发展稳定大局、人民群众切身利益的热点问题，向社会公开征求意见或举行听证会，促进政府决策更加科学民主。

提高依法行政能力。严格落实法治丹徒建设规划，坚持运用法治思维和法治方式推动工作，做到法定职责必须为、法无授权不可为。严格遵循政府议事规则，健全以司法行政人员为主体，专家、律师参与的法律顾问制度，实现政府机构法律顾问全覆盖。全面落实行政执法"三项制度"(11)，坚持公正文明执法，规范执法行为，实现法律效果与社会效果相统一。深化行政复议体制改革，进一步加大信息公开力度，自觉接受社会公众监督和舆论监督。

提高执行落实能力。强化立说立行工作作风，做到该办的事"事不过夜""马上就办"，难办的事想尽办法办、攻坚克难办。大力发扬迎难而上的担当精神，勇闯深水区，敢啃硬骨头，做到矛盾面前不回避、困难面前不退缩，在破除瓶颈、化解难题中推动发展。尊重客观实际和群众需求，坚决反对不担当、不作为，也坚决反对简单化、乱作为。将决策部署与督查督办协同推进，充分发挥督查问效作用，确保工作真落地、见实效。

提高廉洁从政能力。把严的主基调长期坚持下去，不断推动政府系统全面从严治党向纵深发展。严格落实党风廉政建设主体责任、第一责任人责任，强化不敢腐的震慑、扎牢不能腐的笼子、增强不想腐的自觉，巩固发展风清气正的良好政治生态。敬畏法纪，坚持严字当头，践行严以用权，从严落实中央"八项规定"精神和各类廉政工作要求。狠抓作风建设，驰而不息整治"四风"，构建亲清政商关系，坚决筑牢拒腐防变思想防线。

（按原文摘要收入）

【注释】

(1) 双百计划：每年招引实施100个产业项目，完成100亿元产业投资。

(2) "1+4"人才政策体系："1"是"长山计划"3.0版主文件，"4"是相关配套文件，包括人才(团队)申报、人才培育、引才主体奖励实施细则和人才项目绩效评价细则。

(3) "两沿"：铁路、公路沿线。

(4) "3+2"对接帮扶机制：向被帮扶者提供至少3次职业介绍、1次职业指导和1次技能培训。

(5) 扶贫"三会"：区老区开发促进会、区扶贫开发协会、区宜农扶贫基金会。

(6) "两化"：信息化、工业化。

(7) "四化同步"：工业化、信息化、城镇化、农业现代化同步发展。

(8) "333"行动："三消除"，消除城市黑臭水体、消除污水直排口、消除污水管网空白区；"三整治"，整治工业企业排水、整治"小散乱"排水、整治阳台和单位庭院排水；"三提升"，提升城镇污水处理综合能力、提升新建污水管网质量管控水平、提升污水管网检测修复和养护管理水平。

(9) "三单一书"：普法责任清单、重要工作提示单、重点任务督办单和普法责任评价书。

(10) "1+6+X"："1"是一名分管区领导，"6"是六个专班部门，"X"代表责任主体单位。

(11) "三项制度"：行政执法公示、执法全过程记录、重大执法决定法制审核制度。

丹徒区进一步优化营商环境的十条规定

镇徒办〔2021〕1号　　2021年2月9号

为深入贯彻国务院《优化营商环境条例》，认真落实省、市决策部署，持续提升营商环境整体水平，推动我区经济高质量发展，特制定《丹徒区进一步优化营商环境的十条规定》。

一、工作目标

坚持以习近平新时代中国特色社会主义思想为指导，按照党中央、国务院和省、市关于优化营商环境的部署要求，坚持问题导向、需求导向和责任导向，着力破解我区企业投资生产经营等全生命周期中的“堵点”“痛点”，切实减轻企业负担，解决企业反映的突出问题，提升企业发展信心和竞争力，增强企业获得感和满意度，激发市场主体活力和社会创造力，努力打造沪宁线上一流的营商环境。

二、主要举措

（一）缩减办理时间，提升服务效率

1.缩减开办企业时间。承诺开办企业（企业登记、刻制公章、银行开户、税务登记、企业住房公积金缴存登记、员工参保登记）1个工作日内完成。

2.缩减不动产登记时间。通过二手房转移登记与抵押登记合并办理，实现一般不动产登记办理时长缩短至0.5 个工作日，最长不超过1个工作日办结。

3.提升办税服务效率。缩减办税时间，对新办企业涉税业务安排专人专岗，采取“7×24”小时的受理方式，实现新办企业涉税业务无疑点即时办结；优化报税后流程，增值税留抵退税金额低于100万元的，直接受理审核开票。

（二）精简办理环节，优化服务流程

4.实施“互联网+不动产登记”。通过由丹徒不动产中心牵头自主研发的智能自助办理设备，实现不动产登记自助查询、全程智能受理、自助缴费（智能核税缴税）、自助打（取）证或免费快递证书上门的全流程全自助服务。

5.实施容缺受理。在开办企业方面，除主材料（股东会决议、股东身份证明等）外，部分材料暂不齐备的，允许申请人进行书面承诺，限期补齐，登记部门可先办理注册登记。在不动产登记方面，将用地规划许可证列入容缺清单，容缺受理，实现“交地即发证”常态化办理；城市市政公用基础设施配套费在项目联合竣工验收前完成缴纳即可（商住项目除外）。

6.提升供电服务质量。全区范围内企业开办、扩建服务且施工距离不超过1000 米的电力工程项目，实行工程直接实施、手续事后报备的免审批管理。施工距离超过1000米的电力工程项目，采用“一窗式”并联审批方式，由区行政审批局牵头联合查勘，并联办理规划、占路、掘路、绿化等许可手续，2个工作日办结。在工程相应的施工方案确定后，若涉及占道、绿化等缴费问题，实行“先施工后缴费”的操作模式，施工进场后5个工作日内完成缴费。实施企业办电提前介入服务，企业在项目签约后可通过征询方式提出用电需求，供电部门提前介入服务，做好电网规划布局。

7.加快实施区域评估。以丹徒经济开发区、高新园、生态汽车产业园为试点，加快实施矿产资源压覆、地质灾害、节能、水土保持、洪水影响、文物保护、地震安全、气候可行性等事项的区域评估，区域内落户项目可免费共享。

（三）提升服务意识，增强群众满意度

8.设置“帮你办”窗口。在丹徒区政务服务中心一楼大厅设立“帮你办”窗口，按照“一窗受理、

集成服务”的模式，为项目审批提供优质高效服务。

9. 实现开办企业“零费用”。实现刻制公章免费，新办企业银行开户免开户费，营业执照免费快递。

10. 实施“轻微违法首次免罚”制度。各相关执法部门，包括但不限于生态环境、应急管理、交通运输、住建、税务、市场监管、城管等职能部门制定免罚清单，对企业初次非故意、情节较轻、未造成严重后果的行为，原则上不予行政处罚。

本规定自发布之日起实施，具体解释工作由区委办公室、区政府办公室商各牵头部门承担。

（按原文摘要收入）

关于大力实施“长山计划”（2021—2025）的实施意见

镇徒办〔2021〕32号　　2021年6月1号

为更好服务“产业强区”，加速集聚支撑和引领产业发展高层次人才，打造“人才强区”，为全区高质量发展积蓄新动能。根据省、市、区文件精神，制定本意见。

一、总体目标

“十四五”期间，围绕区域定位、主导产业和发展方向，引进高层次领军人才(团队)50个左右，培养和储备本土高层次人才60名左右。

二、主要任务

（一）高层次领军人才(团队)引进计划

围绕先进制造业、现代服务业、现代农业三大产业，重点引进高端装备制造、新能源汽车及零部件、高性能新材料、新一代信息技术、食品医药、智慧物流、电子商务、高效生态农业、农产品精深加工、智能农机装备等方向领军人才(团队)。

1. 引进人才分类：

(1) 顶尖人才(团队)

主要支持能够引领我区重点产业发展方向，推动重大科学发展或关键核心技术重大突破，加速形成产业集群和产业链，取得重大经济社会效益的海内外顶尖人才(团队)。

(2) 创新创业团队

主要支持拥有自主知识产权或掌握核心技术，技术水平和创新成果行业内领先，具有持续创新和成果转化能力，能够为产业发展提供重要支撑的创新创业团队。

(3) 创新创业人才

主要支持拥有自主知识产权或掌握核心技术，能够将新技术、新模式进行有效转化，领衔科技创新工作，促进本领域科技创新和产业进步的创新创业人才。

2. 支持政策：对入选的顶尖人才(团队)分三年给予500万元资金资助，特别突出的一事一议，资助金额上不封顶；对入选的创新创业团队分三年给予一般项目150万元、重点项目300万元资金资助；对入选的创新创业人才分三年给予30万元、50万元、70万元、100万元或150万元资金资助。

（二）高层次人才培育计划

对在我区有突出贡献的各类高层次人才创业企业实施激励，培养和支持优秀创新人才入选省“333高层次人才培养工程”、市“169工程”等市级以上培养工程。

1. 培育对象分类：

(1) 优秀创业企业家：在我区创业满五年，个人在企业占股超过30%或自然人第一大股东，且在我区申报入选区级以上人才计划、培养工程。

(2) 优秀创新人才：在我区企事业单位工作，并入选省“333高层次人才培养工程”、市“169工程”。

2. 支持政策：对优秀创业企业家所办企业符合一定条件的，给予企业一定标准资金激励。对入选省“333高层次人才培养工程”培养对象，给予资金奖励，并每年给予一定标准图书补贴；对入选省“333高层次人才培养工程”和市“169工程”科研项目的给予项目配套支持。

三、配套措施

（一）**优先支持**。对入选国家级重点人才计划、获得区级以上各类创新创业大赛相应名次、获得风投机构投资、对丹徒区经济社会发展有特别突出贡献的优秀人才项目，经一定程序可直接进入面试环节或免试直接立项。

（二）**引才奖补**。鼓励和支持社会主体引才，对被引进人才在我区申报入选市级以上人才计划的，经认定，给予最高10万元引才奖励。

（三）**配套服务**。提供人才落地“一站式”服务，便利人才工作生活，积极为人才引入创投资金，对接金融机构提供“人才贷”“人才保”等多种金融支持，鼓励镇(街道、园区)为优秀人才企业投产、发展、上市提供全程支持。

（四）**绩效评价**。制定绩效评价办法，对人才计划入选项目，定期开展分类绩效评价，督查项目运行情况。对评价优秀的项目调整拨付比例，对评价不合格的项目根据实际情况暂缓或停止资金拨付。

四、组织实施

（一）**加强组织领导**。“长山计划”在区委、区政府统一领导下，由区人才工作领导小组统筹组织实施。区人才工作领导小组各成员单位根据职责分工，做好各自领域工作。区人才工作领导小组办公室牵头做好综合协调、政策实施、政策修订和考核监督工作。各镇(街道、园区)党(工)委要将“长山计划”等各级人才计划作为全面落实党管人才责任的重要内容，明确责任分工，压实任务目标。

（二）**强化财政保障**。“长山计划”资金由区财政建立专项资金全额承担，支持和鼓励各地出台跟奖补奖政策。组织实施单位及项目属地对资金使用情况进行监督和指导。“高层次领军人才(团队)引进计划”资助资金根据项目评审和绩效评价结果分三年拨付。“高层次人才培育计划”和“社会化引才奖励”资金参照有关实施细则一次性拨付到位。

（三）**创新引才方式**。强化“双招双引”，鼓励招商引资和招才引智同步开展，推动产业链与人才链融合发展。支持和鼓励“以才引才”“以赛引才”“专家荐才”，探索试行“揭榜挂帅”，拓宽引才渠道，引进和挖掘更多海内外优秀人才。

（四）**优化人才环境**。建立区领导联系服务专家制度，定期开展深入访谈、节假日慰问等活动。举办和参加高层次人才培训班和国情考察等活动，将“爱国奋斗奉献”红色教育纳入活动范畴。注重吸纳高层次人才作为“两代表一委员”，充分发挥人才在重大决策中的智囊作用。完善人才荣誉制度和激励体系，广泛宣传优秀人才先进事迹和人才引领高质量发展典型经验。持续放大“长山计划”品牌效应，致力营造吸引人才、留住人才、成就人才的浓厚氛围。

（五）**建立退出机制**。加强对“长山计划”入选人才的管理，对违反国家法律法规、违反学术道德规范等，造成不良社会影响，及因个人原因不能继续发挥作用的人才，或因企业被评为资源集约利用综合评价D类，取消其“长山计划”申报或入选资格和因此获得的各项荣誉、福利待遇，并依法依规追究相应责任。

本意见自发布之日起实施，施行五年。

本意见由区委、区政府负责解释，具体解释工作由区委办公室、区政府办公室商区人才工作领导小组办公室等部门承担。

（按原文摘要收入）

新任区级领导

毛　健

毛健，男，汉族，1972年9月出生，江苏江阴人，大学本科学历，双学士学位，1996年8月参加工作，1993年11月加入中国共产党。1996年8月至1998年12月，在丹徒县政府办公室综合科工作；1998年12月至1999年1月，在共青团镇江市委办公室工作；1999年1月至2001年12月，任镇江市政府办公室综合一处副主任科员；2001年12月至2003年2月，任镇江市政府办公室综合八处副处长；2003年2月至2003年3月，任镇江市政府办公室综合一处主任科员；2003年3月至2003年7月，任镇江市委办公室综合一处主任科员；2003年7月至2004年12月，任镇江市委办公室综合一处副处长(正科级)；2004年12月至2005年12月，任镇江市委办公室综合一处处长；2005年12月至2008年2月，任镇江市委办公室副主任；2008年2月至2013年12月，任镇江市润州区委常委、组织部部长；2013年12月至2015年7月，任镇江市科技局局长、党组书记(其间，2014年7月兼任市知识产权局局长；2014年9月至2014年11月，在省委党校第8期中青年干部培训班学习)；2015年7月至2015年9月，任镇江市人才工作领导小组办公室主任；2015年9月至2019年2月，任镇江市委组织部副部长、市人才工作领导小组办公室主任；2019年2月至2020年7月，任镇江市委组织部副部长(正处职)；2020年7月至2022年1月，任镇江市委组织部常务副部长；2022年1月，任丹徒区委书记。

包荣军

2021年11月，任中共丹徒区委副书记。简历参见《丹徒年鉴(2017)》第166页。

左　荣

左荣，女，汉族，江苏镇江人，1979年10月出生，2002年7月参加工作，2001年4月加入中国共产党，省委党校研究生学历。1998年9月至2002年7月，在南京师范大学(镇江本科班)汉语言文学教育专业学习；2002年7月至2003年7月，在镇江市政协办公室学习宣传处见习；2003年7月至2007年9月，任镇江市政协办公室学习宣传处科员；2007年9月至2010年3月，任镇江市政协办公室秘书处副处长(其间，2006年9月至2009年7月，在江苏省委党校马克思主义哲学专业研究生班学习)；2010年3月至2016年12月，任镇江市政协办公室人事信访处处长；2016年12月至2017年12月，任镇江市三山南山管委会纪委书记、党委委员；2017年12月至2018年1月，任镇江市纪委第五纪检监察室主任；2018年1月至2020年7月，任镇江市纪委监委第七纪检监察室主任；2020年7月至2021年12月，任镇江市纪委监委第七监督检查室主任；2021年12月至2022年1月，任丹徒区委常委、区纪委书记；2022年1月，任丹徒区委常委、区纪委书记、区监委主任。

张　蕾

2021年4月，兼任丹徒区人民政府常务副区长。简历参见《丹徒年鉴(2021)》第212页。

刘文正

刘文正，男，汉族，内蒙古根河人，1979年9月出生，2001年9月加入中国共产党，2003年7月参加工作，法学学士、江苏省委党校研究生学历。1999年9月至2003年7月，在华中师范大学社会学专业本科学习；2003年7月至2004年4月，在镇江市京口区谏壁镇工作(江苏省选调生；其间，2003年9月至2004年4月被京口区委组织部借用)；2004年4月至2004年9月，任镇江市京口区委组织部办公室科员；2004年9月至2006年9月，任镇江市妇联组联部科员；2006年9月至2008年8月，任镇江市妇联组联部副主任科员；2008年8月至2010年9月，任镇江市委组织部干部监督处副主任科员；2010年9月至2013年3月，任镇江市委组织部干部监督处副处长；2013年3月至2016年1月，任镇江市委组织部干部监督处副处长、主任科员(其间，2013年10月至2014年10月，被镇江市委党的群众路线领导小组办公室借用；2014年10月至2015年10月，挂职镇江新区丁卯街道党工委副书记；2010年9月至2013年7月，在江苏省委党校政治经济学专业研究生班学习)；2016年1月至2017年1月，任镇江市委组织部办公室副主任、主任科员；2017年1月至2017年12月，任镇江市委组织部宣传与信息办公室主任、办公室副主任；2017年12月至2019年5月，任镇江市委组织部办公室主任；2019年5月至2020年1月，任镇江市委组织部部务委员、办公室主任；2020年1月至2021年4月，任镇江市委组织部部务委员、综合干部处处长；2021年4月至2021年5月，任丹徒区委常委、组织部部长；2021年5月，任丹徒区委常委、组织部部长，区委党校校长、区行政学校校长。

邵建海

2021年4月，任中共丹徒区委常委。2021年5月，兼任中共丹徒区委宣传部部长、统战部部长。简历参见《丹徒年鉴(2019)》第166页。

李庆丰

李庆丰，男，汉族，江苏丹阳人，1978年2月出生，1998年7月参加工作，2002年7月加入中国共产党，在职研究生学历(毕业于江苏省委党校政治经济学专业)。1998年7月至2005年1月，在丹阳经济开发区管委会工作；2005年1月至2005年11月，任丹阳市河阳镇党委委员、副镇长；2005年11月至2006年3月，任丹阳市司徒镇党委委员、副镇长；2006年3月至2009年4月，任丹阳市司徒镇副镇长；2009年4月至2010年7月，任丹阳市司徒镇党委副书记(其间，1999年9月至2002年7月在江苏省委党校干部函授学院大专班经济管理专业学习，2002年3月至2002年12月在广东东莞市永晋集团学习，2003年9月至2005年12月在江苏省委党校经济管理专业本科学习，2006年9月至2009年7月在江苏省委党校政治经济学专业研究生学习)；2010年7月至2013年7月，任丹阳市陵口镇党委副书记、镇长；2013年7月至2014年1月，任丹阳市云阳镇党委副书记、镇长；2014年1月至2016年1月，任丹阳市云阳街道党工委副书记、办事处主任；2016年1月至2018年1月，任丹阳市皇塘镇党委书记；2018年1月至2018年7月，任丹阳市司徒镇党委副书记、镇长；2018年7月至2021年4月，任丹阳市司徒镇党委书记；2021年4月，任丹徒区委常委、副区长。

马云飞

马云飞，男，汉族，江苏丹徒人，1971年5月出生，1991年8月参加工作，1997年10月加入中国共产党，大学学历。1991年8月至2007年11月，在丹徒县(区)劳动和社会保障局工作，历任办事员，劳动监察大队副大队长、大队长，法制科科长；2007年11月至2010年12月，任高桥镇纪委书记；2010年12月至2012年2月，任高桥镇副镇长；2012年2月至2012年12月，任辛丰镇党委副书记；2012年12月至2015年10月，任辛丰镇党委副书记，黄墟工业集中区党工委副书记、管委会主任；2015年10月至2017年3月，任丰镇党委副书记、镇长；2017年3月至2021年4月，任辛丰镇党委书记；2021年4月至2021年5月，任丹徒经济开发区党工委书记；2021年5月至2021年7月，任丹徒经济开发区党工委书记、高资街道党工委书记；2021年7月，任丹徒区委常委、丹徒经济开发区党工委书记、高资街道党工委书记。

汪　洋

汪洋，男，汉族，江苏镇江人，1979年1月出生，1999年12月参加工作，2002年6月加入中国共产党，本科学历。1999年12月至2007年11月，在丹徒区高资镇人民政府工作，历任农科站科员、农经站会计、团委副书记；2007年11月至2014年1月，历任丹徒经济开发区党工委委员、办公室主任、纪委书记；2014年1月至2018年1月，任丹徒区江心洲生态农业园区管委会副书记、管委会主任；2018年1月至2019年3月，任丹徒区江心洲生态农业园区党工委书记；2019年3月至2021年4月，任丹徒区人民政府办公室党组书记、主任；2021年4月，任丹徒高新技术产业园党工委委员、书记，谷阳镇党委委员、书记；2021年11月，任丹徒区委常委，丹徒高新技术产业园党工委委员、书记，谷阳镇党委委员、书记。

韩宏亮

2022年1月，任丹徒区人大常委会主任。简历参见《丹徒年鉴(2018)》第174页。

李晓娟

2022年1月，任丹徒区人大常委会副主任。简历参见《丹徒年鉴(2018)》第178页。

江学军

江学军，男，汉族，1972年10月出生，江苏镇江人，1994年8月参加工作，1997年9月加入中国共产党，大学本科学历。1994年8月至2000年1月，任丹徒县农技推广中心土肥站副站长；2000年2月至2001年10 月，任丹徒县农业局办公室副主任；2001年11月至2004年12月，在丹徒县(区)委办公室工作，历任副科长、科长；2004年12月至2009年12月，任丹徒区委办公室副主任；2009年12月至2013年7月，任丹徒区委办公室副主任、区委农村工作办公室主任；2013年7月至2015年3月，任丹徒区上党镇党委副书记、镇长；2015年3月至2015年10月，任丹徒区上党镇党委副书记、镇长，镇江生态汽车产业园管委会副主任；2015年10月至2016年5月，任丹徒区上党镇党委副书记、镇长，镇江生态汽车产业园党工委委员、管委会副主任；2016年5月至2021年5月，任丹徒区上党镇党委书记，镇江生态汽车产业园党工委委员、管委会副主任；2021年5月至2022年1月，任丹徒区经济发展局党委书记、局长；2022年1月至2022年4月，任丹徒区人大常委会副主任、经济发展局党委书记；2022年4月，任丹徒区人大常委会副主任。

王　军

王军，男，汉族，江苏镇江人，1979年7月出生。2002年9月参加工作，1998年6月加入中国共产党，研究生学历。2002年9月至2003年9月，在宁夏回族自治区隆德县温堡中学任支教老师；2003年9月至2006年9月，在南京大学行政管理专业硕士研究生学习；2006年9月至2008年2月，在丹阳市委办公室工作；2008年2月至2009年3月，在镇江市政府研究室工作；2009年3月至2010年6月，任镇江市政府办公室综合一处副主任科员；2010年6月至2013年6月，任镇江市政府办公室综合一处副处长；2013年6月至2014年8月，任镇江市政府办公室综合一处主任科员；2014年8月至2016年2月，任镇江市政府办公室调研处处长；2016年2月至2017年6月，任镇江市政府办公室综合八处处长；2017年6月至2017年12月，任镇江市政府研究室副主任；2017年12至2021年4月，任镇江市政府办党组成员、市政府研究室副主任；2021年4月至2021年5月，任丹徒区政府党组成员；2021年5月，任丹徒区人民政府副区长。

胡光亮

胡光亮，男，汉族，江苏句容人，1985年11月出生，2005年5月加入中国共产党，2007年8月参加工作，大学本科学历。2007年7月至2008年11月，任句容市环保局科员(其间，2008年2月至2008年9月，挂职赤山湖管委会芦亭村党支部副书记；2008年9月至2008年11月，被句容市委组织部干部科借调)；2008年11月至2013年4月，任句容团市委副书记(其间，2009年8月至2010年8月，挂职华阳镇党委副书记)；2013年4月至2015年3月，任共青团句容市委书记；2015年3月至2017年8月，任句容市天王镇党委副书记、镇长；2017年8月至2021年5月，任镇江团市委副书记；2021年5月，任丹徒区人民政府副区长。

杨忆宁

杨忆宁，男，汉族，江苏镇江人，1974年3月出生，1995年8月参加工作，2001年5月加入中国共产党，大学学历。1992年9月至1995年7月，在江苏省镇江高等专科学校学习；1995年8月至1996年12月，江苏省镇江市公安局京口分局民警；1996年12月至1999年7月，江苏省镇江市公安局办公室民警；1999年7月至2001年1月，江苏省镇江市公安局办公室调研科民警；2001年1月至2001年11月，任江苏省镇江市公安局办公室信息统计科副科长；2001年11月至2002年3月，任江苏省镇江市公安局办公室信息统计科副科长兼任正东路所副所长；2002年3月至2002年12月，任江苏省镇江市公安局办公室秘书科科长；2002年12月至2003年4月，任江苏省镇江市公安局办公室主任助理兼秘书科科长、局党委秘书；2003年4月至2005年10月，任江苏省镇江市公安局办公室副主任兼国保支队情报调研室副主任；2005年10月至2006年11月，任江苏省镇江市公安局润州分局党委委员、纪委书记；2006年11月至2007年12月，任江苏省镇江市公安局润州分局党委委员、副局长；2007年12月至2009年11月，任江苏省镇江市公安局公交分局政委；2009年12月至2017年5月，任江苏省镇江市公安局纪委副书记；2017年5月至2017年8月，任江苏省镇江市公安局指挥中心副主任(主持工作)；2017年8月至2017年9月，任江苏省镇江市公安局治安警察支队政委兼指挥中心副主任；2017年9月至2018年9月，任江苏省镇江市公安局治安警察支队党委副书记、政委兼指挥中心副主任；2018年9月至2019年11月，任江苏省镇江市公安局治安警察支队党委副书记、政委兼指挥中心副主任、四级高级警长(新)(套改职务任职年限起算为2017年8月)；2019年11月至2020年2月，任江苏省镇江市公安局治安警察支队党委副书记、政委兼情报指挥中心主任、四级高级警长；2020年2月至2020年4月，任江苏省镇江市公安局治安警察支队党委副书记、政委兼情报指挥中心主任、三级高级警长；2020年4月至2021年12月，任江苏省镇江市公安局网络安全保卫支队支队长、三级高级警长；2021年12月，任丹徒区人民政府副区长，区委政法委副书记，江苏省镇江市公安局丹徒分局党委书记、局长、督察长、二级高级警长。

盛莉莉

盛莉莉，女，汉族，1977年11月出生，江苏南通人，大学本科学历，文学学士，法律硕士。1998年8月参加工作，2013年9月加入中国致公党。1998年8月至2001年8月，镇江市第四中学任教；2001年8月至2012年2月，丹徒区人民法院工作；2012年2月至2019年2月，任丹徒区司法局副局长；2019年2月至2022年1月，任丹徒区司法局局长；2022年1月至2022年3月，任丹徒区人民政府副区长、司法局局长；2022年3月，任丹徒区人民政府副区长。

殷一斐

殷一斐，男，汉族，江苏镇江人，1965年11月出生，1984年9月参加工作，1995年1月加入中国共产党，大学学历。1984年9月至1995年12月，在丹徒县黄墟镇广播站工作；1995年12月至1996年5月，任丹徒县黄墟镇广播站站长；1996年5月至1997年2月，任丹徒县黄墟镇党委组织干事、团委书记；1997年2月至1998年2月，任丹徒县辛丰镇镇长助理；1998年2月至2002年7月，任丹徒县(区)辛丰镇副镇长；2002年7月至2003年12月，任辛丰镇党委委员、副镇长；2003年12月至2004年12月，任上党镇党委副书记；2004年12月至2005年12月，任丹徒经济开发区党工委副书记、副主任，正科级；2005年12月至2007年1月，任上党镇党委副书记，上党工业集中区党工委副书记、管委会主任，正科级；2007年1月至2009年2月，任上党镇党委副书记；2009年2月至2012年11月，任世业镇党委副书记、镇长，世业洲旅游发展总公司党工委副书记；2012年11月至2015年7月，任荣炳盐资源区党工委书记；2015年7月至2017年3月，任丹徒区委办主任；2017年3月至2017年8月，任丹徒区委办主任，区财政局党组书记、局长；2017年8月至2017年11月，任区财政局党组书记、局长；2017年11月至2019年6月，任区财政局党委书记、局长；2019年6月至2021年6月，任区财政局党委书记、局长、四级调研员；2021年6月至2022年1月，任区财政局党委书记、局长、四级调研员，江苏省世业洲旅游度假区管理办公室主任；2022年1月，任丹徒区政协副主席，区财政局党委书记、局长。

杨　帆

杨帆，男，回族，江苏镇江人，1984年3月出生，无党派，2006年5月参加工作，研究生学历。2002年9月至2006年6月，在南京审计学院学习；2006年5月至2006年8月，在南京家乐福(大行宫店)家电部工作；2006年8月至2008年5月，在美集物流运输(中国)有限公司南京分公司工作；2008年5月至2008年6月，在大田联邦快递有限公司南京分公司工作；2008年8月至2011年10月，在京口工业园区管委会工作，历任招商部科员、副部长(其间，2010年9月至2011年10月，借调至京口区委办公室综合科)；2011年10月至2012年2月，在京口区委办公室综合科工作；2012年2月至2014年2月，任京口区商务局副局长；2014年2月至2014年6月，任新民洲港口产业园区管委会副主任、江苏省共青团农场副场长；2014年6月至2014年12月，任新民洲港口产业园区管委会副主任；2014年12月至2017年3月，任新民洲临港产业园区管委会主任；2017年3月至2022年1月，任京口区招商服务中心主任、新民洲临港产业园区管委会主任科员；2022年1月，任丹徒区政协副主席；2022年3月，任丹徒区政协副主席、商务局局长。

徐　洁

徐洁，女，汉族，江苏张家港人，1976年3月出生，九三学社社员，1998年8月参加工作，研究生学历。1994年9月至1998年7月，在扬州大学学习；1998年8月至2001年3月，在江苏省水利科研所工作；2001年5月至2002年3月，在英国美顿钢材有限公司镇江分公司工作；2002年4月至2003年3月，在镇江市新研培训中心工作；2003年4月至2005年8月，在镇江市工程勘测设计研究院华源建设监理中心工作；2005年8月至2010年12月，在丹徒区农业资源开发局工作，历任开发科副科长、科长、局长助理；2011年1月至2016年3月，任丹徒区水利农机局副局长；2016年3月至2017年8月，任丹徒区监察局副局长；2017年8月至2019年3月，任丹徒区水利农机局局长；2019年4月至2022年3月，任丹徒区水利局，局长；2022年1月，任丹徒区政协副主席。

徐　靖

徐靖，男，汉族，1982年10月出生，江苏句容人，2007年7月参加工作，无党派人士，大学本科学历。2003年9月至2007年7月，在南京财经大学财税学院学习；2007年7月至2010年7月，任镇江市自来水公司督察审计部科员；2010年7月至2012年2月，任句容市发改经信委科员；2012年2月至2016年2月，任丹徒区高资街道办副主任；2016年2月至2017年11月，任丹徒区荣炳盐资源区管委会副主任；2017年11月至2021年5月，任丹徒区宝堰镇二级主任科员；2021年5月，任丹徒区工商联主席；2022年1月，任丹徒区政协副主席。

组织机构及领导人名录

（2021.4—2022.3）

区领导班子

中共丹徒区委

书　记　毛　健(2022.1—　)
　　　　谢继步(　—2022.1)
副书记　马振兵
　　　　包荣军(2021.11—　)
　　　　韩宏亮(　—2021.11)
常　委　左　荣(女，2021.12—　)
　　　　张　蕾(女)
　　　　刘文正(2021.4—　)
　　　　邵建海(2021.4—　)
　　　　李庆丰(2021.4—　)
　　　　韩启涛(2021.4—　)
　　　　马云飞(2021.7—　)
　　　　汪　洋(2021.11—　)
　　　　陈炳林(　—2021.12)
　　　　李莉珺(女，　—2021.4)
　　　　洪　伟(　—2021.4)
　　　　朱　彤(　—2021.7)
　　　　贺　文(　—2021.7)
　　　　陈　勇(　—2021.4)
　　　　陈平才(　—2021.4)

丹徒区人大常委会

主　任　韩宏亮(2022.1—　)
　　　　李幸福(　—2022.1)
副主任　贺　文
　　　　李晓娟(女，2022.1—　)
　　　　程道云
　　　　江学军(2022.1—　)
　　　　王卫方(女，　—2022.1)
　　　　宋守雷(　—2022.1)
　　　　陈平才(　—2021.12)
　　　　杨伟民(　—2021.12)

丹徒区人民政府

区　长　马振兵
常务副区长　张　蕾(女，2021.4—　)
　　　　　　李莉珺(女，　—2021.4)
副区长　李庆丰(2021.4—　)
　　　　王　军(2021.4—　)
　　　　胡光亮(2021.4—　)
　　　　贺丽娟(女，　—2021.11)
　　　　陈　静(女，　—2021.4)
副区长、丹徒公安分局局长　杨忆宁(2021.12—　)
　　　　　　　　　　　　　姚恒清(　—2021.12)
副区长　江达贤
　　　　盛莉莉(女，2022.1—　)
　　　　邵建海(　—2021.4)
　　　　蔡英凤(女，挂职，　—2021.7)
　　　　施　展(挂职)
　　　　杨浩明(挂职，　—2021.12)

政协丹徒区委员会

主　席　黄子来
副主席　任金华
　　　　殷一斐(2022.1—　)
　　　　杨　帆(2022.1—　)
　　　　徐　洁(女，2022.1—　)
　　　　徐　靖(2022.1—　)
　　　　叶向东(　—2022.1)
　　　　朱　彤(　—2022.1)
　　　　郭祥明(　—2022.1)
　　　　李晓娟(女，　—2022.1)
　　　　梅　放(　—2022.1)

区纪委　监委

纪律检查委员会

书　记　左　荣(女，2021.12—　)

陈炳林（　—2021.12）
副书记　戴　伟(2021.7—　)
张云飞
殷　峰（　—2021.7）
常　委　朱志文
马庆军
包　珩(2021.05—　)
杨龙寿（　—2021.4）
朱　平（　—2021.5）
龚恋淇(女，2021.5—2021.11)

监察委员会

主　任　左　荣(女，2022.1—　)
陈炳林（　—2021.12）
副主任　戴　伟(2021.7—　)
张云飞
殷　峰（　—2021.7）
委　员　朱志文
马庆军(2021.11—　)
孙立中(2021.5—　)
吴家泉(2021.5—　)
杨龙寿（　—2021.4）
龚恋淇(女，　—2021.5)
包　珩（　—2021.5）

派驻机构

区纪委、区监委派驻区委办公室纪检监察组组长
曹　啸
区纪委、区监委派驻区人大机关纪检监察组组长
王玲华(女，2021.11—　)
王飞雪(女，　—2021.8)
区纪委、区监委派驻区政府办公室纪检监察组组长
史惟蓉(女)
区纪委、区监委派驻区委组织部纪检监察组组长
沈　珺(2021.4—　)
李　枫(女，　—2021.4)
区纪委、区监委派驻区委宣传部纪检监察组组长
陆　景(女)
区纪委、区监委派驻区人民法院纪检监察组组长
骆邦栋(2021.4—　)
蒋素明(女，　—2021.4)
区纪委、区监委派驻区农业农村局纪检监察组组长
张国俊
区纪委、区监委派驻区住建局纪检监察组组长
刘国栋
区纪委监委派驻区公安局纪检监察组组长
胡　晋(2021.4—　)
靖慕中（　—2021.4）
区纪委、区监委派驻综合监督纪检监察组组长
许继杰(2021.11—　)
王玲华(女，　—2021.11)

区委办、区人大机关、区政府办、区政协机关

区委办公室

主　任　赵　斌
副主任　颜圳杰(2021.5—　)
刘　飞
陈　凯
杨　坤(2021.11—　)
何朝阳（　—2021.5）
周　飞（　—2021.5）
合作交流中心主任　严　峰
机要局局长　何朝阳（　—2021.5）
机要局副局长　周明波
深改办副主任　邹维维（　—2022.3）
督查室主任　毛世醒（　—2021.4）

区人大机关

办公室主任　陈　刚(2021.11—　)
王飞雪(女，2021.8—2021.11)
殷国祥(2021.4—2021.8)

副主任　韩　雪(女)
阮振坤(2021.11—　)
张荣辉(　—2021.11)

财政经济工作委员会

主　任　杨明凤(女)

农村经济工作委员会

主　任　张云凤(女)
副主任　张荣辉(2021.11—　)
侯　闯(　—2021.11)

监察和司法工作委员会

主　任　费海新(2021.11—　)
姚遇平(　—2021.11)

社会事业工作委员会

主　任　王飞雪(2021.11—　)
吴富祥(　—2021.11)

人事代表联络工作委员会

主　任　王　军(2021.11—　)
姚永洪(　—2021.11)
副主任　吴建军

城建环保工作委员会(　—2022.3)

主　任　刘苗苗(女，　—2022.3)
副主任　俞　倩(女，2021.5—2022.3)

环境资源城乡建设工作委员会(2022.3—　)

主　任　刘苗苗(女，2022.3—　)
副主任　俞　倩(女，2022.3—　)

区政府办公室

党组书记、主任　高超文(2021.4—　)
汪　洋(　—2021.4)
党组成员　杨　飞(2021.4—　)
辛学俊
史惟蓉(女)
黄德新
袁　斌
张润涵
王　俊
谢　军(　—2021.4)
赵桂荣(　—2021.4)
副主任　朱智谋(2021.11—　)
杨　飞(2021.4—　)
辛学俊
黄德新
袁　斌
张润涵
王　俊
赵桂荣(　—2021.4)
戴　伟(　—2021.7)
大数据管理局局长　杨　飞(2021.4—　)
谢　军(　—2021.4)

区政协机关

秘书长　霍国庆(2022.1—　)
蔡怀根(　—2022.1)

办公室

主　任　霍国庆
副主任　赵桂荣(2021.4—　)
黄　纬(　—2021.11)

提案委员会

主　任　贺　军(2021.4—　)
张正平(　—2021.4)
副主任　孙晋跃(2021.11—　)
张　芸(女，　—2021.11)

经济科技委员会

主　任　黄　纬(2021.11—　)
李厚全(　—2021.11)

副主任　庄维红(女)

社会事业委员会

主　任　张　燕(女，2021.4—　)
　　　　王成福(　—2021.4)
副主任　杨　印(2021.4—　)
　　　　张　燕(女，　—2021.4)

文史资料委员会

主　任　殷　明
副主任　马　骏(女，2021.11—　)
　　　　李　军(女，　—2021.11)

港澳台侨委员会

主　任　杨龙寿(2021.4—　)
　　　　卢建军(　—2021.4)

区法院、区检察院

法　院

党组书记、代理院长　李平波(2021.12—2022.1)
党组书记、院长　李平波(2022.1—　)
　　　　汤国生(　—2021.11)
党组副书记、副院长　李东升
党组成员、副院长　孙旭东
　　　　眭咏梅(女)
党组成员　骆邦栋(2021.4—　)
　　　　蒋素明
　　　　金华俊
　　　　步跃刚
党组成员、政治部主任　蒋素明(女，2021.4—　)
　　　　金华俊(　—2021.4)

党组成员、执行局局长　张　敏(女)
党组成员、审判委员会专职委员　李　卉(女)

检察院

党组书记、检察长　黄卫群
党组副书记、副检察长　周桂林
党组成员、副检察长
　　　　纪　飞(2021.11—　)
　　　　万冰兵(女，挂职，—2021.12)
党组成员　冷　勇
党组成员、政治部主任　赵　霞(女)
党组成员、检委会专职委员　钱　坤(2021.11—　)
　　　　纪　飞(　—2021.11)

区委工作机关

组织部

部　长　刘文正(2021.4—　)
　　　　陈平才(　—2021.4)
常务副部长　殷宝玉
副部长　龙　飞
　　　　陈卫平
　　　　沈洪林
　　　　陈亚丽(女)
区委非公有制企业和社会组织工作委员会书记
　　　　陈卫平
区委非公有制企业和社会组织工作委员会副书记
　　　　董　浩(2021.4—　)
区委党建工作领导小组办公室主任
　　　　陈亚丽(女)
区委党建工作领导小组办公室副主任
　　　　方镇生(2021.4—　)
区考核工作委员会办公室副主任
　　　　胡　翔(2021.11—　)
　　　　颜圳杰(　—2021.5)
区人才工作领导小组办公室副主任、宜城街道办事处副主任　王　淼(女，挂职，2021.11—　)

宣传部

部　长　邵建海(2021.5—　)
　　　　包荣军(　—2021.5)

常务副部长、区新闻出版局(区版权局)局长
董 帅
副部长、区文明办主任 朱广昌
副部长、区委网信办主任 张国琪
区文明办副主任 肖 芳(女)
区委网信办副主任 马 峰
区政府新闻办副主任 陶丽娟(女)
区新时代文明实践服务指导中心主任
黄智勇(2021.4—)

统战部
部 长 邵建海(2021.5—)
朱 彤(—2021.5)
常务副部长 谢 军(2021.4—)
唐 维(女, —2021.4)
副部长 殷晓丹(女,2021.5—)
陈珍娜(女)
王 军(—2021.5)

政法委
书 记 包荣军(2021.5—)
贺 文(—2021.5)
常务副书记 王 飞
副书记 神俊武
肖向平(2021.4—)
姚恒清(—2021.12)
杨忆宁(2021.12—)
社会治安综合治理中心(网格化服务管理中心)
主任 孔云峰(女)

编 办
主 任 龙 飞
副主任 纪倩雯(女)
孙长林(2021.5—)
徐 琳(女)
朱 军(—2021.4)

台 办
主 任 王 翼
副主任 尹桂裕

机关工委
书 记 周丛山
副书记、区纪委区级机关纪工委书记 陈 新
副书记 王 妍(女)

巡察办
主 任 朱志文(2021.5—)
张云飞(—2021.5)
副主任 朱 茜(女)
巡察组组长 杨 凯
徐正辉
张 芸(女,2021.11—)
朱丹凤(女, —2021.11)
巡察组副组长 钟 辉(女)
赵建伟(2021.11—)
许涵静(女)
何百平(2021.4—)
杨 雪(女)
曹志平(2021.5—)
骆邦栋(—2021.4)
朱秀娟(女, —2021.11)

老干部局
局 长 沈洪林
区委离退休干部工委书记 刘佳明
副局长 王 俊(女)
潘月红(女)
区委离退休干部工委副书记
韩 蓁(女,2021.4—)
何百平(—2021.4)

区政府工作部门

经济发展局
局 长 吴宏昱(2022.3—)

江学军(2021.5—2022.1)
高超文(　—2021.4)
党委书记　吴宏昱(2022.3—　)
江学军(2021.5—2022.3)
高超文(　—2021.4)
党委委员、副局长　唐宏秋
周雷明
王俊峰
邓鹏林(　—2021.11)
邓世琴(女，　—2021.4)
党委委员　汪　勇
粮食和物资储备局局长　王俊峰
副局长　温守信(2021.4—　)
党委委员、重大项目服务中心主任　施　皓
党委委员、粮食和物资储备局副局长　蒋　莹(女)

教育局

党委书记、局长　徐鹏程
党委副书记、区政府教育督导室主任　尹　鹏
党委委员、江苏省大港中学党委书记　仲伟贵
党委委员、副局长　朱品辉
常建军
方纪敏
副局长　戴文妍(女，2021.5—　)
党委委员　朱　军(2021.11—　)
蔡玉军
苏爱国
江建翔
区政府教育督导室副主任　朱　军(2021.4—　)

科技局

党组书记、局长　许南江
党组成员、副局长　唐小平
吕　杰(　—2021.11)
副局长　戴文妍(女，　—2021.5)
党组成员　刘　琳(女)

市公安局丹徒分局

副区长，党委书记、局长、督察长
杨忆宁(2021.12—　)
姚恒清(—2021.12)
党委副书记、政委　於伟荣
党委委员、副局长　朱建军
吴明虎(2021.4—　)
田建国
许　峰(2021.4—　)
张　明(2021.12—　)
张瑞芳(　—2021.4)
张利民(　—2021.12)
党委委员　王益峰
吴明虎
靖慕中
许　峰
朱荣俊
胡　晋(2021.4—　)
政治处主任　靖慕中(2021.4—　)
吴明虎(　—2021.4)

民政局

党组书记、局长　陈　煜
党组成员、副局长　洪云国
张建红(女)
汤江华(女，2021.11—　)
江雪峰(　—2021.11)

司法局

党组书记　蔡　扬(2021.11—　)
费海新(—2021.11)
局　长　蔡　扬(2022.3—　)
盛莉莉(女，—2022.3)
党组成员　刘建军
党组成员、副局长　张永忠
邓世琴(女，2021.4—　)
汤　敏

田　文(　—2021.4)

党组成员、区委全面依法治区委员会办公室副主任　吴新中

财政局

党委书记、局长　殷一斐

党委委员、副局长　伏柏林

沈　杰

李　娜(女)

赵　清

党委委员　潘　坚

刘文斌

史小燕(女)

金志云(女)

国资办主任　潘　坚

市住房公积金管理中心丹徒管理部主任　刘文斌

会计核算中心主任　金志云

人社局

党组书记、局长　周　锋

党组成员、副局长　卢建军(2021.4—　)

魏雪峰

丁利胜

吕　庆

党组成员　仇　霞(女)

党组成员、社保中心主任　姚克仁

党组成员、就业中心主任　陈　曦

党组成员、人才中心主任　张林霞(女)

住建局

党委书记、局长　王　欣

党委副书记、人防办主任　李雪义

地震局局长　周　忠

党委委员、副局长　周　忠

王牧原(女)

马鹏举(2021.4—　)

侯晓敏(　—2021.4)

姚建明　(—2021.4)

党委委员　谢晓彬

侯晓敏

刘国栋

马鹏举

张庆华

季荣生

顾文辉

姚建明(　—2021.11)

房屋征收服务中心主任　马鹏举

城管局

党组书记、局长　姚震刚(2021.4—　)

陈东伟(　—2021.4)

党组成员、副局长　韦建平

张建华

唐兴国

党组成员　刘海燕

贾　骏(2021.11—　)

赵喆勐(2021.11—　)

城市管理行政执法大队队长

贾　骏(2021.11—　)

城市管理行政执法大队副队长

宋　欣

赵　欣(2021.11—　)

交通运输局

党委书记、局长　季道远(2021.7—　)

洪家同(　—2021.4)

党委委员、副局长　丁建平

袁学军

王卫东

杨　飞(　—2021.4)

党委委员　陈　飞

戴　峰

交通运输综合执法大队大队长　戴　峰

公路事业发展中心主任　孙荣政(2021.4—　)

港航事业发展中心主任　郑军林

水利局

党委书记　戴雨平

局　长　戴雨平(2022.3—　)

徐　洁(女，　—2022.3)

党委委员、副局长　韦　辉

张　明

张浩东(2021.5—　)

侯　军(　—2021.5)

党委委员　陈　杰

农业农村局

党委书记、局长　孙　铁

党委副书记　孙永忠

党委委员、副局长　吴慧琴(女)

魏昌玉

李　超

区委农工办副主任　张　军

党委委员　张国俊

殷　冰

刘　铭

吴国胜

农业综合行政执法大队大队长

殷　冰(2021.11—　)

商务局

局　长　杨　帆(2022.3—　)

吴宏昱(　—2022.3)

党组书记　虞亚军(2022.3—　)

吴宏昱(　—2022.3)

党组成员、副局长　徐　峰(女，2021.5—　)

周步祥

殷　欣(2021.4—　)

杨　杰(　—2021.5)

党组成员　巫　斌

曹　媛(女)

闪　静(女)

刘正国(　—2021.5)

招商服务中心主任　虞亚军

招商服务中心副主任　曹　媛(女)

闪　静(女)

文体广旅局

党组书记、局长　唐　维(女，2021.4—　)

党组成员、副局长　王　军

葛希娟(女)

王　燕(女)

副局长　张晓红(女)

党组成员　徐小刚

赵国栋

蔡　扬(　—2021.11)

杨　延(女，　—2021.4)

卫健委

党委书记、主任　张荣健(2021.4—　)

党委委员、副主任　李　枫(女，2021.4—　)

孙寅秋(女，2021.4—　)

殷　琰

卞有根

党委委员　神学慧

胡小忠

戴伟忠

赵亚军(　—2021.4)

朱　莉(女，　—2021.11)

区人民医院院长　卞有根

退役军人事务局

党组书记、局长　黄育新

党组成员、副局长　董洪文

任锁林

凌　青

应急管理局(　—2022.1)

党组书记、局长　朱昌斌(　—2022.1)

党组成员、副局长　丁廷华(　—2021.11)
谢朝红(　—2022.1)
胡卫民(　—2022.1)
朱晓毅(　—2022.1)
杜林利(2021.11—2022.1)
党组成员、安委办专职副主任
顾博静(女,2021.11—2022.1)
党组成员　陈　玲(女,　—2022.1)
安委办专职副主任　杜林利(　—2021.11)

应急管理局(2022.1—　)
党委书记、局长　朱昌斌(2022.1—　)
党委委员、副局长　谢朝红(2022.1—　)
胡卫民(2022.1—　)
朱晓毅(2022.1—　)
杜林利(2022.1—　)
党委委员、安委办专职副主任
顾博静(女,2022.1—　)

审计局
党组书记、局长　张　宾
党组成员、副局长　吴文胜
孙晓东
纪剑华
党组成员　顾国林
谈建华(2021.4—　)
张金凤(女,　—2021.4)

行政审批局
党组书记、局长　赵中田
党组成员、副局长　朱林林(女)
陈如金(　—2021.11)
副局长　刘　刚(2021.11—　)
党组成员　周慧勤(女,2021.11—　)
政务服务中心主任　周慧勤(女)
公共资源交易中心主任　王　莹(女,2021.5—　)

市场监管局
党委书记、局长　陈东伟(2021.4—　)
张荣健(　—2021.4)
党委委员、副局长、知识产权局局长　孟建平
党委委员、副局长　黄羽田(女)
陈　宁
副局长　张　俊(女)
党委委员　曹　俊
陶迎春(女)
朱　俊
王美琴(女)
宜城分局局长　刘　俊
高桥分局局长　巫智斌
辛丰分局局长　汤炳昀
谷阳分局局长　殷成俊
上党分局局长　徐　俊
宝堰分局局长　朱　江
高资分局局长　朱玉新
世业分局局长　刘　涛

统计局
党组书记、局长　陈　健
党组成员、副局长　潘叶平
彭　俊
董瑞光(2021.4—　)
吴秋红(女,　—2021.4)
党组成员、调查局局长　胡素梅

信访局
党组书记、局长　朱智谋(2021.11—　)
戴　伟(　—2021.7)
党组成员、副局长　尹润忠
赵　洋(2021.5—　)
陈　龙(　—2021.5)

地方金融监管局
党组书记、局长　段　炼

党组成员、副局长 时小燕(女)
陶 晨

参公事业单位

史志办

主 任 钱立宪(2021.11—)
陈 刚(—2021.11)
副主任 李冬冬(2021.4—)
丁素娟(女, —2021.11)

党 校

校 长 刘文正(2021.5—)
陈平才(—2021.5)
常务副校长 朱祥洪
副校长 沈漪之(女)
吴慧勇

行政学校

校 长 刘文正(2021.5—)
陈平才(—2021.5)
常务副校长 朱祥洪

档案馆

馆 长 何朝阳(2021.5—)
张 晖(女, —2021.5)
副馆长 谢 华(女,2021.4—)

供销社

党委书记、主任 施凯兵
党委委员、副主任 丛 松
朱俊华
高玲玲(女,2021.4—)
党委委员 陈 欣(女,2021.5—)
徐小平(—2021.4)

社会团体

总工会

主 席 贺 文(2021.5—)
党组书记、副主席 吴林华
党组成员 孙宇东
夏玉建(—2021.5)
副主席 张 剑
党组成员、副主席 吕复环(女)
余旭东(2021.4—)
韩 蓁(女, —2021.4)

团区委

书 记 郑 恺
副书记 王超然(女)

妇 联

主 席 邱栋婷(女)
副主席 卢建萍(女)
王丽君(女)
任 敏(女,2021.5—)

科 协

主 席 龚恋淇(女,2021.11—)
钱立宪(—2021.11)
党组书记 龚恋淇(女,2021.11—)
钱立宪(2021.8—2021.11)
副主席 赵宏伟
倪羽欣(女)
党组成员 赵宏伟(2021.8—)
倪羽欣(女,2021.8—)

文 联

主 席 蔡 敏
副主席 吴呈昱
束鹏芳

侨 联

主 席 张 军

副主席 吴秋红(女,2021.4—)

戴 江(—2021.4)

朱坚强

杨 铃(2021.12—)

陈 晨(2021.12—)

陈 熙(2021.12—)

徐 杰(2021.12—)

李 俊(—2021.12)

马江华(—2021.12)

残 联

理事长 窦峰云

党组书记 窦峰云(2021.8—)

副理事长 许慧敏(女)

党组成员 许慧敏(女,2021.8—)

红十字会

会 长 贺丽娟(女, —2021.11)

常务副会长 朱丹凤(女,2021.11—)

王 军(2021.5—2021.11)

其他社会组织

见义勇为基金会

理事长 曾明泉

副理事长、秘书长 丁发林

副理事长 景国栋

何培根

张瑞芳(2021.8—)

慈善总会

会 长 徐新祥

副会长 付久成

洪云国

陈 静(女, —2021.5)

姚遇平(—2021.12)

秘书长 付久成(兼)

商业联合会

会 长 巫东海

秘书长 李俊勤

镇江市茅山老区兴教助学协会

会 长 徐伟珍(女)

副会长 张碧云(女)

卞祖荣

魏祥林

秘书长 孔荣喜

老区开发促进会

区扶贫开发协会

区宜农扶贫基金会

会 长 许志涛

顾 问 韩迎农

副会长 黄菊英(女)

魏兴来

秘书长 庄 芳

田耀昌

关心下一代工作委员会

主 任 叶向东

副主任 鲍玉荣

刘佳民

沈仁国

袁宝凤

陶爱兰

卞美岗

民主党派 工商联

民革丹徒总支部

主 委 李 军(女)

副主委 魏　丽(女)
卫　婕(女)

民盟丹徒基层委员会

主　委 徐　俊
副主委 肖　涛
姚　凯
盛景俊(2021.10—　)
邹国俊(　—2021.10)

民建丹徒区基层委员会

主　委 纪桂发
副主委 温守信
何为民
蔡正飞

民进丹徒支部

主委 史海华

农工民主党丹徒区基层委员会

主　委 戴文妍(女)
副主委 张卫新(2021.9—　)
李叶红(女，2021.9—　)
殷　飞(女，2021.9—　)
张　剑(女，　—2021.9)
崔　萍(女，　—2021.9)

致公党丹徒区基层委员会

主　委 盛莉莉(女)
副主委 刘　刚(2021.12—　)

九三学社丹徒支社

主　委 严　慧(女)
副主委 郑　琴(女)
周文婧(女，2021.9—　)

工商联

党组书记 殷晓丹(女，2021.5—　)
唐　维(女，　—2021.4)
主　席 徐　靖(2021.5—　)
殷晓丹(女，　—2021.5)
副主席 张　盛
徐　斌(2021.12—　)
田文斌(2021.12—　)
王兴文
徐　洋
孔　啸(2021.12—　)
曹胜辉(2021.12—　)
胡国玲(2021.12—　)
吕永忠(　—2021.11)
缪文华(　—2021.11)
周亭宇(　—2021.11)
吴　祥(　—2021.11)
陈　炜(　—2021.11)
董春宝(　—2021.11)
朱　翔(　—2021.12)
姜松亭(　—2021.12)

事业单位

融媒体中心

党委书记、主任 蔡　扬(　—2021.11)
党委副书记、总编辑 唐丹青
党委委员、副主任 陆　萍(女)
崔华东
宫晶晶(女)

机关事务管理中心

主　任 刘正国(2021.5—　)
张叶飞(　—2021.5)
副主任 周浩闻
潘　莉(女)
杨　旗

生态汽车产业园

党工委书记 张源之(2021.5—　)

管委会主任　王锁清
党工委委员、管委会副主任
康　建
梁　超
马叶飞(2021.11—　)
徐　驹

茧丝绸总公司

总经理　吴国胜
副总经理　陆　炜
陈庆赟

工业总公司

党委书记、总经理　徐江平
党委委员、副总经理　贡云明
杜　宇(女)
党委委员　朱国斌

商业总公司

党委书记、总经理　徐江平(2021.5—　)
刘正国(　—2021.5)
党委委员、副总经理　王　琴(女)
戴　伟(2021.11—　)
王志强(　—2021.4)

国有企业

建投公司

党委书记、董事长　龚向华(2021.4—　)
殷国祥(　—2021.4)
党委委员、总经理　韦建云
党委委员、纪委书记　夏　明(女)
党委委员、副总经理　刁永华
陈保生
倪卫龙
袁子霈
宋　雷
孙　琦
陈　杰(　—2021.4)

城投公司

董事长　赵育文(2020.11—　)
总经理　李　军
副总经理　陈爱波
窦文健

长山文化产业发展有限公司

党委书记、董事长　方　彬(女，2021.11—　)
陈　杰(　—2021.11)
党委副书记、总经理　邓　超(2021.11—　)
方　彬(女，　—2021.11)
党委委员、副总经理　严树根
杨　扬
孙涛毅

垂直系统

税务局

党委书记、局长　李文芳(女，2021.12—　)
郭士强(　—2021.12)
党委副书记、副局长　叶胜先(　—2021.6)
党委委员、副局长　王春生
朱志兵
贾　军
任　林(　—2021.5)
徐永国(　—2021.5)
辛正平(　—2021.5)
党委委员、纪检监察组组长
陈韶军(2021.8—　)
孙贵康(　—2021.5)

丹徒自然资源和规划分局

党委书记、局长　殷国祥(2021.8—　)
季道远(　—2021.8)

党委委员、副局长 仇建农
唐本旭
党委委员 李建伟
马志勇
纪振东
吕 梅(女)
党委委员、副局长 周 新
党委委员 神玉龙

生态环境局

党组书记、局长 窦云峰
党组副书记、副局长 吴 淳
党组成员、副局长 杨 翔
丰晓静(—2021.6)
副局长 许 猛(挂职，2021.6—)
丹徒生态环境综合行政执法局局长
李 敏(2021.10—)

烟草专卖局

局长、经理、党支部书记 赵 军
副局长 葛 晨(2021.2—)
华 薇(—2021.1)
副经理 朱 健

气象局

局 长 徐 峰
副局长 张宏康
汤 俊

镇·街道·园区

高桥镇

党委书记 万成辉(2021.5—)
刘永利(—2021.5)
党委副书记、镇长 张叶飞(2021.5—)
万成辉(—2021.5)
人大主席 陆 俊(2022.1—)
徐君有(—2021.11)
党委副书记 孔庆峰(2021.11—)
陆 俊(—2021.11)
党委委员、副镇长 徐海云(—2021.12)
党委委员 张 俊
政法委员 薛 军
组织委员、统战委员 李昌新
宣传委员 魏玉凤(女，2021.5—)
龚 啸(—2021.4)
党委委员、纪委书记 傅 佳(2021.5—)
朱 斌(—2021.5)
副镇长 孔庆峰
李昌新(2021.12—)
孙 杨(2021.4—)
余 卉(女，2021.11—)
姚 凯(2021.5—2021.11)
高桥临港经济产业园党工委书记
万成辉(2021.11—)
高桥临港经济产业园党工委副书记、管委会主任
张叶飞(2021.11—)
高桥临港经济产业园党工委副书记 赵志翔
高桥临港经济产业园党工委委员、管委会副主任
王 林
戴翔宇(2021.4—)
杨 旸(2021.5—)
戴 伟(—2021.11)
管委会副主任 姚 凯(2021.11—)

辛丰镇

党委书记 朱 敏(2021.5—)
马云飞(—2021.5)
党委副书记、镇长 赵 晨
人大主席 江镇祥(2022.1—)
郑健红(女， —2021.11)
党委副书记 杨光耀(2021.4—)
毛 申(2021.11—)
江镇祥(—2021.11)
黄 永(—2021.4)

党委委员、副镇长　陈小明
党委委员　韦春荣
政法委员　徐　斌
组织委员、统战委员　张　阳
宣传委员　陈振巍
党委委员、纪委书记　刘祎楠(女，2021.5—　)
　　任　敏(女，　—2021.5)
副镇长　陈振巍(2021.11—　)
　　金荣鑫
　　张　衍
　　蔡　露(女)
　　蒋天悟(2021.5—　)
　　付　超(　—2021.5)

谷阳镇

党委书记　汪　洋(2021.4—　)
　　江达贤(　—2021.4)
党委副书记、镇长　马　波
人大主席　王　治(2022.1—　)
　　陈金平(　—2021.11)
党委副书记　殷若成(2021.5—　)
　　王　毅(2021.11—　)
　　王　治(2021.4—2021.11)
　　余银俊(　— 2021.5)
　　史　文(　—2021.4)
党委委员、副镇长　杨　杰(2021.5—　)
　　殷若成(　— 2021.5)
党委委员、纪委书记　曹　莉(女)
党委委员　陆骏毅
政法委员　吴习文
宣传委员　芮　婧(女)
组织委员、统战委员　李　翔(2021.4—　)
　　杨光耀(　—2021.4)
副镇长　吴习文(2021.11—　)
　　李　颖(女)
　　葛　波(2021.5—　)
　　周亦然(女，2021.11—　)
　　王　毅(　—2021.11)
　　温守信(　—2021.4)

上党镇

党委书记　张源之(2021.5—　)
　　江学军(　—2021.5)
党委副书记、镇长　周　飞(2021.5—　)
　　张源之(　—2021.5)
人大主席　王　振(2022.1—　)
　　王鲁君(　—2021.11)
党委副书记　徐建斌
　　殷　聪
党委委员、副镇长　朱礼军(2021.5—　)
　　戴　圆(　—2021.5)
党委委员　夏玉建(2021.5—　)
　　王　振(　—2021.5)
党委委员、纪委书记　朱　斌(2021.5—　)
　　胡　兵(　—2021.5)
组织委员、统战委员　王　宇
政法委员　侯　闯(2021.11—　)
　　王振(2021.5—2021.11)
　　朱礼军(　—2021.5)
宣传委员　陈舒萍(女，2021.5—　)
　　曹志平(　—2021.5)
副镇长　王　宇(2021.11—　)
　　秦政夏
　　谢子馨(女)
　　陈　欣(女，　—2021.5)
　　赵汗正(　—2021.5)

宝堰镇

党委书记　张　彦
党委副书记、镇长　解　冉(女)
人大主席　江雪峰(2022.1—　)
　　任　锁(　—2021.11)
党委副书记　夏　俊

党委委员、副镇长　曾高鹏(2021.11—　)
严　冬(　—2021.11)
政法委员　王海峰
宣传委员　倪　立
党委委员、纪委书记　王晓燕(女)
组织委员、统战委员　张　青(女，2021.4—　)
孙寅秋(女，　—2021.4)
党委委员　周　端(2021.5—　)
谈　亮(　—2021.5)
副镇长　金应发
张玉龙(2021.4—　)
张　青(女，　—2021.4，2021.11—　)
孙长林(　—2021.5)
邓小鹏(　—2021.4)
肖向平(　—2021.4)

世业镇

党委书记　仲　梅(女)
党委副书记、镇长　韩　文
人大主席　王　平(2022.1—　)
郑桂琴(　—2021.11)
党委副书记　李　奎(2021.5—　)
黄国栋(　—2021.5)
党委委员、副镇长　王　平(　—2021.11)
党委委员、纪委书记　付　超(2021.5—　)
张浩东(—2021.5)
组织(统战)委员　朱　超
政法委员　陈　龙(2021.5—　)
李　奎(　—2021.5)
党委委员　谈　亮(2021.5—　)
王　文(　—2021.5)
宣传委员　陈　冰(女，2021.5—　)
潘　伟(　—2021.5)
副镇长　聂永平
朱　超(2021.11—　)
陈　龙(2021.11—　)

宜城街道

党工委书记　戴益峰
党工委副书记、办事处主任　张网保
人大工委主任　蒋朝晖
党工委副书记　张　辉
党工委委员　刘兴中
吴瑞霞(女)
史　文(2021.4—2021.5)
蔡扣成
宣传委员　洪　敏(女)
组织委员　余　琴(女)
党工委委员、办事处副主任
朱东亮
王先亚
周　洁(女，2021.11—　)
顾杨杰(2021.11—　)
谢正斌(　—2021.11)
朱亚明(　—2021.5)
党工委委员、纪工委书记　王宇光
统战委员　倪　杰
党工委委员　丁贤俊(2021.5—　)
李　京(　—2021.5)
政法委员　庄　啸
为民服务中心主任　李　悦(女，2021.11—　)
综合行政执法局局长　朱　明(2021.11—　)
集成管理指挥中心主任　张　宇(2021.11—　)

高资街道

党工委书记　马云飞(2021.5—　)
张　蕾(女，　—2021.5)
党工委副书记、办事处主任　李永斌
人大工委主任　朱亚兵(2021.5—　)
章玉湘(　—2021.4)
党工委副书记　张　乐(2021.4—　)
党工委委员、办事处副主任
踪晓文

张　璐 (挂职，　—2021.4)
党工委委员　张　峰
组织委员、统战委员　梁　青(女，2021.4—　)
张　乐(　—2021.4)
党工委委员、纪工委书记　胡　兵(2021.5—　)
杨胜辉(　—2021.5)
政法委员　陈　龙
宣传委员　沙冬梅(女)
办事处副主任　耿继进
汤　宪(女，2021.5—　)
龚　啸 (2021.4—2022.3)
梁　青(女，　—2021.4)
党工委委员　金来宝(　—2021.4)

荣炳盐资源区

党工委书记　王　珏(女)
党工委副书记、管委会主任
乐祥安(2021.4—　)
姚震刚(　—2021.4)
人大工委主任　黄　永(2021.4—　)
党工委副书记　王环宇(2021.5—　)
宣传委员　陈海燕(女，2021.5—　)
陈　越(　—2021.5)
党工委委员　邓小鹏(2021.4—　)
王　治(　—2021.4)
党工委委员、管委会副主任
赵汗正(2021.5—　)
陈　越(2021.5—　)
杨玉洁(女)
陈海燕(女，　—2021.5)
王环宇(　—2021.5)
董瑞光(　—2021.4)
政法委员　魏昌伟
组织委员、统战委员　尹宗健

党工委委员　汤　阳(2021.5—　)
丁贤俊(　—2021.5)
党工委委员、纪工委书记
程春华(女，2021.11—　)
曾高鹏(　—2021.11)

江心洲生态农业园区

党工委书记　王　成
党工委副书记、管委会主任　谢　平
人大工委主任　徐松林
党工委副书记　严　冬(2021.11—　)
邓　超(　—2021.11)
党工委委员、管委会副主任
苏　汛(2021.5—　)
王　芳(女)
党工委委员、纪工委书记　陈昱含(女)
宣传委员　翟　佳(女)
组织(统战)委员　赵　静
党工委委员　顾学炎
政法委员　刘　洁(2021.5—　)
苏　汛(　—2021.5)
管委会副主任　刘　刚(—2021.11)

江苏丹徒经济开发区

党工委书记　马云飞(2021.4—　)
张蕾(女，　—2021.4)
党工委副书记、管委会主任　王志坚
党工委副书记　狄　磊
党工委委员、管委会副主任
崔常富
侯　军(2021.5—　)
徐志文
谢正斌(2021.11—　)
赵　平
徐　峰(女，　—2021.5)

党工委委员、纪工委书记　朱　平(2021.5—　)
殷　俊(　—2021.5)
党工委委员、总工会主席　朱亚兵(　—2021.5)
党工委委员　曹　斐
张　超(2021.4—　)
汤　振
周　文

江苏省镇江世业洲旅游度假区

管理办公室主任　殷一斐(2021.6—　)
党工委副书记(主持工作)　仲　梅(女)
管委会副主任　韩　文
黄国栋(　—2021.5)
管理办公室副主任　黄国栋(2021.5—　)
余银俊(2021.5—　)
党工委委员　韩　文
黄国栋
杨建君
开发建设处副处长　杨建君
办公室副主任　陆　涛
规划国土环保管理处副处长　魏进亮
招商处副处长　王平华

世业洲旅游发展总公司

旅游管理处副处长　凌　秀(女)

丹徒高新技术产业园

党工委书记　汪　洋(2021.4—　)
江达贤(　—2021.4)
党工委副书记、管委会主任
戴　圆(2021.5—　)
朱　敏(　—2021.5)
党工委副书记　蓝　军(2021.4—　)
龚向华(　—2021.4)
党工委委员、纪工委书记　张　舒(女)
管委会副主任　严　慧(女)
党工委委员、管委会副主任
吴毅峰
巫正云
魏欲同(2021.4—　)
姚　挺(2021.4—　)
蓝　军(　—2021.4)
党工委委员　魏欲同
张　萍(女)
景　涛
创业服务中心主任　韦晓俊(女)
项目招商部主任　景　涛
经济发展部主任　朱军民
丹徒新区市政建设工程公司总经理　张　伟
丹徒新区建设发展公司总经理
王之然(2021.4—　)

(丹徒区委组织部)

篆刻作品（郭振邦）

荣誉栏

2021 年丹徒区获镇江市委、市政府以上表彰先进集体情况表

表 33

获奖单位	荣誉称号	授奖年月	授奖单位
丹徒区法治宣传教育领导小组	全国依法治理创建活动先进单位	2021.12	中共中央宣传部、司法部、全国普及法律常识办公室
丹徒区	第四批国家公共文化服务体系示范区	2021.7	文化和旅游部、财政部
丹徒区	全国第六批率先基本实现主要农作物生产全程机械化示范县（市、区）	2021.12	农业农村部办公厅
丹徒区司法局	节约型机关	2021.8	国家机关事务管理局、中共中央直属机关事务管理局、国家发展和改革委员会、财政部
丹徒区人力资源和社会保障局	节约型机关	2021.8	国家机关事务管理局、中共中央直属机关事务管理局、国家发展和改革委员会、财政部
丹徒区教育局	节约型机关	2021.8	国家机关事务管理局、中共中央直属机关事务管理局、国家发展和改革委员会、财政部
丹徒区文体广电和旅游局	2017—2020 年度全国群众体育先进单位	2021.9	国家体育总局
丹徒区司法局	2019—2020 年“全国青少年维权岗”	2021.7	共青团中央
丹徒区司法局宜城街道司法所	全国模范司法所	2021.10	司法部
世业镇	第十一批全国“一村一品”示范村镇	2021.11	农业农村部
世业镇	全国示范型退役军人服务站	2021.12	国家退役军人事务部
丹徒区工商业联合会	2020—2021 年度全国“五好”县级工商联	2021.12	中华全国工商业联合会
丹徒区经济发展局	全省脱贫攻坚暨对口帮扶支援合作先进集体	2021.12	江苏省委、省政府
丹徒法院	类型化纠纷诉调对接工作先进集体	2021.6	江苏省高级人民法院
丹徒区人民检察院	2021 全国两会检察新媒体宣传特殊贡献奖	2021.3	检察日报社
丹徒公安分局政治处	全省公安机关成绩突出党员集体	2021.6	江苏省公安厅
丹徒区公安分局治安大队	全省公安机关抗击新冠肺炎疫情成绩突出集体	2021.8	江苏省公安厅
丹徒公安分局高资派出所	枫桥式公安派出所	2021.10	江苏省公安机关创建“枫桥式公安派出所”领导小组办公室

续表33

获奖单位	荣誉称号	授奖年月	授奖单位
丹徒区教育局	江苏省公共机构节能低碳示范单位	2021.12	江苏省机关事务管理局、江苏省发展和改革委员会、江苏省工业和信息化厅、江苏省财政厅、江苏省生态环境厅
镇江市宜城小学	江苏省“十三五”期间青少年校园足球工作先进集体	2021.12	江苏省教育厅、江苏省体育局
镇江市驸马山庄幼儿园	全国足球特色示范园	2021.8	江苏省教育厅
丹徒区科协	2021年江苏省“全国科普日”优秀组织单位	2021.8	江苏省科协
丹徒区税务局	2019—2021年度江苏省文明单位	2022.1	江苏省精神文明建设指导委员会
丹徒区文体广电和旅游局	全省境外卫星电视传播秩序专项整治工作成绩突出单位	2022.4	江苏省广播电视局
荣炳盐资源区管委会	江苏省优秀群众文化团队	2021.8	江苏省文化和旅游厅
荣炳盐资源区管委会	2021年江苏省“全国科普日”优秀活动——消防安全知识大讲堂	2021.12	江苏省科学技术协会
丹徒区图书馆	江苏省文化和旅游系统先进集体	2021.10	江苏省人力资源和社会保障厅、江苏省文化和旅游厅
丹徒区烟草专卖局	2019—2021年度江苏省文明单位	2022.1	江苏省精神文明建设指导委员会
丹徒区农业农村局	2019-2020年度农技推广体系改革与建设绩效延伸管理结果受表扬单位	2021.1	江苏省农业农村厅办公室
2020年度镇江市丹徒区上党镇高标准农田建设项目	2020年度全省高标准农田建设项目优秀规划设计二等奖	2021.1	江苏省农业资源开发学会
丹徒区	2020年全省动物疫病信息报送工作优秀单位	2021.2	江苏省动物疫病预防控制中心
丹徒区动物疫病预防控制中心	阻断羊血吸虫病关键技术创新与推广二等奖	2021.11	江苏省畜牧兽医学会
丹徒区农业农村局	全省、全市农业行政处罚优秀案卷	2021.1	江苏省农业农村厅、镇江市农业农村局
上党镇政府	江苏省第七次全国人口普查工作成绩显著集体	2021.11	江苏省第七次全国人口普查领导小组办公室
世业镇先锋村四季春农业园	镇江市首批党史学习教育示范基地	2021.7	中共江苏省委党史学习教育领导小组办公室
丹徒区妇联	2020年“99公益”网络募捐优秀组织奖	2021.3	江苏省妇女儿童福利基金会
宜城街道计划生育协会	江苏省计生协工作突出单位	2021.7	江苏省计划生育协会
丹徒区社区矫正管理局	全省社区矫正和安置帮教工作先进集体	2021.12	江苏省司法厅
丹徒区司法局上党司法所	“双争双创”活动优秀司法所	2021.10	江苏省司法厅
丹徒区大港汽车轮渡管理处	优质服务先进单位	2021.3	江苏省广播电视台（集团）

续表 33

获奖单位	荣誉称号	授奖年月	授奖单位
丹徒区大港汽车轮渡管理处	江苏省优秀管理示范单位	2021.12	江苏省广播电视台（集团）
丹徒区委	全市乡村振兴先进集体	2021.3	镇江市委
丹徒区水利局	2020 年全市防汛抗洪工作先进集体	2021.11	镇江市委、市政府
高资街道	2020 年度高质量发展先进单位	2021.4	镇江市委、市政府
谷阳镇人民政府	2018–2020 年度镇江市文明镇	2021.12	镇江市委、市政府
上党镇党委、政府	2018–2020 年度镇江市级文明镇	2021.12	镇江市委、市政府
上党镇政府	全市脱贫攻坚暨对口帮扶支援合作先进集体	2021.10	镇江市委、市政府
上党镇上党村	2018–2020 年度镇江市级文明村	2021.12	镇江市委、市政府
上党镇薛村村	2018–2020 年度镇江市级文明村	2021.12	镇江市委、市政府
上党镇其一村党总支	镇江市基层党建工作先进单位	2021.6	镇江市委
丹徒区市场监督管理局上党分局	2018–2020 年度镇江市级文明单位	2021.12	镇江市委、市政府
丹徒区支显宗学校	2018–2020 年度镇江市级文明校园	2021.12	镇江市委、市政府
上党镇东方村	2018–2020 年度镇江市级文明村	2021.12	镇江市委、市政府
宜城街道办事处	全市抗击新冠肺炎疫情先进集体	2021.4	镇江市委、市政府
宜城街道办事处	全国文明城市创建工作集体嘉奖	2021.4	镇江市委、市政府
镇江新运公交运输有限公司	全市抗击新冠肺炎疫情先进集体	2021.4	镇江市委、市政府
丹徒区大港汽车轮渡管理处	2018—2020 年度镇江市文明单位	2021.12	镇江市委、市政府
丹徒区交通运输综合行政执法大队	2018—2020 年度镇江市文明单位	2021.12	镇江市委、市政府
丹徒区融媒体中心	2018—2020 年度文明单位	2021.12	镇江市委、市政府
丹徒区财政系统	2018—2020 年度镇江市级文明行业	2021.12	镇江市委、市政府
丹徒区妇联	2018—2020 年度镇江市文明单位	2021.10	镇江市委、市政府
丹徒区教育局	镇江市对口帮扶支援先进集体	2021.10	镇江市委、市政府
丹徒区教育局	全市抗击新冠肺炎疫情先进集体	2021.4	镇江市委、市政府
江苏省大港中学	镇江市文明校园	2021.12	镇江市委、市政府

续表 33

获奖单位	荣誉称号	授奖年月	授奖单位
江苏省大港中学	镇江市先进基层党组织	2021.6	镇江市委
石马中心小学	镇江市文明校园	2021.12	镇江市委、市政府
丹徒区人力资源和社会保障局	2017—2019 年度镇江市文明单位	2021.2	镇江市委、市政府
丹徒区税务系统	2018—2020 年度镇江市文明行业	2021.12	镇江市委、市政府
丹徒区税务局第一税务分局	2018—2020 年度镇江市文明单位	2021.12	镇江市委、市政府
丹徒区税务局第二税务分局	2018—2020 年度镇江市文明单位	2021.12	镇江市委、市政府
丹徒区税务局辛丰税务分局	2018—2020 年度镇江市文明单位	2021.12	镇江市委、市政府
丹徒区税务局宜城税务分局	2018—2020 年度镇江市文明单位	2021.12	镇江市委、市政府
丹徒区税务局高资税务分局	2018—2020 年度镇江市文明单位	2021.12	镇江市委、市政府
丹徒区税务局宝堰税务分局	2018—2020 年度镇江市文明单位	2021.12	镇江市委、市政府
丹徒区税务局上党税务所	2018—2020 年度镇江市文明单位	2021.12	镇江市委、市政府
丹徒区疾病预防控制中心	全市抗击新冠肺炎疫情先进集体	2021.4	镇江市委、市政府
荣炳盐资源区管委会	全市脱贫攻坚暨对口帮扶支援合作先进集体	2021.10	镇江市委、市政府
丹徒公安分局	先进集体	2021.4	镇江市委
丹徒公安分局	全国文明城市创建工作集体嘉奖	2021.4	镇江市政府
丹徒区文体广电和旅游局	文明单位	2022.3	镇江市政府

（各单位提供）

2021 年丹徒区获镇江市委、市政府以上表彰先进个人情况表

表 34

姓名	性别	工作单位	荣誉称号	授奖年月	授奖单位
李　群	女	丹徒区人民检察院	2020 年检察机关打击危险废物环境违法犯罪行为活动表现突出个人	2021.6	最高人民检察院、公安部、生态环境部
郑　伟	男	丹徒法院	人民法院司法警察先进个人	2021.10	最高人民法院
步跃刚	男	丹徒法院	全国法院系统 2021 年度优秀案例分析评选三等奖	2021.12	最高人民法院、中国应用法学研究所
艾立奎	男	丹徒法院	全国法院系统 2021 年度优秀案例分析评选三等奖	2021.12	最高人民法院、中国应用法学研究所

续表 34

姓名	性别	工作单位	荣誉称号	授奖年月	授奖单位
吴安娜	女	丹徒法院	第五届平安中国“三微比赛优秀摄影作品奖	2021.1	中央政法委
戴雨平	男	丹徒区水利局	2020 年全省防汛抗洪工作先进个人	2021.5	江苏省委、省政府
黄　娟	女	世业镇先锋村	江苏省劳动模范	2021.4	江苏省委、省政府
张巨平	男	世业镇世业村	江苏省优秀党务工作者	2021.6	江苏省委
李　超	男	丹徒区农业农村局	2019−2020 年度农技推广体系改革与建设绩效延伸管理结果受表扬个人	2021.1	江苏省农业农村厅办公室
左　鑫	女	丹徒区农业农村局	2020 年全省动物疫病信息报送工作优秀个人	2021.2	江苏省动物疫病预防控制中心
何正兴	男	丹徒区农业农村局	阻断羊血吸虫病关键技术创新与推广二等奖	2021.11	江苏省畜牧兽医学会
张凌锋	女	丹徒区农业农村局	阻断羊血吸虫病关键技术创新与推广二等奖	2021.11	江苏省畜牧兽医学会
苟灵俏	女	丹徒区农业农村局	阻断羊血吸虫病关键技术创新与推广二等奖	2021.11	江苏省畜牧兽医学会
左　鑫	女	丹徒区农业农村局	阻断羊血吸虫病关键技术创新与推广二等奖	2021.11	江苏省畜牧兽医学会
杨　震	男	丹徒区农业农村局	2021 年中国农民丰收节江苏活动组织实施工作中表现突出个人	2021.12	江苏省农业农村厅
徐　敏	女	丹徒区农业农村局	2021 年度全省农民教育培训工作先进个人	2021.12	江苏省农业广播电视学校
孙永忠	男	丹徒区农业农村局	全市乡村振兴先进个人	2021.3	镇江市委
许映飞	男	丹徒区农业农村局	全市脱贫攻坚暨对口帮扶支援合作先进个人	2021.10	镇江市委、市政府
徐　洁	女	丹徒区水利局	2020 年全市防汛抗洪工作先进个人	2021.11	镇江市委、市政府
梁锦安	男	丹徒区水利局	2020 年全市防汛抗洪工作先进个人	2021.11	镇江市委、市政府
陈　俊	男	丹徒区水利局	2020 年全市防汛抗洪工作先进个人	2021.11	镇江市委、市政府
袁朝军	男	丹徒区住建局	全市防汛抗洪工作先进个人	2021.11	镇江市委、市政府
邱载斌	男	丹徒区住建局	文明城市创建奖励证书	2021.4	镇江市委、市政府
孙　佳	男	丹徒区住建局	镇江市模范退役军人	2021.7	镇江市委、市政府

续表 34

姓名	性别	工作单位	荣誉称号	授奖年月	授奖单位
张　蕾	女	高资街道办事处	扎根一线好先锋	2021.4	镇江市委、市政府
李永斌	男	高资街道办事处	扎根一线好先锋	2021.4	镇江市委、市政府
徐建斌	男	上党镇党委	镇江市优秀共产党员	2021.7	镇江市委、市政府
朱叶建	女	上党镇政法和社会事业局	镇江市抗击新冠肺炎疫情表彰先进个人	2021.4	镇江市委、市政府
吴巧彬	男	上党镇经济发展和建设局	江苏省第七次全国人口普查工作成绩显著个人	2021.11	江苏省第七次全国人口普查领导小组办公室
汤丹萍	女	上党镇上党村村委会会计	江苏省第七次全国人口普查工作成绩显著个人	2021.11	江苏省第七次全国人口普查领导小组办公室
尚璐璐	女	上党镇上会村村委会	江苏省第七次全国人口普查工作成绩显著个人	2021.11	江苏省第七次全国人口普查领导小组办公室
茆　爽	女	上党镇东沛村党总支	江苏省第七次全国人口普查工作成绩显著个人	2021.11	江苏省第七次全国人口普查领导小组办公室
陈　雯	女	上党镇古洞村党总支、村委会	江苏省第七次全国人口普查工作成绩显著个人	2021.11	江苏省第七次全国人口普查领导小组办公室
吴雅婷	女	上党镇东贠村党总支、村委会	江苏省第七次全国人口普查工作成绩显著个人	2021.11	江苏省第七次全国人口普查领导小组办公室
项宏文	男	上党镇东方村党总支	江苏省第七次全国人口普查工作成绩显著个人	2021.11	江苏省第七次全国人口普查领导小组办公室
王运喜	男	丹徒区人民检察院	2021 年度全国检察宣传先进个人	2021.11	检察日报社
姚　磊	男	丹徒区人民检察院	全省民事检察业务标兵	2021.5	江苏省人民检察院
朱穗鹰	男	丹徒区融媒体中心	2021 年度江苏省广播电视科级创新奖	2021.11	江苏省广播电影电视协会
蒋蕴生	女	丹徒区融媒体中心	2020 年度江苏广播电视播音与主持作品奖（电视播音社教类）三等奖	2021.7	江苏省广播电影电视协会
吴国庆	男	丹徒区融媒体中心	全市抗击新冠肺炎疫情先进个人	2021.4	镇江市委、市政府
薛成州	男	丹徒区司法局	江苏省司法厅 2021 年度信息工作先进个人	2021.12	江苏省司法厅
贡　超	女	丹徒区司法局	全省公共法律服务工作先进个人	2021.12	江苏省司法厅
朱玉萍	女	丹徒区司法局	江苏省优秀司法所长	2021.12	江苏省司法厅

续表 34

姓名	性别	工作单位	荣誉称号	授奖年月	授奖单位
吉　盼	男	丹徒区司法局	全省社区矫正和安置帮教工作先进个人	2021.12	江苏省司法厅
张　磊	女	丹徒区司法局	法治镇江先进个人	2021.4	镇江市委、市政府
周国俊	男	丹徒区司法局谷阳司法所	江苏省人民调解协会代表	2021.6	江苏省人民调解协会
盛莉莉	女	丹徒区司法局	脱贫攻坚先进个人	2021.12	致公党江苏省委员会
沈　杰	男	丹徒区财政局	江苏省第七次全国人口普查工作成绩显著个人	2021.11	江苏省第七次全国人口普查领导小组办公室、江苏省统计局
吴安娜	女	丹徒法院	全省法院新闻宣传工作先进个人	2021.5	江苏省高级人民法院
李建华	女	丹徒法院	全省优秀人民法庭庭长	2021.2	江苏省高级人民法院
朱建军	男	丹徒公安分局	江苏“最美警察”提名奖	2021.2	中共江苏省委宣传部、江苏省公安厅、江苏省总工会、共青团江苏省委
朱荣俊	男	丹徒公安分局	先进个人	2021.4	镇江市委
朱建军	男	丹徒公安分局	全市防汛抗洪工作先进个人	2021.10	镇江市委、市政府
娜晟东	男	丹徒公安分局	二等功 镇江“最美警察”	2022.1	江苏省公安厅
张学斌	男	丹徒公安分局	2021 年度空军招收飞行学员政治考核工作先进个人	2021.10	东部战区空军政治工作部 省公安厅
倪双俊	男	丹徒公安分局	十佳模型奖	2021.4	江苏省公安厅网络安全保卫总队
於　敏	女	丹徒公安分局	江苏省第七次全国人口普查工作成绩显著个人通报表扬	2021.11	江苏省第七次全国人口普查领导小组办公室、江苏省统计局
黄卫荣	男	江苏省大港中学	江苏省语文特级教师	2021.12	江苏省教育厅
纪金忠	男	江苏省大港中学	江苏省优秀教师	2021.6	江苏省教育厅
纪金忠	男	江苏省大港中学	镇江市优秀共产党员	2021.6	镇江市委
史海华	男	江苏省大港中学	镇江市“十佳”教师	2021.6	镇江市政府

续表 34

姓名	性别	工作单位	荣誉称号	授奖年月	授奖单位
蒯忠山	男	镇江市丹徒高级中学	江苏省先进工作者	2021.4	江苏省委、省政府
孔国娣	女	镇江市宜城小学	江苏省“十三五”期间青少年校园足球工作先进校长	2021.12	江苏省教育厅、江苏省体育局
姚清奕	男	镇江市宜城小学	江苏省“十三五”期间青少年校园足球工作先进教练员	2021.12	江苏省教育厅、江苏省体育局
邱明建	男	镇江农谷农业科技园有限公司	2021 年度九三学社全省社会服务先进个人	2021.12	九三学社江苏省委员会
赵　强	男	丹徒区税务局	江苏省机关党建先进工作者	2021.6	中共江苏省委省级机关工委、江苏省人力资源和社会保障厅
殷国福	男	丹徒区税务局老干部党总支	江苏省百佳离退休干部党员	2021.7	中共江苏省委老干部局
孔朝辉	男	丹徒区辛丰中心卫生院	对口帮扶先进个人	2021.10	镇江市委、市政府
陈雁翎	女	丹徒区人民医院	全市抗击新冠肺炎疫情先进个人	2021.4	镇江市委、市政府
王继文	男	丹徒区人民医院	全市抗击新冠肺炎疫情先进个人	2021.4	镇江市委、市政府
解　洋	男	丹徒区人民医院	全市抗击新冠肺炎疫情先进个人	2021.4	镇江市委、市政府
乔　静	女	丹徒区人民医院	全市抗击新冠肺炎疫情先进个人	2021.4	镇江市委、市政府
徐　鲜	女	丹徒区人民医院	全市抗击新冠肺炎疫情先进个人	2021.4	镇江市委、市政府
刘建华	男	丹徒区人民医院	镇江市优秀共产党员	2021.7	镇江市委
孙玉洁	女	丹徒区中医院	全市抗击新冠肺炎疫情先进个人	2021.4	镇江市委、市政府
徐小刚	男	丹徒区文体广旅局	三等功（文明城市创建）	2021.4	镇江市委、市政府

（各单位提供）

统计资料

2021 年丹徒区基本情况表

表 35

项目	单位	数量
一、全区总面积	平方千米	617.08
其中：水面	平方千米	141.52
二、耕地面积	万亩	28.35
其中：水田	万亩	16.65
水浇地	万亩	10.96
旱地	万亩	0.74
三、总户数	户	104144
四、年末总人口数	人	287699
年平均人口数	人	288314
在年末总人口数中：		
男	人	140983
女	人	146716
城镇人口	人	178793
本年出生人口数	人	1313
本年死亡人口数	人	2328
本年人口净增率	‰	−3.5
本年人口出生率	‰	4.56
本年人口死亡率	‰	8.09
五、常住人口	万人	34.8
六、镇政府（街道、园区）	个	10
村（居）民委员会	个	88
村（居）民小组	个	1897

（丹徒区统计局）

2021 年丹徒区国民经济主要指标完成情况表

表 36

指标	计量单位	绝对值
一、地区生产总值（现价）	亿元	461.07
二、人均地区生产总值（现价）	元/人	132606
三、粮食总产量	万吨	13.33
四、固定资产投资	亿元	103.3
五、社会消费品零售总额	亿元	72.97
六、财政总收入	亿元	50.71
其中：一般公共预算收入	亿元	24.38
七、财政支出	亿元	62.88
其中：一般公共预算支出	亿元	29.15
八、实际利用外资	万美元	1825
九、进出口总额	亿元	67.9
其中：出口	亿元	63
十、农村常住居民人均可支配收入	元/人	28258
十一、城镇常住居民人均可支配收入	元/人	57971

（丹徒区统计局）

2021 年丹徒区地区生产总值完成情况（现价）表

表 37 单位：亿元

项目	2021年	2020年	增长%
地区生产总值	461.07	405.03	9.5
第一产业	23.04	21.71	4.4
第二产业	229.59	197.87	10.8
其中：工业	197.46	168.82	13.1
建筑业	32.13	29.05	12.2
第三产业	208.44	185.45	8.7
其中：交通运输仓储业	19.3	18.15	3.2
批发和零售业	44.29	36.65	12.8
住宿和餐饮业	4.31	3.74	13.3
房地产业	30.08	25.14	17.2
金融业	48.05	44.65	3.4
其他服务业	62.41	57.11	7.9

（丹徒区统计局）

2021 年丹徒区户籍人口和户数表

表 38

镇（街道、园区）	总户数（户）	总人口（人）				
		合计	城镇人口	乡村人口	男	女
全区	104144	287699	178793	108906	140983	146716
高桥	7048	19175	8976	10199	9202	9973
江心	2931	7450	3906	3544	3728	3722
辛丰	18360	47156	23217	23939	23209	23947
谷阳	9893	27121	17542	9579	13254	13867
上党	16174	48388	21672	26716	23689	24699
宝堰	8565	22990	5724	17266	11383	11607
荣炳	6217	18829	4889	13940	9456	9373
高资	14579	39982	39982		19578	20404
世业	4633	13950	10227	3723	6797	7153
宜城	15744	42658	42658		20687	21971

（丹徒区统计局）

2021 年丹徒区人口变动情况表

表 39

镇（街道、园区）	出生（人）			死亡（人）		
	合计	男	女	合计	男	女
全区	1313	673	640	2328	1285	1043
高桥	60	32	28	136	81	55
江心	27	10	17	91	47	44
辛丰	179	86	93	363	223	140
谷阳	107	50	57	207	104	103
上党	237	118	119	452	253	199
宝堰	80	36	44	226	126	100
荣炳	74	44	30	217	130	87
高资	137	79	58	328	167	161
世业	57	30	27	119	61	58
宜城	355	188	167	189	93	96

（丹徒区统计局）

2021年丹徒区规模以上工业总产值情况表

表40　　　　　　　　　　　　　　　　　　　　　　　单位：万元

项目	工业总产值(万元)	增长(%)
合计	4666012	23.4
区属小计	24721	25.6
农村小计	4641291	3.0
高资街道	1756652	16.4
高新园	1863711	32.6
高桥镇	92914	3.1
辛丰镇	349146	28.4
上党镇	466127	21.8
宝堰镇	51394	48.8
江心洲生态农业园区	11582	12.5
荣炳盐资源区	49766	2.6

注：规模上即全部独立核算年销售收入2000万元以上工业企业

（丹徒区统计局）

2021年丹徒区全部独立核算年销售收入2000万元及以上工业企业分行业情况表

表41

项目	企业单位数（个）	工业总产值（当年价格亿元）
合计	259	466.6
非金属矿采选业	1	4.2
农副食品加工业	3	3.2
食品制造业	5	18.6
酒、饮料和精制茶制造业	2	4.8
纺织业	2	0.9
纺织服装、服饰业	2	1.0
皮革、毛皮、羽毛及其制品和制鞋业	7	2.7
木材加工和木、竹、藤、棕、草制品业	3	1.9
印刷和记录媒介复制业	4	2.9
文教、工美、体育和娱乐用品制造业	6	3.8
石油、煤炭及其他燃料加工业	4	37.7
化学原料和化学制品制造业	9	26.6
医药制造业	3	4.2
化学纤维制造业	2	0.7
橡胶和塑料制品业	17	28.4
非金属矿物制品业	51	85.4
黑色金属冶炼和压延加工业	6	3.9
有色金属冶炼和压延加工业	7	35.4
金属制品业	25	18.4
通用设备制造业	21	22.7
专用设备制造业	19	46.7
汽车制造业	10	27.1
铁路、船舶、航空航天和其他运输设备制造业	2	1.2
电气机械和器材制造业	22	30.5
计算机、通信和其他电子设备制造业	13	7.2
仪器仪表制造业	2	1.6
其他制造业	6	3.1
电力、热力生产和供应业	5	41.7

（丹徒区统计局）

2021 年丹徒区主要工业产品产量情况表

表 42

产品名称	单位	实绩
滚动轴承	万套	613
汽车	辆	6239
起重机	吨	3966
水泥	吨	9071268
商品混凝土	立方米	493708
原盐	吨	1567529
小麦粉	吨	28060
方便面	吨	12649
酱油	吨	2251
食醋	吨	269926
饮料酒	千升	71526

（丹徒区统计局）

2021 年丹徒区全部独立核算年销售收入 2000 万元及以上工业企业分地区主要指标情况表

表 43　　单位：万元

镇（街道、园区）	工业总产值（当年价格）	营业收入	平均用工人数（人）	流动资产合计	固定资产合计	合计	
						利税总额	其中：利润
合计	4666012	4627373	30155	2658044	1226639	300815	206689
区属	24721	23400	270	10400	3643	1147	521
高资街道	1756652	1723466	5054	811387	490569	157794	109171
高新园	1863711	1886597	1499	1151021	522040	87073	60775
高桥镇	92914	86553	1681	49890	12825	6088	3371
辛丰镇	349146	351454	3791	222165	70070	19400	14734
上党镇	466127	452057	3185	367865	86145	24831	16039
宝堰镇	51394	45335	529	19149	26601	1256	380
江心洲生态农业园区	11582	11617	88	2694	1743	479	261
荣炳盐资源区	49766	46896	565	23472	13004	2748	1438

（丹徒区统计局）

2021 年丹徒区工业企业能源消费量情况表

表 44　　单位：万元

能源名称	年初库存量	购进量	工业生产消费量	年末库存量
原煤（吨）	144084	4761363	4654530	250916
汽油（吨）	—	326	289	—
煤油（吨）	—	21	21	—
柴油（吨）	188	2040	2302	127
天然气（万立方米）	—	49201	49195	—
液化石油气（吨）	—	38	38	—
电力（万千瓦时）	—	117440	180051	—
热力（百万千焦）	—	2440048	2433905	—
其他石油制品（吨）	14544	12332	21811	5065
能源合计（吨标煤）	—	—	4303675	—
综合能源消费量（吨标煤）	2518372			

（丹徒区统计局）

2021 年丹徒区农业总产值情况表

表 45　　单位：万元

项目	现价	可比价
合计	429134	426057
1.农业产值	201001	201001
2.林业产值	13561	13561
3.牧业产值	95766	95852
4.渔业产值	74563	71400
5.农林牧渔服务业	44243	44243
合计中：粮棉油产值	49818	49818
多种经营产值	379316	376239

（丹徒区统计局）

2021 年丹徒区农作物种植面积与产量情况表

表 46

项目	面积（亩）	单产（公斤）	总产量（吨）
一、粮食作物合计	280300	475	133269
（一）夏收粮食	76350	318	24270
1.小麦	73650	322	23730
2.元大麦	300	320	96
3.蚕豌豆	2400	185	444
（二）秋收粮食	203950	534	108999
1.水稻	151700	610	92608
2.玉米	32200	389	12510
3.豆类	15050	137	2065
其中：大豆	14000	140	1960
4.薯类（五折一）	5000	363	1816
二、油料合计	46943	171	8045
1.花生	1313	147	193
2.油菜籽	44360	175	7763
3.芝麻	1270	70	89
三、蔬菜	57611	2071	119308
四、瓜果类	2611	1614	4215

（丹徒区统计局）

2021 年丹徒区多种经营产品产量情况表

表 47

项目	单位	数量
茶园面积	亩	16501
茶叶产量	吨	346.33
果园面积	亩	19184
水果产量	吨	11201
造林面积	亩	823
零星植树	万株	25.2
林木覆盖面积	万亩	19.5
生猪出栏	万头	5.33
猪肉产量	吨	4223
年末生猪存栏	万头	4.11
羊出栏	万只	0.423
羊肉产量	吨	52
年末羊存栏	万只	0.58

续表 47

项目	单位	数量
年末奶牛头数	头	820
牛奶产量	吨	3779
家禽出栏	万只	1304
禽蛋产量	吨	9749
淡水养殖面积	亩	28455
水产品产量	吨	16020
其中：鱼类	吨	12647
甲壳类	吨	2288
贝类	吨	704
其他	吨	380
人工育珠	吨	1

（丹徒区统计局）

2021 年丹徒区农业机械拥有量情况表

表 48

项目	单位	数量
一、农业机械总动力	万千瓦	26.03
1.柴油机动力	万千瓦	17.71
2.汽油机动力	万千瓦	1.44
3.电动机动力	万千瓦	6.88
二、拖拉机及配套机械		
1.大中型	台/千瓦	1098/64419
2.小型	台/千瓦	468/3417
3.配套农具	台	3436
三、种植机械		
1.播种机械	台	1228
2.插秧机	台/千瓦	1168/17351
3.排灌动力机械	台	7737
4.稻麦联合收割机	台/千瓦	528/35294
5.玉米联合收获机	台/千瓦	8/328
6.油菜籽收获机	台/千瓦	108/3906
7.秸杆粉碎还田机	台	1739
8.谷物烘干机	台/千瓦	218/1864
9.保鲜储藏设备	套/千瓦	45/303
10.连栋温室	万平方米	34
11.塑料大棚	万平方米	980
四、农产品初加工作业机械		
1.粮食加工机械	台	567
2.油料加工机械	台	134
3.茶叶加工机械	台	445
五、畜牧养殖机械		
饲草料加工机械	台/千瓦	715/8023
挤奶机	台/千瓦	36/252
六、渔业机械		
1.增氧机	台/千瓦	4297/861
2.投饵机	台/千瓦	2657/531
七、农田基本建设机械	台/千瓦	76/5831
八、植保无人机	架	85

（丹徒区统计局）

2021年丹徒区各地实有农村劳动力及分行业情况表

表49　　　　单位：人

	合计	农林牧渔业	工业	建筑业	交通和邮政	批发与零售	住宿餐饮业	其他非农行业
总计	145464	29717	70816	14397	4940	2801	4690	18103
高桥	11514	1231	8698	406	188	200	76	715
江心	4191	1277	1819	217	141	76	61	600
辛丰	27589	4020	20529	848	519	438	256	979
谷阳	17353	1779	12573	1666	290	154	177	714
上党	27890	9033	7688	2674	786	743	2019	4947
宝堰	10318	3166	3029	1213	485	421	304	1700
荣炳	9846	1762	2663	2235	624	361	303	1898
高资	19943	4344	8452	2080	1405	182	683	2797
世业	7657	1798	1077	1101	256	165	540	2720
宜城	9163	1307	4288	1957	246	61	271	1033

（丹徒区统计局）

2021年丹徒区化肥农药使用量情况表

表50　　　　单位：万元

项目	单位	数量
一、化肥使用量（折纯）	吨	7123
1.氮肥	吨	2813
2.磷肥	吨	80
3.钾肥	吨	137
4.复合肥	吨	4093
二、农药使用量	吨	188
三、农用薄膜使用量	吨	119
其中：地膜使用量	吨	57
四、农用柴油	吨	1656
五、农村用电量	万千瓦时	46634

（丹徒区统计局）

2021年丹徒区财政收入情况表

表51　　　　单位：万元

指标	数量
财政总收入合计	507139
一、税收收入	177677
二、非税收入	278862
1.专项收入	9113
其中：其他收入	744
教育费附加收入	4974
地方教育附加收入	3395
2.其他收入（含罚没收入）	14741
3.行政性收费收入	5776
4.国有资源（资产）有偿使用收入	36446
5.政府性基金收入	212786
三、国有资本经营收入	50600
在总计中：一般公共预算收入	243753

（丹徒区统计局）

2021 年丹徒区财政支出情况表

表 52　　　　单位：万元

指标	数量
合计	628792
一、一般公共预算支出	391518
1.一般公共服务	35645
2.国防	411
3.公共安全	25905
4.教育	88238
5.科学技术	7264
6.文化旅游体育与传媒	3510
7.社会保障和就业	60862
8.卫生健康	24807
9.节能环保	9252
10.城乡社区	32655
11.农林水	39511
12.交通运输	29379
13.资源勘探信息等支出	1524
14.商业服务业等支出	1124
15.金融支出	112
16.援助其他地区支出	1720
17.自然资源海洋气象等支出	3707
18.住房保障支出	18339
19.粮油物资储备支出	234
20.灾害防治及应急管理支出	2276
21.其他支出	0
22.债务付息支出	4885
23.债务发行费用支出	158
二、政府性基金支出	237274

（丹徒区统计局）

2021 年丹徒区社会消费品零售总额情况表

表 53　　　　单位：万元

指标	2021年	2020年
社会消费品零售总额	729740	627276
一、按销售地区分		
1.城镇	626015	537665
2.乡村	103725	89611
二、按行业分		
批发业	179467	152343
零售业	473215	411984
住宿业	5003	4364
餐饮业	72055	58585

（丹徒区统计局）

2021 年丹徒区计划总投资 500 万元及以上投资项目完成情况表

表 54　　　　单位：万元

指标名称	数量
一、施工项目（个）	191
二、施工项目计划总投资	4730780
三、施工项目本年完成投资	741293
（一）按构成分	
建筑工程	395232
安装工程	19968
设备工器具购置	275516
其它费用	50577
（二）按登记注册类型分	
内资企业	641588
港、澳、台商投资企业	94805
外商投资企业	4255
（三）按国民经济行业分	
第一产业	58583
第二产业	447073
其中：工业	447073
第三产业	527362

（丹徒区统计局）

2021 年丹徒区各镇（街道、园区）农作物面积与产量情况表

表 55

镇（街道、园区）	粮食作物总产量（吨）	夏收粮食			其中：小麦			秋收粮食			其中：水稻			油菜籽		
		面积（亩）	单产（公斤）	总产（吨）	面积（亩）	单产（公斤）	总产（吨）	面积（亩）	单产（公斤）	总产（吨）	面积（亩）	单产（公斤）	总产（吨）	面积（亩）	单产（公斤）	总产（吨）
合计	133269	76350	318	24270	73650	322	23730	203950	534	108999	151700	611	92608	44360	175	7763
高桥	11712	8591	324	2781	8342	328	2735	15985	559	8931	13616	611	8313	1406	175	246
江心	3574	3160	312	985	2810	327	920	6689	387	2589	700	611	428	3003	175	526
辛丰	22195	10835	311	3370	10440	316	3297	34189	551	18825	28280	602	17021	4104	175	718
谷阳	14347	4510	309	1393	4173	316	1319	23788	545	12954	18977	611	11604	7179	175	1256
上党	27353	11363	312	3545	10935	317	3462	44151	539	23808	34094	612	20866	13511	175	2364
宝堰	18766	13296	320	4260	13244	321	4253	24218	599	14506	22856	617	14100	2500	175	438
荣炳	16367	10251	316	3241	9949	319	3170	22850	574	13126	19941	618	12319	1724	175	302
高资	7798	1473	250	368	991	290	287	14390	516	7430	10300	602	6200	9105	175	1593
世业	10054	12312	337	4150	12207	337	4110	15672	377	5904	1783	600	1069	1017	175	178
宜城	1102	559	317	177	559	317	177	2018	459	925	1153	597	688	811	175	142

（丹徒区统计局）

2021 年丹徒区房地产业投资、资金来源、销售及待售情况表

表 56　　　　单位：万元

指标	数量
一、本年完成投资额	291725
1.建筑工程	198214
2.安装工程	4907
3.设备器具购置	3686
4.其他	84918

续表 56

指标	数量
二、资金来源	
1.上年末结余资金	123479
2.国内贷款	18100
3.利用外资	—
4.自筹	86518
5.其他资金来源	24278
三、本年新开工面积（平方米）	355535
其中：住宅（平方米）	250154
本年竣工面积（平方米）	138207
其中：住宅（平方米）	136157
四、商品房销售面积（平方米）	479207
其中：住宅（平方米）	455864
五、商品房销售额	371453
其中：住宅	358161
六、商品房待售面积（平方米）	287851
其中：住宅（平方米）	200494

（丹徒区统计局）

2021 年丹徒区水产品产量情况表

表 57

镇（街道、园区）	水产品产量（吨）
总计	16020
高桥	1819
江心	2450
辛丰	716
谷阳	1210
上党	2396
宝堰	2130
荣炳	2259
高资	1412
世业	1163
宜城	465

（丹徒区统计局）

2021 年丹徒区交通运输情况表

表 58

指标	单位	实绩
公路总里程	千米	1121
其中：高速公路	千米	52
一级公路	千米	138
二级公路	千米	87
三级公路	千米	111
四级公路	千米	734
内河航道里程	千米	61
公路客运量	万人/次	110
公路客运周转量	万人/千米	3838
公路货运量	万吨	1071
公路货运周转量	万吨千米	165618
港口吞吐量	万吨	389

（丹徒区统计局）

索 引

说 明

一、本索引采用主题分析方法编制，标引词按第一字汉语拼音字母音序排列。

二、标引词后的阿拉伯数字表示内容所在页码，数字后的英文字母 a、b、c 分别表示从左至右第一、二、三栏。

三、大事记、插照和彩色画页未作索引。

A

“爱在丹徒·救助急难防返贫”慈善主题活动 183b
爱国卫生 171a
安康关爱行动 177a
安全播出工作 164b
安全生产工作 155a
安全生产监管 179a
安全生产宣传 180a
安全生产治理能力建设 179b

B

“百场宣讲·千场议事”活动 43b
白蚁防治 126b
办公用房管理 39a
宝堰镇 193a
保密工作 23b
保密宣传教育 24a
北汽蓝谷麦格纳汽车有限公司 104b
北汽蓝谷麦格纳汽车有限公司新一代智能豪华纯电动车阿尔法S上市 110a
比泽尔旋转式、涡旋式压缩机生产项目 104a
殡葬管理 175a
兵员征集 79b
病媒生物防治 171b
博爱“助老、助医、助困”活动 65b
不动产登记 84a

C

“残疾人之家”规范化建设 64a
长江禁捕工作 95b
财政 135a
财政改革 136a
财政管理 135b
参与式社会治理 176a
参政议政 42a、47b、48b、49b、50b、52a、53a
餐饮具监督 171a
残疾人辅助性就业工作 64a
残疾人康复工作 64b
残疾人权益保障 175a
残疾人托养服务 64b
蚕桑技能培训 133a
蚕桑科普宣传 132b
蚕桑三产联动 132b

拆迁安置120a
产权产籍管理126a
产学研活动140b
产业发展154a、196a
产业工人队伍建设55a
产业经营发展 164b
城管执法125b
城市管理124b
城市建设、环境保护13b
城乡功能建设35b
城乡居保公共服务标准化试点工作启动90a
城镇建设118a
出生缺陷综合防治172a
畜禽粪污综合利用94b
创新载体平台建设140a
慈善183a
慈善进社区183b
慈善救助184a
慈善宣传183b
村级财务专项审计调查87b

D

大运河丹徒段文化带建设4
丹徒城投123a
丹徒高新技术产业园107a
丹徒建投124a
丹徒区17道菜品入选镇江市“百道乡土地标菜” 160b
丹徒区残疾人联合会63b
丹徒区党外知识分子统战工作实践创新基地揭牌仪式22b
丹徒区扶贫“三会” 100a
丹徒区扶贫基金组织全覆盖100b
丹徒区妇女联合会57a
丹徒区工商联53a
丹徒区归国华侨联合会63a
丹徒区红十字会64b
丹徒区进一步优化营商环境的十条规定223
丹徒区科学技术协会59b
丹徒区老干部工作会议26b
丹徒区欧美同学会(丹徒区留学人员联谊会)成立22b
丹徒区企业家乡村振兴沙龙暨农产品直播推介会22a
丹徒区庆祝中国共产党成立100周年活动1
丹徒区人民医院172b
丹徒区人武部79a
丹徒区商业联合会134b
丹徒区商业资产管理总公司131a
丹徒区十件民生实事完成情况2
丹徒区十六届人大常委会会议31b
丹徒区十六届人大五次会议30b
丹徒区首张民办非企业单位登记证书38a
丹徒区文学艺术界联合会61a
丹徒区无党派人士联谊会换届大会22b
丹徒区长山文化产业园113a
丹徒区政府常务会议36b
丹徒区政府政协联席会议43a
丹徒区政协常委会议42b
丹徒区政协十届五次会议42a
丹徒区中医院173a
丹徒区总工会54a
丹徒区重点产业投资推介暨项目集中签约活动37a
丹徒星火技术密集区113b
党史·地方志28b
党史学习教育主题宣传165a
党校工作25b
档案29a
档案安全建设29b
档案数字化建设29b

德晴碳纤维产品制造项目 103b
地理地貌 10a
地名成果转化 175b
地名文化建设 175b
地情概况 10a
地下管网安全生产专项整治 118b
低收入家庭动态管理机制 174b
第五届高桥雪地靴文化节 186b
电信 117a
对口交流 49b

E

2021年宝堰镇骨干企业情况表(表28)195
2021年丹徒高新园部分重点项目情况表(表7)108
2021年丹徒经济开发区骨干企业情况表(表6)106
2021年丹徒区A级景区情况表(表19)161
2021年丹徒区星级乡村旅游区情况表(表20)161
2021年丹徒区财政收入情况表(表51)263
2021年丹徒区财政支出情况表(表52)264
2021年丹徒区党的基层组织数量情况和换届情况表(表2)20
2021年丹徒区地区生产总值完成情况(现价)表(表37)258
2021年丹徒区多种经营产品产量情况表(表47)261
2021年丹徒区房地产业投资、资金来源、销售及待售情况表(表56)265
2021年丹徒区各地实有农村劳动力及分行业情况表(表49)263
2021年丹徒区各镇(街道、园区)农作物面积与产量情况表(表55)265
2021年丹徒区工业企业能源消费量情况表(表44)260
2021年丹徒区广播电视作品获奖情况表(表23)165
2021年丹徒区规模以上工业总产值情况表(表40)259
2021年丹徒区国家AAA级全国观摩工地情况表(表12)123
2021年丹徒区国民经济主要指标完成情况表(表36)257
2021年丹徒区户籍人口和户数表(表38)258
2021年丹徒区化肥农药使用量情况表(表50)263
2021年丹徒区获镇江市委、市政府以上表彰先进个人情况表(表34)252
2021年丹徒区获镇江市委、市政府以上表彰先进集体情况表(表33)249
2021年丹徒区基本情况表(表35)257
2021年丹徒区计划总投资500万元及以上投资项目完成情况表(表54)265
2021年丹徒区交通运输情况表(表58)266
2021年丹徒区科技项目立项情况表(表16)142
2021年丹徒区旅行社门市部情况表(表22)163
2021年丹徒区旅游品牌创建情况表(表21)162
2021年丹徒区农村公路建设项目情况表(表8)114
2021年丹徒区农业机械拥有量情况表(表48)262
2021年丹徒区农业总产值情况表(表45)261
2021年丹徒区农作物种植面积与产量情况表(表46)261
2021年丹徒区全部独立核算年销售收入2000万元及以上工业企业分地区主要指标情况表(表43)260
2021年丹徒区全部独立核算年销售收入2000万元及以上工业企业分行业情况表(表41)259
2021年丹徒区人口变动情况表(表39)258
2021年丹徒区社会消费品零售总额情况表(表53)264
2021年丹徒区省级建筑施工标准化文明示范工地情况表(表9)120
2021年丹徒区十六届人大常委会主任会议情况表(表3)32

2021年丹徒区市级建筑施工标准化文明工地情况表(表10)120
2021年丹徒区授权发明专利情况表(表17)143
2021年丹徒区水产品产量情况表(表57)266
2021年丹徒区温、光、水与历年平均值比较情况表(表5)99
2021年丹徒区文艺作品获奖情况表(表18)158
2021年丹徒区新获批省、市工程技术研究中心情况表(表14)140
2021年丹徒区新认定高新技术企业情况表(表15)141
2021年丹徒区优质结构工程情况表(表11)122
2021年丹徒区政务服务中心办件情况表(表4)38
2021年丹徒区中共党员基本情况表(表1)19
2021年丹徒区主要工业产品产量情况表(表42)260
2021年丹徒新城商品房销售情况表(表13)126
2021年高桥镇骨干企业情况表(表24)186
2021年高资街道骨干企业情况表(表29)198
2021年谷阳镇骨干企业情况表(表26)190
2021年江心洲生态农业园区骨干企业情况表(表31)202
2021年荣炳盐资源区骨干企业情况表(表32)204
2021年上党镇骨干企业情况表(表27)192
2021年辛丰镇骨干企业情况表(表25)188
2021年宜城街道骨干企业情况表(表30)200
2021年中国·丹徒新材料创新创业大赛总决赛19b
265省道镇江至荣炳段三期改扩建工程115a
儿童保健管理172a

F

“放管服”改革67b
法院75b
法治丹徒建设67a
法治建设196b、200b
法治政府建设67a
防范金融风险宣传138b
防汛工作97a
防震减灾120a
房地产管理125b
房地产价格监管85b
房改政策办理126a
肥药管控95a
废旧农膜回收利用94b
风险防控70a
服务保障112b
服务企业创新发展61a
服务企业工作53b
服务外包产业扶持131a
服务业82b
辐射环境监管129a
福利彩票销售176b
妇幼卫生172a
驸马山庄幼儿园153a

G

“共抓长江大保护——千名政协委员民主监督在行动”主题活动43a
《高桥镇志》出版发行5
干部队伍建设18a
干部教育培训25b
港口管理116a
高标准农田建设项目95b
高桥镇185a
高效农业194a、196a
高新技术企业培育139b
高中资源配置149b
高资街道196b
根治欠薪检查91a
工伤认定工作90a
工业、建筑业12b

工业产品 101a
公安 69b
公安基层治理 197b
公共场所监督 170b
公共法律服务 77b
公共机构节能 39a
公共基础设施 125a
公共停车收费专项整治 86a
公共卫生 169a
公路管理 115b
公务用车管理 39a
公益电影放映 158a
公益服务活动 57b
供销合作 133b
共青团丹徒区委员会 55b
谷阳镇 189a
谷阳镇儿童“关爱之家”建成 175b
固定资产投资、房地产 13a
固定资产投资审计 87b
固体危险废物监管 128b
关爱妇女儿童活动 57a
关心下一代工作 177b
关于大力实施“长山计划”(2021—2025)的实施意见 224
关于加快美丽宜居村庄建设的建议 34b
关于加快推进城市养老事业健康发展的议案 34a
管理与服务 106b
广播电视宣传 164a
规范性文件管理 68a
规模以上企业劳动合同用工规范化 91b
国民经济和社会发展 12a
国土空间规划编制 83b
国有资产监管 102a

H

“捍卫幸福家庭”新闻发布会 59a
海绵城市建设 119a
航道管理 116a
河湖长制工作 97b
恒顺醋文化博物馆入选江苏省 50 个“网红打卡地”160b
红色文化展览 204b
红色资源保护专项行动 75a
红色资源调研普查 100b
红十字宣传工作 65b
宏观经济运行管理 82a
花谷田园民宿项目 202b
环保督察问题整改 128a
环境监测 129a
环境监管 128b
环境治理 194a
换届工作 50a
黄墟集镇环境提升工程 188a
惠民服务窗口建设 71a
惠农补贴 94a
婚姻登记服务 176b

J

“99 公益日”活动 184b
“集中治理重复信访、化解信访积案”专项工作 40a
“金秋创业行”专场招聘会 89b
机构编制管理 23a
机关党建 24b
机关党员抗击新冠肺炎疫情 25a

机关事务管理 39a
基层“两委”换届选举专项监督 74b
基层法律服务 78a
基层供销社建设 133b
基层网格化社会治理 71a
基层卫生 169a
基层组织建设 18b
基础建设 108a
基础教育 148b
基础养老金调整工作 90a
疾病预防控制 168a
集体争议案件处置 91a
集团化办学 148b
家校共育 147a
价费环境 86a
价格管理 85b
监督执纪 46a
茧丝绸业 132a
检察 72a
减税降费 136b
见义勇为 181b
见义勇为人员权益保障 182b
见义勇为特色工作 183a
见义勇为宣传 182a
见义勇为宣传阵地建设年活动 182a
建华工程建设高性能复合材料项目 103b
建华科创园奠基仪式 37b
建置沿革 10a
建筑工程检测 119b
建筑市场监管 119a
建筑渣土管理 125b
践行新思想　勇担新使命　向着丹徒现代化建设新征程阔步前进
——在中国共产党镇江市丹徒区第十四次代表大会上的报告 205
江苏丹徒经济开发区 105a
江苏恒顺醋业股份有限公司 104b
江苏省世业洲旅游度假区与世业镇“区政合一”管理体制 23a
江苏省镇江世业洲旅游度假区 111b
江心洲生态农业园区 201a
交通 13b
交通保障 194b
交通管理 115a
交通枢纽 10b
交通综述 114a
教师队伍 150b
教师结构 151a
教育场所建设 152a
教育投入 152a
教育资金保障 152a
秸秆综合利用 94b
节约集约用地 83b
结核病防治 168b
界线管理 175b
金融 137b
金融行业监管 138b
金融支持乡村振兴试点示范工作 138a
禁渔护渔 202b
经济建设 199b
经济责任审计 87b
菁英创业大赛丹徒选拔赛 89b
景区运营 113b
竞技体育 158b
九三学社丹徒支社 52b
就业创业 88b
就业援助 88b
居家养老服务 177a
军休所 81b

K

“开启新征程，银发再出发”志愿服务行动 27b
科技、教育 14a
科技创新 105b、187b
科技创新人才 139b
科技服务 60b
科技工作者之“家”建设 59b
科技人才 108b
科技项目成果 139a
科普宣传 60a
科协组织网格化管理 61a
课后服务 149a
控烟行动 171b
困境儿童分类保障工作 175b
困难残疾人保障机制 174b
困难归侨侨眷慰问帮扶 63b

L

“蓝剑”行动 70b
“两个责任”贯彻落实 46a
“两委”换届选举工作 176a
劳动维权 91a
老干部工作 26a
老年人才服务中心建设 27b
离退休干部党史学习教育专题宣讲会 27a
离退休干部党支部书记培训班 26b
离退休干部党支部主题党日活动 27a
离退休干部党组织建设质量提升行动 26b
练兵备战 79a
粮食生产 93a
粮食收储 131a
旅游 159b
旅游节庆 202a
旅游景区质量提升专项检查 160a
律师行业管理 78b
绿化管护 125b
绿色节能建筑 119b
绿色优质农产品 94b

M

“美丽宜居村庄”建设 118a
“米芾杯”国际青少年书法大赛 156b
麻风病防治 168b
慢性非传染病防治 168b
孟家港国际物流园 111a
免疫规划工作 168a
面积、人口 11a
民兵调整编建 79b
民革丹徒区基层委员会 47a
民建丹徒区基层委员会 48b
民进丹徒支部 49b
民盟丹徒委员会 48a
民生保障 36a
民生工程 197a
民生工程建设 124a
民生建设 190b、194b、196a、204a
民生权益保障 84b
民生事业 199b
民政 174a
民主监督 41b
民族 11a
民族·宗教 181a
名校(园)选介 152b
募资渠道拓宽 153a

N

纳税服务 136b

内涵建设149a
能源管理83a
农产品初加工用电85b
农村创业创新项目93b
农村环境质量监测129b
农村集体产权制度改革95b
农村人居环境整治与长效管护95a
农村信用体系建设137b
农工民主党丹徒区基层委员会50a
农机97b
农机安全监理98a
农民培训94a
农田水利建设96b
农业、农村12a
农业龙头企业93b
农业气象98a
农业社会化服务134a
农业项目建设94a
女企业家走访帮扶活动58b

P

排水许可监管119a
平安丹徒建设66a

Q

“青春助农”直播带货活动56b
“清风雅韵”广场戏曲周活动157a
企业环境评级128a
企业环境治理102a
气候11b
汽渡管理116b
侨资企业调研活动63a
青年农民帮扶工作178a
青年献礼建党百年55b
青少年关爱活动56a
青少年科学素质行动60a
庆祝中国共产党成立100周年书法大赛22a
庆祝中国共产党成立100周年系列活动17b
庆祝中国共产党成立100周年系列文艺活动61b
庆祝中国共产党成立100周年座谈会24b
区、镇人大两级换届选举33a
区级财政预决算审计87a
区级机关党代表选举25a
区级机关党史学习教育24b
区级机关人大代表选举25a
区纪委常委会议45a
区属工业101b
区委保密委会议24a
全民反诈攻坚战71b
全民健康和医共体信息平台建设167b
全区党史学习教育21a
全区领导干部警示教育大会45a
群众体育158b
群众文化活动156a
群租房安全专项整治71b

R

“人民满意窗口”质量提升工程40b
“润扬杯”2021世业洲风筝文化节112a
燃气安全执法119a
人才补贴政策落实90b
人防工程监管80a
人防信息化建设80a
人口、民生保障、社会管理15a
人力资源90b
人民防空80a
人民广场管理124b
人社服务大厅改造升级90a
人事代理制度151a

荣炳盐资源区203a
荣誉栏249
融合教育149b
融合教育活动150a
融合教育制度建设149b
融媒体164a
润祥油气物流园111a

S

“三献”工作65b
“书法艺术进机关”公益培训班62b
“双全”社工培训考核176b
“颂建党百年　做时代新人”全区少儿绘画大赛178a
“所队合一”警务改革71a
三责联审23b
散装水泥工作83a
沙画《百年瞬间——红色丹徒的光辉历程》29a
善款募集工作184b
商贸13b
上党镇190a
上党镇烈士陵园入选第一批“镇江市党史教育基地”29a
上豪包装机械(镇江)有限公司104a
社会保障89b
社会服务47b、51a、52b、53a
社会教育150a
社会教育培训150a
社会救助174b
社会矛盾化解69b
社会事务窗口首张社会团体法人登记证书38b
社会事业194b
社会体育服务组织建设159b
社会治安治理70a
社会治理190a、192a、200a、202b
社会治理创新66b
社会组织管理176b
申报推荐工作53b
审查调查45b
审计87a
生态环境187b、192a
生态环境保护宣传128a
生态文明示范创建127b
生猪调运百日巩固行动93b
声环境质量监测129b
省级全域旅游示范区创建工作155a
师德师风151b
食品安全85a
世业镇195a
市场管理154b
市场监督管理84b
市容环境管理125a
事业单位调查摸底23b
事业单位日常登记管理23b
守护“地球之肺”专项行动75a
守护“长江微笑”专项行动74b
首期青年企业家沙龙活动56b
双拥工作81b
水稻种植与气象98b
水环境质量监测129b
水利96a
水利工程管理96b
水资源管理97a
税务136a
司法行政76b
诉讼服务体系优化76a
诉源治理深化76b
素质教育149a

T

“特色田园乡村”建设118b

台湾事务 28a
特困人员供养 175a
特殊人群监管 78b
特种设备安全 85a
体育 158a
体育、卫生 14b
体育彩票销售 159b
体育赛事 159a
通信 117a
统计 86a
统计数据质量 86b
统计资料 257
统战工作 21b
投资项目建设 124a
图书馆建设 155b
退役军人事务 80b
托幼机构健康覆盖 172b
脱贫攻坚 94a、197b

W

“微丹徒”视频号开通 165b
“文艺进万家”文化惠民活动 62a
“我看建党百年新成就”座谈会 27a
外贸企业服务 130b
外事工作 36b
外资利用 130b
违法建设查处 119b
维权普法宣传活动 58b
卫生监督 170a
卫生健康保障 147b
卫星村少数民族特色村寨建设 181b
文化 155b
文化、旅游 14a
文化产业发展 113a
文化进万家系列活动 156b
文化事业产业 21b
文明机关建设 25a
文物保护利用 157b
文艺创作 157b
污染防治 127a
污染源监督监测 129a
污水处理厂建设 119a
五大主导产业 102b
五级人大代表统一接待选民活动 33b
五级人大代表专题询问会暨新闻发布会 33a
物业收费监管 86a

X

“相约醋都　放飞梦想”2021 台湾大学生镇江实习就业体验营活动 28b
“校企对接”专项招聘活动 89a
“学党史、强信念、跟党走”主题团日活动 56b
县管校聘 151b
现代流通服务 134a
乡村振兴 191b
乡土人才工作 91a
项目建设 35a、102b、107b、189b、191b、203b
项目快速评审机制 103a
项目日常跟踪管理 103a
消防救援 180b
消费者维权 85b
销售超亿元企业 101b
校地合作共建 133a
校企联动 90b
校外辅导站工作 178a
校外培训机构巡查制度健全 150b
校外培训机构整治 150b
校园安全管理 147a
校园慈善文化 183b
辛丰镇 186a

辛丰镇国考断面水质持续达标 188b
新媒体宣传 164a
新任区级领导 226
新时代少先队工作 56a
新时代文明实践服务中心建设 21b
新闻宣传 21a
新型农村社区治理能力建设 176a
新业态劳动者权益维护 91b
信访 39b
信访专项行动 40a
行政区划 10b
行政权力制约监督 68b
行政审批 37b
行政执法监督 69a
兴教助学 153a
性病、艾滋病防治 168b
宣传工作 20a
学会能力建设 60b
学前教育 148a
学校食堂运营 148a
学校卫生监督 170b
血防工作 169a
巡察工作 46b
巡察整改 46b
巡察质效 46b

Y

“一事一议”财政奖补项目 94a
“一战两整治”工作 39b
“宜风韵 生态美”丹徒旅游文化节 160a
“有事好商量”协商议事室建设 43b
烟草规范经营 132a
烟草专卖 131b
烟草专卖管理 132a
养老服务 177a
养老机构改革 187b
药品药械安全 85a
夜市人才招聘会 89a
医教融合活动 148b
医疗机构选介 172b
医政管理 169b
依法履责 30a
依法治税 137b
宜城街道 198a
宜城街道基层“三整合”示范街道建设 23a
宜东铭苑安置房建设 124a
移动 117b
移交安置 81a
义务教育优质均衡创建 147b
议案和重要建议 34a
疫情防控监督 170a
引导企业对接资本市场 138a
饮用水卫生监督 171a
应急管理 178b
应急救援减灾救灾体系建设 180a
应急救援体系建设 65a
婴幼儿护肤类产品专项排查整治 74a
营商环境 35b
营商环境法治化 76a
营商环境优化 70b
拥政爱民 80a
优抚褒扬 81a
优化营商环境 68a
优秀教师及团队培养 151a
幼儿园规范管理 148a
园区建设 106a
园区疫情防控 112b
园艺农产品成果 93a
园艺生产 93a
孕产妇管理 172a
运用“四种形态”工作 45b

Z

“政银保企”金融服务 137b
“直播带岗”活动 89a
招标投标管理 119b
招才引智工作 19a
招商选资 107a
招商引资 105a
镇村环境 204a
镇村建设 189b、200b
镇江港润祥液化天然气加注站码头运行启动仪式 185b
镇江高校园区 112a
镇江生态汽车产业园 110a
镇江市高桥临港经济产业园 110b
镇江市离退休干部庆祝中国共产党成立100周年书画摄影展 27b
镇江市宜城中学 152b
征管改革 137a
正风肃纪工作 45b
政产学研合作 88b
政法委及综治 66a
政府工作报告
——2022年1月21日在丹徒区第十七届人民代表大会第一次会议上 215
政务公开 36b
政治监督强化工作 46a
政治协商 41b
支部活动 47a、48a、49a、50b、51b
知识产权 142a
知识产权宣传及保护 143a
执法审批服务一体化 199a
执纪执法成效 44b
直管公房管理 126a
职工生活保障 55a
职工维权服务 55a
质量安全 85a
致公党丹徒区基层委员会 51b
中共丹徒区十四届二次全委(扩大)会议 17a
中共丹徒区十四届一次全委(扩大)会议 17a
中共镇江市丹徒区第十四届纪律检查委员会第一次全体会议 45a
中国共产党镇江市丹徒区第十四次代表大会 17a
中医药事业 167b
重大信访矛盾风险处置机制 39b
重点工作 33a
重点企业选介 104a
重点项目选介 103b
重要会议 30b、42a、45a、53b
重要会议和活动 36b
重要活动 43a
重要决策 16a
重要文件摘要 205
主导产业 102a
主题教育活动 177b
助力乡村振兴行动 54b
助学育人成果 153b
助学政策落实 153b
住房保障 126a
住宅小区管理 126b
专项工作评议 33b
自然资源 11a
自然资源管理和规划 83a
宗教团体建设 181b
综合经济 12a
综合行政执法体制改革 23b
走访调研活动 134b
组织工作 17b
组织机构及领导人名录 231
作风效能建设 25b